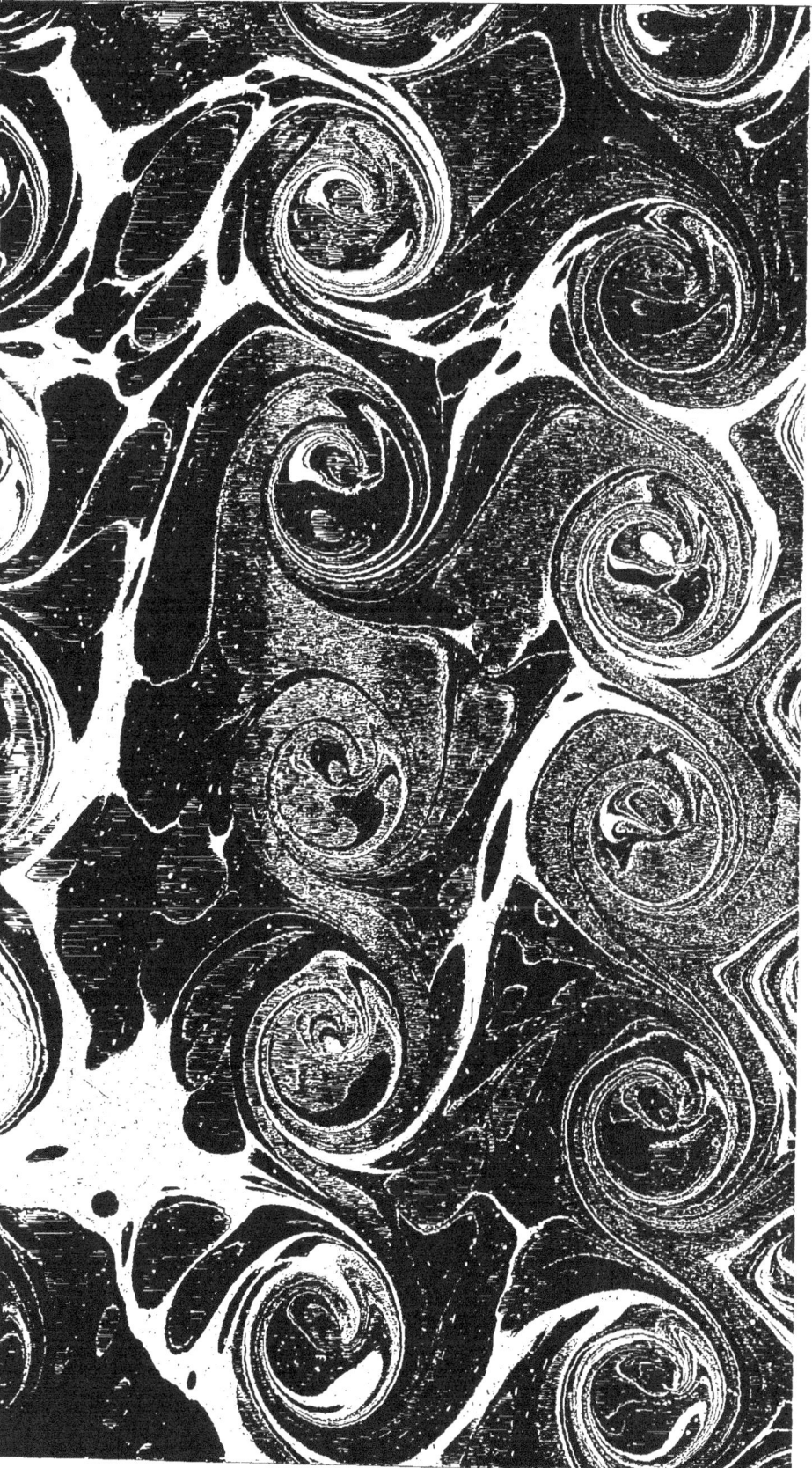

G494
c.21.

9352

GEOGRAPHIE
DE
BUSCHING.

TOME VII.

GEOGRAPHIE
DE
BUSCHING,

Abrégée dans les objets les moins intéreffans, & augmentée dans ceux qui ont paru l'être ;

RETOUCHÉE PAR-TOUT, ET ORNÉE D'UN
PRÉCIS DE L'HISTOIRE DE CHAQUE ÉTAT
PAR Mr. BERENGER.

TOME SEPTIEME.
COMPRENANT L'ITALIE.

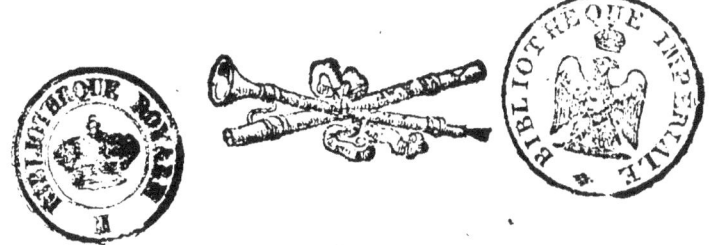

A LAUSANNE,
Chez LA SOCIÉTÉ TYPOGRAPHIQUE.

M. DCC. LXXIX.

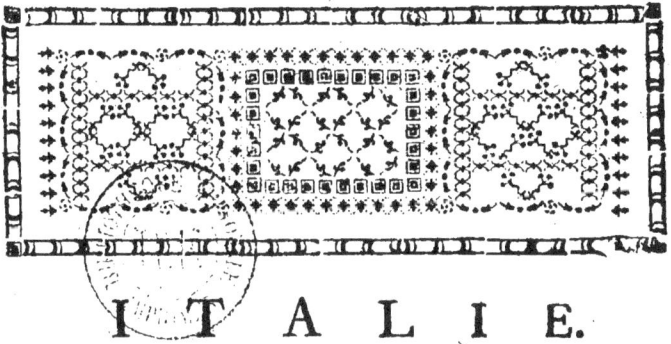

ITALIE.

PRÉCIS DE SON HISTOIRE.

L'Italie fut d'abord connue sous les noms de *terre de Saturne*, d'*Oenotrie*, d'*Ausonie*, & d'*Hespérie*. Saturne, fils d'Uranus, lui donna le premier ; elle eut le second de ses anciens habitans, & le dernier qui signifie pays du couchant, de sa situation rélativement à la Grece. On donna le nom d'*Etrurie*, au pays qui du tems des Romains fut appellé *Italie*, parce que les Etrusques ou Etruriens, peuples anciens en possederent la plus grande partie. Le nom d'Italie est aussi fort ancien ; mais il ne fut donné d'abord qu'à une partie du pays qu'il comprend aujourd'hui. Aristote & Antiochus de Syracuse bornent l'Italie au territoire des Bruttiens & à une partie de celui des Lucaniens ; mais il s'est étendu dans la suite de l'extrémité de la presqu'isle jusqu'aux Alpes. Quelques auteurs le font dériver d'*Italus*, roi de Sicile ; d'autres du mot grec *italos* qui signifie un *bœuf*, parce que ce pays abondant en pâturages nourrit de grands troupeaux de ces animaux. Les Allemans lui donnent le nom de *Walschland*, dérivé de *Walland*, qui annonce un pays baigné par la mer ; car *wall* signifie non seulement force & pouvoir, mais encore *eaux* & *mers* : c'est pour cela que les

Italiens sont appellés *Wahlen* & *Welsche*, ou, ce qui est peut-être plus vraisemblable, les Allémans qui appellent tous les étrangers *Walsche*, ont donné ce nom en particulier aux Italiens, parce que c'était avec ces étrangers & leur pays qu'ils avaient le plus de rélation.

L'Italie en y comprenant la Sicile, est renfermée entre le trentieme & le quarante sixieme degré de latitude septentrionale. Ses bornes lui sont prescrites par la nature elle-même ; car vers le levant, le couchant & le midi, elle est environnée des mers Adriatique & Méditerranée, & vers le nord, par les longues chaines des monts qu'on nomme les Alpes : sa figure est celle d'une botte ; sa surface est de 15625 lieues quarrées.

Nous avons parlé au commencement de cet ouvrage des mers Adriatique & Méditerranée : on fait que la premiere est une partie de la seconde, & qu'elle doit son nom à la ville d'*Adria*, située sur ses bords : je dirai encore que les diverses parties de la Méditerranée prennent leurs noms des contrées qu'elle baigne ; ainsi *Genes* a donné le sien à celle qui couvre ses rivages ; de là viennent ces dénominations de *mer de Toscane*, de *Naples*, de *Pouzzol*, de *Sardaigne* & de *Corse* : je parlerai ailleurs des golfes & des détroits qu'elle forme.

Les montagnes les plus considérables de l'Italie sont les *Alpes*, & les *Apennins*. Les premieres forment une longue chaine, qui naît à l'embouchure du Varo, forme divers circuits irréguliers, & finit près du fleuve *Atsia* dans l'Istrie, au bord de la mer Adriatique : elle sépare l'Italie de la France, de la Suisse & de l'Allemagne, & a différens noms. Les *Alpes maritimes* s'étendent du Vado à la source du Varo ou du Pô : les *Alpes cottiennes*, de la source du Varo à la ville de Suse; les *Alpes Grécques* de Suse au mont St. Bernard: les *Alpes Pennines* du St. Bernard au St. Gothard où commencent les *Alpes Rhetiques* qui se terminent à la source de la Piave, d'où s'élèvent les *Alpes Julies* ou *Noriques*, ou *Carniciennes* qui s'étendent dans l'Istrie, & jusqu'à la source de la Save. Les monts Apennins naissent près des Alpes maritimes dans l'état de Genes, partagent l'Italie en deux parties presque égales & se terminent au détroit qui sépare l'Italie de la Sicile: presque toutes les rivieres qui arrosent cette contrée y prennent leurs sources, & ils fournissent à la fois à ses habitans de l'eau, des carrieres admirables pour le marbre & des pierres précieuses qu'on en tire tous les jours.

Les fleuves les plus considérables y sont: le *Pô*, (Eridanus) l'*Adige*, (Athesis) l'*Arno*, le *Tibre*. Le premier sort du *Monte Viso*, montagne pointue, l'une des plus élevées des Alpes & dont le pié touche au Dauphiné vers le couchant: l'aspect du fleuve est imposant, son lit large & son cours majestueux & rapide; un grand nombre de canaux y aboutissent, ses rives sont riantes, les barques qui le remontent & le descendent à la voile, les campagnes qui l'arrosent, le beau ciel sous lequel il coule, lui ont fait donner le nom de *roi des fleuves:* ses débordemens sont redoutables, & lorsqu'il s'enfle, il porte la désolation dans les lieux qu'il embellissait: des digues, des soins continuels le retiennent avec peine dans son lit qui se hausse sans cesse par le sable qu'il y dépose: dans quelques lieux il est de 30 pieds plus élevé que les champs voisins. Son cours est de 130 lieues, il reçoit au delà de 30 rivieres, & il se jette dans la mer Adriatique par sept embouchures. L'Adige ou *Etsch*, sort du mont Brenno dans le comté du Tyrol; il est grand, est le seul de ceux qui arrosent la Lombardie, qui ne tombe point dans le Pô: comme il descend d'un pays élevé, son cours est rapide & ses débordemens dangereux. L'*Arno* naît de deux sources qui sortent du mont Falterona, l'un des Apennins: il reçoit la *Chiana*, riviere qui sort du lac de Perouse, & qui le fait déborder quelquefois avec violence: on l'a vu s'élever de huit pieds en huit heures, & couvrir les rues de Florence de deux pieds d'eau; il a 70 toises de large près de cette ville. Le *Tibre* reçoit aussi une partie des eaux de la Chiana, la *Nera*, la *Teverone*: sa source est près de Camaldoli & de Monte-Corvajo; il se jette dans la mer de Toscane par deux embouchures dont la moins grande forme le port d'Ostie, construit par les empereurs Romains, & conservé par les papes autant qu'il l'a pu être.

Ce pays fertile produit tout ce qui est nécessaire à la vie & la rend agréable: il rassemble dans son sein ce qui est dispersé dans les autres, est riche en grains, & vins excellens, a les fruits les plus beaux & les plus savoureux, tels que les oranges, les citrons, les limons, les olives, les grenades & autres, donne des huiles, du sucre, des amandes, des raisins secs, du ris, de la cire, du miel, des laines, est couvert de meuriers qui nourrissent une multitude prodigieuse de vers à soie, & nourrit toutes sortes d'animaux sauvages ou apprivoisés: on y trouve des mines d'or, d'argent & de fer, de l'albâtre, du jaspe, de l'alun, du soufre, &c. De-là vient qu'on lui donne dans des écrits le nom de *mere de l'abondance*, & *source de la félicité terrestre*, de *jardin de l'Europe*, de *merveille du monde*, & quelques autres plus empoulés encore: divers pays fitués au couchant en ont tiré des plantes utiles, comme d'une pépiniere féconde, & non feulement celles qui en font originaires, mais encore celles qui y avaient été tranfplantées de l'orient; tels font les *abricots* que l'Italie reçut de l'Epire, & que les Romains nommaient *Mala epirotica*; les *pêches* qui vinrent de la Perfe, & qu'on nommait *Mala perfica*; les *citrons* tirés de la Médie & nommés *Mala medica*, la *pomme de grenade* qui vint de Carthage, & prit le nom de *Mala punica*; les *chataignes* originaires de *Caftania* dans la Magnefie, en Macédoine. Les meilleures *poires* y furent apportées d'Alexandrie, de la Numidie, de la Grèce & de Numance, & leurs noms le prouvent. Les *prunes* y vinrent d'Armenie, de Syrie, & particulierement de Damas. Lucullus y fit connaître les *cerifes*, il les apporta de Cerafonte, ville du Pont, & de là, elles fe répandirent dans l'Europe. Il n'y a point de forêts en Italie: les grands chemins n'y ont pas la largeur de ceux de France: ils font souvent coupés par les torrens: en Lombardie, à Naples, ils font bordés d'ormes & de peupliers qui fervent d'appui à la vigne qui les unit.

L'Italie est prefque par-tout également abondante, mais elle n'eft pas également riche, faine & agréable: le centre & fa partie inférieure font fujettes à diverfes incommodités, comme on le verra dans la defcription particuliere des Etats qui la compofent: en quelques lieux, les habitans manquent pour la culture. Lorfqu'on penfe à la multitude des peuples qui habitaient le territoire du pape, on eft étonné de la dépopulation qu'on y remarque. Addiffon penfe que l'ancienne Campanie seule renfermait plus d'habitans qu'il n'y en a aujourd'hui dans l'Italie entiere. D'autres auteurs, & entr'autres *Baretti*, croyent que sans compter la Sicile, la Sardaigne & la Corse, l'Italie nourrit quatorze millions d'habitans. *Grosley* nous dit que les Italiens évaluent la population de l'Italie entiere à vingt millions d'habitans. Ce qu'il y a de certain, c'est qu'on ne le sait point avec exactitude. Dans la plupart des villes d'Italie, les ecclésiastiques y forment au moins le tiers des habitans, & c'est eux qui possedent la plus grande partie des richesses du pays. Le caractere des différentes nations qui l'habitent est remarquable ; c'est dans Baretti qu'on peut mieux le saisir.

Les Italiens sont en général plus dévots que pieux : les maisons sont peintes au dehors d'histoires prises dans les livres saints : des sentences pieuses se lisent dans les coins des rues où l'on trouve des femmes publiques ; presque toutes les familles brulent un cierge devant un autel de la vierge, les *ave-maria*, les genuflexions, les prieres devant les oratoires nombreux y annoncent des ames pénétrées de sentimens religieux : le douanier fripon vous volera en faisant dévotement le signe de la croix ; vous lirez sur le bac où l'on vous rançonne, *Hola! Dio mi vede, & mi ha da giudicare* : les pénitens se rendront à un rendez-vous galant, couvert du sac de la pénitence. Ils sont avides de titres, & les papes les y ont multipliés prodigieusement ; par-tout on trouve des ducs, des princes, des marquis, des comtes, & la plûpart sont misérables, & trainent dans la boue leurs tristes dignités. On y compte quarante archevêques & près de 300 évêques : les prêtres y prêchent en comédiens, & souvent le peuple pour louer celui

ITALIE.

qu'il vient d'entendre, s'écrie, *voilà, voilà un vrai polichinelle*.

Les anciens habitans de l'Italie furent les dominateurs du monde; les modernes se distinguent par les beaux arts. La peinture y fut cultivée même avant le regne d'Auguste; elle y vint de la Grèce, & dans la décadence de l'empire, c'est là qu'il se conserva encore & de là qu'il revint en Italie: les églises, les palais y sont ornés des tableaux des plus grands maîtres. La poésie, la musique, la danse y sont des passions; l'éloquence est naturelle aux Italiens: ils ont prétendu à la gloire d'avoir inventé la gravure en taille-douce: mais il paraît qu'on la doit aux Allemands. André de Mantegna, mort en 1517, est le premier qui ait porté cet art en Italie; la sculpture y a été perfectionnée: les grands modèles que ce peuple a sous les yeux y rend les arts florissans: toutes les grandes villes y ont des académies, presque toutes y ont des écoles de sculpture; l'architecture y est en honneur, mais on l'y surcharge d'ornemens. Un grand nombre d'hommes en Italie se sont distingués dans les sciences; on y trouve encore des savans profonds; cependant en général, ce n'est point par là qu'elle est célèbre. Ses académies nombreuses, qui ont des noms ou singuliers ou ridicules, tels que les *Humoristi*, les *Lincei*, les *Fantastici*, les *Immobili*, les *Imperfetti*, les *Otiosi*, les *Inquieti*, les *Incogniti*, les *Discordanti*, les *Ardenti*, les *Catinati*, les *Caliginosi*, les *Occulti*, &c. ont peu aidé aux progrès des sciences, & n'ont guere répandu que des imaginations fantastiques. L'histoire naturelle & la physique y sont cultivées aujourd'hui avec les plus grands succès. Florence est aujourd'hui encore l'Athènes de l'Italie ; c'est là qu'on trouve les meilleurs critiques, les plus savans antiquaires.

 La langue Italienne prit sa naissance de la latine ; une multitude de peuples barbares qui l'inondèrent, en changerent la prononciation, & y mêlerent un grand nombre de mots de la langue qu'ils parlaient ; de là vient la diversité des idiomes qui existent. La langue latine y était encore en usage dans les écrits sur la fin du neuvieme siècle ; mais on y parlait l'italien grossier encore, & dont la plupart des mots d'origine étrangere, n'avaient pu encore s'y naturaliser, pour ainsi dire : on s'en servit dans le dixieme siècle, dans les écrits, comme dans l'usage ordinaire de la vie ; mais on l'appellait toujours le latin ; on a des écrits de ce latin corrompu. Insensiblement ce mélange de différentes langues s'est adouci, s'est perfectionné, & la langue italienne est devenue très-agréable : elle a de la vigueur, de la force, de la douceur & de l'harmonie ; c'est la langue la plus musicale de l'Europe.

 La religion romaine est la seule qui soit soufferte en Italie ; c'est là que le chef de cette église réside, c'est là qu'on peut mieux la connaître. Tout le pays est divisé en vingt provinces ecclésiastiques. Les Juifs y sont tolerés, mais renfermés en d'étroites limites ; c'est à Livourne seule qu'ils sont libres & vivent comme il leur plaît. Dans les vallées du Piemont, les Vaudois aujourd'hui exercent en paix leur religion, qui est la réformée : à Livourne, à Rome, il y a des grecs : mais qui reconnaissent le pape pour chef des chrétiens : ils ont encore une église à Venise.

 Les manufactures & le commerce y sont dans un état florissant ; ses peuples envoyent beaucoup de fruits & de marchandises dans les pays voisins : la soie, les étoffes qu'on en fait, font un objet considérable d'exportation. Il y a des foires célebres dans la Lombardie; celles d'Alexandrie, de Cremone, de Bergame, de Brescia, de Verone, de Reggio & de Plaisance sont les plus connues. Chaque Etat y a ses propres monnaies, & il faut de l'application pour les connaitre toutes. Nous allons en donner un précis.

Dans le Piemont deux *soldi* font une lira (livre) égale à environ un schelling d'Angleterre. Une *doppie* de Savoye en or vaut vingt quatre livres (*a*) : il y a aussi une double doppie. La pistole d'Espagne y vaut seize livres, le louis vingt livres, la pistole de Savoye quinze & trois quarts, les autres pistoles d'Italie quinze & demi. Un crone y vaut trois livres, cinq soldi, le ducat ou ongara huit livres, treize soldi, un *filippo* de Milan quatre liv. treize s. & demi. Il y a des carlins d'or qui valent environ 144 livres. Dans le Milanais trois liv. valent deux livres de Piémont, & le louis y vaut trente trois livres du pays. Un filippo y vaut sept livres dix s., une pistole d'Espagne vingt quatre liv. & trois à quatre s., une pistole d'Italie vingt quatre livres. Un ducat en or, treize liv. seize s., un ducaton de Venise, de Florence, de Milan, ou un écu couronne, huit livres, une *zechine* en or quatorze livres, dix soldi. En général vingt neuf livres de France y valent quarante livres du pays. A Venise deux *soldi* font un *cassetti* : dix cassetti un *lira*. Un ducat courant y vaut six livres & un

---

(*a*) La *doppia*, vaut valeur intrinseque vingt six liv. sept sols, deux deniers de France.

cinquieme, ou soixante & deux cassetti, ou 124 soldi. Un ducat de banque est une monnaie imaginaire, qui vaut cinq lira & un sixieme: un ducaton y donne huit livres & demi, un doppia, ou la pistole vingt neuf livres courantes, ou vingt six livres ordinaires; un *zecchino* y vaut dix-huit liv. & un quart, plus ou moins; un ducat d'or ou ongaro, seize livres, un gros écu couronne, onze livres cour. ou treize livres dix-huit sols environ. Un *justiniana* & un *felipo*, huit liv. dix sols cour., ou dix livres deux sols ordinaires. On peut réduire ces monnaies de Venise en celle de France, en comptant la livre de Venise pour dix sols huit deniers de France.

A Gènes, douze *denari* font un *soldo*, vingt *soldi* font un *lira*: un goulde d'Empire y vaut trois lira. La piece de huit d'Espagne y donne cinq liv. le *scudo* d'or, ou la demi doppia d'Espagne, neuf livres huit sols, le *scudo* d'argent, sept livres douze sols, le *scudo di cambio*, ou de banque, quatre liv. les filippo de Milan, cinq livres, huit sols. La *scudo* d'argent y vaut 90 *soldi moneta carta*, monnaie de banque imaginaire: la doppia d'Espagne de poids, dix-neuf livres deux sols courantes; la doppia de Gènes, dix-huit livres, seize sols. La doppie de poids d'Italie, dix-huit livres, dix-huit s. le *secchino* est un ducat. La livre numéraire de Gènes équivaut à seize sols, six deniers.

A Florence, douze *denari* font un *soldo*, vingt soldi un *scudo*, un scudo d'or est une monnaie imaginaire qui se compte pour sept livres & demi ou 150 soldi: un teston y donne deux livres ou trois giuli, (jules) une pistole d'Italie y vaut vingt livres ou trente jules; la pistole d'Espagne vingt livres & environ quatre sols, ou de trente à trente & un jules : le ducaton ou l'écu couronné sept livres ou dix jules & demi. La piece de huit six livres ; mais dans les péages elle ne vaut que 115 soldi, ou cinq livres & trois quarts. Le *sequin* de Florence y vaut vingt paules, & vaut onze livres, dix sols de France. Le *francescone* vaut dix paules. A Livourne, un *gratia*, vaut un soldo & deux tiers, ou trois *quatrini* : & le giulo de Rome, huit gratia : deux testons sont estimés deux livres, ou trois giolo : la lira, monnaie imaginaire, y vaut un giolo & demi, ou vingt soldi, ou 240 denari, & un soldo, douze denari. Un pezzo est vingt soldi, le *pezzo d'otto reali*, ou piece de huit est estimé six lira, ou neuf giuli, ou 120 soldi ; sept lira font un ducat égal à la piastre ou écu de Florence : une pistole d'Espagne se compte vingt livres & quatre à cinq soldi, ou trente deux giuli, une pistole d'Italie, vingt livres ou trente giuli.

A Boulogne, douze *denari* font six *quatrini*, qui font un *soldo* : vingt soldi ou *bajocchi*, ou *bolognini* font une *lira*, deux giuli font une lira ; un *scudo*, ou *pezzo d'otto* vaut quatre l. 5 s., ou 85 bolognini : une pistole d'Espagne seize liv. & dix à douze sols, un zecchino, dix-neuf giuli, un ducat ou ongaro, neuf lira & dix s. environ ; un ducaton, écu d'argent dix giuli & demi.

A Rome, on se sert d'une monnaie de cuivre nommée *bajoccho* qui a cinq *quatrini* : dix bajocchi valent un giulo, & aussi un paolo, sept gazette & un quatrin font aussi un paolo, & une gazetta vaut sept quatrini ; dix giuli, font un écu monnaié ou courant. Une pistole d'Espagne y est évaluée trente trois giuli ou paoli environ, & la pistole d'Italie trente un giuli ou paoli, & le louis quarante cinq paoli : en général les monnaies y sont divisées en fractions décimales : le scudo y vaut dix paoli ; le paolo, dix bajocchi ; ces fractions sont aussi en usage à Naples.

A Naples, trois quatrini font une *grana*, dix grana un *carlino*, deux carlini un *taro*, cinq tari un ducat, quarante cinq carlini valent une pistole d'Espagne, vingt six carlini un *zecchino*, vingt cinq carlini un ongaro.

L'Italie fut divisée autrefois en un grand nombre de petits Etats gouvernés la plupart par des chefs uniques, ou des rois. Les Gaulois y pénétrerent & s'étendirent dans la partie septentrionale, de là vint qu'on la nomma la *Gaule cisalpine* ou *citérieure*. Plus au midi, était l'*Italie proprement dite*: elle s'étendait sur les côtes de la mer Adriatique, d'Ancone jusqu'à la riviere de Fortore, & sur la Méditerranée de Macra à celle de Sele. Dans sa partie inférieure, les Grecs étaient venus fonder un grand nombre de colonies & de villes, & on l'appellait la *Grande Grèce*. Elle renfermait l'Apulie, la Lucanie, & le pays des Brutiens ; on y comprenait même la Sicile. Les Romains étendirent leur domination sur toute l'Italie, & sous Auguste ils la partagerent en onze provinces. Les Herules & les Goths y détruisirent l'Empire dans le cinquieme siècle, & dans le sixieme, elle était encore partagée entre les peuples barbares qui l'avaient envahie, & l'empereur Grec, qui y possédait ce qu'on appellait l'exarcat : les Sarasins se saisirent de cette partie du pays. Le pape appella les Rois de France pour les protéger ; ils détruisirent l'Empire des Lombards, y formerent le royaume d'Italie, & donnerent au pape un territoire plus étendu. Ce pays éprouva un grand nombre de révolutions qu'il serait trop long de rapporter.

ITALIE.

On divise l'Italie en terre-ferme, & en isles: la terre ferme est divisée en trois grandes parties qui sont la haute, la basse & celle du milieu. La haute renferme la plus grande partie de la Gaule Cisalpine, & se nomme encore la *Lombardie*. On y compte sept duchés, dix petites principautés & deux républiques. Celle du milieu renferme l'autre partie de la Gaule-Cisalpine & une partie de l'Italie proprement dite: on y compte deux républiques, le grand duché de Toscane & l'état de l'église. La basse renferme l'autre partie de l'Italie & la grande Grèce: c'est de nos jours le royaume de Naples. Nous nous servirons de cette division.

II. PRINCIPAUTÉ DU PIEMONT.

C'est une partie de l'ancienne Lombardie, & elle confine vers le nord à la Savoye & au Valais, au couchant à la France, au midi à la mer Méditerranée & au territoire de la république de Gènes, au levant aux duchés de Montferrat & de Milan. Du nord au sud, il a soixante six lieues, & de l'ouest à l'est quarante lieues. Son nom vient de sa situation au pié des monts qui séparent la France & la Savoye de l'Italie. Il est montueux en partie, mais par-tout très-fertile: les plaines sont abondantes en grains, dont on exporte beaucoup dans les pays voisins; les champs voisins du Monferrat & du Milanais. On cultive beaucoup de maïs, qu'on y nomme *méliga*; le commun peuple s'en sert pour faire du pain, & les gens du moyen-état le mèlent avec la farine du seigle: la pulpe de ce grain séchée au feu & mèlée à ses grosses tiges, sert pour améliorer les chemins bourbeux. Les collines font couvertes de vignobles, & les vins qu'ils produifent, fur-tout les blancs bus dans leur nouveauté, ou confervés longtems, font ordinairement fort doux : cependant on y recueille du vin rouge qui eft aigre, dur, & c'eft ce qu'on appelle *vinobrufco* : celui-ci eft fort fain, tandis que le vin doux, *vino amabile*, gonfle l'eftomac. L'huile, les citrons, les oranges, les grenades, les pommes, les chataignes, les amandes, les figues, tous les arbres fruitiers y font abondans. Le peuple s'y regale pendant l'hyver des groffes chataignes ou marons fechées au four, trempées enfuite dans le vin rouge, defféchées de nouveau dans le four : c'eft ce qu'il appelle du *bifcuit* ; les truffes y croiffent avec tant d'abondance qu'on peut dire qu'il eft leur patrie. On y en trouve de marbrée noir, blanc & rouge, d'autant plus cheres qu'elles font plus groffes, & il en eft qui pefent de douze à quatorze livres. Chaque payfan peut en tirer dans un an foixante à foixante & dix écus de profit. Pour les découvrir & les retirer de la terre, on fe fert de chiens dreffés à cet ufage & qu'on tire d'Allemagne ; c'eft le baron de Forfther, membre du confeil commun de Wirtemberg, qui les y amena pour la premiere fois. Les prairies y font abondantes, & le commerce du bétail qu'on y nourrit, apporte annuellement dans le pays jufqu'à trois millions de livres ; prefque tous les champs y font bordés de meuriers, & la récolte de la foie y eft confidérable : cette foie par fa fineffe & fa force eft eftimée la meilleure de l'Italie, & forme un des plus grands objets du commerce du pays. Chaque payfan en vend annuellement quatre à cinq rubbs, dont chacun pefe vingt cinq livres & dont chaque

PRINCIPAUTÉ DE PIEMONT.

l. se vend de vingt à vingt cinq sols du pays. La plus fine se vend près d'un louis. La noblesse Piemontaise en tire un bon revenu : elle fournit aux paysans les œufs des vers & les feuilles nécessaires à leur entretien ; le paysan en prend soin & a la moitié de la soie qu'ils font. Cette noblesse est très-nombreuse & rend la cour de Turin une des plus brillantes, de l'Europe : la plus belle partie du pays s'étend de Turin à Coni, il est peu de campagnes qui l'égalent : de-là vient le proverbe : *Si l'Italie était un mouton, le Piemont en serait le roignon.*

Les montagnes renferment de l'or, de l'argent, du cuivre & du fer. Le *Rochemelon*, entre Fertiére & Novalese, vers l'orient, est estimé la plus haute des Alpes Italiennes : il faut un jour pour la monter. L'air y est si net, qu'on y jouit d'une vue magnifique sur le Milanais, & on y découvre *Trevigo* & *Venise*; un coup de fusil n'y fait qu'un bruit semblable à celui d'un morceau de bois que l'on rompt. On y voyait autrefois, dit-on, la statue de Jupiter ; maintenant celle de la vierge a pris sa place, & chaque année, au cinquieme d'Août on y lit une messe : là, près de 1000 hommes sont rassemblés de tous les lieux du voisinage, au travers des glaçons qu'on y trouve encore çà & là ; & comme on y passe au moins une nuit, ils se munissent de manteaux & de couvertures pour se préserver du froid qu'on y éprouve. Le mont *Viso*, situé au midi de la vallée de Lucerne est encore une des plus hautes montagnes de l'Europe : on croit aussi que c'est là qu'Annibal traversa les Alpes ; d'autres prétendent que c'est par le mont Genevre, ou par le mont Cenis ; le chémin taillé dans l'intérieur des rocs du mont *Viso* a deux lieues de long & eſt entierement obſcur. Le Pô ſort de ce mont, c'eſt le fleuve le plus conſidérable du Piemont : la *Seſia*, la *Doria Baltea*, le *Tanaro* ou *Tenaro* & divers autres ſe joignent entr'eux & avec lui. Le *Varo*, *Varus*, naît dans le comté de Nice, il l'arroſe & ſe perd dans la Méditerranée. La *Doria* ou *Doire* a deux ſources qui ſortent du mont Cenis ; la plus petite ſort du lac dont nous avons parlé : elles ſe réuniſſent au deſſus de Suk : près de la plaine de St. Nicolas, & des Echelles, on voit cette riviere ſe précipiter du haut d'un rocher & former une caſcade très-belle : d'autres petites rivieres ont le même nom qu'elles. Les Piémontais ſont eſtimés ingénieux, adroits, diſſimulés ; mais on excepte de ce caractere général les habitans des monts du duché d'Aoſte ; la plupart de ceux-ci ont des goîtres, & l'on dit qu'on en voit à leurs chevaux, à leurs chiens, & autres animaux. La nobleſſe Piémontaiſe eſt dans la même ſituation que celle de Savoye : on y compte environ cinquante comtés, quinze marquiſats, vingt abbayes & un grand nombre de ſeigneuries. La langue Piemontaiſe eſt un mélange confus de français & d'italien. La religion y eſt la catholique : les ſciences y ſont cultivées avec ſoin : l'entrée des livres où l'on combat la religion romaine, y eſt ſévérement défendue : il y a une univerſité à Turin, aucun ordre n'y peut avoir d'écoles publiques, & cette défenſe qui vient du roi Victor Amédée, a pour but de maintenir l'univerſité, & de mettre de l'uniformité dans l'éducation de la jeuneſſe : tous ceux qui l'inſtruiſent dans les colleges du pays ſont examinés & propoſés par l'univerſité.

Le roi, dans les affaires de la religion, y a plus
de

de pouvoir que le pape, & la bulle Unigenitus y trouva beaucoup de contradicteurs. Il y a un archevêque à Turin, & des évêques à Aoste, à Asti, à Fossano, à Ivrée, à Mondovi, à Nice, à Saluces & à Verceil. On y trouve de riches abbayes, beaucoup de prieurés; des commanderies de Malthe, des ordres de St. Maurice & de St Lazare, & des monasteres des deux sexes de tous les ordres.

Sur les confins du Dauphiné, on trouve les vallées de *Lucerne*, de *Peyrouse*, & de St. *Martin*, habitées par les *Vaudois*, nommés ainsi, non de *Valdus* marchand de Lyon, qui prêcha des opinions assez semblables à la croyance des protestans; mais de leurs habitations dans les vallées; on les appelle en Italien *Waldesi*. Ils forment une ancienne communauté chrétienne, qui fut toujours séparée de l'église romaine, & qui par cette raison éprouva des persécutions cruelles.

Le principal commerce du pays est la soie, comme nous l'avons dit, & le chanvre: on travaille la premiere à Turin, & en d'autres lieux; mais on en exporte beaucoup à Lyon, les étoffes Lyonnaises sont ici chargées d'impôts, & cependant on les y donne à un prix plus bas que celles qui sont fabriquées dans le pays, parce que le fabriquant Piémontais est plus lent & moins habile que le Lyonnais: le commerce y est considérable, les droits peu onéreux, & ce n'est pas seulement par le dos des mulets que les marchandises peuvent y être transportées, car les monts ne le bornent qu'au nord & à l'orient.

Le Piémont est une principauté souveraine; quelques-unes de ses parties sont cependant des fiefs de l'Empire: on la divise en dix-neuf petites provinces, ou en quatre parties principales : nous suivrons cette derniere division.

I. *Principauté particuliere du Piémont.*

Elle est divisée en treize districts.

District de Turin.

Turin, *Torino*, autrefois *Augusta Taurinorum*, est capitale de tout le pays, & la résidence des rois de Sardaigne : elle est située au confluent de la Doria & du Pô, dans une plaine agréable ; on y compte 60 à 65000 habitans ; elle a une lieue de tour, 900 toises de la porte de Suse à celle du Pô, & 600 de celle du Palais, à la Porte-Neuve ; fortifiée régulierement, elle a trois mille hommes de garnison : de ses remparts on jouit d'une perspective riante, parce que les collines & les montagnes voisines sont couvertes de maisons de campagnes, de monasteres, de champs, de prairies & de jardins. La nouvelle ville est fort belle, & les rues en sont droites & larges : la vieille ville s'embellit, devient réguliere tous les jours, & Turin est peut-être la ville la plus généralement belle qu'il y ait en Italie. Ses deux plus belles rues sont celles du Pô & la Neuve. La premiere est fort large, bordée de portiques où l'on se promene à couvert, & ornés de boutiques étalées avec goût : toutes les maisons en sont belles, de la même hauteur, d'une richesse frapante, toutes sont ornées de balcons, d'un grand vestibule couvert de colonnes & de pilastres, mais bâties en briques, ce qui en rend l'aspect moins agréable, lorsque la chaux & le gyps qui les couvrent sont tombées ; plufieurs maifons ont des fenêtres de papier, & détruifent peut-être à tort, l'idée d'opulence qu'elles préfentent au premier afpect. On y compte dix places, trente-deux rues qui fe croifent à angles droits, & partagent la ville en 145 quartiers : elle a quatre portes, toutes d'une belle architecture ; les revêtiffemens de celle du Pô font de marbre : quatre colonnes en foutiennent le fronton où font les armes de Savoye : celle du midi eft comme revêtue de marbre, ornée de colonnes & de ftatues des princes de cette maifon. Les plus beaux palais font dans les rues neuves & dans celle du Pô, celui du roi eft un grand édifice, décoré de deux vieilles tours : il forme la face feptentrionale de la *Piazza Caftelio*, (place du château) les appartemens en font vaftes & commodes, meublés avec magnificence, & tellement difpofés que le roi peut voir les quatre portes de la ville ; l'extérieur eft bâti en pierres de tailles, décoré de ftatues : au bas de fon magnifique efcalier, eft la ftatue en bronze de Victor Amédée I ; fon cheval eft de marbre blanc & d'une exécution médiocre. Les chambres font marquetées avec beaucoup d'art, ornées des tableaux des plus grands maîtres, & c'eft là qu'on trouve une des plus belles collections de tableaux qu'il y ait en Italie : le marbre, les glaces, divers buftes & des ftatues antiques décorent les galeries & les corridors : dans l'une de fes falles eft la table égyptienne d'Ifis, ou table ifiaque. La bibliotheque eft très-belle, & près d'elle eft un cabinet d'anciens monumens avec des manufcrits grecs & latins du moyen âge. A ce palais font joints d'autres grands bâtimens, tels qu'une magnifique falle d'opéra, regardée comme un modele dans fon genre, la cour des archives,

& la nouvelle imprimerie royale qui a douze presses. Le jardin des rois est petit, mais le Notre le dessina & le fit paraître grand. L'arsenal est un bâtiment neuf, vaste & très rempli. Le palais des ducs de Savoye l'emporte par l'architecture sur celui du roi : la façade en est belle & grande, les décorations magnifiques & les plafonds peints par Solimene, peintre célebre par le mouvement de ses figures, & par sa touche ferme & savante. Celui du prince de Carignan est d'une architecture irréguliere : on en remarque le grand escalier & le sallon : le théâtre de ce nom est décoré d'un grand vestibule soutenu par des colonnes. On admire le petit portail de l'église des carmelites dans la place de St. Charles, la plus belle de la ville. Il y a à Turin une académie ou école militaire pour l'éducation des nobles : le bâtiment, les études, le manege, sont formés sur le plan le plus analogue à ce but : l'université fondée en 1405 par l'empereur Sigismond, renouvellée & mieux ordonnée par le roi Victor Amédée, siége dans un vaste & beau bâtiment quarré, dont la cour est ceinte d'un corridor soutenu par des colonnes, orné de bas reliefs, de monumens antiques, d'inscriptions grecques & latines, pris en partie dans les ruines d'Industria, ville ancienne, retrouvée à *Monteu di Pò*, à seize milles de Turin. On y enseigne la théologie, les sciences qui tiennent à la médecine, l'éloquence, les langues, &c. Sa bibliotheque est de 30 à 35000 volumes, & a des manuscrits rares, relatifs à l'histoire sacrée & profane : il en est 169 hebreux, 369 grecs, 1184 latins, deux cents & dix italiens, cent soixante & françáis. On y voit la collection de desseins d'antiquités, que Pyrrhus Pigorius a fait, en trente livres;

le duc Charles Emmanuel l'acheta pour 1800 ducats. L'univerſité a encore un cabinet d'hiſtoire naturelle & un cabinet d'antiquités. Le college où enſeignaient les jéſuites, a une égliſe qui, par ſes peintures à freſque & le marbre travaillé, eſt une des plus belles de la ville : on y voit encore un magnifique ſéminaire. La place de St. Charles eſt entourée de portiques.

On compte à Turin 110 égliſes ou chapelles, la plupart enrichies de marbre, & bâties dans le goût moderne, parmi elles il y en a quatorze paroiſſiales : la cathédrale eſt dédiée à St. Jean Batiſte, & fut fondée en 602 par Agilus, roi d'Italie & Théodelinde : elle fut érigée en archevêché en 1515 ; ſon portail eſt d'une belle pierre & d'une mauvaiſe architecture ; le clocher eſt à côté d'elle : les tableaux des plus grands maîtres en décorent l'intérieur : derriere le grand autel eſt la chapelle du St. Suaire, qui eſt la plus belle égliſe de Turin : elle eſt revêtue de marbre : des colonnes grouppées de marbre noir poli, à baſes & chapiteaux de bronze, ſupportent de très-belles arcades qui forment les fenêtres, ſéparées par des niches formées par des colonnes de marbre : ſa coupole très-élevée, eſt formée par un grand nombre d'exagones poſés les uns ſur les autres en forme de voûtes percées à jour, & qui diminuent juſqu'au ſommet, où eſt une étoile qui ſemble être portée en l'air, & eſt ſoutenue par ſes rayons : l'autel eſt de marbre noir ; là eſt une urne quarrée couverte d'une glace où l'on conſerve le St. Suaire, apporté de la Paleſtine dans le tems des croiſades : au deſſus eſt une groupe d'anges qui ſoutiennent une croix de cryſtal qui a des rayons de bronze doré : le pavé eſt de marbre bleuâtre, incruſté d'étoiles aussi de bronze doré. Cette chapelle est contigue au palais du roi. Parmi les autres églises, on remarque la *Consolata* des Feuillans; là est une image de la Vierge, qui, disent les moines, prenait les boulets lancés par les Français pendant le siège de Turin, ou les détournait avec la main: ils en conservent quelques-uns pour prouver ce fait, qu'ils ne persuadent qu'à ceux à qui l'on persuade tout. Ses murs sont chargés *d'ex voto*. L'église de St. Laurent presque toute bâtie en marbre, a un dôme superbe: celle du St. Sacrement est surchargée d'ornemens & de richesses. On remarque dans celle de Ste. Thérèse des carmes déchaussés, une statue de St. Joseph; elle est d'albâtre & placée dans une coupole soutenue par six colonnes de marbre de différentes couleurs: les jours y sont si bien ménagés qu'elle paraît éclairée du soleil dans les jours les plus sombres: deux belles statues font le principal ornement de l'église de Ste. Christine: le grand autel de celle de St. Philippe de Neri, est décoré de six colonnes torses de marbre, entourées de pampre de bronze doré. Les évêques d'Ivrée, de Mondovi, de Fossano, de Pinerolo ou Pignerol & de Saluces, sont suffragans de l'archevêque de Turin: cette ville renferme seize couvens de moines & cinq de religieuses. On a formé un canal rempli des eaux de la Doria, pour en laver les rues; il coule entre la citadelle & la porte de Suze: il sert encore pour prévenir ou arrêter les incendies, & pour enlever la neige lorsqu'elle couvre le pavé: toutes les nuits on ouvre les écluses qui donnent entrée à ces eaux, mais elles ne sont pas bonnes à boire; c'est l'eau qui est la principale incommodité de Turin; elle n'y est pas saine, & y est trop abondante: elle en rend

PRINCIPAUTÉ DE PIEMONT.

l'air épais & humide. Sa citadelle est réguliere & très-importante ; c'est un pentagone, & elle renferme quatre rangs de voûtes souterraines, élevés l'un au dessus de l'autre : elles s'étendent au loin dans les champs, & la plus basse est de la hauteur d'un homme. Elle a un puits très profond dans lequel on descend par un double escalier sans degrès, qui offre dans ses contours une pente assez douce pour que les hommes & les chevaux puissent y aller boire avec facilité.

Turin, selon Pline, est la plus ancienne ville de la Ligurie ancienne : on prétend qu'elle fut bâtie par le frere d'Osiris, l'an 1529 avant Jésus-Christ : ses deux fils Eridan & Ligur, donnerent, dit-on, encore, le premier son nom au Pô, le second au pays. Turin doit son nom au taureau, symbole du Dieu Apis : toutes ces imaginations flattent l'orgueil des ignorans, car les ignorans seuls peuvent les croire. Les *Taurini* descendans des Liguriens l'habitaient, & probablement lui ont donné son nom. Sa longitude est de vingt cinq degrés vingt minutes. Sa latitude de 45 degrés 4 minutes, quinze secondes.

Autour de Turin sont diverses maisons de plaisance, l'ancienne ménagerie, le château de *Valentin*, au bord du Pô, voisin de celui de *Millefleurs*. Le Valentin est vieux déjà, mais les avenues en sont très-belles : elles servent de promenade publique, & l'air en est sain, la vue très-riante : la *Vigne de la Reine*, ou de *Madame la Royale*, située sur une montagne dans une espece d'enfoncement qu'elle forme : de-là, on a sur la plaine une vue très-étendue : la salle est belle & peinte en fresque ; les chambres en sont élégantes : elle appartient aujourd'hui à l'hôpital de St. Jean.

La Venerie, est à une lieue de Turin : c'est la

plus belle maison de plaisance des rois de Sardaigne, les appartemens, & sur-tout ses jardins sont dignes d'être vus : l'orangerie en est curieuse & longue de 500 pieds sur 90 de large : l'église est d'une belle architecture : à côté du château est la ville, formée d'une rue droite dont les bâtimens sont de pierres, & toutes hautes de deux étages : les gardes du corps y sont en quartier.

Rivoli, ville ouverte qui renferme trois paroisses & trois couvens : près d'elle sur une colline fertile est une belle maison de plaisance des rois de Sardaigne : une large allée de tilleuls tirée au cordeau dans une plaine, la joint à Turin qui en est à deux lieues : les chambres du château sont belles, l'air y est pur & serein : il est bâti en briques, a trois étages & onze croisées de face ; mais il est imparfait encore.

Stupinice, ou *Stupinigi*, maison royale bâtie par Giuvara : son sallon est bien décoré & peint à fresque ; on estime plusieurs peintures de ses plafonds ; son jardin est beau & bien situé.

Supergue, *Superga*, église magnifique élevée sur les desseins de Philippe Juvara ; elle a dû son existence à un vœu que fit Victor Amédée pendant le siége de Turin par les Français, & est sur une haute montagne, où le duc & le prince Eugene vinrent observer les retranchemens & le camp des assiégeans : on dit que la vue s'étend de là jusqu'à la mer dans un tems serein. L'église commencée en 1715 fut finie en 1731. On y entre par un grand portique orné de colonnes & de deux clochers : les colonnes & le revêtissement sont de marbre de Carrare, & de marbre rouge de Piemont, &c. Le dôme a 200 pieds de haut du plan jusqu'à la lanterne : l'église est ornée de bas-reliefs au lieu de tableaux : il y a trois beaux autels de marbre & d'albâtre : le bas relief du grand repréfente la levée du fiége de Turin. On confuma deux millions de livres pour la conftruire ; les revenus qui y font attachés font de 18000 livres de Piemont par an, qui entretiennent douze jeunes abbés ou chanoines, dont la plûpart font nobles & formés à l'exercice des premiers emplois de l'églife. Sous ce bâtiment eft le tombeau de la famille royale : Victor Amédée y fut enfeveli, comme il l'avait défiré, l'édifice eft rond & d'ordre corinthien : on n'y a point d'autre eau que celle de pluie, & l'on y en conferve toujours une provifion fuffifante pour trois ans.

Lanzo a près d'elle un couvent de camaldules. *Cirie* eft fur la Doria, & a le titre de marquifat : ce font deux petites villes.

Diftrict, ou Marquifat de Suze.

Il eft montueux, mais plus il s'éloigne de la Savoye & s'approche de Turin, plus fes montagnes s'ouvrent & laiffent un grand efpace entr'elles : le mont Cenis y eft fitué en partie, & le *Semar* qui defcend du lac élevé qui s'y trouve, arrofe l'étroite vallée qui s'étend plus bas que Sufe. Les Vaudois habiterent les vallées de *Meane* & de *Matthias* qui en font partie, mais ils en furent expulfés en 1603.

Sufe, *Segufium*, *Segufina*, appellée par fa fituation, la *porte de la guerre*, fut fondée, dit-on, fous le regne d'Augufte : on croit qu'Hercule, Annibal & Augufte y ont paffé. Floriffante jufqu'à Conftantin qui la réduifit en cendres, rétablie par les marquis de fon nom qui defcendaient de Charlemagne, soumise ensuite à la Savoye, les attaques fréquentes qu'elle a essuyées dans les guerres de cette maison avec la France, l'ont fait déchoir. C'est aujourd'hui une ville petite & pauvre que de simples murs environnent, mais défendue par une forte garnison. Près d'elle & des gorges des montagnes, à côté de son vieux château, on voit un arc de triomphe élevé à l'honneur d'Auguste: on en distingue encore les bas reliefs; tout le reste est dégradé: il est formé de gros blocs de marbre, orné de colonnes d'ordre corinthien; une inscription nous apprend qu'il fut construit par le roi Cottis. Suse est sur la Doria Riparia. On y voit plusieurs tours gothiques, massives, sans jour jusqu'à la hauteur de trente pieds: au dessus elles sont découpées, percées, ornées de colonnes sans proportion, & de marbre blanc. Le marbre vert qui porte son nom, vient du mont de Fausse-Magne près de Boussolin, village entre Suse & Turin.

Ferrieres, bourg ou village formé par une trentaine de maisons, sur le chemin étroit & dangereux qui conduit de la grande Croix à Novalese, entre deux rochers escarpés: le soleil n'y parait que sur les cimes des montagnes, des précipices l'environnent, & de toutes parts on y entend le bruit des torrens.

Novalese, village ou bourg au pied du mont Cenis: nous en avons parlé ailleurs: le chemin qui y conduit à Suse est tracé sur une pente rapide dans une vallée semée de rochers.

Fort de la Brunette, citadelle voisine de Suse, & qui défend le pas de son nom: elle est entre deux montagnes élevées qui la dominent, mais sont inaccessibles: ses bastions, ses mines, ses casemates, ses magasins, ses nombreux logemens sont creusés dans le roc: sa garnison est considérable: elle communique par un chemin taillé en partie dans le roc, à un fort qui commande la ville de Suse.

St. Ambroise, bourg bien bâti, au pié du mont élevé où l'on voit la riche & ancienne abbaye de *St. Michel*, desservie aujourd'hui par un simple prêtre, & peuplée autrefois d'une multitude de religieux.

Avigliano, *Villiana*, petite ville défendue par un château, ornée par trois monasteres: d'ici le mont sur lequel est bâti la Superga, présente une riche perspective.

Les vallées ou district de Pignerol.

On les appelle les vallées d'Angrogne, plus communément vallées du Piémont: elles bordent la partie orientale des frontieres du Dauphiné.

I. *Vallée de Lucerne.*

On croit que ses armes lui donnerent son nom: on y voyait un flambeau au milieu des ténebres. Sa longueur est de quinze milles de Piémont, mais sa largeur est bien moindre. Le mont de la Croix où naît la riviere *Pelice*, la sépare de la vallée de *Queyras*: elle renferme onze paroisses: celles de *Garcillane*, de *Campiglon*, de *Fenil*, de *Bubbiana*, de *Lucerna* sont dans une plaine qui fait face à Turin & à Saluces: celle de *Roras* est la moins étendue de toutes, & est située dans une petite vallée montueuse & semée de rocs, mais fertile en vins, en grains & en fruits. Les monts sont couverts de chataigners, de champs ou de paturages: celle de *St. Jean* est arrosée par le Pelice; d'un côté elle offre une plaine charmante, couverte de prairies, de l'autre un champ couvert de vignobles & de grains, qui s'élèvent entre les ceps, chargés de grapes. Les arbres à fruits y sont abondans; le meurier y permet d'élever beaucoup de vers à soie : sur les collines dispersées çà & là croissent aussi pèle-mèle la vigne, les grains, les légumes, & diverses plantes. La paroisse d'*Angrogne* est arrosée par le fleuve de ce nom : le sol y est montueux, il rapporte peu de vin, mais est abondant en chataignes, en bons fruits, en excellens pâturages : elle est singulierement fortifiée par la nature; on n'y arrive que par deux gorges, l'une au levant, l'autre au midi, & quand l'ennemi s'en serait saisi par ruse ou par trahison, les habitans trouveraient leur sureté dans les barricades qu'ils ont élevées, dans une vallée inaccessible à laquelle ils communiquent, ou sur le mont Vachera, ou encore dans les *prés de Tour*, vaste caverne entre les plus hautes montagnes où l'on ne peut arriver qu'avec des peines extrêmes. C'est là que venaient les *Bartes*, ou prédicateurs de la vallée, pour prêcher leurs paroissiens dans le tems des persécutions, & pour instruire les jeunes gens. *La Tour* prend son nom d'une ancienne tour fort haute, sur le sol de laquelle les ducs de Savoye ont fait élever une forteresse pour intimider & soumettre les habitans. Dans cette commune & dans celle de *Villar* il y a peu de sol uni, mais elles sont riches en vins & en fruits; vers le midi, elles ne produisent que des chataignes, & ne sont ornées que par de vastes pâturages; mais au nord sur les collines prosperent la vigne, les blés, les prairies. Celle de *Bobi* est la plus élevée, & cependant a des champs, des vignobles, des vergers. Les Alpes qui bordent cette vallée y prennent différens noms qu'il serait inutile de donner ici.

II. *Vallée de Perouse.*

Un bourg lui donne son nom, ou peut-être elle le doit à une petite forteresse élevée sur une hauteur qui commande les bords des rivieres de Cluson & de Germanasque à leur entrée dans la vallée, & qui ferme la communication avec celle de St. Martin & de Cluson. Sa longueur est de dix lieues de Piemont: elle a peu de plaines, & est arrosée par le Cluson qui y reçoit le Germanasque: au midi, on y recueille peu de vins, mais elle y est abondante en d'autres fruits, & a de beaux pâturages: au nord de la riviere il croît beaucoup de vin, & c'est vers cette partie que Pignerol est située. On y compte neuf communes: les plus confidérables font celles de *Perouse*, de *Pinaches* & de *Pramol*.

III. *Vallée de St. Martin.*

Longue de seize lieues de Piémont, elle est étroite & doit son nom à un village qui n'existe plus: sa partie basse est fertile en vins & en fruits; dans le milieu elle l'est en chataignes, dans la partie haute en excellens pâturages. On y compte dix communes, & les plus confidérables font celles de *Prals*, de *Macel*, de *Salsa*, de *Maneille* & de *Bouvils*: c'est la vallée la plus inaccessible de celles du Piémont; des montagnes affreuses l'environnent; elles sont couvertes de neige pendant huit ou dix mois, & l'on ne peut les escalader: l'on n'entre dans la vallée que par un trou qu'on nomme le *Pont de la Tour*, & qui est dans un vaste rocher. Cette ouverture est si large que le Germanasque y coule & qu'on l'y passe sur un pont fort élevé. Lorsque ce pont est abattu, la vallée est fermée de toutes parts. Les monts qui l'environnent renferment sept beaux lacs.

Dans ces vallées, & particulierement dans celle de St. Martin, on voit entre les montagnes & les rochers escarpés, couverts de bois & de buis, un grand nombre de lievres blancs, & qui le sont même durant l'été, des renards, de grands faisans, des perdrix, des loups, des ours. Dans les Alpes les plus élevées, & dans quelques lieux denués de bois, mais où l'on trouve quelques pâturages, vivent les marmottes, espece de bleireau, & qui par là, tient à la famille du porc; c'est mal à propos qu'on les a nommées les *rats des Alpes*. L'hyver elles deviennent très-grasses & pesent jusqu'à vingt livres; c'est alors qu'on les poursuit, & on les apprête & mange comme des cochons de lait, dont elle ne different que par les pieds & par le nez: (Busching devait ajouter par le goût:) elles se creusent leur demeure dans la terre sous un rocher, & dès que l'hyver approche, elles se font un lit de foin dans leur caverne dont elles ferment l'entrée, & y dorment rassemblées sur elles-mêmes & semblables à des boules, jusqu'au commencement du mois de May: lorsqu'elles sont réveillées, elles restent encore environ quatorze jours avant que de manger, mais elles boivent beaucoup pour se nettoyer l'estomac & les intestins; plus il a fait froid, plus leur sommeil a été profond, & quand le printems les a fait renaître, elles sont très-maigres. Outre ces animaux, ces montagnes nourrissent encore le chamois & le bouquetin, ce dernier assez semblable au bouc, se tient constamment sur les plus hauts rochers, dans les lieux où la neige ne fond point, où la glace facilite sa course; il est plus vite que le chamois & la chair en est ferme: on mêle quelques goutes de son sang dans un bouillon ou dans du vin chaud, pour ranimer les hommes dont le froid a roidi & gelé les membres; on les met au lit, ils y suent & se trouvent guéris. Parmi les animaux domestiques le jumart est le plus remarquable; il naît d'un taureau & d'une jument, ou d'un taureau & d'une anesse: celui-ci est plus petit & on l'appelle *bif*: celui-là est plus grand & son nom est *baf*: le baf a la machoire supérieure plus courte que l'autre, de maniere que les dents de la premiere sont d'un pouce ou même deux plus en arriere que celles de la seconde: c'est le contraire dans le bif. Sa tête, sa queue sont assez semblables à celles du bœuf: une petite bosse tient lieu de corne à sa tête: dans toutes ses autres parties, il ressemble à l'ane ou au cheval. Ils sont forts, mais moins que le mulet; ils mangent moins que lui, vont plus vite, & par là sont plus commodes pour voyager. Sur ces monts on recueille des plantes rares & succulentes, telles que la *lumaire* ou le *bulbonach*: on y trouve aussi une espece d'artichaut plus basse que celle de nos jardins, & qu'on dit être un remede contre la peste.

Ces vallées appartinrent toujours au Piémont: elles sont célebres par les persécutions que souffrirent leurs habitans, sur-tout en 1655. Aujourd'hui ils suivent en paix le culte qu'ils avaient embrassé; mais dans chacune de leurs paroisses il est une église catholique: on y compte environ 8000 ames, dont mille sont catholiques: leur jeunesse s'exerce aux armes & sert avec succès dans des tems de guerre.

Par la paix d'Utrecht, la France céda en toute souveraineté au roi de Sardaigne les vallées dont nous allons parler, située dans la partie des Alpes qui fait face au Piémont.

Cluson, belle vallée qu'on nomme aussi *Pragela*, qui confine à celles de Perouse & de St. Martin, est habitée par des Vaudois, renferme six églises, & la forteresse de *Fenestrelles*, élevée sur la rive du Cluson.

Oulx, *Cezane*, & *Bardonache* ont fait partie du Dauphiné. *Cezane* est un bourg qui eut le titre de marquisat. C'est dans la vallée d'*Oulx* qu'est située *Exilles* autrefois *Ocellum*, petite ville forte, défendue par quatre bastions; & par un château fort situé sur la montagne.

Pignerol, ou *Pinerole*, ville située dans la vallée de Perouse, qui fut autrefois fortifiée avec soin, & était la clef de l'Italie: longtems les Français la possédèrent; ils l'ont cédée en 1713 à la Savoye, après en avoir détruit les fortifications: elle n'est plus environnée que par un simple mur; en 1748, on y érigea un évêché suffragant de Turin.

Château-Dauphin, n'est qu'un château fortifié.

Marquisat de Saluces.

Ceux qui le possédèrent étaient alliés aux maisons les plus illustres de l'Europe, & on compte parmi eux de grands hommes: ce pays était alors un fief du Dauphiné. Le marquis *Jean Louis*, n'ayant point d'enfans, institua Charles IX roi de France pour son héritier; mais cette province

convenait

convenait à Charles Emmanuel duc de Savoye & il s'en empara. Henri IV le força en 1601 de lui céder en échange la Bresse, le Bugey & le pays de Gex. Le mont Viso, d'où sort le Pô y est renfermé; ses anciens marquis avaient fait percer cette montagne, par une voute de 500 pas de long, pour faciliter le commerce de leurs sujets avec la France.

Saluces, ou *Saluzzo*, *Salutiarum Civitas*, est selon quelques savans l'ancienne *Augusta Vagiennorum*; elle est située sur la pente d'une colline agréable, au sommet de laquelle est un château: les Alpes s'élevent derriere elle; le Pô coule à près de deux lieues de ses murs. Elle a été très-riche; mais elle se ressent encore de sa dévastation par les Français en 1690. Son évêque est suffragant de Turin, & prétend ne dépendre que du pape: son église cathédrale est belle: elle avait un college de jésuites, & a encore cinq couvens d'hommes & trois de religieuses.

Revello, *Rupellum*, petite ville, que défend un château fort situé sur un mont élevé.

Staffarda, abbaye de citeaux, située près du Pô, & célebre par une victoire de Catinat.

La Manta, *Verzuolo*, sont deux petites villes: la derniere est sur une colline.

Dronero, *Draconerium*, ville sur la Maira ou Macra que l'on passe sur un pont d'une hauteur extraordinaire : Dronero est située à l'entrée d'une vallée qui porte son nom & qui renferme six paroisses.

Demont, petite ville forte, défendue par un château fortifié & situé sur un roc escarpé. La ville est au centre d'une vallée très-peuplée, longue de vingt mille pas, divisée en haute & basse, ar-

Tome VII.   C

rosée par la Stura, riviere qui descend des Alpes & roule ses eaux limpides sur des cailloux utiles pour paver les chemins.

Carmagnolo, ville forte que défend une citadelle : elle est riche & commerçante, & enclavée dans le Piémont ; les fils ainés des anciens marquis de Saluces prenaient le nom de comtes de Carmagnole.

Castiglion, petite ville dans une contrée agréable, fertile, arrosée par le Pô : elle a le titre de comté, & fit partie du Montferrat jusqu'en 1630.

District de Savigliano.

Savigliano, ville dans une plaine arrosée par la Maira & le Grana ; la ville est entre ces deux rivieres ; sa situation la rend propre à être forteresse & elle l'a été. On y voit une riche abbaye de bénédictins : Philibert Emmanuel en voulait faire la capitale de ses Etats.

Carignan, ville ouverte (*a*) sur le Pô, dans une situation riante ; son pont sur le Pô est beau. Elle est la capitale d'une principauté qui donne son nom à une branche de la maison de Savoye, & dont l'origine est Thomas, le plus jeune des fils du duc Charles Emanuel. Le sol de cette principauté est fertile, & renommé par ses beaux pâturages ; le mûrier y prospere : on y voit encore la petite ville de *Raconigi*, au milieu d'une belle plaine, le bourg de *Cavaller-Maggione*, &c.

District d'Ivrée.

Situé au nord de Turin, il eut différens maî-

(*a*) D'autres disent qu'elle est très-fortifiée.

tres, & fut cédé enfin aux ducs de Savoye en 1631 par les ducs de Mantoue.

Ivrée, *Eporedia*, ville d'environ six mille ames, située à l'entrée d'une vallée, entre deux collines élevées, fur la Doria Baltea, défendue par trois châteaux & par quelques fortifications. Elle fut, dit-on, fondée cent ans avant Jefus Chrift, a un beau palais fur le bord du fleuve, des rues étroites & tortues, un commerce très-étendu en fromages eftimés: l'air y paraît humide & fes habitans font pâles. Son évêque eft fuffragant de Turin, & outre fa cathédrale, elle renferme cinq églifes & cinq couvens. Le territoire qui l'environne s'apelle le Canavez, ou le Canavefe: le marquifat dont elle eft la capitale, renferme encore la petite ville de *Front*, celle de *St. Georgio*, le bourg de *Borgo-Franco* que d'autres placent dans la Lomelline, le petit marquifat de *Palazzo*, & la ville de *Chivas* ou *Chivaffo*, ville forte au bord du Pô qui y reçoit l'Orco: importante par fa fituation, elle renferme une églife collegiale, cinq autres églifes & quatre monafteres.

Diftrict de *Chieri* ou *Quiers*.

C'eft un pays femé de collines, agréable, très-fertile. *Chieri* ou *Quiers*, *Carrea* eft fituée fur le penchant d'une colline: autour d'elle font des côteaux couverts de vignes: on y fabrique des étoffes & des draps, & le commerce y eft affez actif. Elle fut jadis une république: Lenglet y compte 13000 ames, mais ce nombre eft furement exagéré. On y voit une églife collegiale, un college où enfeignerent les jéfuites, fept couvens d'hommes, trois de femmes: fes fortifications ont été détruites & il n'en refte plus que des ruines. Un grand nombre de nobles l'habitent.

Riva di Chieri, petite ville située fur une hauteur & qui a un monaftere d'hermites Auguftins.

Villa-nova d'Afti, bourg entouré d'un foffé que les habitans d'Afti formerent des ruines de divers villages : il a deux églifes & deux couvens. *Pecetto*, bourg qui a le titre de comté: près de lui eft un couvent de camaldules. *Montalto* eft un comté, & *Cerifole* un village connu par une bataille : il eft fur une colline.

Monte Calieri, *Montcalier*, petite ville fituée dans un terrein fertile; l'afpect en eft riant : l'air y eft pur, le climat tempéré : fur le fommet de la colline eft un palais des rois de Sardaigne; bâtiment vafte, fimple, uniforme, entouré de beaux jardins; de là on jouit d'une perfpective variée, & on voit le Pô s'éloigner dans fon cours paifible des prairies & des bois qui en ornent les bords. C'eft là que fut détenu le roi Victor Amédée, lorfqu'il voulut remonter fur le trône.

Comté d'Afti.

Ce pays eft peuplé, fertile, affez étendu. *Afti Afia* ou *Hafta Pompeia* lui donne fon nom ; c'eft une ville peu éloignée du Tanaro, fituée dans une plaine fertile de 3 lieues de long, environnée de collines agréables : elle eft grande, affez bien bâtie, mais mal peuplée : en général la ville eft trifte, les rues étroites, le peuple pauvre. Ses fortifications font anciennes & mal entretenues ; fon château tombe en ruines. On croit qu'elle fut d'abord une colonie romaine dans la Ligurie; elle fut enfuite une république que les ducs de Milan détruisirent : elle appartint à la France, qui la céda à Charlesquint, & Charlesquint au duc de Savoye. Autrefois elle fut très-commerçante, aujourd'hui elle ne l'est plus ; on travaille le fer dans son grand faux-bourg. Son évêque est suffragant de Milan : on y compte cinquante sept églises, dont l'une est la cathédrale, trois sont collegiales, huit sont paroissiales ; les autres dépendent des couvens, des hôpitaux, des maisons d'ordre qui s'y trouvent. Dans son voisinage, à l'entrée du vallon de *Mancra* est une chartreuse.

Cisterna, petite ville qui a le titre de principauté ; c'est un fief qui relève du pape : d'autres la placent dans le district de Quiers. *Crescentino*, petite ville bien fortifiée, sur les bords du Pô : plusieurs géographes la placent dans l'enceinte du marquisat d'Ivrée.

Verrue, *Verruca*, ville sur une haute colline que baigne le Pô : elle a été forte, & son château passait pour imprenable : ses fortifications furent détruites en 1705.

Ceva, petite ville qu'entourent quelques fortifications, située dans un lieu bas voisin du Tanaro, environné de collines où croit du bon vin : ces collines touchent à l'Appennin : on y compte trois couvens & une église collégiale ; elle est la capitale d'un marquisat vendu à la ville d'Asti en 1295, pays montueux, mais agréable où l'on fait d'excellens fromages & qui est abondant en faisans & en perdrix.

Garezzo, ville ouverte sur le Tanaro : elle a onze églises, dont six sont paroissiales, & divers couvens.

Ormea, *Ulmetum*, petite ville défendue par un château fort, située sur le Tanaro.

District de Cherasque.

Cherasque est la seule ville de cette province: elle est forte, située sur une montagne, près du lieu où la Sture se jette dans le Tanaro. On y compte sept églises paroissiales, dont trois sont au dehors de ses murs, trois couvens d'hommes, un de femmes, & cinq à six mille habitans.

District de Fossano.

Il est peu étendu. *Fossano* est une petite ville sur la Sture, où sont des bains salutaires. Son évêché n'est pas riche, il fut fondé en 1592, & est suffragant de Turin. Sa cathédrale dédiée à St. Juvenal n'a rien de frappant: elle a encore trois églises paroissiales & trois couvens. *Bra* a le titre de comté, trois églises paroissiales, quelques monasteres: c'est une petite ville ouverte. *Somma riva del bosco* est un bourg.

District de Coni.

Coni, *Coneum*, ville forte & défendue par une citadelle importante: elle est située au confluent du Gesso avec la Sture, a une église collégiale, deux paroissiales, un college où les jésuites enseignent & cinq couvens, dont trois sont habités par des religieuses. Un canal la fait communiquer à Carmagnole & y facilite le commerce. *Villafallet*, *Busca*, sont deux petites villes qu'arrose la Maira: la derniere a été fortifiée. *Entracque*, *Interaque* est sur la Gesso. *Vinadio* est un village, près duquel sont des bains d'eaux minérales impregnées de sel & de soufre.

Les Langhes.

C'est le nom d'une petite contrée qui comprend les collines de ce nom, origine de l'Appennin; on y compte cinquante huit petits fiefs de l'empire, cédés au roi de Sardaigne par l'empereur en 1735, mais comme fiefs relevans de l'Allemagne: ils sont situés entre Albe & Ceva. Les plus considérables sont *Gorsegno*, bourg & marquisat. *Caretto*, marquisat qui donna son nom à une famille illustre. *Lavano* sur la mer Méditerranée. *Carosio*, &c.

District de Mondovi.

La ville qui lui donna son nom est située sur l'Elero, à deux lieues du Tanaro, au pied de l'Appennin, en partie sur un mont, en partie dans une vallée: son nom latin est *Mons Vici*, ou *Mons Regalis*: Philibert duc de Savoye y fit bâtir en 1573 une bonne citadelle. Son évêque est suffragant de Turin, son université n'est pas célèbre: on y compte une cathédrale, cinq paroissiales, deux colleges qui furent aux jésuites, douze couvens, & environ 10000 ames. Ses environs sont fertiles en vins, & l'on y voit trente & un villages assez grands. *Bene* a un ancien château fort, deux églises, trois couvens. *Marsaglia*, village célebre par une victoire de Catinat.

II. Comté de Nice.

Il a le Piémont au nord, la mer Méditerranée au sud, l'Etat de Gènes à l'orient, la Provence au couchant: il a fait partie de la Provence, &

en fut démembré contre les loix fondamentales du pays : les rois de France comme comtes de Provence, conservent leurs inutiles prétentions sur ce pays, parce que leurs droits, dit-on, sont imprescriptibles : la maison de Savoye doit ses droits au choix du peuple, à une longue possession, à des cessions répétées de la part du roi de France. C'est un pays fertile & riant, qui rapporte annuellement au roi de Sardaigne 500000 livres de Piémont. La province est plus étendue que le comté, & on la divise en six parties.

Comté de Tende.

Il fut possédé autrefois par la maison de *Lascaris*, issue de celle qui donna des empereurs à Constantinople : celle de Savoye l'a eue par échange en 1579 : son chef-lieu est un bourg de son nom, qui a un vieux château, une église collégiale, & est situé dans l'Appenin. Le pays qui l'environne renferme des bois, des prairies ; il forme des vallées agréables où mûrissent le raisin & divers fruits, tels que l'amende & la chataigne.

Comté de Boglio ou de Beuil.

Il appartient à la maison Grimaldi, est situé dans les montagnes, & doit son nom à un bourg : il renferme encore le *Puget*, *Villar*, *Tornafort* : le Var & l'Esteron, quelques montagnes y sont les limites communes entre la France & le comté de Nice.

Marquisat di Dola aqua.

Il renferme la petite ville de ce nom, défendue par un château fort: la Navia arrose son territoire fertile en bons vins & en huile excellente. *Perinaldo*, *Apricola*, &c. sont des bourgs ou des villages.

Comté particulier de Nice.

Nice sa capitale, en Italien *Nizza*, en latin *Nicéa*, ou *Bellanda*, en grec *Nixaia*, est située au bord de la mer, sur un rocher escarpé, & sur les rives du Paulon ou Paglion: vers le couchant elle est ceinte d'un mur & d'un fossé: un château vaste & fortifié la défend. Elle fut fondée par les Marseillois, est petite encore, mais bien bâtie; elle est le siege d'un conseil royal: sa cathédrale, dédiée à St. Reparate, est construite avec goût: on y compte encore trois églises paroissiales, un college où enseignerent les jésuites, & dix monasteres: derriere elle s'élevent les Alpes, qui à leur pied ont une campagne fertile, où l'on recueille des blés, des fruits, & sur-tout beaucoup d'olives. Son évêque est suffragant d'Embrun: on y voit quelques ruines antiques, mais c'est dans son voisinage, qu'on en trouve plus encore: là sont les débris de l'ancienne ville romaine de *Cemenalio*, aujourd'hui *Cimia*: on y voit des restes d'un amphithéâtre, d'un temple d'Apollon, des bains, d'un aqueduc, des inscriptions, &c.: on y a trouvé aussi beaucoup de monnaies romaines. Dans la mer sont des pierres où l'on voit cette espece de moule qu'on appelle *dattes*: le Var coule à son couchant.

Torbia, *Trophea Augusti*, *Villa Martis*, ville de 200 maisons, dans une petite plaine environnée de trois collines: près d'elle sont des restes de monumens romains, tels qu'un arc de triomphe élevé à l'honneur d'Auguste, placé sur le sommet d'un mont qui s'avance au dessus de Monaco.

Sospello, *l'Aspel*, *Hospitellum*. petite ville divisée en deux parties par le fleuve Vibera : on y compte 5 à 6000 habitans, deux couvens, quatre églises dont l'une est la cathédrale d'un évêque commun à cette ville & à celle de Vintimiglia.

Saorgio, petite ville sur un rocher élevé d'où tombe le Rodia & le Bendola, après avoir fait de la ville une presqu'isle. Au de-là du Rodia, sur un rocher inaccessible s'élève un antique château, nommé la *Mort* : sur le bord du ruisseau est un chemin pénible & couteux : le château de St George commande la ville.

Villa franca, petite ville forte située au pied d'un mont qui la sépare de Nice, au fond d'un Golfe formé par des monts rocailleux qui lui forment un port, en s'avançant en longs promontoires, dont l'un s'appelle *Montboron*, l'autre *Malalengua*; tous les deux ont un fort, & près de la ville sur un rocher est un château fortifié : le port est libre, spacieux, protégé par un fort : à sa gauche est un port pour les galeres royales, & une espece de chantier.

La Scarena, *Lantosca*, *Broglio*, &c. sont des bourgs.

Principauté d'Oneille.

C'est un fief de l'empire, environné par le territoire de Genes; la maison Doria le possédait : celle de Savoye l'acquit par échange en 1579. Son terrein est fertile en vins, en fruits, en excellente huile d'olive : elle se divise en trois vallées, qui sont celles d'*Oneille*, de *Maro* & de *Prela*.

Oneille ou *Oneglia*, est une petite ville située

au bord de la mer, peu large, assez longue, qui a de jolies maisons, fait un commerce considérable en huile, a une église collégiale & deux couvens, *Maro, Macrum*, bourg qui a le titre de Marquisat, & où l'on voit un couvent.

Préla, bourg, seigneurie qui donne son nom à une jolie vallée : ces deux seigneuries furent cédées à la Savoye avec le comté de Tende.

Vallée & territoire de Barcelonette.

Elle est située sur les frontieres du Dauphiné & de la Provence : tantôt faisant partie de la France, tantôt du Piémont, elle est restée à celui-ci par le traité d'échange de 1760. Le chef-lieu de cette vallée assez fertile, mais hérissée de monts est *Barcelonette*, petite ville sur une montagne, fondée en 1230 par Raimond Berenger comte de Provence, qui lui donnèrent ce nom pour conserver la mémoire du lieu de leur origine, voyez ce que nous avons dit de cette vallée, tome V, page 343.

III. Duché de Montferrat.

Au couchant & au nord, il est borné par le Piémont, à l'orient, il l'est par le Milanez, & au midi par l'Etat de Gènes, il a environ vingt lieues de long & douze dans sa plus grande largeur : entrecoupé par des monts, ses vallées sont riantes & fertiles : on y compte plus de 200 villes, bourgs ou villages. C'est à sa fécondité qu'il doit son nom, *Monsferax*, les grains y sont abondans ; on y recueille d'excellens vins, sur-tout des vins muscats : il est cultivé avec soin. Il eut d'abord le nom de marquisat: le premier de ses possesseurs dont on ait connaissance, se nommait *Guillaume* & vivait en 980, sa postérité masculine s'éteignit en 1305. Jolande, sœur du dernier prince, avait épousé Andronic Paleologue empereur de Constantinople, & le Montferrat appartint à Théodore Comnene son fils. Jean Paleologue II, convint en 1330 avec Aimond comte de Savoye époux de sa sœur, que si sa maison s'éteignait, celle de Savoye lui succederait. Elle s'éteignit en 1533, & malgré la convention, le Montferrat passa au duc de Mantoue, dont la femme était de la famille des Paleologues: Charlequint lui en donna l'investiture en 1573, Maximilien II érigea ce marquisat en Duché: celui de Mantoue passa en 1627 dans la famille des ducs de Nevers & de Rethel, qui fit un traité à Cherasque avec la Savoye, & lui céda une partie du Montferrat en 1631; cette famille éteinte en 1708, l'empereur devenu duc de Mantoue, céda au duc de Savoye l'autre partie, & c'est depuis ce tems qu'il fait partie des Etats du roi de Sardaigne: il est toujours cependant un fief de l'empire, comme il l'était sous le gouvernement des ducs de Mantoue.

On divise le Montferrat en haut & bas, le premier forme la province de Casal, & celle de Trino, c'est celle-ci avec celle d'Albe qui fut d'abord cédée à la maison de Savoye. Le second renferme celles d'Albe & d'Acqui.

Bas Montferrat.

Il s'étend le long du Pô, & comprend la partie du pays située au nord & au couchant.

Trino, ville médiocre par son étendue, ses

maisons, & ses fortifications : des marais l'environnent, ils en rendent l'air mal sain & font qu'elle n'est pas peuplée : elle est placée sur la rive septentrionale du Pô, & fut trois fois assiégée & prise dans le dix septieme siecle.

Lucedio ou *Luceda* & *Rondisson*, grands villages ou bourgs situés au nord du Pô : le premier a une riche abbaye, nommée en latin, *Abbatia Mariæ Lucediæ*.

Cinzano, *St. Raphael*, *Gasso*, sont au midi du Pô : ce sont des bourgs.

Casal, *Casale St. Evasii*, capitale du Montferrat, est située sur le Pô; entourée autrefois de fortifications redoutables, défendue par un château & par une citadelle, elle fut une ville importante : sa citadelle sur-tout passait pour un chef d'œuvre. Aujourd'hui elle est déchue en richesses & en forces : ses environs sont cependant toujours fertiles. Un évêque suffragant de Milan y siege. On y voit quatre églises paroissiales, six monasteres d'hommes & trois de femmes.

Ponte Stura, bourg au confluent de la Sture & du Pô. *Frassine*, *St. Salvado Vignale*, *Lu*, &c., sont des lieux peu considérables. *Pomaro*, a le titre de marquisat. *Nizza de la Puille*, petite ville presque ruinée : elle est sur le Belbo, ainsi que *St. Steffano di Belbo*.

Haut-Montferrat.

Alba, *Alba Pompeia*, ville sur la rive droite du Tanaro, & dans laquelle on compte une église cathédrale, trois paroissiales, deux autres églises, quatre couvens d'hommes, trois de femmes : son évêque est suffragant de Milan. Cette ville est ancienne & on la croit fondée par Pompée dont elle conserve le nom. Près d'elle était *Villa-Martis*, lieu où naquit l'empereur Pertinax.

St. Domino, petite ville qui a été forte, & est aujourd'hui démantelée.

Acqui, *Acquæ-Statellorum*, ville ancienne sur le Borimida ou Bormia. Son nom vient de ses salutaires bains chauds, & de la petite nation des *Statellii* dont elle fut la capitale. Elle est le siege d'un évêque suffragant de Milan, & a été plus considérable autrefois; on y fait usage de ses eaux en Mai & Septembre, elles sont presque bouillantes, & n'alterent point la couleur de l'herbe qui y naît. On y voit deux églises, trois couvens d'hommes & un de religieuses.

Cortinuglia, petite ville que le Bormida partage. *Spigno*, petite ville, chef-lieu d'un marquisat qui dépendait immédiatement de l'empire, & qu'acheta la maison de Savoye en 1724. *Monte-Chiaro* est aussi une petite ville.

IV. *Partie du duché de Milan.*

Elle a été cédée en différens tems à la maison de Savoye par la maison d'Autriche: elle s'étend des rives occidentales du lac Majeur & du Tesin jusqu'au delà du Pô & près des frontieres de Gènes: le sol en est très-fertile, & arrosé par différentes rivieres.

Par le traité de Turin en 1703 & 1708, l'empereur céda au duc de Savoye, les trois petites provinces que nous allons décrire.

Province d'Alexandrie & de Valence.

Elle est presque environnée par le Montferrat:

les vignes, champs & prés font ceints par un fossé plein d'eau, & une haie vive que soutiennent de distance en distance des peupliers & des meuriers: c'est un moyen de rendre la sécheresse & les inondations moins destructives.

Alexandrie doit son nom au pape Alexandre III, & fut surnommée *de la paille*, parce que ses premiers murs élevés à la hâte furent faits de terre glaise mêlée de paille hachée: elle est ceinte d'un rempart & d'un fossé, ses maisons sont de pierres, mais on n'en voit ni de grandes, ni de belles: son nouvel hôtel de ville est le seul édifice remarquable qu'elle renferme. Sa cathédrale est gothique, ses foires sont célebres, elles se tiennent en Avril & Octobre; on y échange de la bijouterie & des étoffes contre la soie, du coton & autres productions du Levant. Le Tanaro qu'on y passe sur un pont de bois la sépare de sa citadelle construite à la Vauban, & gardée par cinq regimens d'infanterie. Ses environs sont plats & marécageux. Un évêque suffragant de Milan y siege, & nous avons parlé de sa cathédrale: on y voit encore deux églises collégiales & douze paroissiales, douze couvens de moines & cinq de religieuses. Elle n'a cependant que 12000 habitans.

Borge, bourg & abbaye décorée d'une belle église, l'Orbe l'arrose: il est connu sur-tout, parce que Pie V y naquit. *Pionera*, bourg sur le Tanaro.

Valenza, ville assez forte sur la rive du Pô, & défendue par un château fortifié avec soin & élevé sur un mont: on en fait aujourd'hui la capitale de la Laumeline, ou Lumelline dont nous allons parler.

Provence de Lumelline.

Ce pays est abondant en riz; mais l'air y est mal sain.

Lumello, ancienne résidence des rois Lombards n'est presque aujourd'hui qu'un village: elle est sur le Gogna.

Mortara, ville médiocre, assez riche & fortifiée: elle fut plus forte autrefois: c'est près de ses murs que Didier, roi des Lombards, fut vaincu par Charlemagne. *Bremme* est sur le Pô, *Borgo-franco* est peu considérable. *Pieve del Cairo*, n'est remarquable que par un beau palais de la maison d'Isembardo.

District du val de Sesia.

Il est composé de diverses vallées; son nom lui est donné par une rivière qui sort des hautes Alpes & se jette dans le Pô au dessous du Casa. *Varallo* en est regardé comme le chef-lieu. *Borgo di Sesia* & *San Maiolo*, sont aussi de petits bourgs. Selon Lenglet, ce district ne fut cédé à la Savoye qu'en 1743.

Par les préliminaires de Vienne en 1735, & leur exécution en 1736, la Savoye obtint comme fiefs de l'empire les trois petites provinces dont nous allons parler.

Le Novarese.

Novarre, ville bien bâtie, défendue par de bonnes fortifications, par un château, & qui a un évêque suffragant de Milan, est située sur une éminence & dans une situation agréable. Outre sa cathédrale on y compte dix sept églises paroissiales,

onze

onze monasteres d'hommes & sept de femmes. Son évêque exerce la jurisdiction temporelle dans une grande partie du district & jusqu'aux rives du lac Maggiore ou Majeur: il porte l'épée, ou en a le droit lorsqu'il monte à cheval. Parmi ses églises on remarque celle de St. Marc par sa construction & ses peintures. Le pays qui s'étend de Novarre à Verceil est abondant en riz.

Trecaste ou *Trecaoto*, *Cerano*, *Romagnano*, sont des bourgs: de ce dernier part un canal rempli des eaux de la Sesia qui se rend à Cerano, & delà, divisé en deux bras, se termine à St. Foresca dans le Vigevanasque sur les bords du Tessin. *Olegio*, *Borgo-Manero* sont aussi des bourgs. *Orta* est une petite ville, une seigneurie qui appartient à l'évêque de Novarre, lequel par une convention a reconnu la souveraineté du roi de Sardaigne qui le protege, lui donna le titre de marquis, & une pension de 4000 livres: près d'Orta est le lac de ce nom. *Biadrate* & *Silavengo* sont des bourgs.

Le Tortonese.

Il confine à la province d'Alexandrie & à l'Etat de Gênes. *Tortone* sa capitale, est une ville ancienne, qu'on appellait *Dertho* ou *Derthona*, colonie romaine, autrefois considérable, riche & peuplée: aujourd'hui elle est presque déserte, & ses habitans sont pauvres quoiqu'actifs & intéressés. Le voisinage de Gênes y fait vivre encore le commerce. Elle est ceinte de murs & de tours, & défendue par un château situé sur une hauteur près du Scrivia. Son évêque est suffragant de Milan: on y compte sept églises, neuf couvens d'hommes, quatre de religieuses.

Tome VII.   D

Castel-Nuovo di Scrivia Tortonese, bourg situé entre Tortone & le Scrivia. *Serravalle*, petite ville défendue par un château fort: le Scrivia passe auprès de ses murs; c'est un passage de l'Etat de Gênes au Milanais: ses environs renferment de riches mines de fer. *Gigiole* & *Pietra-Bissara* sont des bourgs.

La seigneurie de *S. Fedele* située sur le Pô, dans la Lumelline, la *Torre di Rotti*, à l'entrée du Tortonese, *Gravedo* & *Campomaggiore*, ont été cédés dans le même tems: ils sont situés, & principalement *Campomaggiore*, entre Gênes & Acqui.

Par le traité de Vorms en 1743, l'Autriche céda au roi de Sardaigne les quatre districts suivans.

Le Vigevanasque.

Vigevano, *Viglevanum*, ville fortifiée, située au bord du Tessin & siège d'un évêque suffragant de Milan, mais nommé par le roi de Sardaigne. On y compte trois églises paroissiales, cinq couvens d'hommes & un de femmes. Sa situation est agréable, ses environs stériles: un château bâti sur un rocher voisin la défend.

Perona, est un bourg.

Le val d'Ossola.

C'est la partie occidentale du comté d'*Anghiera*, située au couchant du lac Majeur; les limites communes à l'Autriche & à cette partie des Etats de Sardaigne, passent par le milieu de ce lac & suivent le Tessin: des monts, des vallées la composent; mais par-tout le sol est fertile, & il est très-

Principauté de Piemont.

peuplé. En le cédant à la Savoye, l'Autriche a perdu son commerce libre & facile avec la Suisse & la France, car le mont Simplon par lequel il se faisait est aujourd'hui sous la domination des rois de Sardaigne.

Arona, petite ville, située sur la pente d'une colline que termine le lac Majeur : son aspect est agréable. Obizan qui vivait dans le dixieme siecle la fonda ; une abbaye de bénédictins la rendit florissante : ses vins sont recherchés, ses environs sont rians & des plus fertiles de l'Italie. Ses maisons, son église, son abbaye changée en seminaire par St. Charles Borromée, sont très-bien bâties. St. Charles y était né, & y devint abbé. Sur une esplanade formée sur la croupe d'un mont voisin on voit sa statue colossale : elle est de cuivre battu, haute de 111 pieds, en y comprenant le piedestal. Près de-là, fut le tombeau du saint, avant qu'on en transporta les restes à Milan ; il y attirait une foule de pelerins ; on l'appelle encore *Mont St. Charles*.

Omegna, petite ville sur le lac d'Orta. *Palanza* est près du lac Majeur. *Vogogne* ou *Ugogna*, *Domo d'Oscello* ou *Dossolla*, qui a une forteresse, *Ponte Mayo* & *Deuedro*, sont de petites villes voisines des Alpes, & situées sur le torrent de Tosa. *Mergozzo*, située dans un terroir fertile, touche à un petit lac qui est joint au lac Majeur.

Une partie du Pavese.

C'en est la partie située entre le Pô & le Tessin, & celle au midi du premier fleuve. Là est située *Voghera*, qu'on croit être l'Iria d'Antonin : sa situation est agréable, ses habitans sont pauvres, le Staffora l'arrose. *Ste. Marguerita*, *Varzio*, &c. sont de petits lieux.

La jurisdiction de Bobbio.

Elle touche au duché de Parme. La ville de ce nom a le titre de comté, son évêque est suffragant de Gènes; elle est petite & mal peuplée: son abbaye fondée par St. Colomban qui mourut en 615, est un édifice des plus anciens. On y compte quatre couvens, dont un est habité par des religieuses. La Trebia l'arrose.

V. Seigneurie de Verceil.

Elle est arrosée d'un grand nombre de rivieres, qui viennent se joindre à la Sesia, dont le cours fait la limite commune entre cette province & le duché de Milan. La maison de Savoye la reçut en 1427, de son dernier seigneur particulier. Le sol y est très-fertile: on la divise en deux districts.

District de Verceil.

Vercelli, *Verceil*, ville qu'arrose la Sesia: un ruisseau qui s'y jette coule par la ville & fertilise ses environs. Elle a été une forteresse importante, aujourd'hui ses fortifications sont ruinées, & en rendent l'aspect triste & désert: elle est très-reguliere, mais ses beaux édifices & ses maisons bien alignées sont peu habités. Son évêque, suffragant de Milan, a un diocese étendu, & deux églises cathédrales qui se disputent le premier rang: on y compte encore douze autres églises: dans celle de Ste. Marie Majeure, on remarque une voûte foutenue par quarante belles colonnes de marbre, & un pavé en mofaïque qui repréfente l'hiftoire de Judith: dans celle de St. Eufebe font les évangiles de St. Marc & de St. Matthieu, écrits, dit-on, de la main du premier, & dans celle de St. André, on montre un crucifix dont on ne connait point la matiere. On y compte encore deux abbayes, douze couvens d'hommes, trois prévôtés, deux prieurés, fept couvens de femmes, trois maifons de pauvres & cinq hôpitaux: dans l'un de ceux-ci on fait voir le cadavre d'un homme éthique, qui n'a éprouvé aucun changement depuis fa mort: fa peau & fes os étaient tout ce qui demeurait de lui; les couleurs en font encore naturelles. Verceil n'a pas 20000 habitans.

St. Ya, Sancta Agatha, petite ville fur le Naviglio, où l'on trouve une églife cathédrale de l'évêque de Verceil & un couvent de moines: St. Ya fut détruite en 1200 & rebâtie longtems après. *Saravalle, Buronzo, Defana*, font des bourgs. *Gattinara*, petite ville fur la Sefia: elle a le titre de comté, une églife paroiffiale, & deux couvens.

Diftrict de Biella.

Biella, *Bugella*, ville fur une colline agréable près de la Cerva; elle eft riche & peuplée de 7000 habitans: on y fait de fréquens pélérinages, en l'honneur d'une image miraculeufe de la Vierge. Partagée en haute & baffe, celle-ci renferme quatre églifes & quatre monafteres, celle-là, une églife & trois couvens: autour d'elle on trouve encore quatre églifes & deux monafteres.

Dans ce diftrict on trouve les bourgs de *Pie di Cavallo*, de *St. Damiana*, de *Ravafio*, &c., la petite ville d'*Andorno*, chef-lieu d'un marquisat, & la montagne d'*Oroppa*, où est une église dédiée à la Vierge, & diverses chapelles : c'est sans doute là qu'est le pélérinage dont on a parlé dans l'article précédent. La seigneurie de Verceil renfermait encore la principauté de *Masserano*, & le marquisat de *Crevecœur* ; l'une & l'autre sont des fiefs de l'église, & appartiennent à la maison Ferrara ou Acciaioli de Fiesque. *Masserano* en est le chef-lieu, la résidence de ses princes : c'est un petit bourg. *Busnengo* est plus petit encore. *Crevacore* est un village.

VI. Duché d'Aoste.

C'est un pays hérissé de montagnes, où l'on trouve des vallées fertiles en bleds, abondantes en pâturages : la vigne prospere en quelques endroits, les fruits y sont communs : ses habitans ont des goitres volumineux : quelques-uns en ont plusieurs, les uns dessous les autres : c'est à *St. Martin* & à *Fenis* qu'on en trouve le plus, le même lieu renferme souvent des filles petites, imbéciles, d'un teint plombé, d'un aspect dégoutant, & des beautés fraîches & riantes, à la taille dégagée, au teint le plus fleuri, telles qu'on en trouve peu dans les pays voisins. Les habitans des cantons éloignés des passages, sont simples & ingénus ; ils ont peu de liaison avec leurs voisins. Là sont des Alpes élevées, telles que le petit *St. Bernard*, *Mons Columnæ Jovis*, & une partie du Grand. Là naît encore la Doria Baltea : la plus grande étendue de ce pays est de douze à quinze lieues. On y parle français, on y connaît peu les commodités du luxe. Tous ses habitans sont catholiques, mais ont un rituel particulier. Les *Salasses* furent ses premiers habitans connus; il eut longtems ses seigneurs particuliers, & d'eux il parvint aux comtes de Savoye. Fréderic II l'érigea en duché l'an 1238.

Aoste; *Avosta*, *Augusta Pretoria*, ville sur la Doria Baltea, dans un bassin fertile où viennent se réunir les diverses vallées du pays. Auguste y établit une colonie de 3000 soldats Prétoriens, & lui donna son nom. Son évêque est suffragant de Moustiers en Tarentaise. Sa cathédrale est assez grande, elle est ornée de tableaux médiocres & d'autels d'un beau marbre: il y a encore une église collégiale où l'on montre une pesante croix d'argent & les reliques de Ste. Urse, dans une belle chasse d'argent. On y voit trois églises paroissiales, deux colleges, quatre couvens. Son amphithéâtre, ou, ce qu'on croit avoir été son amphithéâtre, sert comme de porte par la voûte qu'on en a formé, mais il est dans la ville: ses pilastres étaient d'ordre composite; les pierres dont il fut composé sont très-grandes; une partie est ensevelie sous terre, ou cachée par les maisons. A l'orient est l'arc de triomphe élevé en l'honneur d'Auguste: il est entier encore, soutenu par un triple rang de colonnes d'ordre corinthien peu dégradées: il forme une voûte d'environ cinquante pieds de haut sur trente de large. Vis-à-vis est un beau pont d'une seule arcade, sous laquelle coulait le Bauteggio, qui depuis longtems s'est fraié un autre lit: il est enterré en partie, & ce qu'on en voit fait regretter ce qui en est caché: il supporte le poids de quelques maisons, & d'un double pavé vers le midi; dans un ravin est le pont d'E, qui servait aussi d'aqueduc: il est d'une seule arcade, d'une hauteur prodigieuse; il fut bâti fous Augufte Les environs d'Aofte font très-agréables, mais la vue y eft refferrée par différentes chaînes de montagnes.

Verrez, *Vitricium*, bourg au pied d'une colline où eft un cloître de chanoines réguliers : plus haut eft un château fort qu'il eft difficile de forcer. *Bardo* ou *Bard*, bourg dominé par une forterefle qui défend le paffage de la vallée : elle eft fur un roc efcarpé & entourée de divers ouvrages. *Donas*, grand village où eft un chemin taillé dans le roc vif, large de douze pieds, dont l'entrée eft une arcade : on y a gravé en grandes lettres que c'était là qu'avait paffé Annibal, & les gens des environs le croyent. *Chalant* fut un comté : fon vieux château exifte encore fur une hauteur : il n'a plus que les murs. *Châtillon* eft une baronnie : ce village a un pont d'une hauteur effrayante, d'où l'on en découvre un plus petit qu'on dit être un ouvrage des Romains. *Fenis*, &c. font des villages.

Cormaggiore, bourg fitué dans une vallée agréable & fertile, où l'on recueille du froment, de l'orge, du chanvre, du lin, des fruits : on y compte 288 feux : fes habitans après avoir cultivé leurs terres fe répandent dans les environs pour y travailler, & ils reviennent enfuite dans leurs foyers domeftiques, jouir du fruit de leurs épargnes; les hommes & les femmes font moins ignorans que leurs voifins, très-charitables, mais peu accueillans. Des eaux minérales, falutaires pour les obftructions, les fievres, les maux de nerfs, y attirent des étrangers : l'air y eft pur, la nature y eft pittorefque : près de là, vers l'orient, eft un labyrinthe dont on raconte bien des fables; il eft vraifemblable qu'il eft le refte des mines d'or, d'argent & de cuivre qu'on y exploitait autrefois. Près de-là est le mont élevé du *Cramont*. Sa hauteur est de 1405 toises au dessus du niveau de la mer: de son sommet on jouit d'une vue magnifique.

Val de Cogne, c'est un comté auquel une petite riviere donne son nom, & qui appartient à l'évêque d'Aost: il renferme treize villages: les monts qui les resserrent sont riches en mines de fer & de cuivre: on les exploite, mais faiblement.

VII. ISLE DE SARDAIGNE.

Elle est environnée par la mer Méditerranée & est séparée de l'isle de Corse, par le détroit de St. Boniface: sa surface est de 1200 lieues quarrées: elle eut les noms d'*Ichnusa*, de *Sandalioris*, de *Sardo*. Elle renferme d'excellens ports, est défendue par des tours élevées sur le rivage, coupée par des collines & des montagnes aussi fertiles que ses plaines: c'est vers le nord que sont ses monts les plus élevés; c'est au midi qu'elle a ses plaines les plus étendues: ses vallées couronnées de bois de haute futaie, y sont parsemées de fleurs, de plantes odoriférantes, de fruits délicieux, de vergers embellis par des ruisseaux & des fontaines jaillissantes: l'hyver y est tempéré par les vents du nord; ses champs rapportent divers sortes de grains; on cultive la vigne jusques sur ses montagnes; l'olive, le citron, l'orange, sont une de ses richesses: de nombreux troupeaux couvrent ses pâturages, & on y a compté jusqu'à 1600 mille brebis. Ses habitans sont bien faits, doux, honnêtes, robustes, vigilans; moins sinceres que les Espagnols auxquels ils obéirent longtems, ils ne sont pas si rusés que les Italiens; ils parviennent à une grande vieillesse: le sexe y est très-beau, fort poli, attraiant. On n'y compte qu'un million d'habitans; des eaux croupies en corrompent l'air, en rendent plusieurs cantons déserts : les Romains cependant en exageraient le danger. La mer y est riche en corail & en poissons, sur-tout en sardines; c'est un des principaux objets du commerce de cette isle : le transport des laines, des peaux, du lin, du fromage, du miel, occupent sa marine marchande : ses forêts recelent des buffles & des cerfs différens de ceux du continent : l'ours y est inconnu, le loup y est rare & peu dangereux : la taupe ni la fouine ne s'y trouvent pas : on y trouve une espece de cheval qui ne s'apprivoise point, on le tue & on en vend la peau ; le cheval ordinaire y a quatre pieds & un pouce de haut, il a la tête grosse, les membres fins & déliés, est vif, fort, & résiste longtems à la faim & à la fatigue : il y a une troisieme espece de cheval plus semblable à celle du continent : l'âne y est petit, il sert pour tourner les moulins, pour porter au loin de l'eau pure, &c. : il n'y en a pas de sauvages : on y voit des chiens nés du levrier & du matin, fort laids, point sujets à la rage, excellens pour la garde & la chasse. Le bœuf y est petit & maigre ; la vache presque stérile & sans lait, ainsi que la chevre; le mouton n'a qu'une laine assez grossiere, mais il est bon à manger : le chevreuil y est rare & le dain commun : c'est là qu'on trouve le *mufle*, animal semblable au mouton sans en être une espece : le renard y sert plus qu'il ne nuit : on y trouve l'espece de belette, nommée *bocamela*, par Aristote *Iltida* : elle vient de la Grèce, ainsi que le mufle. On n'y voit plus cette plante qui forçait à grimacer celui qui en mangeait, & qui a fait donner au ris forcé, le nom de ris fardonien. Ses montagnes renferment des mines d'or & d'argent. Les églises & les cloitres y sont nombreux, riches & fort ornés; leurs revenus annuels peuvent être de 250000 piastres. On dit que Sardus, fils d'Hercule, y conduisit une colonie, & lui donna son nom; les Carthaginois y regnerent, les Romains l'unirent à la Corse pour en faire une province; les Vandales, les Sarrasins s'en emparerent; les Pisans & les Génois se la disputerent & la partagerent. Boniface VIII, permit aux rois d'Aragon de la joindre à leurs Etats: elle en fit partie jusqu'en 1708, que les Anglais la conquirent; elle devint par la paix d'Utrecht une possession de l'empereur, qui l'échangea en 1718 contre la Sicile, que possedait le duc de Savoye: ce royaume ne lui est précieux que par le nom de roi qu'il lui donne: car en déduisant de ses revenus la paye des troupes & des officiers civils, à peine lui reste-t-il 100000 livres: une sage administration peut en augmenter la richesse & la puissance. On la divise en deux parties, l'une au midi, l'autre au nord.

Capo di Cagliari.

Cagliari, *Calari*, autrefois *Calaris* & *Carales*, est la capitale du royaume & le siege du vice-roi pendant six mois, de l'audience royale, d'une chancellerie royale apostolique, d'une intendance & d'un archevêché, d'une université renouvellée en 1764: elle a devant elle un port vaste & sûr, au fond d'un golfe, à couvert par la petite isle de *Pietra-Laida*; des fortifications & un château la défendent. Son archevêque avait trois suffragans, trois lui ont été incorporés; il se donne le titre de conseiller du roi, de primat de Sardaigne & de Corse, de prieur de St. Saturnin, de seigneur des baronies de Suelli, de St. Pantaleon, de l'isle de St. Antioche, &c. On y compte six églises, dont une est cathédrale & trois collégiales, dix huit couvens de moines, cinq de religieuses : la ville haute a une église revêtue de marbre ; & dans trois chapelles souterraines, elle renferme les reliques de plusieurs martyrs. La ville basse moins propre, moins agréable, mal saine, est presque déserte, quoique située au bord de la mer. Le palais du vice-roi est fort beau : on y compte 50000 habitans. Sa latitude est de trente neuf degrés vingt minutes, sa longitude de vingt sept degrés quarante minutes.

St. Pantaleo, village sur le sol où fut autrefois la ville épiscopale de *Dolio*. *Palma di Solo*, port voisin des ruines de l'ancienne ville de *Sulcis*.

Villa d'Iglisas, petite ville fortifiée, à quelque distance d'un grand golfe au sud de l'isle, siege d'un vicaire de l'archevêque, & qui a une église & cinq couvens. *Monastir*, *Montereale*, *Ores*, sont des Baronies : dans la derniere est *Toralba*, village qui fut une ville. *Villasor*, *Villasidro*, sont des marquisats. *Oristano*, ville fortifiée près d'un grand golfe qu'on nommait *Hierus Sinus*, capitale d'un marquisat, siege d'un archevêque : l'air y est mal sain, elle est mal peuplée, ses environs sont très-fertiles & rians. Il ne me parait pas qu'elle soit l'ancienne *Arborea*. *Ale*, *Alesia*, petite ville, siege d'un évêché suffragant d'Oristano, fondé d'abord à *Usel* qui n'existe plus. *Lacon*, *Dosolo*, *Castello di Chiara*, sont des bourgs.

Capo di Logodori.

Sassari, ville dans une plaine, assez grande, peu

fortifiée, nommée encore *Logodori*, à cause des mines d'or & d'argent qui sont dans ses environs: sa fontaine de *Rosello*, est une des plus belles qu'on puisse voir : son archevêque (*archiepiscopus Turritanus*) y fut transporté de *Torré* ou *Turris*, petite ville déchue au bord du Torré, riviere qui passe à Sassari. Le vice-roi y réside six mois : on y compte treize couvens d'hommes, trois de femmes & 27000 habitans. Sa longitude est de vingt six degrés, quatorze minutes : sa latitude de quarante degrés, quarante six minutes.

Bosa, petite ville, dont le port est formé par l'embouchure de la riviere de ce nom, & qui est le siege d'un évêque suffragant de Sassari : on y voit quatre couvens : on pêche le corail sur les côtes voisines. *Algeri*, jadis *Corax*, peut-être parce qu'on y pêche le corail le plus estimé, est située dans un golfe étendu. Son port est bon, sa situation avantageuse : son évêque est suffragant de Sassari : sept couvens sont dans son enceinte, deux auprès. *Sedini* est un bourg voisin du lieu où fut *Ampurias*, ville épiscopale. *Castillo Aragonese*, petite ville fortifiée, enrichie d'un port, ornée d'un évêché : elle n'a qu'un couvent, & fut la premiere ville soumise aux armes d'Aragon, & de-là vient son nom. *Terranuova*, petite ville dans un golfe, au fond duquel est son port : elle fut bâtie des débris de l'ancienne *Civita*, ville épiscopale. *Galtelle*, ville déchue qui autrefois fut un évêché. *Sininiscola*, est un bourg. *Possata*, *Orose*, des baronies.

Environ quarante petites isles sont dispersées autour de celle de Sardaigne : celle d'*Asinare* ou *Zanara*, autrefois *Hercules*, est la plus riche & la plus habitée : elle a dix lieues de tour, est au couchant de la Sardaigne, appartient à Sassari, est défendue par des tours munies d'artillerie : fes montagnes font peuplées de fangliers, de cerfs, de buffles & de faucons eftimés. Près de Terra-nuova eft l'isle de *St. Damafe*, ou de *Buciana*, jadis *Paufanias*; fon circuit eft de quatre lieues, fon fol eft hériffé de monts, & l'un d'eux eft le premier objet qui frappe le navigateur qui va d'Italie en Sardaigne. Au midi eft l'isle de *San Antoggio*, nommée *Mœliboldes* par Ptolomée, *Enofis* par Pline, *Plombée* par d'autres auteurs : elle eft riche en mines de plomb, a huit lieues de tour, & conferve encore les ruines de l'ancienne *Sulcis*, & une partie de la fuperbe église de *St. Antogio* ou *Antioco*: au couchant de cette isle eft celle de *St. Pietra*, jadis *Kieracum* & *Azores*, à caufe de la multitude d'oifeaux de ce nom qu'on y voyait. Une églife magnifique dédiée à St. Pierre, lui fit donner fon nom actuel : fon port eft vafte & fon mouillage fûr : elle a fept lieues de tour, & un bourg nommé *Carlo-forte*. A l'orient de Sardaigne eft l'isle de *Tavaloto*, autrefois *Hermeas* & *Mercure* : ces isles & celles que nous ne nommons point font couvertes de bois, abondantes en gibier, fertiles en grains & en fruits : la pêche des tons & du corail fe fait avec fuccès fur leurs côtes.

ETATS AUTRICHIENS DANS LA LOMBARDIE.

Ils font compofés des duchés de Milan & de Mantoue ; & forment une furface d'environ 580 lieues quarrées.

I. Duché de Milan.

Au couchant il confine au Piémont, vers le nord

à la Suisse, vers l'orient à la république de Venise & aux duchés de Mantoue, de Parme, de Plaisance; au midi à la république de Gênes. Il a trente lieues de long sur dix dans sa plus grande largeur: c'est un des pays les plus beaux & les plus fertiles de l'Europe; arrosé par un grand nombre de rivieres, de ruisseaux, de canaux, il est abondant en grains excellens, en maïs, sur-tout en ris, plante utile, mais qui pour prospérer, doit être plongé dans l'eau jusqu'à l'épis: les champs de ris deviennent des marais qui corrompent l'air, & précipitent la vieillesse de ceux qui le cultive. De féconds pâturages couvrent une partie du pays; c'est sur-tout dans le district de Lodi, qu'ils sont vastes, rians & couverts de troupeaux: c'est là aussi qu'on fait les fromages recherchés sous le nom de parmesan, dont on se sert en Italie pour faire des consommés. On y recueuille du bon vin, des fruits exquis: les champs y sont bordés de meuriers, & l'on y fait beaucoup de soye. Les champs ne s'y reposent jamais: les prés qu'on arrose se fauchent quatre fois chaque année: le gibier, la volaille y sont abondans & exquis. Le climat y est assez doux: le voisinage des montagnes en rend la température inégale: l'été y est sujet aux orages: l'hyver y couvre les champs de neiges. On y trouve plusieurs lacs étendus. Le lac *Majeur*, autrefois *Lacus Verbanus*, est long de vingt trois lieues, large de deux à trois, profond dans le milieu, d'environ 200 pieds: le sol qu'il couvre est pierreux, & ses eaux sont pures & verdâtres; il nourrit dans son sein diverses especes de poissons, surtout des truites: il est environné de collines couvertes de vignobles & de maisons de campagne, & couronnées de forêts & de chataigners: ses rivages font embellis par des allées, des canaux, des grottes couvertes de vignes. Çà & là font de belles cafcades & des torrens qui defcendant des montagnes fe perdent dans le lac: il reçoit le Tefin dans fa partie feptentrionale, & il en fort près de Sefto: il communique à Milan par le canal *Ticinello* ou *Navilio*, creufé par l'empereur François I. On y remarque diverfes isles, mais deux fur-tout méritent que nous les décrivions: c'eft l'*Ifola bella*, & l'*Ifola Madre*: la premiere n'était encore qu'un rocher infertile dans le milieu du dix feptieme fiecle: c'eft à force de travaux qu'on l'a couverte de terre apportée par eau dans des paniers; c'eft à force d'art qu'on en a fait un lieu charmant & qui montre au fpectateur étonné des chofes uniques en leur genre. La feconde eft à une lieue de celle-ci: toutes les deux ont des efpeces de pyramides, des bofquets ornés de feftons de feuillages & de fleurs, où l'on fert des confitures & autres rafraichiffemens. L'Ifola-bella, eft ce qu'il y a de plus beau peut-être dans toute la Lombardie: les terraffes, les grottes de marbre & de coquillages, les jardins, les fontaines, les berceaux de limoniers & de cédras, la vue du lac & des montagnes, tout y frappe & enchante. Son palais eft orné de peintures & de curiofités fingulieres; il eft au bord du lac, & les ondes fe jouent en baignant fes murs. Son jardin eft vafte & formé par dix terraffes élevées l'une au deffus de l'autre, dont la plus baffe eft la plus grande, & la plus haute eft élevée d'environ quatre vingt dix pieds au deffus de la fuperficie de l'eau: celle-ci eft un quarré-long, d'où l'on a une perfpective admirable, longue d'environ cinquante pas, pavée de pierres de taille, elle eft environnée de barrieres, ornée tout autour de ftatues &

& de petits obélisques: de-là aux premiers rayons de l'aurore, on est frapé de la majesté des hautes Alpes qui forment trois rangs de montagnes: la plus élevée est éclatante par les glaces qui la couvrent; la seconde est hérissée de bois épais & sombres; la troisieme présente une variété singuliere de champs, de vignobles, de prairies, de bois & de villages: la vue se repose ensuite sur le lac, dont les eaux refléchissent le tableau de ses bords, & sont sillonnées par des barques, dont le vent enfle les voiles: une multitude de grands oiseaux de riviere plane sur sa surface: ce qu'a de plus beau le palais est peut-être sa grotte rustique pavée, plafonnée, revêtue de cailloux différemment colorés.

L'*Isola-Madre* a sept hautes terrasses; ses jardins sont beaux, & plus champêtres que les précédens: son palais est décoré de belles peintures, mais elles n'ont rien de particulier: on y éleve un grand nombre de faisans: sur des arbres peu élevés, dont les branches sont faibles, on voit des limons prodigieux suspendus, d'une couleur éclatante & d'un parfum exquis. Les orangers & les citronniers y croissent abondamment; & cependant l'hyver y est très froid, le printems variable, l'automne courte: les soins attentifs d'un jardinier les mettent à couvert pendant la saison trop rigoureuse. Ce sont les comtes Vitalien & Renatus Borromée qui ont embelli ces isles: il en est une troisieme dont le fond est un rocher recouvert de terre, une église & quelques cabanes y sont dispersées, les habitans se rendent sur le matin à la côte voisine, & y cultivent des vignes & des champs. Le lac de *Lugano* est long d'environ sept lieues; nous en avons parlé dans l'article de la Suisse, à laquelle il appartient dans sa plus grande partie.

Tome VII. E

Le lac de *Côme* a du sud au nord environ treize lieues : vers sa partie méridionale il se partage en deux bras : à l'extrémité de l'un est la ville de Côme ; sur l'autre est située celle de Lecco : l'Adda s'y jette & en sort pour se perdre dans le Pô, que nous avons vu recevoir aussi le Tesin ; l'*Oglio*, tous les autres fleuves qui arrosent le Milanez s'y jettent encore. Un canal coupé au travers des monts & des rochers, fait communiquer Milan au lac de Côme : on a rendu l'Adda navigable de Brivio à la Vallée. Du Tesin à Abiagrasso, est encore un canal, dont un bras s'étend à Milan, sous le nom de *Grand Naviglio*, & un autre à Pavie, d'où il se rejoint au Tesin. Il y a encore des canaux de Marignan, où coule le Lambro jusqu'à Cassano, dans le fleuve Adda, & de Cassano à Creme dans la riviere Serio. De l'Oglio, il en part deux ; l'un commence à Calzo, l'autre à Pamenengo ; ils s'unissent près de Soresina, & se joignent au Pô près de Cremone. Ces canaux fertilisent les campagnes, dessèchent les marais & facilitent le commerce. Les ecclésiastiques & leurs biens dépendaient autrefois de la jurisdiction du pape & des évêques : une ordonnance en 1767 les ont soumis à celle du sénat à Milan : le clergé n'y peut accumuler de nouveaux biens, & il est défendu aux sujets ecclésiastiques ou séculiers d'aller à Rome, sans l'agrément du sénat, pour y solliciter des graces, excepté les indulgences & les pardons mérités par des saintes pénitences.

Le commerce du pays est considérable, mais les Milanais tirent plus des pays étrangers qu'ils n'y envoyent : ils fabriquent principalement des draps, des velours, aussi beaux que ceux de France, & des toiles : la soie y est abondante, mais elle est moins eſtimée que celle du Piémont : elle en ſort crue, moulinée & travaillée : les étoffes qu'on en fait s'exportent peu & ſervent à ſes habitans; mais les bas, les gands, les mouchoirs qu'on en fabrique à Milan, ſont recherchés, & il en va beaucoup dans l'étranger. Les galons d'or, d'argent ou de ſoie, les broderies en or & argent, les dentelles, la tannerie, la megiſſerie, les fromages, les ouvrages en cuivre battu, ſont encore les principaux objets du commerce de ce duché, & il y fait rentrer annuellement près de ſeize millions de livres; on y travaille auſſi en acier, en cryſtal, on y taille & polit l'agathe, l'avanturine & autres pierres, & le pays eſt peuplé d'ouvriers & d'artiſtes : on trouve dans Milan, & les contrées voiſines, un grand nombre de gouètres, la plupart fort gros. Les Milanais ſont bons, ſages, œconomes, laborieux, trop défians : les femmes ont de l'aiſance dans les manieres, elles vivent dans la retraite. Il n'eſt pas étonnant que ce pays ait été une pomme de diſcorde pour les nations voiſines : ſa fertilité, ſa population, lui permettent de donner à ſon poſſeſſeur des revenus conſidérables. Les rois d'Eſpagne en tiraient annuellement plus de deux millions d'écus : le gouverneur Autrichien y jouit de 200000 florins de revenus, & l'on eſtime que ſon ſouverain actuel en retire ſept à huit millions de livres chaque année.

Soumis aux Romains, puis aux Lombards, aux Francs, devenu enſuite une eſpece de république, les *Turriari* le gouvernerent, les Viſconti s'en emparerent dans le commencement du quatorzieme ſiècle. *Jean Galeas Viſconti*, fut le plus grand homme de cette famille : il fit bâtir la cathédrale de Milan, la citadelle de Pavie, & fit renaitre l'art militaire en Italie, il gouverna avec sagesse, facilita le commerce & l'agriculture par des canaux, enrichit ses sujets : il serait devenu roi d'Italie, si en 1402 la mort n'avait mis un terme à ses succès. Les *Sforces* succéderent aux Visconti. *François Sforce*, fils d'un paysan, fut un héros : les rois de France & la maison d'Autriche se disputerent ce pays après sa mort, & après celle de Louis le More, il resta enfin à cette derniere. Il fit partie des Etats Espagnols, jusqu'aux premieres années du regne de Philippe V. il fut soumis par l'armée impériale en 1706, & depuis ce tems, la maison d'Autriche-Lorraine y regne. Nous avons vu qu'en différens tems elle en a détaché quelques parties, qu'elle a cédées aux rois de Sardaigne. Le milieu du lac Majeur & le Tesin, dès sa sortie du lac, à son embouchure dans le Pô, font la limite commune aux deux Etats; l'isle formée par le canal & le Tesin vers Pavie, a été reservée à l'Autriche : le roi a la navigation sur le fleuve & le lac libre & exempte d'impositions, il possede une partie du Pavesan, le district de Bobbio, & en 1748, il obtint une petite étendue du duché de Plaisance, de la source de la Nura à son embouchure dans le Pô.

Ce pays fait partie des Etats héréditaires de la seconde maison d'Autriche; elle l'a uni au duché de Mantoue, & un même gouverneur général les régit. Les deux duchés ont environ un million d'habitans.

Le Milanez propre.

Le sol en est gras & fertile, partagé & arrosé par différens canaux.

Milan, *Médiolanum*, en est la capitale, elle est

située entre l'Adda & le Tesin, qui y coulent à quelque distance, car elle n'est arrosée que par des canaux qui la joignent à ces fleuves : si l'on comprend le château dans son enceinte, elle a plus de 5000 toises de tour ; si l'on ne prend que son enceinte peuplée, elle en a 3000. Busching & Lenglet la font plus grande encore, puisqu'ils lui donnent plus de neuf mille toises ; elle est presque ronde ; des murs & un fossé l'environnent ; mais elle est défendue par un château ou citadelle ceinte de six bastions. Quelques-unes de ses rues sont droites & larges ; la plus grande partie sont étroites & tortueuses : les fenêtres y sont la plupart de papier ; le palais même n'a qu'une partie des siennes qui soient de verre. On y compte vingt deux portes, six églises principales dont la métropolitaine est la premiere, sept collégiales, soixante & neuf paroissiales, un grand nombre d'autres églises, trente neuf monasteres d'hommes, trente quatre de religieuses, 100 confrairies, 120 écoles. Elle eut autrefois plus de 300000 habitans, on croit qu'elle en a à peine 80000 aujourd'hui. La noblesse y est nombreuse, & l'éloignement du souverain qui nuit à la richesse du pays, rend les nobles plus puissans & plus libres. L'archevêque a quinze évêques pour suffragans : l'église métropolitaine est dédiée à la Vierge & à Ste. Tecle : ses fondemens furent jettés en 1386 sur le sol où avait été l'église de Ste. Marie Majeure. C'est un édifice prodigieux, tout de marbre, long de 450 pieds, large de 280, haut sous la coupole de 238. Moins grande que St. Pierre de Rome, elle est plus magnifique, cinquante deux colonnes de marbre, hautes de huitante quatre pieds, la soutiennent : l'excès des ornemens qui décorent son architecture gothique la rend presque ridicule: il y a des statues & des figures accumulées sans goût jusqu'au dessus du toit, & l'on y en compte environ dix à onze milles toutes d'un beau marbre commun dans le pays; la plus estimée est un St. Barthelemi qu'on vient d'écorcher & dont la peau de la tête pend encore sur les épaules: plusieurs de ces statues sont telles que trois hommes ensemble peuvent à peine les embrasser. On remarquera que le nombre des statues est peu connu: quelques auteurs n'en comptent que 4000, d'autres que 600, mais alors ils ne comptent que les principales. On devait élever au dessus de la coupole une pyramide de marbre, surmontée d'une statue, qui devaient avoir ensemble 117 pieds de haut; mais la crainte d'écraser le batiment a retenu les mains qui allaient l'exécuter: des legs immenses ont été faits pour travailler à cette église: on y travaille en effet depuis près de 400 ans, & elle n'a que quelques parties de finies, & elle ne le sera jamais: sa façade imparfaite annonce l'embarras où se trouvent les architectes qui voudraient corriger un plan gothique & craignent de le gater. L'intérieur est obscurci par la poussiere & par la fumée des lampes: le marbre & l'argent en ont perdu leur éclat. Le chœur est lambrissé, sculpté avec beaucoup d'art & de genie: on y voit les histoires de l'évangile en bois qui remplissent soixante cadres: le verre des fenêtres y est chargé de peintures, ce qui contribue encore à rendre l'église obscure. A l'entrée du chœur est la chapelle de St. Charles Borromée où l'on voit le corps du saint dans une chasse d'argent, avec des panneaux de crystal de roche, placée sur l'autel: son aureole, sa crosse sont enrichies de diamans; sa tête est noire & desséchée, son nez est rongé; ses habits pontificaux couvrent le reste du saint: la chapelle est ornée de bas reliefs qui peignent ses actions: elle est revêtue de panneaux d'argent. Dans le chœur on voit encore les statues des papes Martin V & Pie IV: le premier consacra l'église en 1448; on lui a donné l'air d'un jeune homme imberbe, quoiqu'il eut alors plus de cinquante ans. A la voûte du grand autel, entre cinq luminaires qui brûlent sans cesse, est suspendu le clou sacré de la passion dont Constantin fit, dit-on, faire un mors de bride: St. Charles les porta en procession, pieds nuds & la corde au cou, pour faire cesser la peste de 1576. On y admire encore le tombeau du marquis de Marignano: le pavé de l'église est de marbre: les feuilles en sont épaisses & ne se fendent point, comme celui de St. Pierre à Rome. Après le trésor de N. D. de Lorette, celui de cette église est le plus considérable de toute l'Italie: on y voit une multitude de vases, de reliquaires, de croix, de statues tous en or. Non loin de cette église est le vaste palais de l'archevêque, & vis-à-vis est une place assez grande. Parmi les autres églises, on remarque celle de St. Ambroise où les empereurs recevaient la couronne de fer. C'est, selon quelques auteurs, celle dont le saint qui y repose & qui lui donne son nom, refusa l'entrée à Théodose; on y conserve les restes des rois Pepin & Bernard: celle de St. Alexandre des Bernabites est d'une belle architecture, & remarquable par de grands morceaux de lapis lazuli, d'agathes orientales, de jaspes sanguins, qui ornent son grand autel. On voit dans l'église de St. Nazaire, un pavé que fit faire l'épouse de Stilicon: on y lit sur le tombeau de J. J. Trivulce: *qui nunquam quievit, quiescit. Tace.* Silence, celui qui n'eut jamais de repos, repofe. Celle de St. Lorenzo eft d'une architecture fans exemple : elle eft octogone; quatre côtés font des portions de cercle & forment la croix de l'églife : dans ces portions s'élevent des colonades à deux ordres l'un fur l'autre, qui fervent de galeries tournantes : dans les quatre côtés qui font en ligne droite s'éleve encore un ordre de colonnes, auffi haut que les deux autres, elles portent le dôme de l'églife. Auprès d'elle font les feize colonnes de marbre cannelé, d'un ancien temple d'Hercule, feuls reftes des monumens antiques de Milan. Quelques palais méritent encore d'être vus, le feminaire préfente un double portique long de 176 pieds, large de 17, qui regne autour d'une cour quarrée : l'un eft d'ordre ionique, l'autre dorique : la Piété & la Sageffe décorent fon portail : la premiere a un foleil fur le cœur; la feconde eft dans l'attitude d'une nourrice. L'hôpital a une vafte cour quarrée, fes portiques intérieurs font à double étage, & chacun eft foutenu par quarante deux colonnes d'une feule piece, & d'un marbre tiré des Alpes: le bâtiment même eft conftruit de briques moulées & façonnées de divers ornemens d'architecture : il eft joint à ceux du vieux hôpital, & le Lazaret en eft une dépendance: celui-ci fut fondé en 1489 : il eft compofé de quatre galeries, chacune longue de 1800 pieds, renfermant quatre vingt douze chambres de 20 pieds de large : les galeries font jointes & forment un quarré : au dedans regne un portique foutenu par des colonnes de marbre : il enferme un pré arrofé par des ruiffeaux d'eaux vives, dans le centre duquel s'éleve un autel couvert d'un dôme foutenu par des colonnes; tous les malades peuvent y voir dire la meffe de leur lit. Le collège Ambrofien eft au centre de la ville: seize professeurs y enseignent: là est une vaste bibliotheque, où l'on compte plus de 50000 volumes imprimés, un des plus anciens est la version de Josephe par Rufin, & plus de 10000 manuscrits: on y voit encore des collections de peintures, de sculptures antiques ou moulées sur elles, de médailles, un cabinet d'antiquités, de physique & d'histoire naturelle: ce college a aussi un jardin de botanique. Milan a encore un college destiné aux Suisses, & c'est peut-être le mieux établi de tous. Elle a une académie de peinture, de sculpture, de géométrie & de mathématiques: l'observatoire du college de *Brera*, est un des plus commodes qu'il y ait en Europe, & c'est le pere *Boscovich* qui en a donné le plan. Le théâtre est très-beau, a six rangs de loges: les premieres sont des appartemens décorés de chaises, de canapés, de tables à jouer, & de glaces, éclairés par des bougies: on s'y assemble, on s'y visite, on s'y dérobe aux regards du public par des stors & des jalousies. Plusieurs particuliers ont des cabinets curieux: les remparts, la rue du Borgo, sablée & arrosée avec soin, la place qui décore la cathédrale, sont les seules promenades de la ville: le château fut la résidence des anciens ducs: un mur terrassé & revêtu, environné d'un grand fossé plein d'eau, d'un chemin couvert, &c. défend ses six bastions: d'une des pointes de ces bastions à celle qui lui est opposée, il a 270 toises: il serait fort si l'on pouvait en rendre les approches difficiles.

Milan fut fondée, dit-on, l'an 364 ou 395 de Rome, par Bellovese, chef des Celtes qui passerent en Italie: Brennus la détruisit, les Romains la releverent; elle fut la résidence de quelques empereurs: dévastée par Attila, reprise par Belisaire, emportée dans l'irruption de Vitigès, elle passa de révolutions en révolutions sous le gouvernement de ses archevêques. Frédéric Barberousse, pour venger les outrages qu'on y avait fait à son épouse, la prit, la rasa, y fit semer du sel, puis permit à ses habitans de la rétablir. Elle attira les Français en Italie: le desir de la posséder fit verser des torrens de sang, & c'est avec quelque raison qu'on dit en proverbe, qu'il faudrait détruire cette ville pour le repos de l'Italie. C'est enfin une des villes les plus grandes & les plus célebres de l'Italie, mais ce n'en est pas une des plus belles. Sa longitude est de vingt sept degrés: sa latitude de quarante cinq degrés, sept minutes, quarante sept secondes.

Parmi ses manufactures on remarque celle de *Casa Cierici*, maison d'une vaste étendue, où 450 ouvriers travaillent, où l'on fabrique le verre, & une faience qui imite la porcelaine, où l'on file & devide la laine & le poil de chevre; la machine qui sert pour ce dernier est singuliere. Celle de *Caso Pensa* renferme 100 métiers d'étoffes en soie & en dorure: on y file la soie, on l'y teint, on y tire l'or & l'y réduit en feuilles; on y lustre & calendre les étoffes, on y fait des velours, des mouchoirs, des satins, des gros de tours, des bas; près de 600 ouvriers y sont occupés. Celle de *Casa Bouvara*, a pour objet les rubans: une machine qu'un seul homme fait mouvoir, en fabrique à la fois vingt quatre pieces de qualités & de couleurs différentes, & on y compte vingt huit de ces machines. On y voit encore des fabriques d'indiennes, de brocards à fil d'or, à fonds de lames d'argent & fleurs d'or, des damas. Milan a un grand commerce de banque: on y fait beaucoup de voitures légeres, des tabatieres, des lustres, & autres ouvrages de cryſtal, parmi leſquels on remarque des glaces de miroir : les tireurs d'or ont appris à ne dorer qu'un côté du fil d'argent : objet d'œconomie aſſez conſidérable. Parmi les maiſons de plaiſance qui embelliſſent les campagnes de Milan, on peut compter la *Caſa Simonetta*, qui ſur ſes deux ailes a deux jardins paralleles, éloignés de trente huit pas l'un de l'autre : là on remarque un écho, qui répétait jadis cent fois & n'en répéte plus que quarante : le ſon ſe perd comme par caſcades, & toujours en diminuant il ne répéte que la derniere ſillabe. *Caſtellazzo*, ſitué dans une belle plaine, a des jardins immenſes, dont les grilles ſont dorées, une ménagerie, des allées couvertes, des cédres en pleine terre : les appartemens ſont décorés de bas reliefs en ſtucs, de moulures dorées, de fleurs qui y tiennent lieu de tapiſſerie : on y voit une belle ſtatue de Pompée. *Lainate* ou *Linald* eſt encore une belle maiſon ſur le Lambro.

Monza, Modœtia, Moguntiacum, petite ville ſur le Lambro : on y couronnait autrefois les rois de Lombardie & enſuite les empereurs, avec une couronne où la tête d'un homme ne peut entrer, & dont le cercle inférieur eſt garni en dedans d'un cercle de fer, fait, dit-on, d'un des cloux de la croix de Jéſus ; le reſte eſt d'or enrichi de pierres précieuſes : la reine Théodelinde fit bâtir l'égliſe dédiée à St. Jean, & l'on y conſerve ſa couronne, ſon éventail & ſon peigne, raretés vénérables ſans doute.

Bicoca, bourg connu par la bataille qui s'y donna en 1522. *Algiate, Vimercato, Trezzo*, ſont des bourgs, le canal qui va à Milan se joint à l'Adda près du dernier.

Cassano, petite ville sur l'Adda : de-là partent deux canaux, dont l'un se joint au Lambro, l'autre à la Sério ; ce lieu est aussi célébré par une bataille. *Caravaggio* a le titre de marquisat ; *Melzo*, sur la rive du Molgora, a celui de comté : on y fabrique de belles toiles. *Rivalto*, *Agnadello*, sont près de l'Adda. *Binasco*, *Abiagrasso*, *Marignano*, sont de petites villes : la derniere est sur le Lambro, a le titre de marquisat, & donna son nom à une bataille fameuse. *Varese* est un bourg peuplé, voisin d'un pélérinage. *Chiaravalle*, abbaye fondée par St. Bernard : l'église en est belle, & on y admire la vie de St. Bernard, peinte sur les stalles des religieux. Sur sa coupole octogone s'éleve une tour de briques d'environ dix huit pieds de diametre, & cinquante sept pieds de hauteur, terminée par une pyramide de trente quatre pieds ; exemple dangereux & bizarre d'une architecture gothique qui charge d'un poids immense la partie faible d'un édifice.

Partie orientale du comté d'Anghiera.

On y voit le bourg de ce nom, situé sur la rive du lac Majeur, il a un château : on y remarque encore la petite ville de *Sesto*, qui a le titre de duché : elle est sur la rive gauche du Tesin, & on s'y embarque pour aller aux isles Borromées.

Territoire de Côme.

Côme ou *Chum*, *Comum*, ville ancienne, bâtie

par les Gaulois conduits par Brennus, dans une plaine qu'environnent les montagnes & le lac de son nom, mais qui s'appella jadis *Lacus Larius* : elle est assez grande, peuplée, commerçante, renferme douze églises paroissiales, est le siege d'un évêque suffragant de Gorz & autrefois d'Aquilée. On y voit plusieurs antiques inscriptions : l'Adda sort du lac à l'endroit où elle est située. Ses habitans passent pour les meilleurs soldats de l'Italie.

Archinto, est un bourg qui a le titre de comté.

Le *fort de Fuentes* est situé sur un rocher près du lac de Côme, sur les frontieres de la Valteline : l'air y est mal sain, & oblige d'en changer souvent la garnison. *Lecco* est sur un bras du lac de Côme : c'est une petite ville commerçante. *Mariana*, petite ville agréable, dont les habitans sont industrieux.

Territoire de Pavie.

Situé au midi de Milan : la plus grande partie en a été cédée au roi de Sardaigne.

Pavie, *Papia*, *Ticinum*, ville sur les bords du Tesin, dans une belle plaine : sa citadelle était forte, & n'est plus rien aujourd'hui : ses fortifications sont ruinées. On la croit plus ancienne que Milan ; ses rues sont droites & larges, ses maisons mal bâties, & rien n'y annonce qu'elle a été la capitale des rois Lombards : elle a autour d'elle de hautes tours de brique bâties par les Goths : sa plus belle rue est celle qui la traverse & aboutit au pont du Tesin bâti par Galeas Visconti : il est de briques & revêtu de marbre : elle est ornée de quelques places publiques, & au milieu de l'une d'entr'elles qui est entourée d'un portail, est une statue équestre de bronze assez médiocre, qu'on croit être d'Antonin le pieux ou de Marc Aurele. Son évêque ne dépend que du pape & porte le pallium: sa cathédrale est peu frappante par son extérieur: elle est bâtie de briques: on y compte encore dix huit églises paroissiales, au dedans & au dehors de son enceinte, on voit vingt cinq couvens d'hommes & treize de femmes. Le cloitre des Augustins bâti par Luitprand, renferme les restes de St. Augustin, & les tombeaux de Boece & de Luitprand, &c.: l'architecture de l'église est hardie: elle est revêtue de marbre blanc & de statues. Celle de Pie V, se voit dans le college qu'y fonda ce pape. Son université fut célebre; elle fut fondée par Charlemagne, renouvellée par Charles IV, mais elle a déchu, & les études y sont presque abandonnées: cependant les abbés Fontana & Boscovich sont attachés à elle: elle est formée de sept colleges. Les mœurs paraissent encore séveres à Pavie. C'est dans la plaine de Bareo, dans un vaste parc ceint de murs, rempli de bourgs & de villages, & voisins de la ville, que le roi François I. perdit la bataille de ce nom: il fut pris & conduit dans la chartreuse de *Certosa*, qui a une église magnifique: au dedans & au dehors sa voûte repose sur des colonnes, son toit est de plomb & orné d'un corridor: le portail est de marbre blanc & orné de statues qui y semblent accumulées: le plan en est gothique; mais rien de plus riche & de mieux travaillé que ses chapeles & ses autels. Jean Galeas Visconti qui la fonda, y a son tombeau: il est de marbre blanc & décoré de sa statue: on admire le chœur & le pavé: ses murs de marbre sont ornés de colon-

DANS LA LOMBARDIE. 79

nes de différentes couleurs; son grand autel est superbe : il a un tabernacle fait de pierres précieuses; la chapelle de la Vierge est remarquable par ses tableaux & sa sculpture : dans sa belle sacristie sont renfermées diverses richesses & des reliques. La maison est vaste & commode ; la cour est entourée d'une galerie d'un mille de circuit, couverte de plomb, soutenue par une multitude de colonnes. Ce couvent jouit de 300000 livres de rentes.

Trivolzo est petit : il a le titre de principauté, & est sur les bords du canal d'Abiagrasso.

Territoire de Lodi.

Lodi, ville bâtie par l'empereur Frédéric Barberousse, sur une éminence qui s'élève dans une plaine spacieuse qu'arrose l'Adda, à une lieue de l'ancienne *Lodi*, ou *Laus Pompeia*, détruite par les Milanais en 1119. On y compte 11000 habitans ; elle est le siége d'un évêque suffragant de Milan, & renferme outre la cathédrale, deux églises collegiales, dix & sept paroissiales, quatorze couvens de moines, douze de religieuses. On y fait beaucoup de vaisselle aussi belle & plus solide que la faïence. L'église d'*Incoronata* est la seule remarquable: l'air y est très-sain; son territoire gras, fertile, coupé par des canaux, a des prairies excellentes, & c'est là que se font les fromages parmesans. L'ancienne *Lodi* est encore un bourg sur le Lambro: le pere du grand Pompée y avait établi une colonie, & de-là vient son nom *Laus Pompeia*: on y trouve encore des médailles & d'antiques monumens.

Códogno, *Angelo*, *Mocaſlorna*, ſont des bourgs: le dernier eſt arroſé par l'Adda.

Territoire de Cremone.

Il eſt très-fertile en blés, en fruits, en vins excellens, en miel & en chanvre.

Cremone, ville ceinte de murs, dans une plaine délicieuſe qu'arroſe l'Oglio, & près du Pô qui y a un pont de bateaux protégé par un fort: la ville elle-même eſt défendue par le château de *Ste. Croix*. Elle eſt traverſée par un canal ſouvent mal propre, a des rues larges & droites, quelques places agréables, quelques beaux édifices, mais ſes maiſons ſont fort médiocres. Elle a une univerſité fondée par l'empereur Sigiſmond, & qui a les mêmes priviléges que celle de Bologne, mais elle n'eſt plus rien. De ſa haute tour, on voit le cours du Pô & des campagnes vaſtes & riantes: on y monte par 498 marches, elle a au-deſſus une très-haute aiguille. L'évêque de Cremone eſt ſuffragant de Milan: on remarque le portail de ſa cathédrale. On y compte quarante égliſes paroiſſiales, vingt cinq couvens de moines, dix-huit de religieuſes, & 10 à 12000 habitans. Le cloître des auguſtins a une bibliotheque conſidérable. Cette ville fut bâtie 391 ans avant l'ère chrétienne par les Gaulois Senonnois.

Pizzighitone, petite ville près du confluent de la Serio & de l'Adda; elle a un château fort où François I fut détenu priſonnier. *Caſtel Leone*, *Fontanella*, *Sureſina*, ou *Soreſina*, petites villes: on fabrique beaucoup de poudre à canon dans la dernière: elle eſt ſur le canal qui joint l'Oglio avec le Pô. *Soncino*, *Bina*, ſont ſituées ſur l'Oglio. *Caſtel*

tel Penzona est un bourg, un château. *Casal-Maggiore* fut un bourg, & est maintenant une petite ville assez bien fortifiée : elle est située près du Pô.

II. *Duché de Mantoue.*

Il est environné des duchés de Milan & de Modéne, de l'état de l'église & du territoire de Venise : il a dix huit lieues de long sur onze de large. Le Pô l'arrose & y reçoit l'*Oglio*, le *Menzo*, ou *Mincio*, la *Secchia*, &c. Le sol y est fertile en grains, en beaux fruits, en légumes & en chanvre ; on y recueille de la soie & un peu de vin. On préfére les chevaux qu'il nourrit à ceux de Naples, & on y en voit de nombreux harras. La comtesse Mathilde posséda ce pays ; il passa aux Visconti auxquels les Bonacorsi l'enleverent : le dernier de ceux-ci fut tué en 1328 par Louis Gonzague qui lui succéda : il était originaire d'Allemagne & gouverna sous le nom de vicaire de l'Empire : ses enfans gouvernerent après lui : *Jean François* obtint le titre de marquis de l'empereur Sigismond, & Fréderic II, celui de duc de l'empereur Charlesquint : il joignit par un mariage le Montferrat au Mantouan : son frère devint duc de Nevers & de Rethel en France. Lors de la guerre de la succession d'Espagne, le duc Ferdinand Charles, s'étant déclaré pour la France avec laquelle il avait fait un traité avantageux, fut mis au ban de l'Empire ; il vit ses états ravagés & partagés, Mantoue conquise, & lui-même fugitif, mourut à Venise en 1708. Depuis ce tems, le Mantouan fait partie des états héréditaires de la maison d'Autriche.

Mantoue est située sur un lac, ou grand marais long de quatre lieues, large en quelques endroits de plus d'une demi, formé par le Mincio; il a differens noms tirés des lieux qu'il touche : on l'appelle le *lago di Mezo*, le *lago di Sotto*, le *lago di Sapro*, &c. deux ponts ou longues chauffées traversent ce lac & conduisent à la ville : l'un est le *pont de Molini*, protégé par deux forts ; l'autre le *pont di St. Georgio*, d'une longueur prodigieuse, & défendu par divers ouvrages à ses deux extrémités. La ville est partagée par un bras de ce lac, & réunie par six ponts. Sa grandeur est médiocre : elle eut sous ses anciens ducs 50000 habitans, à peine en a-t-elle aujourd'hui le tiers : ses rues sont assez larges & droites, quelques-unes de ses maisons sont belles, les autres médiocres. Le palais n'est ni beau ni simétrique au dehors, mais dans l'intérieur il est grand & commode. Il renfermait de grandes richesses & des choses rares & d'un prix infini ; mais il fut dévasté & pillé en 1630, & depuis les ducs négligerent de reparer la perte, ils laisserent des appartemens deserts : on y admirait la salle des antiques, & le cabinet de curiosités. La cathédrale, (*a*) (*Il domo*) bâtie sur les desseins de Jules Romain, a sept nefs en colonnades, d'ordre corinthien, cannelées, supportant un second ordre de pilastres composites dont les entre-deux sont des fenêtres & des niches : elle est ornée de tableaux estimés. On y compte encore quatre églises collégiales, & dix neuf paroissiales : parmi elles, on remarque celle de St. André par ses reliques, ses seize autels où l'on

---

(*a*) On donne en Italie le nom de Dôme aux principales églises : ce mot dérive de *domus*, signifie la *maison* ou le *temple* par excellence.

conserve du sang de Jésus, sa cloche soudée, ses peintures de Jules Romain, & les tombeaux du Mantouan & du Montegna; celle des dominicains par le tombeau de Pierre Strozzi; celle de S. Gilles, parce que là reposent les os du Tasse: celle de St. Barnabas par des peintures de Jules Romain, par son tombeau, par son voisinage de la maison qu'habitait ce grand artiste, décorée d'une architecture rustique, & d'une statue de Mercure. Les franciscains y ont une église bien au dessus de toutes celles que cet ordre posséde en Italie, par son élégance intérieure : elle a aussi une bibliotheque. Dans l'église du château est un riche trésor de reliques, où l'on voit des couronnes d'or & d'argent, des statues, des ornemens d'autels, les tableaux précieux du bâtème de Constantin le Grand & du martyre de St. André. Mantoue a quelques belles places, & trois fauxbourgs sur les rives du lac: celui du T est au midi dans une petite isle : un palais qui a cette forme lui donne son nom : il est abandonné, quoiqu'orné encore de tableaux de Jules Romain qui l'habita, & qui peignit sur les plafonds la chûte de Phaeton, & celle des Géans, l'histoire de Psyché, de Jules-Cesar, &c. L'évêque relève immédiatement du pape : dix neuf couvens d'hommes, treize de femmes sont dispersés dans la ville. Dans un quartier particulier demeurent 4 ou 5000 Juifs qui y font tout le commerce & achevent de la ruiner : on y file la soie avec des moulins ingénieux. Les environs de Mantoue sont fertiles ; le lac est poissonneux : il en rend les approches difficiles ; en quelques endroits ses eaux coulent toujours, mais quand il est bas, elles croupissent & corrompent l'air, ce qui rend la ville presque déserte pendant l'été & l'automne.

Virgile était de Mantoue ; on voit son buste sur l'une des huit portes de la ville : on lui a élevé divers monumens peu confidérables. La *Virgiliana*, est une maison de plaisance des ducs, où était une menagerie : ce poëte célebre y venait, dit-on, méditer dans une grotte qu'on n'y voit plus : *Pietola*, autrefois *Andes*, est le village où il naquit.

Mantoue est plus ancienne que Rome : on croit qu'elle fut bâtie par les Etruriens 300 ans avant elle, sa longitude est de 28 degrés 22 minutes, sa latitude 45 degrés, 10 minutes.

Marmirvolo est une maison de plaisance des anciens ducs. *Garolo*, bourg qui a un beau château, *Goito*, petite ville sur le Mincio. *Ustiano*, petite ville qui a le titre de marquisat : l'Oglio l'arrose. *Vescovato*, petit endroit entouré du Milanais. *Caneto*, autrefois *Berteriac*, peut-être *Bedriac*, comté, petite ville près de laquelle se donnerent autrefois deux combats, & qui a deux fois été assiégée dans ce siecle : elle est sur l'Oglio. *Redoldesco* est un comté. *St. Martin de Marcaria*, bourg orné d'un château : l'Oglio l'arrose. *Pomponesco*, bourg qui donne le titre de comte à son possesseur. *Luzara*, lieu connu par un combat sanglant ; il est situé près de l'embouchure du Crostollo dans le Pô ; sur ce dernier fleuve on voit les bourgs de *Viadana*, de *Borgoforte*, de *Revere*, d'*Ostiglia*, autrefois *Hostilia*, & de *Serravalle*. *Gonzaga*, bourg qui a un beau château, berceau de l'ancienne maison ducale. *St. Benedetto de Polirone*, ancienne abbaye sur le Pô, qu'aucun monastère ne surpassa en magnificence & en richesses : la comtesse Mathilde y mourut & y fut inhumée en 1115 ; mais on en transporta le corps dans l'église de St. Pierre de Rome en 1635. *Quistello* est sur la Secchia, *Governolo*, jadis *Ambuletum*, est sur le Mincio, ainsi que *Sachetta*. Bozolo, *Sabionetta*, &c. ne sont plus du duché de Mantoue: nous en parlerons ailleurs.

Principautés de Castiglione & de Solferino.

Elles sont situées entre le duché de Mantoue & le territoire de Bresse, & sont des fiefs de l'Empire: ses princes descendaient de Louis Gonzague, marquis de Mantoue: Ferdinand Gonzague se rendit si odieux à ses sujets qu'il lui fallut quitter son pays, en 1692, & ni lui, ni son fils n'ont pu y être rétablis; l'empereur le possede encore. Ces deux principautés réunies ont neuf lieues de tour.

Castiglione della Stivera est située sur une hauteur, & défendue par quelques fortifications & une citadelle; elle renferme le palais des anciens princes, une église collégiale, six églises & cloitres, deux oratoires, & environ 3000 ames: au déhors de ses murs sont encore deux églises. On y remarque encore une place publique, ornée d'une fontaine sur laquelle la statue de marbre de *Domenica Calubina*, jeune & belle fille tuée par son amant, parce qu'elle lui refusait les droits d'un mari, titre qu'il n'avait pas encore reçu dans l'église.

Solferino est un bourg. *Capriana*, *Medoli*, *Castel-Guifre*, sont des villages: le dernier a le titre de marquisat.

Duché de Modene.

Il est environné des duchés de Parme & de Mantoue, de l'état de l'église, de la Toscane, & du territoire de Luques. Il a vingt lieues de long & douze de large : réuni avec les autres possessions de son souverain, il a une superficie de 250 lieues quarrées. Il est fertile en grains, en jardinages, en fruits, en bons vins. Non loin de Reggio, on trouve une terre alcaline répandue çà & là, ou en poussiere, ou en tuf gras & huileux : en la préparant, on en fait une espèce de farine douce, fine, blanche & sans goût, dont l'usage est utile contre le poison, la fievre, la diarrhée, l'hypocondrie. Sous la montagne de *Castello di Monte Baranzone*, à Fiumetto, on a creusé un puits qu'on ferme, profond de 70 pieds & plus encore, sur l'eau duquel nage une huile de pétrole rougeâtre, plus abondante au printems & en automne que dans les autres saisons, & qu'on enleve tous les quatorze jours. Lorsque le puits est sec, on le creuse, & il se remplit de nouveau. Près de *Castello di Monte Gibbio*, on trouve des sources qui ont la même propriété, donnent la même huile, mais il est jaunâtre, & c'est la meilleure du pays : on s'en sert pour embaumer, pour vernir, colorer, & même comme médicament : ces fontaines se troublent pendant les tempêtes. Près de *Quercola* & *Algasso*, on en trouve encore. A deux milles de *Saffuelo*, est un lieu nommé la *Salsa* : la terre y est entr'ouverte, & surtout dans le printems & dans l'automne, elle jette souvent de la fumée, de la flamme, des cendres, des pierres exhalant l'odeur du soufre, qui s'élancent à près de 100 pieds dans l'air : alors on y entend quelquefois un bruit effrayant. La montagne où est cet abyme, couverte des matieres qu'elle rejette, est fertile ; & on y trouve des pétrifications. Les rivieres qui arrosent ce pays sont le *Crostolo*, la *Secchia*, & le *Panora*. Une branche de la maison d'Est y règne: *Azo*, seigneur qui posseda Milan, Gènes, une grande partie de la Lombardie, est l'origine commune de cette maison & de celle de Brunswich; ses descendans n'eurent le titre de marquis que dans le douzieme siecle. *Obizzo III*, posséda Ferrare & Modène. Son neveu *Nicolas III*, y joignit Reggio, Forli & d'autres lieux. *Borsus*, fils du dernier, obtint de l'empereur Frederic III, le titre de duc de Modene, de Reggio, & de comte de Rovigo; du pape Paul II, celui de duc de Ferrare: car Ferrare était regardé comme un fief de l'église, & c'est en cette qualité que Clément VIII s'en empara. Le Modenois a éprouvé depuis ce tems bien des révolutions, souffert diverses dévastations, mais il a toujours eu les mêmes souverains. Le duc *François I*, reçut l'investiture de Correggio, comme d'un fief de l'empire. *Rainard* ou *Rainaud*, duc de Modene, acheta pour 2500000 livres de Charles VI, le duché de Mirandole, dont cet empereur avait dépouillé les Pics. Son fils *François Marie* en reçut le comté de Navallera: il prit le parti de l'Espagne contre l'empereur & perdit ses Etats; mais il les recouvra en 1748, par la paix d'Aix-la-Chapelle. Aujourd'hui ils deviennent un héritage de la maison d'Autriche, la fille unique du fils unique du dernier duc, étant unie à l'archiduc Ferdinand.

Le duc était vassal de l'empire, mais son pouvoir n'était point limité; il paye annuellement 4000 écus d'hommage: il entretenait 8000 hommes de troupes réglées; il lui était inutile d'en entretenir un plus grand nombre, car ses Etats ne peuvent se défendre qu'avec une armée puissante:

il jouissait de trois millions de livres de revenu. Il avait lui-même plusieurs vassaux dont les plus considérables sont les marquis de *Bentivoglio*, de *Buoncompagni*, de *Gualteri*, de *Gualenghi*, de *Peponi di Spilamberto*, de *Vignola*, & les comtes de *Canossa*, *Caprari*, *Malvasia*, *Molsa*, *Montecuculi*, *Fassoni*, &c. Par une ordonnance de 1768, il voulut que tous les biens immeubles du clergé acquis depuis 1620, fussent estimés au prix commun, & retirés de ses mains : il supprima aussi treize couvens. Il avait pour but de repeupler ses Etats & d'y faire revivre le commerce : c'est sur-tout à rétablir les anciennes manufactures de soie qu'il a donné tous ses soins. Les gouverneurs jugent les affaires importantes, les podestats rendent aussi la justice : on appelle de leurs sentences au tribunal supérieur, & de celui-ci au duc.

Le Modenois propre.

Modène, *Mutina*, résidence ordinaire des ducs, est une ville très-ancienne ; elle est bâtie en briques, ses rues sont étroites & sales, ses maisons inégales & assez laides : on peut la parcourir à couvert sous des arcades basses & obscures, qui rendent les rues plus sombres encore. On la divise en vieille & nouvelle : celle-ci est la mieux bâtie, elle est bien fortifiée, décorée de fontaines, de belles églises & du palais Ducal : son architecture est noble & élégante ; il est isolé sur une place bien ornée : la cour est environnée d'une colonnade frappante ; on y admire un très-beau sallon, les appartemens renferment divers tableaux des plus grands maîtres : (*a*) sa galerie est une des plus

---

(*a*) On y voyait autrefois le tableau admirable du

DUCHÉ DE MODENE.

riches en deſſeins, peintures, eſtampes, ſtatues antiques & ſculptures : on y trouve une collection précieuſe des médailles les plus rares, des curioſités naturelles les plus ſingulieres : une bibliotheque de 30000 volumes ; de 15000 manuſcrits, & un cabinet de machines pour la phyſique. Son théâtre a ſervi de modele à celui des thuileries, mais il eſt plus grand que ce dernier. L'évêque eſt ſuffragant de Bologne : la cathédrale eſt d'un mauvais gothique ; mais on y va admirer le tableau du *nunc dimittis* du Guide, & l'on en remarque la tour qu'on nomme *Guirlandina* ; elle eſt toute en marbre & une des plus hautes de l'Italie : au bas de cette tour, ſous une arcade, eſt ſuſpendu à une chaine de fer le vieux ſceau de bois qui ſervait à un puits, & fut un trophée d'une victoire de la république de Modene ſur celle de Bologne, & eſt le ſujet du poëme charmant de la *Secchia Rapita*. On compte encore dans cette ville douze égliſes paroiſſiales, parmi leſquelles on remarque celle de St. Giorgio, dont le défaut eſt d'être trop agréable : elle eſt toute d'ordre corinthien ; quatre tribunes placées aux quatre angles, ſoutenues par des colonnes, y forment une décoration théâtrale : on y voit douze monaſteres d'hommes & quatorze de femmes. On inſtruit & entretient dans le college Borromée quatre-vingt

---

Correge, qu'on nommait la *nuit heureuſe*, ou de Noel : il eſt nuit, un faible clair de l'une éclaire les environs de l'étable, éclairée par la lumiere vive & pure qui rayonne autour de Jeſus dans le ſein de ſa mere ; une bergere frappée de l'éclat, a peine à le ſoutenir & clignotte : la terre, les plantes qui la couvrent, tout y eſt d'un coloris vrai & fini. On le retrouve dans la gallerie de Dreſde.

jeunes gentilhommes. L'arsenal renferme une couleuvrine longue de vingt deux pieds, qui porte, dit-on, à deux lieues, un pistolet dans un livre, un autre dans le manche d'un parasol, & qui tire par le haut de ce manche, un aigle fait de lames de sabre, &c. La citadelle est au midi de la ville. Modene est dans une belle & fertile plaine, vaste quinconce formé par de grands ormes, chargés de seps de vignes, qui joignent un arbre à l'autre par une suite continuelle de guirlande: entr'eux le bled prospere & meurit: deux rivieres passent près d'elle, c'est le Panaro & la Secchia; différens canaux la partagent: le climat est doux, les pluyes y sont abondantes: ses habitans au nombre d'environ 22000, sont gais, un peu indolens; le commerce y a pris plus de vigueur depuis que *Massa*, où est un port sur la Méditerranée, fait partie des Etats du duc: l'art des foulons y a fleuri autrefois: on en estimait la laine, sur-tout celle des troupeaux qui paissaient entre la Secchia & la Scultenna. Lorsqu'on en creuse le sol, on trouve à la profondeur de vingt trois pieds les débris d'anciennes constructions; plus bas est une terre dure & compacte, plus bas encore est une terre noire & marécageuse, pleine de joncs: à quarante cinq pieds, on rencontre des terres blanches & noires, mêlées de feuilles & de branches d'arbres, imbibées d'une eau bourbeuse: puis une couche crétacée, mêlée de lames, de vis, de moules, de tellines ou autres corps marins: à soixante trois pieds est une couche marécageuse où l'on trouve des débris de feuilles, de joncs, de branches, suivie d'un nouveau banc crétacé, auquel succede une couche marécageuse: sous celle-ci est un banc profond de huit pieds d'une substance graveleuse, mêlée de cailloux roulés de corps marins, de gros troncs d'arbres ; enfin sous ce banc à la profondeur de 111 pieds, est un immense reservoir d'une eau pure & saine, qui s'étend à plus de 2 lieues vers l'orient, source commune des puits de Modene & de ses environs : quand on a percé jusques-là avec la tarriere, l'eau s'élance par l'ouverture, souleve les sables & les cailloux, & remplit bientôt le puits, comme si elle était pressée dans son vaste bassin. Dans ses environs sont deux fontaines minérales, l'une est martiale, l'autre donne un bon sel d'Epsom.

Modene fut une des douze colonies que les Etrusques envoyerent au delà de l'Appennin : elle devint ensuite une colonie puissante des Romains. Sa longitude est de vingt huit degrés, cinquante trois minutes. Sa latitude de quarante quatre degrés, trente quatre minutes.

Sassuolo, bourg sur la Secchia : les anciens ducs y ont bâti un palais sur les ruines d'un château fort : sa façade est réguliere, son portique est d'ordre dorique, & est composé de trois grandes arcades : dans celle du milieu est la porte : on y voyait de beaux tableaux qu'on a transporté à Modene : son jardin ceint de murs, a près de deux lieues de circuit. *Formigine*, *Spezzano*, *Castel-nuovo*, *Castel vetro*, *Levizano*, *Torricella Piano*, *Scandiano*, *Spilamberto*, *Vignola*, &c. sont des bourgs ou grands villages : les trois derniers ont le titre de marquisats, & deux sont sur le Panaro. *Rubiera*, petite ville qu'entourent de vieilles fortifications : son château flanqué de tours a des fossés pleins d'eaux vives ; le Rubiera passe auprès.

Seigneurie de Frignano.

Elle renferme les bourgs de *Fonano*, de *Ronca di Scaglia*, de *Sestola*, &c: elle est située au pied de l'Apennin; les eaux y sont mal saines.

La vallée & seigneurie de Carfagnano.

Elle a fait partie du territoire de Bologne, & aujourd'hui Lucques & la Toscane en possedent encore une partie: dans celle qui dépend de Modene, on trouve *Castel-nuovo di Carfagnano*, petite ville sur le Secchia, & *Mont Alphonso*, petite place forte, voisine de la précédente.

Seigneurie de Soraggio.

Située dans l'Apennin, elle n'offre que les bourgs de *Metello*, *Rocca*, *Villadfrica* & *Campo-grande*.

Duché de Reggio.

Reggio, fondée par les Toscans, devint une colonie Romaine sous le triumvir Lepide, & de-là vient son nom *Regium Lepidis*. Alaric la détruisit, Charlemagne la rétablit; elle est plus agréable que Modene; de bonnes fortifications la ceignent, de riantes campagnes l'environnent, le Tessone l'arrose, un évêque suffragant de Bologne y siege: sa cathédrale est remarquable par ses peintures & ses statues: elle a encore vingt deux autres églises paroissiales: celle de la Madona della Giarra est bâtie en croix, & du centre s'éleve un dôme élevé; de plus petits ornent ses quatre extrémités; elle mérite quelque attention par ses peintures, ainsi que celle de *St. Prosper*. Au coin d'une rue est un bas relief antique, ouvrage médiocre qu'on croit fait à l'honneur de Brennus, chef des Gaulois Senonois. Reggio renferme quatre couvens d'hommes, douze de nones, environ 20000 ames, beaucoup de nobles, un théâtre assez bien construit: on y faisoit autrefois un grand commerce d'éperons, & de petits ouvrages en os & en yvoire.

Bersello, ou *Bressello*, petite ville près du Pô; elle a été forte; c'est un fief de Milan. *Canossa*, château fort sur une montagne: c'est là que résidaient le pape Grégoire & la comtesse Mathilde, lorsque l'empereur Henri IV, vint lui demander humblement son absolution. *Gualtero*, *Puviglio*, *Montecchio*, *St. Paolo*, *Viano*, *Roudinara*, sont des bourgs: nous ne parlons pas de sept autres qui n'ont rien d'intéressant.

Principauté de Correggio.

La maison de *Siro* l'a possédée: Jean, l'un de ses princes fut accusé de falsifier la monnaie; quoique l'armée Impériale eut pillé son château dans la guerre de Mantoue, on lui imposa une amende si forte qu'il ne pût la payer: l'Espagne le fit pour lui & reçut la principauté en hypothèque: elle fut donnée sous ce même titre au duc de Modene en 1635, qui en obtint l'investiture de l'Empire. Elle renferme la petite ville qui lui donne son nom défendue par un château fortifié, & le bourg de *Fabrico*.

Principauté de Carpi.

Elle appartint à la maison Pico, jusqu'en 1530:

Charles V, le donna à celle d'Eſt pour 100000 ducats : on y remarque la petite ville de ce nom, ſituée ſur le canal de la Secchia, entourée de bons murs & de foſſés pleins d'eau : elle eſt aſſez peuplée : ſon évèque eſt ſuffragant de Bologne.

Comté de Rivolo.

C'eſt un fief immédiat de l'Empire : il prend ſon nom d'un bourg.

II. Duché de Mirandole.

Il fut d'abord un comté : il eut en 1619 le titre de duché : ſes anciens ducs étaient de la maiſon *Pico*; un de ſes Princes rendit ce nom célebre par ſon ſavoir prodigieux. Ce duché eſt un fief de l'Empire : ſon dernier duc *François-Marie*, fut mis au ban de l'Empire pour s'ètre lié à l'Eſpagne, dans la guerre de la ſucceſſion, & ſon état donné au duc de Modene pour un million de gouldes. *Mirandola*, ville forte défendue par ſept baſtions, une citadelle, & un fort, ſiége d'un évèque : la cathédrale eſt peu conſiderable : on y compte encore quinze égliſes ou monaſteres. *Quarantola*, *Foſſa* ſont des bourgs. *Concordia*, petite ville ſur la Secchia : elle a le titre de principauté.

III. Principauté de Novallera.

Elle appartint à la maiſon de Gonzague : cette branche éteinte, le duc de Modene obtint ce fief de l'empereur en 1737. Elle eſt fort petite, & ſituée entre celles de Reggio & Correggio : elle renferme la petite ville de Novallera, & quelques villages.

IV. *Principautés de Massa & Carrara.*

Elles ont souvent changé de maîtres : les Gènois sont les premiers qu'on connaisse ; les seigneurs de Malespina leur succederent, & d'eux elle vint à la maison Génoise Cibo, dont l'unique héritiere a épousé le fils du duc de Modene. C'est en 1568 qu'elle est devenue une principauté : elle est située entre les territoires de Florence, de Luques & de Gènes. Son sol est fertile en citrons, oranges, olives & autres fruits : on y trouve de belles carrieres de marbre. *Massa*, petite ville sur le Frigido, près de la mer ; elle est ancienne, assez belle, peuplée défendue par un château, située dans une plaine agréable : son évêque est suffragant de Pise. *Carrara* est sur une colline, au pié de l'Apennin, près des carrieres de ce beau marbre blanc, dont on se sert en Italie, pour faire les plus beaux édifices. *Lavenza*, bourg qui a un port, à l'embouchure de la riviere de ce nom, formé à grand frais par le duc de Modene, qui de là a fait tracer des grands chemins au travers de l'Apennin. *Antonia*, *Bidizano*, *Collonata*, *Gragnona*, &c. sont des bourgs ou villages.

Duchés de Parme & de Plaisance.

Ils ont toujours été unis l'un à l'autre : au nord & au couchant, ils touchent au Milanez, au midi à la république de Gènes, à l'orient au duché de Modene : réunis à la principauté de Guastalla, ils ont une superficie d'environ 250 lieues quarrées. Le fol en eft fertile en grains, en huiles, en pommes de terre, en chataignes, en fruits de toute efpece : les vins en font ou mielleux, ou ont un goût qui déplait à ceux que l'habitude n'y a pas formé ; la foie y eft abondante. La vigne y croit fur des ormes, & par là le pays parait plus couvert qu'il ne l'eft en effet : l'agriculture & le commerce y fleuriraient davantage, s'il y avait moins de prêtres ; fes blés ne fuffifent pas à fa confommation : les pâturages y font excellens ; les fromages & les laines en font eftimées. Les prairies de Plaifance, arrofées par un grand nombre de ruiffeaux, qui portent avec eux un limon gras, font les plus belles & les plus abondantes peut-être de l'Italie. A *Salfo*, font des falines confidérables ; à *Lufignano*, des fources minérales falutaires. On y recueille en divers endroits du pétrole : on le trouve pur à *Miano*, à *Vizzole* ; il nage fur l'eau à *Ozzono*, à *St. Andrea Fornovo*, à *Rubiano*, & ailleurs encore : près de *Bardi*, on trouve des cryftaux hexagones dans des veines de gips & de craie. Les monts Apennins qui s'étendent au midi de ce pays, renferment des mines de cuivre & de fer. La riviere de *Lenza* fépare cet état de celui de Modene : le *Taro*, plus grand qu'elle, naît dans le territoire de Gênes, & l'un & l'autre comme la *Nura* & la *Trebia*, coulent dans le Pô. L'Infant, ou plutôt fon Miniftre (Du Tillot) a défendu à tout monaftere de recevoir aucun legs qui excede la vingtieme partie du bien du teftateur, & en général, tout legs qui excéde 300 écus parmefans ; & il eft ordonné à tous ceux qui fe lient à quelque ordre par des vœux de faire une déclaration publique de tous les droits qu'ils peuvent avoir fur les biens temporels : les biens qui furent

rent soumis aux impositions quand des laïques les possederent, les payent aussi lorsqu'ils sont tombés dans les mains du clergé : un tribunal est chargé du soin de veiller sur l'exécution de ces ordonnances. En 1769 le tribunal de l'inquisition y a été aboli, & l'inspection sur les objets dont il s'occupait, remise à l'évêque que soutient le duc, quand il est nécessaire, dans l'exécution de ses arrêts. L'administration de la justice y est réglée avec soin. On appelle de toutes les sentences au conseil du prince qui est le tribunal suprême. Il y a un conseil des finances composé de huit membres, un corps municipal formé des citoyens les plus estimés, & un dépôt public où l'on dépose toutes les minutes des actes. Le revenu du prince est de trois millions. Le commerce du pays est presque tout fondé sur l'excédent de ses productions, & cet excédent est considérable, quoique le pays soit fort peuplé : on en tire beaucoup de soie. Pour faciliter le commerce, l'Infant, duc de Parme, fait pratiquer une route pour conduire à Sestri, port de l'état de Gènes : il a fallu pour cela percer des montagnes, jetter plusieurs ponts sur les rivieres ou les terreins enfoncés, surmonter des obstacles de tout genre.

 Ce pays forma une espèce de république partagée en deux factions, qui selon qu'elles dominaient faisaient respecter, ou les papes, ou les empereurs : elle fut soumise aux ducs de Milan, puis aux Français : ceux-ci ayant été expulsés de l'Italie, le pape le réunit à l'état de l'église. Paul III, en investit son fils naturel *Peter Aloysius*, ou Pierre Louis *Farnese*, comme d'un fief de l'église, & c'est depuis ce tems (en 1345) que cette famille originaire de Toscane y a régné. Le plus célèbre de ses ducs fut *Alexandre Farnese*, homme digne de gouverner

Tome VII.   G

pendant la paix, & de vaincre dans la guerre. *Odoard* engagea en 1622 le duché de *Castro*, & le comté de *Ronciglione*, au mont de Piété à Rome, & lorsque son successeur voulut le retirer, le pape les retira à lui, comme des fiefs qui lui étaient *dévolus*; ils font encore partie de l'état de l'église. Elizabeth Farnese, seule héritiere de ces ducs, devenue reine d'Espagne, réussit à faire passer ces duchés sur deux de ses fils, & il est resté au dernier par la paix d'Aix la Chapelle en 1748. Plaisance qui devait appartenir au roi de Sardaigne, Parme que la maison d'Autriche avait conquise, furent cédées à l'Infant Don Philippe, à condition qu'à défaut d'hoirs mâles, ces pays reviendront à ceux qui les ont abandonnés. Le pape n'a point été écouté dans ces divers arrangemens, & il s'en console en nommant encore ces pays, *mes duchés*, & en protestant chaque année contre ces investitures illégales. Don Ferdinand, fils de Don Philippe, y régne aujourd'hui.

1. *Duché de Parme.*

Parme, ville située dans une belle plaine, sur l'ancienne voie Flaminia, & arrosée par la Parme qui la divise en trois parties réunies par deux ponts: elle est entourée de bonnes murailles bien terrassées, flanquées de bastions & d'un fossé revêtu & plein d'eau. Au midi est la citadelle; c'est un pentagone régulier, sans ouvrages extérieurs, & elle passe pour une des meilleures de l'Italie. Les chemins qui conduisent à Parme sont tirés au cordeau, ses rues sont droites & larges, ses maisons assez belles, & peintes pour la plupart. Au centre est une grande & belle place, où aboutiſſent pluſieurs belles rues, & que des arcades embelliſſent de deux côtés. Le nouveau palais de l'Infant a une façade magnifique, ornée de colonnes & de ſtatues de marbre; il a été élevé ſur les débris de l'ancien, occupé par les Farneſe, & qui n'était qu'un amas de maiſons, ſans ordre & ſans ſimmétrie: on a conſervé une de ſes cours. On voyait dans ſa gallerie 400 tableaux que Don Carlos a fait tranſporter à Naples. Don Philippe y en a formé une nouvelle avec une académie de peinture, de ſculpture & de beaux arts. La nouvelle gallerie doit ſon plus grand prix aux chefs d'œuvre du Corregio. Le théâtre eſt le plus beau de l'Italie; il peut contenir 12 à 14000 ſpectateurs; il eſt ſuſceptible des plus grands ſpectacles; la voix ne s'y perd point, elle s'y rend ſans écho, ſans confuſion, & d'une extremité à l'autre on entend un homme parlant à demi-voix. Le devant eſt décoré d'un grand ordre corinthien; les intervalles des colonnes ſont ornés de niches & de ſtatues: ſa ſalle ovale eſt décorée autour, de douze rangs de gradins à l'antique, & eſt ſemblable à un amphitéâtre Romain: au deſſus regnent deux ordres d'architecture ionique & dorique, dont les entrecolonnes forment les loges: ils ſont terminés par une baluſtrade ornée de ſtatues: l'entrée de la ſalle eſt formée par deux arcs de triomphe ſurmontés de ſtatues équeſtres. Le parterre a vingt toiſes de long ſur neuf de large, & peut ſervir de naumachie: différens tuyaux ſont deſtinés à le remplir d'eau. Le duc Rainaud I, le fit conſtruire en 1618 ſur les deſſeins de Vignole: ce théâtre eſt inutile à Parme par ſa grandeur; il n'y a pas aſſez de ſpectateurs pour le remplir, & on en conſtruit un plus petit ſur les deſſins du chevalier Berrin. L'évêque de cette ville eſt ſuffragant de Bologne : ſa cathédrale eſt célebre par ſa coupole peinte par le Correge, mais elle eſt aujourd'hui dégradée ; c'était un chef-d'œuvre. Le batiſtaire de cette égliſe eſt remarquable par ſon architecture & ſes bas reliefs ; il eſt iſolé, fort ancien, revêtu de marbre, & c'eſt là qu'on baptiſe tous les enfans qui naiſſent dans la ville & ſes environs. On y compte encore cinq égliſes collegiales & trente paroiſſiales ; pluſieurs ſont remarquables par les tableaux qui les décorent : quelques-unes le ſont par le pinceau du Correge : celle de St. Antonio a une double voûte dont la premiere eſt percée à jour, modele ſingulier qu'a donné aux Artiſtes Bibiena qui les conſtruiſit. L'univerſité fut fondée en 1601, par Ranuce Farneſe qui fonda auſſi le college des nobles : ils y ſont inſtruits à peu de frais ; il y a des chambres pour 260 élèves, & une ſalle qui les raſſemble aux repas avec leurs inſtituteurs. C'étaient des jeſuites qui le dirigeaient, & leur maiſon ſituée auprès eſt ſuperbe, noble & vaſte ; leur égliſe eſt magnifique, mais reſſemble plus à un théatre qu'à un temple. On voit encore à Parme dix-ſept couvens d'hommes & vingt-trois de femmes. Les Infans ont embelli cette ville. D. Philippe y a fait bâtir le *Caſino*, maiſon élegante où ſe raſſemble la nobleſſe à la fin du jour ; il y a fait tracer & planter un des plus beaux jardins d'Italie ; il y a de belles allées & des terraſſes, embellies de ſtatues & des vaſes hiſtoriés ; il a décoré la grande place, & formé la plus belle promenade dans les prés de la citadelle : c'eſt une imitation de celle d'Anvers : elle eſt bordée d'un double rang d'arbres, avec des bancs de pierre ; deux canaux ſervent à l'arroſer dans l'été : à l'une de

DUCHÉ DE PARME.

les extrèmités est une colonne élevée, à l'autre une maison de râfraîchissement, bâtie avec goût. La *Pilóta* est formée de deux grandes cours entourées de galleries : là est une bibliothéque de 26000 volumes, ouvrages choisis, reliés avec magnificences dans une belle salle peinte dans le goût antique : on y trouve des manuscrits curieux : à côté est une suite complette de machines pour la physique expérimentale, & près de-là les antiquités déterrées à Velleia.

Parme fut fondée par les Etrusques : les Boyens y établirent une colonie, elle devint ensuite une colonie romaine, fut soumise aux Lombards, aux Francs, devint une republique, & obéit à divers tyrans. C'est la ville d'Italie où l'on parle plus communément français : ses habitans sont polis, l'air y est sain ; l'hyver n'y est pas doux ; elle a de belles fontaines, & un aqueduc qui en porte les eaux hors de la ville : sa population est de 45000 ames : des artistes français y ont redonné plus d'activité au commerce, on y fait beaucoup de bas de soie. Sa longitude est de 28 degrés, 27 minutes, 30 secondes : sa latitude est de 44 degrés, 50 minutes. Ses environs sont ornés de jolies maisons.

Colorno, maison de plaisance des ducs, remarquable par sa situation : les appartemens en sont simples, les jardins en sont beaux : on y voit un grand berceau d'orangers en pleine terre, une grotte curieuse, deux statues colossales antiques dont l'une représente Bacchus, l'autre Apollon, trouvées à Rome dans les jardins Farnèse.

Rossena, petite ville qui a le titre de comté. *Foronomo* est un village connu par une bataille, le Taro y passe. *Castello-Guelfo*, château qui doit son nom à l'un des partis qui désolerent longtems l'Allemagne & l'Italie : il est sur le Taro. *Soragna* sur la Strone, bourg qui a un château & le titre de marquisat. *Monte-Chiarugolo*, château fort sur la Lenza.

Duché de Plaisance.

Plaisance, *Piacenza*, ville assez grande & bien bâtie dans une belle contrée qui lui a donné son nom. Elle n'est pas loin du Pô, & de l'embouchure de la Trebia qui en inonde quelquefois la partie méridionale. Les princes de la maison Farnese l'avaient embellie ; ses rues sont belles, larges, allignées, celle de *Stradone* lui sert de cours & est une des plus longues & des plus belles de l'Italie ; elle a 3000 pieds de long, & est bordée de 600 poteaux de pierres qui séparent le chemin des voitures, de celui des piétons, mais toutes ces rues sont presque désertes : ses fortifications sont médiocres, sa citadelle est vaste : elle renferme le palais du gouverneur, une église, diverses maisons. Les places sont peu remarquables : celle de la cathedrale est ornée de deux statues équestres de bronze, dont l'une représente le célebre Alexandre Farnese, & l'autre son fils Ranuce. Son évêque est suffragant de Bologne : la cathédrale est gothique, & remarquable par ses peintures : on y voit encore une église collégiale, douze paroissiales, & trente-huit autres églises ; dans celle des chanoines de St. Augustin qui est une des plus belles, est un tableau en bois, dont les figures à pied ou à cheval, sont en plein relief & très-bien finies : quelques autres sont curieuses par divers tableaux, mais on y regrette celui de la vierge par Raphael, vendu en 1754 à l'électeur de Saxe pour 200 mille livres: celle de St. Sepulchre & de Ste. Marie in Campagna, font encore des églises magnifiques. Le palais ducal construit sur les desseins de Vignole est en briques & encore imparfait; il est très-vaste. Le théâtre est bien construit, commode, mais il n'est pas grand. La maison de ville est sur la Stradone; sa façade est soutenue par de hautes colonnes qui forment une grande galerie. Le séminaire bâti par le cardinal Alberoni, en a été doté richement. On a construit à Plaisance un des plus beaux bâtimens de l'Italie pour filer la soie. On y compte huit abbayes, six monasteres d'ordres mendians, dix de religieuses: l'université est peu célebre: en général, la ville n'est pas riche, & on y voit un grand nombre de carosses: elle a à peine 20000 ames, & on y comptait près de 2000 ecclésiastiques: l'enceinte intérieure de ses murailles est de près d'une lieue & demi: ses environs sont couverts de prairies riantes, ombragées d'arbres chargés de vignes, arrosées par un grand nombre de ruisseaux: l'air y est très-pur & sain: on trouve dans le Plaisantin des mines de fer, du cuivre & du vitriol. La voye Emilienne commençait près d'elle, & s'étendait jusqu'à Rimini sur la mer Adriatique: on en voit encore les restes.

Rotto-freddo, village connu par un combat en 1746: il est à deux lieues de Plaisance: *Campo-Morto* est au sud-ouest: c'est-là, dit-on, qu'Annibal défit les Romains. *Ronchaglia* où l'empereur s'arrêtait lorsqu'il allait à Rome & y assemblait une diette. *Castel St. Giovanni*, *Nibiano*, sont de petits bourgs sur le Tidone. *Macinesso*, village près d'une montagne, & où l'on découvrit les ruines de *Velleia*, située au pied du Moria & du Rovinaſſo, hauts monts de l'Apennin, deſquels il paraît que des rochers détachés l'écraſerent avec tous ſes habitans: une matiere bitumineuſe qui s'enflamme à l'approche du feu, deux fontaines, dont l'une s'enflamme en approchant d'elle un flambeau allumé, des médailles fondues, des matieres noires ont fait auſſi ſoupçonner que ſa ruine venait d'un volcan. On y trouve des monumens poſtérieurs à Conſtantin; mais on ne peut fixer le tems de ſa deſtruction: elle était bâtie ſur le penchant d'une colline, ſes maiſons iſolées formaient différens étages qui ſe communiquaient par des degrés: les appartemens inférieurs étaient ſoutenus par des piliers de terre cuite, entre leſquels l'eau circulait ſans s'y arrêter: quelques-unes avaient des pavés de marbre, quelques autres en avaient en moſaïque: on y a trouvé des peintures, des buſtes & des bains en marbre, des idoles, des vaſes de bronze incruſtés en argent, des ouvrages en terre cuite faits avec goût: elle avait une place publique environnée de colonnes de marbre, avec un canal autour pour l'écoulement des eaux; des ſiéges de marbre y étaient ſoutenus par des lions: au centre était un autel conſacré à Auguſte: elle formait une république, qui étendait ſon pouvoir ſur trente villes ou bourgs; ſes habitans étaient de la nation des *Anamani*.

Saiſo, village où ſont douze ſources ſalées: elles donnent chaque année 28500 quintaux de ſel: on n'y a point de bâtimens de graduation: quinze heures d'ébullition ſuffiſent pour former le ſel, trois jours le ſéchent, & on ne le vend que quatre ſols, cinq deniers, poids & meſure de France: la ſurface de l'eau eſt imprégnée de pétrole, & on l'y recueille. *Florenzola* eſt un bourg avec un château

DUCHÉ DE PLAISANCE. 105

sur le Larda: là est une abbaye de Bernardins. *Borghetto* est aussi une riche abbaye sur la Nura.

Val di Taro.

On l'appelle aussi *Stato di Landi*: il est dans l'Appennin sur les frontieres de l'Etat de Genes: on y voit quelques bourgs, tels que *Bardi* sur le Cevo, *Corgo di val di Taro* sur le Taro, &c.

Stato Pallavicino.

Le Pô l'arrose; il renferme *Borgo a St. Donnino*, petite ville, siége d'un évèque suffragant de Bologne sur la Stironne: elle est formée par deux rues en équerre, & doit son existence à la célébrité du tombeau de St. Domnin, officier de Maximien-Hercule, qui eut la tète tranchée en 304: des pelerins y venaient, on y bâtit une église, puis un village qui devint bourg, puis une ville. Son église cathédrale, quatre paroissiales, six couvens dont trois sont de religieuses, & un college où enseignaient les jesuites, sont tous ses bâtimens publics. Les ruines de *Julia de Chrisopolis* sont à deux lieues de-là.

Busseto, petite ville sur l'Ongina: elle a une église collegiale, deux paroissiales, trois couvens d'hommes, un de femmes: elle fut la capitale d'une principauté de son nom. *Castello Gibellino* fut bâti par les gibelins au bord du Pô. *Monticello*, bourg sur le même fleuve, a une église collégiale & un couvent de capucins.

III. *Duché de Guastalla.*

Ses anciens ducs descendaient des ducs de Mantoue. François II le donna à son jeune fils Ferdinand: Ferdinand III, duc de Guastalla, mort en 1678, ne laissa que deux filles, mariées l'une au duc de Mantoue, l'autre à un de ses parens: celui-ci eut l'héritage: son successeur hérita des principautés de Sabionetta & de Bozzolo: son frere lui succéda & mourut en 1746: la reine de Hongrie & de Bohême s'en empara, & les céda en 1748 à D. Philippe par la paix d'Aix la Chapelle.

Principauté de Guastalla.

Elle peut avoir quatre lieues de long, & dix lieues quarrées de surface. *Guastalla* est une petite ville fortifiée, qu'arrose le Crostolo. *St. Georgio, Larotta* sont des bourgs.

Principauté de Sabionetta.

La maison Caraffe l'a possedée, ensuite celle de Gusman: elle est peu étendue. *Sabionetta* est une petite ville assez jolie: elle a une forte citadelle. Autour d'elles sont quelques bourgs & quelques villages.

Principauté de Bozzolo.

Elle renferme la petite ville de ce nom, jolie & fortifiée en 1734. *Rivarolo*, *St. Marino* sont deux bourgs, le dernier est sur l'Oglio, & a le titre de marquisat.

Principauté de Monaco.

Située entre le comté de Nice & le territoire de Gênes, elle a trois lieues de long sur demi lieue de large. Son prince fut pendant 200 ans, sous la protection de l'Espagne. Honoré II se mit sous celle de France en 1641, & depuis ce tems il y a une garnison française. Pour dédommager ce prince de ce qu'il perdait en Espagne, le roi de France lui donna le duché de *Valentinois* & la baronnie de *Buis* en Dauphiné, le marquisat de *Beaux* & la seigneurie de *St. Remi* en Provence, la baronnie de *Calvinet* en Auvergne, & le comté de *Cordalez* dans le gouvernement de Lyon : il fut fait duc & pair de France. La maison de Grimaldi la posséda pendant 800 ans : le dernier de cette famille *Antoine Grimaldi* maria en 1715 sa fille aînée au comte de Torigny, fils du maréchal de Matignon, & de ce mariage est né Honoré Camille Leonor qui a pris le nom & les armes des Grimaldi. Les revenus de la principauté sont de 4 à 500,000 livres; Smollet les réduit à moins de la moitié de cette somme : le pouvoir du prince est sans limites, & il frappe monnaie.

Monaco, résidence du prince, est située sur un rocher élevé, qui s'avance dans la mer : c'est un bourg d'environ 100 feux, dont les maisons mal alignées forment des rues courtes & étroites, le palais domine sur la mer, & de son sallon on découvre l'isle de Corse : sa place qui le sépare du bourg est terminée par une platte-forme, munie de plusieurs canons braqués sur la mer : ces canons, le roc escarpé qui en est la base, & contre lequel les flots se brisent; un souterrain qui est un des plus beaux de l'Europe, en sont les principales défenses : ce dernier a trois étages taillés dans le roc : on y peut placer 3000 hommes, & la derniere voûte est bâtie de pierres bleuâtres : toutes sont à l'épreuve de la bombe. Son port n'est ouvert qu'au vent d'Est, il est sûr, mais il manque de profondeur pour les gros vaisseaux : les bâtimens qui passent en ce lieu y viennent payer un impôt : à son entrée est une grosse tour qu'on nomme la Tour d'Antoine : sur les deux monts qui s'élevent près du bourg, est une chapelle qui attire beaucoup de pélerins ; c'est celle de *Ste. Devota*, patrone du pays. Le château a de beaux jardins, enrichis de palmiers & de plantes rares, d'allées de citronniers, d'orangers qui embaument l'air : on n'y jouit que d'une perspective monotone : des monts rocailleux, de tristes oliviers, la mer, c'est tout ce qu'on y voit. *Menton*, village ou bourg au pied du mont, qu'on nomme *Testa di Cane* : il est environné de caroubiers, arbres devenus nécessaires en Italie, parce que son fruit sert à nourrir les pauvres & à engraisser le bétail. *Roccabruna*, bourg à mi-pente d'un mont rapide : ses environs produisent les meilleurs citrons & les plus belles oranges de l'Italie.

RÉPUBLIQUE DE GÊNES.

Son territoire confine au Piémont, au Montferrat, au Milanez, aux duchés de Parme & de Plaisance, à la Toscane, à la république de Luques. Il est très-montueux, couvert en partie de rocs infertiles, qui lui servent de défenses, & en partie de beaux pâturages : on n'en peut cultiver que quelques vallées, & il faut que les Génois tirent une grande partie des grains qui leur sont nécessaires de la Lombardie, de Naples, de Sicile & d'autres pays : ils cultivent avec grand soin les lieux qui peuvent l'être, & l'on peut avoir à Gènes pendant toute l'année les plus beaux légumes & les plus beaux jardinages : on y recueille du vin muscat, & d'excellens fruits ; la partie située au couchant de Gènes, donne abondamment des citrons, des oranges, des pommes de grenade, des amandes, & des figues. Un grand nombre de mûriers y nourrissent le ver à soie : l'olive est sur-tout abondante autour du golfe de la Spezzia : l'olivier assez semblable à un saule tortueux, n'embellit point l'aspect de ce pays ; mais l'huile l'enrichit par le commerce qu'on en fait ; celui qui est blanc & transparent est le meilleur, celui qui est d'un jaune doré vient d'olives trop mûres, ou est déja vieux : il ne doit avoir aucune odeur, & n'être point tenace & trop gras. L'*huile vierge* que les anciens nommoient *huile verte*, est fait d'olives vertes & qui n'ont pas leur maturité, mêlées à d'autres qui l'avaient. Le pays est assez riche en sel pour en fournir à ses voisins : çà & là on y trouve des carrieres de marbre & de differentes pierres : la multitude des monts & des vallées fait qu'il y a beaucoup de rivieres ; mais il n'en est point de considérables, & elles ne méritent guere que le nom de torrens.

Les habitans sont catholiques romains, & soumis à un tribunal de l'inquisition : les protestans qui habitent ses villes n'y sont pas aimés, mais les magistrats les y laissent vivre en paix : le sénat nomme aux évêchés, prérogative dont le pape y jouit longtems : les manufactures n'y sont pas florissantes comme elles le furent autrefois : les plus considérables sont celles de velours, de la pluche, du damas, diverses étoffes de soie pour lesquelles on tire beaucoup de soies crues de Messine & autres lieux, des étoffes d'or & d'argent, des dentelles inférieures à celles de Brabant, des gands, des bas, des rubans, du savon, du papier pour l'Inde. Le velours noir de Gênes est très-estimé. Les autres objets de commerce sont l'huile, les fruits, les macaroni, les confitures, le fromage Parmesan, les anchois, les drogues médicinales qui viennent du Levant, les champignons secs ; telles sont les marchandises que les Génois portent en Espagne, & chez d'autres peuples de l'Europe, dont ils commercent avec les Anglais, les Hollandais, les Français, & dans la Lombardie : leurs manufactures ont déchu, leur pouvoir s'est affaibli comme la source de leurs richesses: le prix trop haut des objets qu'ils fabriquent, le peu de sûreté de ses ports, contribuent à affaiblir leur commerce. Gênes a bien été déclarée un port libre, mais Livourne l'est aussi, & la liberté y est plus grande encore. Dans ces ports francs, chaque marchand étranger ou sujet peut y avoir un magasin, les y garder un an & les faire embarquer sans payer d'impôt : cette liberté est restrainte à Gênes. Le commerce de la banque y est considérable, & c'est là qu'on trouve les plus riches banquiers de l'Europe.

Gênes fut autrefois la ville la plus considérable de la Ligurie : on dit qu'elle fut fondée par Janus, roi d'Italie : les Carthaginois la détruisirent, les Romains la relevèrent: elle fut leur alliée & suivit leur sort : les Barbares l'envahirent, les Sarrasins la brûlerent, les Lombards n'y laisserent que d'informes débris. Réédifiée encore, Charlemagne lui rendit son ancienne liberté, son

RÉPUBLIQUE DE GÊNES.

Fils Pepin y établit un comte. Les Gênois secouerent le joug de ses successeurs, se nommerent des consuls, diviserent la ville en six quartiers, à la tête de chacun desquels était un capitaine ou tribun, ils l'entourerent de murs : une division intestine y détruisit tout l'effet de quelques loix sages, mais isolées, qu'on y promulguait de tems en tems. Un commerce florissant qui fondait sa puissance, était peut-être l'origine des désordres qui l'agiterent : il la mit en état d'éloigner les Sarrasins de ses côtes, de conquerir sur eux la Corse en 806, d'aggrandir leurs domaines par des achats & par leurs armes, mais il fit des citoyens riches & turbulens, qui croyaient pouvoir aspirer à tout, & osaient tout pour atteindre à leur but. Les secours que les Gênois donnerent aux Croisés augmenterent encore leur opulence, & les mirent en état de soutenir une guerre cruelle & souvent renouvellée contre les Pisans, même unis aux Vénitiens. Elle aurait été une république formidable, si l'ambition, la jalousie, l'esprit effréné de la domination n'avaient agité ses habitans : des factions l'agiterent sans cesse, & la plus faible pour dominer à son tour, ou se venger, allait honteusement mendier des secours étrangers, & ses citoyens devenaient sujets, parce qu'ils n'avaient pû être maitres. En vain pour calmer ces dissentions employa-t-on differens moyens ; on créa des podestats étrangers, pour éviter le mécontentement des citoyens auxquels on en aurait préféré quelqu'autre ; on créa, on annulla, on rétablit des consuls, des abbés, des capitaines du peuple ; on se soumit à l'empereur, au roi de France, aux rois de Naples, aux ducs de Milan ; bientôt leur Gouvernement devenait oppressif, il était sécoué avec fureur, mais on éloignait le mal, sans trouver le bien. Les loix étaient sans force, parce qu'il y avait des citoyens trop puissans, & un très-grand nombre de pauvres & de sujets. La liberté sans l'égalité légale se détruit toujours elle-même, & les politiques intéressés qui confondent sans cesse les idées d'ordre avec celles de la domination, croyent que l'injustice est utile, parce qu'ils n'étendent pas leurs vues assez loin pour se convaincre que la justice, la moderation, l'humanité seules peuvent l'être. Doria, amiral de François I, puis de Charlesquint, & l'un de ses premiers citoyens, en chassa les Français, & y établit le gouvernement aristocratique, tel qu'il existe encore : c'était en 1528. Il donna de la stabilité à l'état, en mettant entre les vingt-huit familles alors les plus puissantes, & celles du peuple, une barriere qu'on ne pût franchir: les premieres parvinrent seules aux charges & gouvernerent; les autres ne purent être que gouvernées. Cette forme de gouvernement donna du repos à Gènes, sans lui donner de la puissance, & le peuple n'en a pas été plus heureux, plus attaché à la patrie, & plus éclairé. On a fait tout ce qui était nécessaire pour perpétuer le gouvernement, & par conséquent aussi pour que l'état existât indépendant, & même pour qu'il fût riche; mais tout ce qui intéresse l'homme en général, ce que l'humanité, la justice seules peuvent dicter, n'y a point excité d'efforts; son histoire depuis ce tems ne présente que des tableaux assez uniformes, interrompus par la conjuration de Fiesque, dont un hazard sauva les nobles Gènois, par le bombardement qu'elle essuya des Français, pour son attachement aux Espagnols; par la la guerre qu'elle a soutenue contre l'Autriche & la Savoye, par son attachement à la France & à l'Espagne, & par des guerres longues & cruelles avec leurs sujets Corses, nées du caractere indomptable & inquiet de ce peuple, & de la tyrannie des Gènois. En 1713, elle acquit le Marquisat de Final que lui vendit l'empereur Charles VI : en 1768 elle céda la Corse à la France pour les vains secours qu'elle en avait reçus pour la soumettre. La puissance qu'elle craint le plus aujourd'hui, & qu'elle doit le plus craindre, c'est le roi de Sardaigne, parce qu'en effet c'est celle dont les états touchent son territoire dans plus de points, qu'ils le divisent & semblent le presser, parce qu'elle est celle à qui conviendrait davantage ce territoire. Des protecteurs ou des alliés, tels que la France, peuvent seuls maintenir son indépendance.

La noblesse à Gènes est divisée en ancienne & nouvelle. L'ancienne est formée des vingt-huit anciennes familles qui furent séparées des autres par André Doria, & qui exercent des charges du gouvernement : tous les autres Gènois appartiennent à la classe du peuple. Ces vingt-huit familles sont *Calvi, Cattanei, Centurioni, Cibo, Cigola, Doria, Fieschi, Fornari, Franchi, Gentili, Guistiniani, Grilli, Grimaldi, Imperiali, Interiani, Lercari, Lomellini, Marini, Negri, Negroni, Pallavicini, Pinelli, Promontorii, Salvaghi, Sauli, Spinola, Vivaldi, Vesodimari.* Nous les avons placé ici selon l'ordre alphabetique. Parmi celles-là on en distingue par leur illustration ; ce sont les *Fiesques*, les *Doria*, les *Spinola*, les *Grimaldi* & les *Impériali*. D'autres familles considérables ont été rangées parmi celles-là, & furent comprises sous la même domination ; le repos de l'état a forcé d'en aggréger de nouvelles, mais toujours comprises dans quelqu'une des anciennes dont elles prennent le nom & les armes. La même nécessité obligea aussi de créer une noblesse nouvelle qui renferme 300 familles; mais aucun de leurs membres ne peut entrer dans le grand Conseil qu'il n'ait été créé noble quatre ans auparavant, ni dans le petit, qu'il ne le soit depuis six ans. Pour être sénateur ou procurateur, il faut que sa noblesse ait dix ans d'ancienneté ; pour être doge il faut qu'elle en ait quinze. Toutes sont inscrites sur le livre d'or. Aucun des membres des maisons Doria & Spinola n'exercent le commerce : les autres l'exercent, quand il leur convient, & sans crainte de paraître avoir dégénéré ; plusieurs exercent la banque, plusieurs ont des fabriques de velours, de soie, de toile; quelques-unes afferment les péages, un grand nombre font le commerce maritime ; mais les arts, les métiers ne leur sont pas permis. On peut dire en général que la république est pauvre, & qu'elle renferme des particuliers très-riches ; mais la noblesse le parait plus qu'elle ne l'est en effet. On n'y compte que quatre ou cinq maisons qui ayent 300,000 livres de revenus ; il en est plusieurs qui jouissent de vingt à trente mille livres ; le plus grand nombre n'en a que 10000 & moins encore. Lorsqu'ils sont dans la ville, ils sont habillés de noir, & presque tous les commerçans s'habillent ainsi ; les femmes mêmes des nobles sont couvertes de noir : celles du peuple peuvent à leur gré suivre les caprices de la mode.

Le chef du gouvernement est le *doge* ou *duc* : on ne peut y être nommé qu'à l'âge de cinquan-

RÉPUBLIQUE DE GÊNES. 115

te ans, il n'est en charge que pendant deux, & ne peut y être élevé de nouveau qu'après cinq ans écoulés (*a*). On le choisit alternativement dans l'ancienne & dans la nouvelle noblesse : le fort nomme pour cette élection cinquante membres du petit conseil ; ces cinquante en choisissent vingt qu'ils estiment capables de remplir cette place : le grand conseil les réduit à quinze, le petit à six, & sur ces six le grand conseil élit le doge. Lorsqu'il est nommé, on charge sa tête d'une couronne d'or, & sa main d'un sceptre, pour le royaume de Corse que la république possédait & ne possède plus. On le revêt d'une longue robe à l'antique, de velours ou de damas cramoisi, & d'un bonnet pointu qui avance une espèce de corne sur le devant. Les procurateurs & les sénateurs sont habillés de même, mais en noir & sans bonnet. Son habit ordinaire, ses bas, ses souliers sont cramoisi : sa perruque est vaste, sa cravatte est de dentelles : lorsqu'il sort en cérémonie, on porte devant lui deux masses & une épée dans son fourreau. Son titre est *sa sérénité* : dans le sénat il n'a que celui d'*Excellence*, comme tous les sénateurs : il demeure au palais avec sa famille, & il n'en sort pas sans l'agrément du petit conseil. Sa garde est de 200 Suisses. Il est le représentant de la république ; c'est en son nom que se traitent les affaires, mais il en doit rendre compte : il préside dans tous les conseils : sorti de charge, il demeure huit jours exposé à la censure & aux plaintes de chacun, & ce n'est qu'après un examen sévère qu'il est admis à la

---

(*a*) D'autres disent dix ans, mais c'est une erreur.

procuratie perpétuelle : il conserve alors une pension de 500 scudi. Après le doge, les colleges des gouverneurs & des procurateurs sont les principaux tribunaux, & ils peuvent être regardés comme les conseils du doge. Le premier est composé de douze membres, le second de huit ; ceux qui ont été doges sont joints à ces collèges & ne les quittent qu'avec la vie ; les autres demeurent deux ans en charge : trois des gouverneurs, deux des procurateurs, vivent dans le palais de la république avec le doge, & ils alternent dans cet office tous les trois mois. Les gouverneurs joints au doge forment la *seigneurie* ; ils déliberent sur les affaires d'état qui doivent être secrettes ; mais elles ne peuvent être arrêtées qu'en commun avec le grand conseil ; les procurateurs assistent aux délibérations du dernier : on ne peut rien terminer sans eux, & ils ont l'inspection sur le trésor & sur tous les revenus publics. Les deux colléges connaissent des crimes, tels que les parricides & les trahisons publiques : ils disposent des forces maritimes, rassemblent le conseil général. Le grand conseil est composé de 400 personnes : c'est le petit conseil composé de 200 membres qui les nomme, lorsque la mort ou d'autres accidens l'a réduit à 300 : il faut être noble, demeurer à Gènes, & avoir vingt deux ans pour parvenir dans tous les deux : on en confirme les membres tous les ans : trente nobles élus par le petit conseil, 100 du grand, sont élus pour faire cet examen ou ce nouveau choix. Tous les deux déliberent avec les deux colléges dont nous avons parlé sur les loix, les impôts & subsides, la guerre, la paix, les alliances, &c. Le petit conseil peut faire des loix, pourvu que les deux tiers des voix l'approuvent : il peut en propofer au grand confeil, pourvu qu'elles aient eu les quatre cinquiemes des voix. Ce qu'on appelle les *fuprêmes* font communément cinq membres du petit confeil, dont l'office eft d'examiner la conduite du doge, des gouverneurs, des procurateurs & autres officiers publics, lorfqu'ils font fortis de charge : ce font en quelque maniere les *Ephores* de Gènes. Les *confervateurs de la paix*, & ceux *des loix* fe changent tous les deux ans : les premiers font au nombre de trois, & choifis parmi les bourgeois, ils ont l'infpection fur les affaires matrimoniales de la bourgeoifie, arrangent les parties dans les procès nés du commerce, où les portent à la feigneurie s'ils ne peuvent y réuffir : les feconds font au nombre de deux ; ils affiftent aux élections des doges & des autres magiftrats, & veillent à ce que les loix foyent refpectées dans toutes ces opérations. Le tribunal qu'on nomme *la Rote*, eft compofé de cinq docteurs étrangers, choifis parmi les jurifconfultes Italiens ; ils demeurent dans le palais de la république, & font en charge pendant deux ans (*b*). Un autre tribunal formé de fept docteurs en droit Gènois, veille pour diminuer les procès, & fur les objets de police : *la rota* criminelle eft un tribunal qui veille fur les intérêts des pauvres prifonniers. Cinq *cenfeurs* ont l'infpection fur les manufactures, le commerce, les marchandifes, les poids, &c. Les autres emplois inférieurs qui peuvent être exercés par les bourgeois font très-nombreux.

On fuit le droit romain dans tout l'Etat de

(*b*) La Lande dit qu'ils le font pendant trois ans.

Gênes, mais auquel on a ajouté des ſtatuts particuliers: les commentaires, les conſultations des Juriſconſultes, & les déciſions de la *rote* y ont quelque poids. Le code fondamental de la conſtitution eſt celui de 1576: il règle les fonctions des magiſtrats, le tems de leur magiſtrature.

Les revenus ordinaires de la république montent à environ 500,000 livres ſelon Buſching; mais c'eſt trop peu. La Lande les fait monter à cinq millions; les droits qui ſe perçoivent ſur les marchandiſes qui entrent ou ſortent de l'Etat, les regaliens qui ſe recueillent à Sarzane, Gavi, Savone, Vintimiglia & autres lieux; dans la Métropole (*c*) la vente du vin, des grains, & les amendes impoſées par les tribunaux, en ſont les ſources. Les revenus qu'on retirait autrefois de la Corſe ſervaient à peine à l'entretien des ſoldats qu'elle rendait néceſſaires, & des magiſtrats qui y rendaient la juſtice: les révoltes fréquentes qui s'y élevaient, ont abſorbé une partie des tréſors de la république. La banque de *St. George* a été depuis deux ſiécles la plus grande reſſource de l'Etat: inſtituée en 1407, elle prit ſon nom de l'égliſe où elle fit ſes aſſemblées: c'eſt une compagnie de commerce, preſque indépendante de la république, qui ne reconnaît que l'autorité du doge, a ſes magiſtrats, & ſes loix; c'eſt un Etat dans l'Etat, formé de tous ceux qui ont intérêt dans ſes *actions*: elle a dix millions de revenus, & doit des intérêts conſidérables: une partie des taxes & des

---

(*c*) C'eſt la ſeigneurie qui vend le vin aux aubergiſtes, à qui il eſt défendu d'en avoir dans leur cave, & le blé aux boulangers qui ne peuvent l'acheter ailleurs.

RÉPUBLIQUE DE GÊNES. 119

revenus de l'Etat lui ont été aliénés, & elle les perçoit par elle-même. Elle a prêté de grandes sommes à la république & à des princes étrangers, & a reçu en hypothèque des seigneuries ou des revenus considérables. C'est un moyen d'attacher les bourgeois & tout sujet aisé au sort de la république, car la banque prospère ou souffre avec elle. Les demandes exhorbitantes de l'armée Impériale la mirent dans un état dangereux en 1746 : elle fut presque anéantie, mais elle fut rétablie en 1751 ; son crédit s'en est relevé à peine : on fait tout à Gênes par les billets de cette banque, comme avec de l'argent comptant. Ses actions ne rendent que le trois pour 100.

La république en tems de paix n'entretient qu'environ 5000 hommes de troupes réglées (*d*) : quatre mille sont ses sujets, 200 Allemands, 500 Suisses, 300 Italiens, 100 Corses, & une compagnie de bombardiers. Sa milice est de 30,000 hommes ; elle l'a entretenue en 1747, tems où le peuple obligeait les prêtres mêmes de monter la garde : sa cavalerie n'est que de six cents hommes, & est peu utile, parce que les chevaux du pays sont mauvais : sa flotte autrefois victorieuse des Sarrasins, des Pisans, des Vénitiens, des Espagnols & des Turcs, qui se montra longtems souveraine de la Sardaigne, de Malthe, de Majorque & Minorque, de Candie, de Chypre, & d'autres isles de la méditerranée & de l'Archipel, qui régna même sur la mer Noire où elle possédait des ports & des villes, est réduite aujourd'hui, dit Busching, à six galères, qui ne servent

---

(*d*) La Lande réduit ce nombre à la moitié.

H 4

qu'à transporter du vin & des graines, & à procurer aux dames un air frais dans les ardeurs de l'été (e). Mais elle a, ou peut avoir des vaisseaux quand le danger l'exigerait ; elle en construit pour vendre aux étrangers, elle peut donc en construire pour elle. On compte environ 400 mille ames dans l'Etat de Gènes.

Riviera di Levante.

On appelle ainsi le territoire de la république qui s'étend de Gènes aux frontieres de la Toscane : comme il s'étend le long de la mer, on l'apelle *rive, riviera* : celle-ci est la moins fertile.

Gènes, *Genoua, Genua*, est située au bord de la mer, sur une colline qui la rend incommode par son inégalité, mais qui élevant ses maisons en amphithéâtre, présente aux navigateurs une perspective brillante : elle a le surnom de *superbe* par la décoration de ses palais, par ses maisons mêmes très-élevées, presque toutes peintes en dehors, & représentant des ordres d'architecture, ou des animaux : leurs toits sont la plupart plats & en terrasse. L'ardoise & les vitres qui y sont communes l'embellissent encore ; des jardins ou des galleries les accompagnent. Du côté de la terre, elle est environnée par de doubles murs, qui s'étendent sur les monts qui la resserrent : l'extérieur est moderne,

---

(e) Busching a pu se tromper : cette faiblesse de la marine vient du traité fait avec Louis XIV, & de son inutilité. Les Génois n'ont pas même besoin de protéger leur commerce contre les Afriquains : ils trouvent plus sûr de le faire sous des pavillons respectés de ces retraites de pirates.

il commence à la tour de la Lanterne & finit à la riviere de Bifagno : leur circuit eſt d'environ quatre lieues ; ils ne ſervent guère qu'à la mettre à couvert des courſes & des pillages des bandits. Sur le rivage de la mer où des rochers s'avancent, on a élevé des baſtions qui s'élevent l'un au deſſus de l'autre : l'enceinte intérieure n'a qu'environ une lieue, & tous les canons diſperſés ſur les ouvrages qui la défendent, ſe montent à 500 (*f*). Gènes eſt d'une forme très-irréguliere : preſque toutes ſes rues ſont étroites, montueuſes, mal alignées ; c'eſt un labyrinthe pour les étrangers qui n'ont point à y craindre la courſe rapide des voitures, car on ne peut y paſſer qu'à pied, ou en chaiſe à porteurs : il y a cependant de belles rues, & telles ſont la *ſtrada nuova*, & la *ſtrada di Balbi* : toutes deux ſont pavées avec ſoin de pierres plattes, miſes ſur le côté, & bordées de palais magnifiques & d'égliſes ſomptueuſes : ſon quartier le plus fréquenté eſt celui de la banque, ou celui de *Porto Franco* qui en eſt voiſin. La banque eſt un grand ſallon quarré appellé *Loggia*, revêtu de marbre au dehors, & de boutiques de libraires ou de jouaillerie au dedans ; les commerçans s'y aſſemblent tous les jours. *Porto-franco* eſt un enclos rempli de bâtimens peints & bien allignés : là ſont des magaſins. Gènes a peu de places, & il n'en eſt point de régulieres : la plus belle eſt la Juſtiniana, & elle eſt anguleuſe & petite. Le palais de la ſeigneurie eſt la réſidence du doge, & c'eſt là que s'aſſemblent le ſénat & les tribunaux ; ſemblable à une for-

---

(*f*) Mr. De la Lande réduit ce nombre à 250.

teresse, il n'a rien de magnifique au dehors: une grille saillante, une cour habitée par les soldats de la garde & des détailleurs, un grand vestibule, c'est ce qu'il offre d'abord: au bas du grand escalier sont deux statues des Dorias: les appartemens du doge sont magnifiques, son lit est simple: les murs du conseil sont peints à fresque, autour étaient les statues en marbre blanc de ceux qui avaient servi avec gloire la république, là aussi était celle du maréchal de Richelieu; mais le feu a consumé cette salle, & ces statues enfumées sont entassées dans un galetas. Dans la même enceinte est l'arsenal: il renferme des armes pour 34000 hommes, des machines singulieres, des modeles de ponts, les antiques armes de vingt-trois dames Génoises croisées contre les Turcs, & une espèce d'écu qui renferme 120 pistolets, fait, dit-on, par Julius Céfar Vacche, pour faire périr le *doge* & le sénat tout à la fois. Le palais Doria est un des plus vastes, mais il n'est pas le plus apparent: il n'est point dans l'enceinte intérieure de la ville, & est garni de terrasses balustrées de marbre: du palais on communique au jardin par une gallerie: au centre du jardin est une belle fontaine de marbre blanc, dont le bassin est environné d'aigles, & au milieu est Doria représenté en Neptune qui gouverne trois gros chevaux: une galerie en colonnade, longue de 250 pieds, y supporte une terrasse & y offre une promenade à couvert: à droite est une voliere de 130 pas de long, toute fermée de fil de fer. Le palais du duc *Doria* est le premier de la strada nuova, & c'en est peut-être le plus beau; près de lui est le palais de Brignoles dont les es-

escaliers sont ornés de belles statues, & les chambres de meubles précieux : sa collection de tableaux n'est pas une de ses moindres richesses : les deux palais *Balbi* dans la rue de ce nom, méritent d'êtres vus, ils frappent par leur architecture & par les tableaux précieux qui décorent l'intérieur. Ceux des Durazzo, des Carega, de Pallavicino, de Saluzzo, & quelques autres, ont une architecture imposante & des appartemens magnifiques, & sont décorés avec autant de richesse que de goût. L'albergo est un hôpital vaste & superbe qui sert d'asile à plus de 1000 pauvres infirmes; les femmes publiques y sont renfermées : une de ses aîles est imparfaite encore, on creuse un rocher très-dur pour l'asseoir. L'escalier & un vestibule y sont ornés des statues des principaux bienfaiteurs de la maison : la chapelle en est jolie, ses murs sont incrustés de marbre; sept colonnes & une image de la vierge en décorent l'autel. Mais son plus bel ornement est une Assomption en marbre du Puget. Du côté de Bisagno, un noble de Fiesque a fait élever un autre albergo pour 300 jeunes filles. Le grand hôpital reçoit tous les malades de quelque nation qu'ils soient, & il y en a ordinairement plus de 1000 : on y reçoit les enfans trouvés, on les y éleve, ou dans son enceinte, ou dans ses environs, & on y en compte plus de 3000. On y sépare les convalescens des malades : ceux-ci sont dans le bas, ceux-là dans le haut, usage salutaire qui n'est pas assez imité. Ce vaste édifice est bâti d'une pierre noirâtre, mêlée de particules calcaires : on y voit les statues de ses bienfaiteurs : un petit hôpital est reservé pour les malades Génois; on y en compte souvent 1100.

L'Archevêque a six suffragans : ce sont les évêques d'Albenga, de Bobio, de Brugnetto, de Mariara, de Noli & de Nebio. La ville renferme trente deux églises paroissiales, & plusieurs sont magnifiques. La cathédrale est celle de *St. Laurent*; c'est la plus grande, mais ce n'est pas la plus belle: consacrée au St. Martir dont elle porte le nom en 260, elle est revêtue de marbre: son architecture est d'un gothique assez léger, son portail est décoré de hautes colonnes, mais elle est obscure: le chœur est revêtu de bois sculpté avec art: on y voit en marbre les quatre évangelistes, & plus haut le martyre de St. Laurent. La chapelle de St. Jean Batiste est de marbre, décorée de colonnes & de balustrades: on y montre une coupe hexagone de quatorze pouces & demi de diamètre, qu'on dit être d'émeraude; présent de la reine de Saba au roi Salomon: on doute de sa matiere & de l'histoire qui la rend vénérable. L'*Annonciade* est une église vaste, dont la nef est portée par des colonnes ioniques de marbre blanc, cannelées en marbre rouge: le reste de l'église est revêtu de marbre rouge & blanc, sa voûte est peinte, ses cadres distribués sans goût, ses fenêtres petites, sa nef trop serrée, les richesses prodiguées sont les défauts qu'on lui reproche. *St. Ambroise* est magnifique: on admire sa grandeur, ses peintures, ses colonnes: les piliers qui la soutiennent sont prodigieux par leur grosseur; la couleur du marbre est très-vive: c'est de ce même marbre qu'est la chaire & les statues de St. Pierre & de St. Paul qui décorent l'autel: le pavé est du plus beau marbre & le lambris orné des plus belles peintures. *Ste. Maria di Carignano* fut bâtie sur les desseins de Puget: le plan est ingénieux, les proportions belles, la décoration fage : on y admire deux ftatues admirables de ce grand artifte; ce font celles de St. Sebaftien & du bienheureux Alexandre Saoli; le marbre y refpire : la foudre a fendu la voûte de cet édifice. Le pont qui le joint à la ville eft un ouvrage hardi : il joint deux monts par une arche prodigieufe plus élevée que les maifons qu'on a bâties près de fes fondemens. L'églife de St. Sebaftien eft petite : l'or y brille de toutes parts. Le couvent des Théatins montre cloitre fur cloitre, dortoir fur dortoir, & le plus élevé eft le plus grand : au-deffus font des jardins d'orangers & de citronniers où l'eau coule abondamment & de diverfes manieres. On monte par des degrés dans trois différens jardins en terraffes, & plus haut encore on trouve un moulin à eau & une citerne : enfin on monte à une plateforme d'où l'on découvre toute la ville. L'églife de *St. Siro* fut la premiere cathédrale de Gènes : elle eft bâtie en marbre : fa nef élégante eft foutenue par des colonnes couplées d'ordre ionique : trop d'ornemens la déparent. On compte à Gènes quarante quatre monafteres d'hommes, & vingt-cinq de femmes.

A l'extrêmité de la rue Balbi, on trouve les magafins de l'abondance, & au-delà du palais Doria, on voit la lanterne, tour élevée qui faifait partie du fort que Louis XII fit conftruire à Gènes; fituée fur un rocher, on y monte par 366 marches : chaque nuit, on y allume trente trois lampes pour guider les vaiffeaux qui cherchent le port : fur la courtine qui eft à fon pied font des canons braqués fur la mer. Le golfe ou port de Gènes a la forme d'un demi cercle que ceignent la ville & de hautes montagnes : il eft ouvert vers le midi : exposé aux vents de sud-ouest, de petites roches couvertes le rendent peu sûr dans les bourasques : d'ailleurs il est profond, l'ancrage y est bon, il a environ 1000 toises de long : deux arsenaux, l'un pour les galères, l'autre pour les barques sont à ses côtés, & des ouvrages les défendent, ainsi que le port dont deux môles resserrent l'entrée. Un petit port est renfermé dans le grand, on l'appelle *Darsena*, & il sert à renfermer les barques qui font le commerce du vin. Là aussi on voit quelques vieux esclaves Turcs, inutiles par leur vieillesse & par leur stupidité.

Six canaux qui débouchent dans le port, sont placés de distance en distance pour recevoir l'eau des pluies & des torrens : un acqueduc qui vient de la Scuffara, à près de deux lieues au levant de Gênes, y conduit les eaux qu'y forment les fontaines & les canaux de sa partie orientale : dans l'occidentale, il y a des sources, des réservoirs, des citernes : les torrens qui sont aux environs de la ville roulent des cailloux de schites, veinés de spats ou de quartz, de granite, de porphyre & de marbre : ce sont en effet les pierres dont elle est bâtie ; les monts qui l'environnent en sont remplis, & les villages qui y sont dispersés sont couverts d'une belle ardoise noire. En général le schite y fait la base du sol. De magnifiques maisons de campagnes embellissent encore les monts & leurs vallées déja pittoresques par leur nature. Ses fauxbourgs de *Bisagno* & de *St. Pierre d'Arena* sont très-beaux, & sur-tout le dernier : il s'étend sur le rivage de la mer, & est formé de palais presque déserts. On estime que Gênes renferme 80 à 90 mille ames : son plus grand commerce consiste en velours qu'on ne fabrique plus

RÉPUBLIQUE DE GÊNES.

dans la ville, mais à une lieue de là, dans un bourg nommé *Nervi*: ses paysans sont fabriquans & agriculteurs: lorsque la tempête a détruit ses moissons, les fabriques sont sa ressource: quand le commerce est languissant, c'est l'agriculture qui le soulage: on y travaille fort bien le marbre: on y fait de belles boëtes de vernis & des lampes à reverbere. Le peuple en général y est pauvre: les ecclésiastiques le sont aussi, souvent ils méritent de l'être, & on en voit mandier pour avoir de l'eau de vie: les moines sont plus riches, plus orgueilleux & sont très-intriguans: le haut clergé est dans l'opulence: on y observe avec soin toutes les petites pratiques de la religion: la fête la plus solemnelle est celle de la bénédiction de la mer.

Gênes est située sous un climat tempéré; l'hyver y est rarement rigoureux, quelquefois les chaleurs y sont violentes. Sa longitude est de 26 degrés, 16 minutes: sa latitude 44 degrés, 25 minutes.

Nervi, bourg où sont les manufactures d'étoffes de soie: il a de jolies maisons, ses environs sont rians: c'est un des plus agréables du territoire de Gênes.

Bogliasco, *Sori*, *Rocca*, *Camogli* sont des bourgs sur le rivage de la mer. *Capo-Fino* est un rocher étendu & stérile, qui à son extrémité orientale est défendu par un château qui protége aussi *Porto-Fino*, petit bourg, situé entre deux monts, & qui a un port: il avait autrefois le nom de *Portus Delphini*.

Rapallo, petite ville sur un golfe, auquel elle donne son nom: son sol s'éleve & ses maisons forment un amphithéâtre qu'on croirait avoir été formé par l'art.

Chiavari est une ville étendue, bâtie par les Génois en 1167, sur les ruines de l'ancienne *Claverum* ou *Claverinum* : il s'y tient des foires très-fréquentées : elle est située près de la mer, à l'embouchure du Lavagna, qui donne son nom à un bourg qui a le titre de comté, & que les anciens ont connu sous le nom de *Lavania*, ou *Labodia* : la côte que baigne la mer & qui s'étend de Lavagno à *Capo Venere*, est un roc nud, dénué de l'herbe la plus commune : les habitans des lieux qui y sont placés n'ont de ressources que dans la pêche.

Sestri di Levante, petite ville bien bâtie sur un promontoire : c'est là que réside l'évêque de *Brugnano*, ou *Brugneto*. *Moneglia*, bourg dont les environs donnent le meilleur vin du pays. *Deiva*, *Bonascola* & *Levante* sont encore des bourgs, mais peu considérables. *Monte Rosso*, *Vernassa*, *Corniglia*, *Menerola* & *Rimagione* sont situés auprès les uns des autres, & sont appellés les *Cinqueterre*; c'est-là qu'est situé le château *Sta. Maria della Suorte*, auprès du golfe de la Spetia.

Il Porto di Venero, ou *Portus Veneris*, petite ville qui doit son nom à sa situation riante; mais elle est pauvre & sans industrie. Elle est à l'entrée du golfe della Spatia ou Spezza & à son couchant. Le *capo di Venere* le touche.

Le *golfe delle Spezza*, autrefois *Portus Lunæ*, a cinq quarts de lieue de large : il est très-profond, dominé de tous côtés par des côteaux verdoyans, & couverts d'oliviers, bordé de petites villes, de bourgs & de villages : l'huile qu'on y recueille est la meilleure de l'Italie, & c'est ce qu'on appelle

Huile

Haile de Lucque. A l'entrée du golfe est la petite isle de *Palmaria* cultivée avec soin, & qui en fait un port très-sûr & très-vaste : c'est le plus grand de la méditerranée : on y voit une source d'eau douce au milieu de l'eau salée ; elle conte l'espace de quelques lieues sans se mêler avec elle. Au fond est la ville qui lui donne son nom, dans la situation la plus agréable, entourée de maisons de plaisance & de collines fertiles en figues & en olives. De là on voit tout le golfe & jusqu'à Livourne qui en est à vingt lieues. *Lerice*, ou *Lericée* est sur la côte orientale de ce golfe, au pied des rocs sur lesquels est bâti le fort *Sta. Maria*, qui la défend : c'est une petite ville qu'on croit être le *Portus Ericis* de Ptolomée : elle a devant elle un petit golfe qui lui sert de port.

Luna, village sur la riviere de Magra, il fut une ville des Etrusques.

Sarzane, autrefois *Sergiona*, ville sur la Magra ou Macra, défendue par un vaste château élevé sur un mont nommé *Sarzanello* : elle a un évêque dont le siége était jadis à Luna, & qui est suffragant de Florence. Le duc de Toscane, Côme I. échangea cette ville contre celle de Livourne que lui donnerent les Génois.

Brugneto, *Brugnatum*, petite ville au pié de l'Apennin, & dont l'évêque est suffragant de Genes.

St. Giovani, *Organasca* & *Otton* sont des bourgs. Dans cette partie du territoire de la république & sur les frontieres, on trouve divers fiefs de l'empire, dont le principal est la principauté de *Torriglia*, formée de deux autres fiefs par François I, & donnée à André Doria, prince de Melph,

Tome VII.   I

à condition que si sa postérité masculine s'éteint, l'un de ces fiefs reviendra à l'empire, & l'autre demeurera à la postérité feminine du prince. *Fosdi nuovo* est encore un de ces fiefs ; il a le titre de marquisat.

Riviera di Ponente.

C'est la partie occidentale de l'état de Gênes.

Novi, ville assez grande, située dans une plaine fertile au pié de l'Apennin, & où la république envoye un gouverneur & entretient une garnison. La ville est un quarré long, qui renferme plusieurs maisons de nobles Génois, elle a une jolie place au devant de la principale église : elle est dominée par une haute montagne : son château est fort par sa situation : chaque année on y tient quatre foires qui sont des espèces de banques. Le commerce de l'Allemagne avec le levant par Gênes, y répand quelques richesses : on y compte trois paroisses & 6000 ames.

Gavi, petite ville assez jolie, arrosée par le Lemo, qui n'y a pas de pont, défendue par un fort négligé, mais entouré par de triples murs, & situé sur le mont dont la ville couvre le pied : elle a devant elle trois vallées agréables dont une est couverte de vignes ; le Lemo serpente dans deux de ces vallées.

Ovada, ou *Goa* est un bourg. *Rossiglione* & *Mazone* sont des endroits fortifiés, le dernier n'est qu'un château. *Voltaggio*, ou *Oltaggio* fut une ville & n'est plus qu'un grand village, dans une vallée étroite, mais agréable : un antique château plus élevé que lui, peut le défendre encore.

La Bochetta est une grande montagne, ou une chaîne de monts les plus élevés de l'Apennin : la neige y subsiste longtems. Le chemin qui conduit à Gênes passe sur son sommet ; il y monte & descend par un grand nombre de sinuosités, & quoiqu'étroit, il est praticable pour les voitures. On y voit des chataigniers, des pâturages, des friches, des terres incultes & désertes, & quelques châteaux : du haut sortent deux ruisseaux dont l'un descend dans la mer de Gênes, l'autre va se perdre dans le Pô : ils font mouvoir des moulins & des usuines ; cette montagne n'est pas habitée comme elle pourrait l'être : de son sommet on voit Gênes & la mer. Sur sa pente & presque à son pied est *Campomarone*, grand village qui doit son nom à la multitude de meuriers qui l'environnent : le chemin y est beau ; les maisons couvertes d'ardoise dont on fait aussi de petites tables : la vallée dont il fait partie est arrosée & souvent ravagée par le torrent de Polcevera sur lequel le noble Gênois de Cornigliano a fait élever un magnifique pont qui résiste à peine à ses ravages : cette vallée est charmante par ses points de vue, ses monts découpés, & les maisons de plaisance qui la bordent.

Sestri di Ponente, petite ville ou bourg qui a un port assez fortifié : la riviere qui l'arrose est bordée de jolies maisons de campagne : on y voit les palais Spinola, Lomellini, Doria, &c. : elle présente un beau prospect à ceux qui la regardent de la mer : ses jardins sont plantés d'orangers & de citronniers, séparés par de grandes palissades de myrthe, & les rochers qui la dominent sont couverts de figuiers.

Volti, *Voraggio*, *Albisolo* sont des bourgs : le dernier est orné de diverses maisons de campagne, & on y fabrique de la belle porcelaine,

Savone, autrefois *Sabata* & *Sabatia*, ville qui est la seconde de l'état par sa grandeur & son opulence, & Gènes la premiere: elle est forte, & défendue par deux châteaux & une citadelle située sur un haut rocher: ses édifices sont beaux, son port qui était un des meilleurs de la méditerranée, fut presque comblé par les Gènois jaloux de l'opulence qu'il donnait à ses habitans, & qui craignaient qu'ils ne voulussent être libres: rassurés de nos jours, ils l'ont rétabli. On y compte cinq églises dont une est cathédrale, treize couvens d'hommes & quatre de femmes: on y commerce en soie, en huile & en excellens fruits: l'évêque est suffragant de Milan. Ses environs sont fertiles & cultivés avec soin.

Vado, autrefois *Vada*, bourg sur un golfe qui lui forme un bon port défendu par un château.

Noli, *Naulum*, petite ville au bord de la mer, dans une plaine, siége d'un évêque suffragant de Gènes: elle a un petit port protegé par un fort placé sur un rocher: ses habitans jouissent de grands priviléges: la plupart sont pécheurs: elle a été plus considérable: près d'elle est le promontoire de son nom; c'est un mont qui s'avance dans la mer qui brise avec violence & y forme diverses crevasses.

Zuccarelo, bourg défendu par un château fort, & qui a le titre de marquisat: c'était un fief possédé par la maison Caretto, qui le vendit à Gènes: il a été une pomme de discorde entre la maison de Savoye & la république, parce qu'il convient à tous les deux.

Bianco, *Pornasce* sont des bourgs ou villages. *Pieve* est une petite ville que quelques fortifications entourent.

Albenga, autrefois *Albium Ingaunum*, *Albinganum*, petite ville au bord de la mer, siége d'un évêque suffragant de Gènes : elle est située dans une plaine bien cultivée & couverte d'oliviers : on y recueille & travaille le chanvre, & ce sont peut-être les eaux où on le rouit qui en rendent l'air mal sain : elle n'a plus de port & n'est plus une ville forte : on y voit encore les vestiges de six de ses antiques tours : devant elle s'éleve une petite isle semblable au sommet d'un mont, couvert de verdure : on y voit une vieille tour.

Andora, joli bourg à l'ouverture d'une vallée charmante à laquelle il donne son nom, & qui se termine à la mer : il croît beaucoup de vin dans ses environs.

Port Maurizio, bourg sur un promontoire : il a été fortifié, a un château, & un port pour les petites barques : un petit golfe le sépare d'Oneille.

Castellaro, *Taggia*, *Triola*, *Bacardo*, sont des jolis bourgs, la plupart à l'ouverture des vallées au bord de la mer, dans des lieux riches en huiles d'olives. *Castel-Franco* est sur les frontieres de Nice. *Borghetto*, *Bordighera* sont sur la mer.

Vintimiglia, autrefois *Albintimilium*, *Albium Jutimilium*, petite ville sur le rivage, défendue par un château, siége d'un évêque suffragant de Milan : sa cathédrale est l'unique église de la ville, qui renferme encore trois couvens d'hommes : on dit que son nom vient de sa distance de Nice, qui est de vingt milles ; mais il est bien plus vraisemblable qu'il n'est que son ancien nom corrompu : elle fut florissante sous les Romains : elle est un fief de l'empire : les comtes de Vintimiglia possé-

-dent le territoire qui l'environnent, & se donnent le titre de *Marquis des Alpes maritimes*.

Le territoire de *San Remo* est un fief de l'empire; des monts l'environnent: le long de la mer, il a trois lieues & demi de long, & il s'étend dans l'intérieur des terres l'espace de quatre, il est très-agréable & d'une grande fertilité: une chaîne de collines y forme dix petites vallées, & celles-ci comme celles-là sont couvertes d'oliviers, de figuiers, d'amandiers, de palmiers, d'orangers, de citronniers & autres fruits: la Provence, le Languedoc même recherchent son excellente huile: ses citrons sont les meilleurs de l'Italie. Un conseil de 100 personnes prises dans les principales familles du pays, le gouverne, exerce le pouvoir souverain, fait ou change les loix, punit & fait grace, contracte des alliances, ordonne de la guerre ou de la paix: on l'appelle *le Parlament*; un conseil de quatorze personnes y veille sur la police: sa cour criminelle est présidée par un *Podestat* ou *Prætor* que nomme Gênes; mais il faut qu'il prête serment au Parlament, qu'il soit placé selon les loix du pays, & qu'il ne juge que sur le droit Romain. Un commissaire impérial y réside sous le titre de consul, & veille sur l'un des cinq bailliages que forment les fiefs de l'empire en Italie. Gênes soumit S. Remo en 1130: remis en liberté par l'empereur Conrad III, il s'allia aux Gênois: c'est en 1360 que ces républicains acquirent les droits qu'ils exercent encore à S. Remo: ils y nomment les magistrats civils & criminels, mais avec le consentement du parlement: ils n'y peuvent faire ni statuts, ni loix, lever aucuns impôts, ni les forcer à regarder leurs ennemis comme s'ils l'étaient de San Remo. Ils doivent conserver au parlement l'exercice de tous ses droits quelconques: seulement lorsqu'il établit de nouvelles loix, il doit les présenter au doge & au sénat de Gènes: cette convention a été comme le fondement de divers traités faits dans la suite entre les deux états: San Remo a sa milice particuliere qu'elle dirige à son gré. Après la mort de Charles VI, les Génois voulurent posséder cet état avec une pleine puissance; il eut recours à l'empereur & voulut résister, mais les Génois bombarderent la ville, la prirent, lui ôterent tous ses priviléges, détruisirent ses fortifications, y éleverent une citadelle, & y exercent des droits d'un vainqueur irrité. Depuis ce tems, l'empereur y a fait rendre aux habitans leurs anciens droits; mais la citadelle existe toujours, commande au port & menace la ville. Elle doit son nom à l'évêque *San Romulo*: autrefois son nom était *Matusia*: elle est située sur une colline qui vient se joindre à la mer par une pente douce, a quelques beaux bâtimens, quelques églises, un college où enseignaient les jésuites & six couvens: elle est partagée en ville neuve & en ville vieille. Son port est une rade ouverte, qui n'a pas assez de profondeur pour les grands vaisseaux. On remarque trois bourgs dans son territoire: ce sont ceux de la *Colla*, de *Poggio*, & de *Verezza*.

Marquisat de Final.

Il est situé entre Albengua & Noli: le sol en est fertile, agréable, très-peuplé, & s'étend le long de la mer dans un espace de deux lieues. Il appartint autrefois à la maison Caretto; George, l'un d'eux, ayant fait des excursions sur le territoire de la république, en 1341, fut emprisonné, & pour adoucir son sort, il donna aux Génois tout ce qu'il possédait. Les Caretto en rentrerent en possession quelque tems après: l'Espagne l'acheta en 1590 sous de certaines réserves: l'empereur Rodolphe II ne voulut pas d'abord consentir à cette aliénation; mais il le céda en 1602, & ce pays fut uni au duché de Milan, en conservant toujours le titre de fief de l'empire. Charles VI s'en empara, & le vendit aux Génois en 1713 avec tous ses biens, fiefs, jurisdictions, droits regaliens, &c. comme le roi d'Espagne l'avait possédé pour 120,000 piastres, sous la condition que les empereurs auraient un libre passage par la ville & le port de Final, que la république n'en remettrait la garde qu'à elle seule, qu'on les maintiendrait dans l'état où ils étaient, qu'elle en pourrait détruire ou conserver les châteaux & les forts, que leurs habitans conserveraient leurs anciens droits & priviléges; que lorsqu'ils seraient contraires aux loix de la république, elles s'accommoderaient amiablement avec les habitans; que le prix du sel ne serait point augmenté: mais l'Espagne conserva ses prétentions, & Marie Therese, fille de Charles VI, le vendit au roi de Sardaigne à la charge de rembourser les Génois; c'était les livrer à leur ennemi naturel; ils se plaignirent, & en vain: leur union avec la France & l'Espagne leur attira de plus grands maux; mais enfin ces puissances leur assurerent à la paix d'Aix la Chapelle tout ce qu'ils avaient possédé avant la guerre, & par conséquent ce marquisat alors épuisé par la guerre: la paix l'a repeuplé. *Finale*, sa capitale est située au bord de la mer, & est divisée en deux parties, l'une, sur un mont, est

RÉPUBLIQUE DE LUCQUES. 137

ceinte de bons murs, & l'entrée en est défendue par 2 forts: un château fort la domine: l'autre nommée la *Marina di Finale* est un bourg au bord d'un golfe: son port est commode & défendu par deux forts. Autour d'elle croissent beaucoup d'olives & d'autres fruits, parmi lesquels on remarque une bonne espèce de pommes, nommées *Pomi cani*. On compte encore dans tout le marquisat trente villages & le bourg de *Carbu*.

La riviere de Ponent renferme ou touche plusieurs petits fiefs de l'empire, tels sont *Francovilla, Arquatta, Ronco & Valcaldo, Campo, Poggio, Castel-Vecchio*.

C'est ici que devrait être placée l'isle de Corse: comme elle n'appartient plus aux Génois, mais à la France, nous croyons pouvoir la renvoyer après l'article de la Toscane qui possede des isles assez voisines d'elle.

République de Lucques.

Son territoire est environné par la Toscane & le Modenois: quelques auteurs ne lui donnent que dix lieues de circuit, mais il en a plus du double: M. de la Lande lui donne quinze lieues de long sur six de large: il est très-fertile, cultivé avec soin, & si peuplé qu'on y compte 1900 ames par lieues quarrées, & environ 125000 dans la ville & les 150 villages dont il est semé: on y peut armer 30,000 hommes: l'application de ses habitans à rendre utile les plus petits coins de terre & les plus arides, est digne d'admiration: ils ont rendu toutes les montagnes fertiles, & cependant la fertilité du sol ne peut suffire à nourrir tous les habitans: la république tire des blés des pays voisins : la terre y rend le quinze à vingt pour un dans la plaine : après le blé, on féme le millet, après celui-ci des raves qui croiffent même dans l'hyver. Cette alternative occupe deux années. Les monts y font plantés de vignes, d'oliviers, de chataigniers & de meuriers : il n'y a point de forêts & point de domaines étendus. La mer qui baigne une partie de ce territoire est abondante en poiffons : les ruiffeaux qui defcendent des monts y abondent en truites & en anguilles. Les champs qui avoifinent la mer, font bas, & on y nourrit un grand nombre de beftiaux. On y éleve beaucoup de vers à foie ; l'huile & les olives qu'on y recueille font très-eftimées & furtout les dernieres : on en exporte ordinairement 28000 barils, chacun de 76 livres de poids : le commerce y eft floriffant, & diverfes fabriques jointes aux productions du pays en font la bafe.

Ce petit pays eut autrefois des ducs : la célebre Mathilde le poffédait ; Caftracani le foumit en 1325 & y regna comme fur Florence. Gerard Spinola l'acquit après lui. Charles IV lui rendit fa liberté en 1369 ; un Lucquois nommé Paolo Guinigi y regna en tyran. Ses compatriotes redevinrent libres en 1450 : protégés par l'empire ou par l'Efpagne, ils s'y font confervés jufqu'à nos jours.

Cet état eft foumis à un gouvernement ariftocratique : le fouverain eft un confeil formé de 240 nobles, qui fe partage en deux parties, lefquelles fe fuccédent dans le gouvernement chaque année. La nobleffe y eft héréditaire, mais on y parvient auffi par des talens & des richeffes : les nobles doivent avoir vingt-cinq ans pour entrer dans le confeil fouverain. Tous font habillés de noir, & ils commercent fans déroger. La fuprême magif-

RÉPUBLIQUE DE LUCQUES.

trature réside dans un Gonfalonier (Baneret) & neuf conseillers qu'on nomme *Anciens*, *Anziani*, qui s'élisent tous les deux mois par un conseil de trente six personnes, lequel choisit tous les trois ans 180 nobles dont neuf qui sont appellés les *Assortitori*, élisent les gonfaloniers & les anciens qui doivent se succéder tous les deux mois pendant les trois ans qui suivent : & tous les deux mois on sort au hasard de la boëtte du scrutin un papier qui renferme dix noms : l'un est le gonfalonier, les neuf autres les anciens. Le premier préside dans les conseils, a le titre d'excellence, de prince de la république, est vêtu d'une robe de velours ou de damas cramoisi, & loge avec les anciens ou le sénat dans le palais de l'état qui les nourrit : il a une garde de 70 Suisses vêtus de bleu, rayés de rouge & de blanc : on le respecte comme un souverain, il en a les honneurs sans le pouvoir d'en abuser. C'est le conseil de 240 nobles qui fait les loix ; mais elles ne peuvent se faire que tous les principaux magistrats ne soient présens, qu'il n'y ait au moins 80 nobles, & qu'elles ne soient approuvées des trois quarts des suffrages. Un podestat & quatre auditeurs y rendent la justice ; ils sont choisis parmi les étrangers pour qu'ils soient plus impartiaux. Le podestat tient dans la main une verge d'argent sur laquelle est gravé le mot *Libertas*, & qui à l'extrémité a une panthere, simbole de la force. Lorsque ce tribunal rend une sentence de mort, elle est portée au sénat qui permet qu'on l'exécute, ou fait grace ; la justice y est exercée avec la plus grande sagesse. La police y est sévere & doit l'être : l'étranger seul peut y porter l'épée : on envoye aux galères de Gènes, le Lucquois qui est surpris portant quelque arme que ce soit. Le conseil veille avec vigilance sur le bien public : c'est le gouvernement qui seul a des fours & vend le pain à un prix toujours modique : ses magasins sont remplis & l'on n'y a jamais éprouvé de disette : les nobles y peuvent servir & jamais y nuire : la sureté y est entiere, la liberté en est la dévise, & elle est chere au peuple même qui n'en jouit que parce qu'il est tranquille, & vit dans une longue paix, sans payer beaucoup d'impôts ; car la somme de tous ceux qu'on paye dans tout l'état ne monte qu'à (*a*) 600 mille livres. Depuis plus de 200 ans, on n'y connait la guerre que par les malheurs de ses voisins. Le luxe n'y étale point son éclat séducteur : le gonfalonier seul peut porter du galon, distinction assez mal imaginée : on n'y connait ni ducs, ni comtes, ni marquis, ni fainéans, ni vagabonds, ni mendians : il y a beaucoup d'hommes instruits, tous sont actifs & industrieux : on y encourage les arts & le commerce, & l'état aide l'artiste & le commerçant par des sommes qu'il leur prête. Les milices y sont bien exercées & montent à plus de 20000 hommes ; il en est six mille qui reçoivent une petite paie, & qui doivent se rassembler au premier signal donné de la tour du palais.

Lucques, nommée par les Etrusques *Luca*, est située dans une plaine riante, environnée de côteaux fertiles & couverte de villages, de maisons de plaisance, ou d'habitations champêtres. Elle est ceinte de onze bastions réguliers, bâtis de briques, bien entretenus ; mais ils ne sont pas défendus par des ouvrages extérieurs : ils sont plantés de

---

(*a*) Busching les fait monter à deux millions.

fort beaux arbres qui offrent une promenade agréable & divers bosquets : la ville est cachée sous les arbres aux yeux du voyageur qui la cherche, & le clocher de la cathédrale seul se fait appercevoir au-dessus d'eux : la Serchio l'arrose & un de ses bras en baigne les fossés. Le mot *Libertas* est écrit en grosses lettres d'or sur une de ses portes. Elle n'a pas une lieue de tour ; mais ses maisons sont hautes, & bien bâties : ses rues sont la plupart droites & larges, pavées de grandes pierres, & propres dans tous les tems. On y voit deux belles places publiques : la cathédrale, bâtie en 1070, est revêtue de marbre : l'extérieur en est très commun, & l'intérieur d'un beau gothique : on y remarque des tableaux assez beaux, des statues bien travaillées, & le *Volto Santo*, crucifix dont la figure est de bois de cèdre, mal-sculptée, quoiqu'on dise qu'il l'ait été par les anges ; il a une couronne de pierres précieuses, à ses pieds sont des pantoufles de velours cramoisi : on dit qu'il s'est transporté lui-même de l'église de St. Frediano où il était, à celle de St. Martin où il est encore, & on célèbre cette histoire par une procession solemnelle. La chapelle qui le renferme est de marbre, formée de hautes grilles de fer & éclairée par quarante six lampes d'argent, qui brulent sans cesse. *St. Michel* est une antique & vaste église, dont de petites colonnes soutiennent les dehors. On compte à Lucques cinq églises collégiales, vingt paroissiales, & plusieurs sont remarquables par des tableaux : elle renferme onze couvens d'hommes, neuf de femmes, & 40000 ames. Le palais de la république a deux faces extérieures de bon goût ; son balcon est soutenu par des colonnes d'ordre dorique ; ses faces intérieures présentent de grandes arcades à bossages & réfends mal-proportionnés : les appartemens en sont tendus de velours cramoisi dans les solemnités, & ornés de quelques beaux tableaux : il renferme l'arsenal où on trouve 20000 fusils rangés avec art & propreté : on y remarque un mortier d'un service facile & une machine pour forer les canons horizontalement. La *loge* du podestat est un portique assez laid, décoré par la place St. Michel : le théâtre n'est pas beau. On y voit encore des restes d'un amphithéâtre & quelques sources d'eau minerale. Sa longitude est de 28 degrés, 10 minutes. Sa latitude 43 degrés, 50 minutes.

Massaciuccoli, bourg sur la rive d'un lac qui porte son nom : il est très-poissonneux, ainsi que celui de *Sesto* qui n'en est pas éloigné.

Via reggio, grand village au bord de la mer : il y a un port qui est le seul de la république : une tour le défend : les campagnes voisines sont basses & marécageuses, plus basses même que la mer : en y élevant des digues, en détruisant les bois qui les couvraient, on les a rendues utiles : l'air y est plus sain, & depuis 1730, le nombre des habitans est augmenté du triple : de Val reggio les marchandises vont à Livourne.

Castel Maggiore, *Monte Ignoso*, *Verni*, *Galicana* sont encore des bourgs. *Castiglione* est environné du territoire de Modene. *Minucciano* & quelques villages sont resserrés entre la Toscane & le Modenois.

GRAND DUCHÉ DE TOSCANE.

Ce pays a environ quarante lieues de long sur trente de large : il a plus de 1200 lieues quarrées

GRAND DUCHÉ DE TOSCANE.

en superficie ; c'est un mélange agréable de monts, de vallées, de collines, & de plaines, fécond en fruits excellens, en productions de tout genre. Ses hautes montagnes renferment des mines de fer, d'argent, d'alun, de soufre, des carrieres d'albâtre, de porphyre, de marbre de diverses especes, de calcédoines : plusieurs ne sont pas formées de couches successives, mais ont été bouleversées dans le tems que la mer les couvrait encore. Près de Volterra il y a de riches mines de cuivre qu'on néglige, on y fait beaucoup de sel, soit en le cryftallifant par des marais salans, soit par le feu dans des chaudieres : le salines de Porto-ferrajo sont connues encore. Près de Massa on trouve du bleu & du verd de montagne : vers Picombine des amethystes ; dans le voisinage de Barga, du beau jaspe ; aux environs de Seravezza une carriere d'ardoise noire dont on se sert pour faire des tables, des mines de fer, de la belle carniole ; dans le voisinage de Cevigliani du vif-argent ; dans celui de Montieri du cryftal qui ne se forme pas seulement dans les cavernes des hauts rochers, mais encore par couches & dans le flanc de masses énormes de rocs. C'est sur-tout autour du mont *Leo* que se fait l'alun : on calcine la pierre qui le renferme dans des fourneaux, on l'arrose avec de l'eau ; on l'y laisse tremper pendant quarante jours, puis on le fait bouillir avec une lessive de cendres dans un vase de cuivre, & on le remue ; l'eau s'évapore, & la dissolution donne des cryftaux transparens d'un rouge pâle. Dans le *Maremme*, contrée marécageuse & mal saine, voisine de la mer, on retire de la manne d'une espece de frêne : elle en coule ou naturellement ou quand on lui ôte son écorce : les abeilles en enlevent beaucoup, & ce qu'on en recueille, sert à la médecine, ou à donner du lustre au drap. Au pied du mont *St. Giuliano*, non loin de Pise, sont des sources chaudes connues déja du tems de Pline: leur chaleur est de 94 degrés au thermomètre de Fahrenheit: une source froide, coule avec elles. A *Vicascio* est un bain tiéde. Les eaux du bain de *Morba* sont chaudes au 104ᵉ degré & acidules: à *Perla* il y en a des sources plus considérables. Les *Lagoni*, près du mont *Cerboli*, font entendre des murmures sourds, exhalent du feu & de la fumée: on y trouve du soufre, de l'alun, du vitriol, du sel; la chaleur y est plus grande que celle de l'eau bouillante: l'air n'y est point mal sain, quoiqu'une nuée épaisse couvre toujours ces lieux: on y voit du soufre en morceaux, & une espece particuliere de cristal. Dans cette contrée est encore une source d'eaux minérales, chaudes au 160ᵉ. degré, qui a l'odeur du soufre & sert pour les bains. Dans le bain *della Galeria* sont des sources d'eaux sulfureuses; il en est de chaudes & de froides; celles-là le sont au 120 degré, une pellicule de pétrole surnage sur elles. Non loin de *Madonno di Frassino* est le *bain du roi*: son eau est chaude & sulfureuse. Les eaux célebres de *Cettucio* sont salées; on en vante l'usage dans les dyssenteries. Mais ce que la Toscane offre de plus curieux au naturaliste est peut-être le feu de *Pietra-Mala*, près de Fiorenzuolo: on voit une flamme vive qui éclaire les monts voisins pendant l'obscurité s'élever d'un tertre de douze pieds en tout sens, sur le penchant d'une montagne, couverte de pierres calcaires qui, lorsqu'on les frote, exhalent l'odeur du soufre: il n'a ni fente ni crevasse, & à peu de distance

GRAND DUCHÉ DE TOSCANE. 145

distance l'herbe croît & prospere : on y voit quelquefois deux tourbillons de flamme d'un pied en tout sens, au milieu de petits floccons d'une flamme bleue & légere qui voltigeaient sur la surface. En grattant la terre avec force, en y jettant de l'eau, on suspend la flamme un instant; le bois s'y allume, les pierres ne s'y alterent point, la terre même ne s'y échauffe pas : elle exhale une légere odeur de pétrole, ou de benjoin ; ou plutôt une odeur semblable à celle qu'on apperçoit dans quelques expériences de l'électricité; il parait en effet que cette flamme a quelque analogie avec le feu électrique ; elle est plus forte lorsque l'air en est chargé.

 Les plaines de la Toscane sont fertiles en grains, en légumes, en vins exquis, en safran : les champs sont ornés de nombreuses plantations d'oliviers & de mûriers ; la soie en est estimée ; les huiles y sont un objet de commerce considérable. On y fait éclorre les vers à soie deux fois l'année, quelquefois trois, lorsque les deux autres n'ont pas réussi : on recherche les cédrats de Florence & les melons d'eau de Pistoie. Parmi les vins, les meilleurs sont ceux de Florence & de Livourne, sur-tout ceux de *Monte-Pulciano*, qui sont une espece de muscat rouge. Les arbres les plus communs sont le cyprès & le pin : le paysan se sert de la pomme du dernier : il en vend les amandes & en brûle l'enveloppe. L'air y est embaumé par les fleurs de l'oranger, du jasmin, de l'œillet : on les cueille & on en fait des eaux de senteur, objet assez considérable de commerce : on y fabrique de belles étoffes de soie : les denrées de consommation, le bétail, la volaille, le gibier y est à grand marché, le poisson y abonde,

Tome VII.   K

la mer & les rivieres en font remplies, les monts font presque déserts & pourraient ne pas l'être; les terres rapportent huit ou dix pour un, on y féme du feigle, ou on en fait des prairies artificielles : on cultive le lin près de Florence. Les bœufs y font gris & grands; les moutons y donnent une laine longue & douce; le cultivateur y est actif & laborieux; il vient chercher dans les villes les moyens de ranimer la fécondité de fes terres épuifées. Les hommes y font grands & bien faits; les femmes font belles, très-propres, ont une taille avantageufe & l'air noble, leur phyfionomie plaît, intéreffe & en impofe; elles vivent libres & avec agrémens. Les Tofcans font moins dévôts que le peuple des autres parties de l'Italie; les mœurs y ont plus d'élégance, plus de franchife; on y trouve de bons ftatuaires, d'affez bons peintres, mais aucun qui foit original, des architectes eftimés, d'excellens graveurs, des comédiens affez communs : ce font fouvent des artiftes, des petits commerçans qui rempliffent les rôles fur le théâtre, & fouvent ils l'emportent fur les comédiens de profeffion : en général on y écoute peu la piéce : on va au théatre comme à une affemblée pour le plaifir de la converfation; il n'y a guere que le peuple qui s'intéreffe à ce qu'on repréfente. C'eft en Tofcane qu'on écrit en Italien avec le plus de pureté, mais on l'y prononce moins bien qu'à Rome : on y parle trop du gofier & trop vite. Les chemins font beaux, & quoique entretenus avec foin, ils font fouvent gâtés par les torrens. Le commerce y eft très-floriffant, & le noble peut le faire fans dégénerer. Le climat y eft doux; l'hyver ne s'y fait fentir que durant trois mois, & pas affez vivement pour obliger les habitans de se précautionner contre lui : peu de chambres y ont des cheminées, & il y a peu de tems que les fenêtres y étaient sans vîtres, ou sans papier.

La plus grande riviere de la Toscane est *l'Arno*, *Arnus* : il naît au pied de la montagne *Falterona*, dans le territoire de Florence : il facilite le commerce, ses bords sont rians & fertiles ; mais ses inondations y portent souvent la désolation : il reçoit la *Sieva*, la *Pesa*, l'*Elsa*, & tombe dans la mer au-dessous de Pise. L'*Ombrone* naît, coule & se perd dans le territoire de Sienne.

Le docteur Sharp estime la population de la Toscane à 941,883 habitans, parmi lesquels sont 5548 moines & 9349 religieuses : depuis ce tems la population a augmenté, mais non les moines.

Ce pays fut une partie de celui des anciens Etrusques, peuple superstitieux chez qui les Romains venaient apprendre la science des Augures : ils furent nommés *Tusci*, de leur roi *Tuscus* ; & ils donnerent leur nom aux deux mers qui bornent l'Italie ; la mer qui la baigne au couchant s'appellait *mare Tuscum* ; l'autre au levant porte encore le nom d'*Adriatique* d'une de leurs colonies *Hadria* ou *Atri* dans l'Abruzze : les Grecs les nommaient aussi *Tyrséniens* du prince Lydien Tyrsen, qui des bords de l'Asie les conduisit en Italie. Ils s'étendirent au-delà du Pô & jusqu'aux Alpes. Ils étaient partagés en douze peuples, qui chacun prenait son nom d'une ville, & avait son prince particulier qui en langue étrusque s'appellait *Lucumo*. Ces douze villes furent *Volsinium*, *Camers* ou *Clusium*, *Cortona*, *Perusia*, *Arretium*, *Faleria*, *Tarquinium*, *Volaterra*, *Rusella*, *Vetulonium*, *Caere* & *Veies* : d'autres auteurs retranchent Cortona,

Perusia, Arretium, Volaterra, Rusella & Vetulonium du nombre de ces capitales des Etrusques, pour y substituer *Vetulonia*, *Populonia*, *Corythus*, *Fasule*, *Luca*, & *Luna*. Ces divers peuples furent soumis successivement par les Romains & long-tems soumis à leur empire. La Toscane actuelle fut après la destruction de l'empire, divisée en plusieurs petits états ou républiques dont nous parlerons dans la description des villes qui furent leurs capitales. Nous ne parlerons ici que du tems où ils furent soumis à la famille des Médicis : elle se distingua dans la république de Florence, d'abord par le commerce des laines ; ensuite en parvenant aux premiers emplois, sans cesser d'être commerçante : en 1378 Sylvestre de Médicis fut gonfalonier de Florence. Jean de Médicis parvint à cette même charge en 1428 : il se fit aimer par sa douceur & sa bienfaisance ; il est célebre par son fils *Côme le Grand* ou *le Vieux* : celui-ci acquit une fortune immense par son commerce dans toutes les parties du monde connu ; d'une main, il vendait les denrées du Levant, & de l'autre il soutenait le fardeau de la république ; il entretenait des facteurs & recevait des ambassadeurs, résistait au pape, faisait la guerre & la paix, était écouté des princes, l'ami & le pere du peuple, le protecteur des savans. Une faction le fit exiler ; un an après il fut rappellé, & il jouit en paix pendant le reste de sa vie de sa fortune & de sa gloire : il emporta au tombeau le nom de *Pere de la Patrie*, & c'est le plus beau des titres quand la postérité le donne : il mourut en 1464. Son fils *Pierre de Médicis* infirme & gouteux conserva la même autorité qu'avait eue son pere : les richesses la donnent dans des républiques commerçantes, & il était très-riche : il l'exerça jufqu'à fa mort en 1472, & laiffa deux fils, *Laurent* & *Julien*, l'un âgé de vingt ans, l'autre de feize : la république les adopta pour fes enfans, & l'un de fes enfans devint fon maître. Une rivalité née de leur crédit, & de la préférence qu'obtint Julien auprès de la femme qu'il époufa, fit éclorre le projet de les affaffiner. Julien le fut. Laurent échappa, revint plus puiffant encore, eut le titre de prince de la république, & le furnom de magnifique & de pere des mufes : il établit une académie des arts, raffembla des artiftes Grecs, penfionna des favans, fit une collection nombreufe de manufcrits, & donna une nouvelle vie aux lettres. Son fils Jean fut pape fous le nom de Léon X : fon neveu fous celui de Clement VII. Il mourut en 1492. Son fils *Pierre* II fut exilé deux ans après. *Laurent* II fut duc d'Urbin & pere de Catherine de Medicis, reine de France : il eut un fils naturel qui époufa Marguerite, fille naturelle de Charles V qui le déclara duc de Florence en 1531 : il fut tué en 1537 par Laurencin, fils de *Pierre François de Medicis*, Gonfalonier de la république en 1516, homme doux & populaire. Son fils Cofme I, fut le fucceffeur d'Alexandre ; il vainquit fes ennemis, rechercha l'illuftration, la grandeur & en jouit ; mais il fut malheureux dans fa maifon : il fit empoifonner une de fes filles, parce qu'elle aimait un page Efpagnol qu'il fit affaffiner, en vit une autre mife à mort par fon époux, tua un de fes fils qui avait tué fon frere, fa femme mourut de douleur, & lui ne trouva de confolation que dans les honneurs qu'on lui rendait & la réputation qu'il s'était acquife : faible & trifte confolation pour un époux tendre & un bon pere.

Pie V lui donna le titre de grand duc en 1569; l'empereur Maximilien II ne reconnut ce titre qu'en déclarant la Toscane un fief de l'empire. Cosme I, mourut en 1574. Sa postérité jouit de ses états après lui; mais elle n'y montra plus les vertus qui avaient élevés ses ancêtres. Ses deux fils se succéderent l'un à l'autre : *François Marie* mourut en 1587, *Ferdinand* son frere en 1608 : celui-ci eut pour successeur son fils Cosme II, mort en 1621. Son fils Ferdinand II, mourut en 1670; il eut pour successeur Cosme III, qui mourut en 1723. Jean Gaston, fils de ce dernier, ne fut connu que par ses viles débauches, & pour avoir été le dernier de sa famille : il méritait de l'être & mourut en 1737 : les puissances de l'Europe lui désignerent divers successeurs, le duc de Lorraine le fut par des événemens qu'on n'avait pas prévu, & ne cessa point de l'être en devenant empereur; il mourut en 1765. Son second fils *Pierre Leopold* y regne aujourd'hui : il s'y fait aimer par ses mœurs & son activité à faire le bien de ses sujets : il a desséché des marais, construit des aqueducs, creusé des canaux, ouvert des routes au travers des montagnes, aboli les maîtrises, les impositions sur les subsistances, les privileges exclusifs & les corvées. On y célebre ses talens, ses vertus, mais on regrette qu'il accorde trop facilement des pensions pour quelques sonnets à sa louange : on se plaint de ce qu'il thésaurise, de ce qu'il regarde la Toscane comme une possession passagere, jusqu'à ce qu'il soit parvenu à l'empire qui l'attend à la mort de son frere.

Le grand duché de Toscane est un état souverain : Cosme I y fonda en 1554 l'ordre de St.

Etienne, confirmé par le pape Pie IV en 1561 : il a presque les mêmes privilèges que l'ordre de Malthe. Le grand duc en est toujours le grand-maître, son principal siége est à Pise, son objet était de défendre les côtes de Toscane contre les Pirates. Il est divisé en trois classes : la premiere est formée des *Cavallieri della giustitia* : ils sont obligés de prouver six degrés de noblesse, de faire serment de fidelité dans les mains du grand-maître, & de combattre les infideles. La seconde est composée des *Cavalieri della gratia* ; l'ordre a été pour eux la recompense de leurs services ou l'effet des bonnes graces du souverain : on l'a accordée à des peintres, ou à d'autres artistes célebres. La troisieme l'est des *Cavalieri de commanderie* : ce sont les descendans de ceux qui ont fondé des commanderies, les nobles seuls ont droit d'en fonder : ils doivent prouver leur noblesse par deux quartiers de leur mere : s'ils ne le peuvent, il faut qu'ils augmentent de 1000 écus la valeur de la commanderie fondée par leurs ancêtres. Tous portent une croix à huit pointes de satin rouge, & sur leur poitrine une petite croix suspendue à un ruban couleur de feu. L'ordre est très-riche & ses chevaliers nombreux : ils peuvent se marier ; parmi leurs priviléges, il en est un qui peut-être est aujourd'hui le plus utile à la Toscane en paix avec les corsaires Africains : s'ils voyent un tumulte, une querelle, ils déclarent à ceux qui en sont les auteurs que s'ils mettent quelque prix aux bontés du grand duc, ils ayent à se rendre aux arrêts, & celui à qui ils adressent la parole, est obligé de leur obéir sur le champ.

 Les revenus du grand duc montent à environ quatorze millions de livres : d'autres les fixent à trois millions de piaftres, à un million 800 mille ducats, à 500 mille livres fterlings. (*b*). L'état militaire était compofé en 1755 de trois régimens d'infanterie, & de deux régimens de dragons, qui forment environ 6000 hommes : la milice y forme un corps de 30000 hommes. Vingt bâtimens de guerre, douze galères, quelques galeaffes compofent fa marine.

Les principaux tribunaux fiégent à Florence. La juftice civile y eft prompte & fage : la criminelle y eft peu occupée, & fes fentences ne font point féveres. L'inquifition y exifte encore, mais fon pouvoir n'eft plus tyrannique, & ne fe déploye guere que fur les livres qu'elle juge. Depuis 1754 trois membres du gouvernement affiftent à fes délibérations, comme à Venife ; ils n'y ont pas de voix, mais en fe retirant, ils l'empêchent de décider.

I. *Le Domaine de Florence.*

C'eft une des parties les plus fertiles de la Tofcane : il eft très-agréable, très-peuplé : fes habitans s'occupent de l'agriculture, & elle y eft floriffante : le commerce de leurs productions y eft facile, & leur bonté les fait rechercher : rien de plus féduifant & de plus riche que les environs de Florence, au nord & au midi des montagnes ouvrent le vallon où elle eft fituée, & qui fe changeant en une vafte plaine, s'étend jufqu'à

(*b*) Quel que foit le calcul le plus exact, il faut retrancher de tous le payement des intérêts des anciennes dettes qui font confidérables.

Grand Duché de Toscane.

Pise. Les côteaux cultivés par un peuple nombreux & content, sont couverts de vignes, d'oliviers, de maisons charmantes, de bosquets arrosés par un grand nombre de sources d'eaux vives. Près de la ville, on trouve une espece de marbre blanc qui se fend comme l'ardoise, & lorsqu'une de ses feuilles est polie, on y découvre diverses figures différemment colorées, presque toutes brunes ou jaunes, & où l'imagination croit voir des arbres, des vallées, des plaines, des restes d'antiques murs, des châteaux délabrés; les vapeurs qui ont pénétré entre ces feuilles, y a gravé ces figures si profondément, que raclées avec le dos d'un couteau, ou jettées dans le feu, elles subsistent encore.

Florence & son territoire formerent autrefois une république. Elle acheta sa liberté de l'empereur Rodolphe de Habsbourg pour la somme de 60000 gouldes; mais elle en jouit longtems auparavant; c'est en 1115 qu'elle commença d'élire des consuls; peu à peu son gouvernement prit une forme réguliere, acquit une base, s'étendit sur ses voisins par des conquêtes, combattit les républiques de Pise, de Lucque, de Sienne, de Venise, & souvent en triompherent : on y montre encore les chaînes dont elle ferma le port de Pise alors puissante : c'était en 1406. Elle fit la guerre aux ducs de Milan & même au pape. Quelquefois vaincue, elle se soutint toujours. Son gouvernement fut d'abord aristocratique ; les nobles qui la gouvernaient la déchirerent par des troubles sanglans : les familles qui se disputaient le pouvoir, la tinrent longtems dans une agitation convulsive : les partis des Guelfes & des Gibelins ajouterent à ses divisions intestines, qui détruifirent enfin l'autorité des nobles. Le peuple y devint le seul souverain; la ville se divisa en tribus ou communautés selon les arts qui y étaient florissans; celui de travailler la laine était un des principaux, seul il formait trois communautés, & c'est de lui que sortirent l'opulence & la ruine de cette république: le commerce des laines s'était étendu dans la Grece & dans l'Asie; il en ramena des richesses immenses pour quelques particuliers heureux, qui, par les bras qu'ils faisaient agir, la protection qu'ils accordaient aux pauvres, les bienfaits qu'ils répandaient sur plusieurs, la magnificence imposante aux yeux du vulgaire dans laquelle ils vivaient, eurent bientôt plus d'autorité que les magistrats, quand ils furent décorés de dignités, & plus de force que les loix quand ils en devinrent les administrateurs : telle fut la famille des Medicis qui, de commerçante, devint souveraine: elle excita des craintes, des haines, des jalousies, des dissentions cruelles qui finirent par l'asservissement de la république. Le pape Clément VII la gouverna, mais lorsqu'il fut prisonnier de Charles Quint, les Florentins chasserent le gouverneur qu'il leur avait donné, & rétablirent leurs loix & leurs magistrats: ce moment de liberté fut court: ils eurent l'imprudence de s'unir à la France, qui les abandonna dans ses disgraces, & le pape dans son traité avec l'empereur, fit statuer que les Medicis rentreraient dans tous les droits qu'ils avaient eus à Florence: la république refusa de se soumettre; l'armée impériale fut bientôt sous ses murs que ses citoyens défendirent avec un courage, qui les rendait dignes de la liberté qu'ils allaient perdre : ils céderent enfin, mais seulement lorsqu'ils n'eurent plus de ressour-

GRAND DUCHÉ DE TOSCANE.

ces & qu'on leur eut assuré qu'ils conserveraient la plus grande partie de leurs priviléges: l'empereur ne tint pas sa promesse dès qu'il pût la violer impunément. Il y regla tout à son gré, il créa son gendre Alexandre de Medicis, duc de Florence, & ne parut faire grace à cette ville, qu'à condition qu'elle se soumettrait au gouvernement qu'il y établissait & lui serait fidele. Dès lors, elle n'a plus été que la capitale du duché de Toscane.

Florence ou *Fiorenza*, est une ville ancienne: la beauté du lieu où elle est située engagea les soldats de Sylla à la bâtir sur les bords de l'Arno: ils l'appellerent d'abord *Fluentia* (c), ensuite *Florentia*: elle fut embellie & agrandie par les Triumvirs, détruite par Totila, rétablie par Charlemagne qui la repeupla des habitans de Fiezoli. Elle est située au pié de l'Appennin; ses environs sont beaux, riches & peuplés, on y compte 6000 maisons de campagne, son enceinte est d'environ deux lieues de tour: ses fortifications ne sont formées que par une grande muraille terrassée; son fossé est presque comblé: au dessus du jardin *Boboli*, est un petit pentagone régulier qui en défend les approches & commande à une partie de la ville. L'Arno la divise en deux parties inégales, que quatre ponts rejoignent l'une à l'autre. La partie à droite du fleuve est divisée en trois quartiers, celle qui est à gauche n'en renferme qu'un, mais il est le plus grand: ces quartiers ont chacun leur banniere. Cette ville est après Rome, la plus digne de toute l'Italie de l'attention des voyageurs,

---

(c) D'autres prétendent qu'elle fut fondée par les Etrusques, & habitée ensuite par les Phéniciens.

& quelques-uns même la préferent à Rome par fa beauté. Ses édifices font magnifiques, plufieurs de fes rues font propres, larges, pavées de pierres taillées avec une précifion qui, de leur réunion, ne femble faire qu'un vafte rocher uni & plat ; la plupart font étroites & tortueufes : quelques-unes mêmes n'ont pas affez d'efpace pour donner paffage aux voitures. On y compte dix-fept places publiques, fept fontaines jailliffantes, fix colonnes, deux pyramides, 160 belles ftatues placées, ou dans les places, ou dans les rues, ou fur des façades de palais, une églife métropolitaine, douze collegiales, quarante-quatre paroiffiales, trente-cinq couvens d'hommes, foixante de femmes, trente-fept hôpitaux, & environ 9000 maifons. Le marquis de Botta y trouva 72000 ames en 1761. Son archevêque a pour fuffragans les évêques de Borgo St. Sepulcro, de Colle, de Fiéfole, de St. Miniato, & de Piftoia. La métropolitaine fe nomme Sta. Maria del Fiore : fa longueur eft de 466 pieds, fa hauteur de 363 ; commencée en 1296, dans le tems où les arts étaient prefque ignorés, où les vrais principes n'étaient pas connus, ni mêmes foupçonnés ; elle n'eft point dans le genre gothique de fon fiecle, & cette exception unique fait l'éloge du goût des Florentins. Sa coupole octogone eft fi hardie que Michel-Ange l'admira, & la jugea inimitable ; elle a 140 pieds d'un angle à l'autre, & environ 270 pieds de hauteur : de fon centre s'élève encore une tour élevée de foixante-fept pieds : l'extérieur de l'églife eft plus magnifique que l'intérieur : elle eft pavée de marbre poli, blanc & noir, qui forme différens deffeins ; le dehors en eft incrufté ; fon fanctuaire eft formé par une colonnade d'ordre io-

Grand Duché de Toscane. 157

nique en marbre blanc, une galerie & une corniche ornée de statues le terminent; sa façade décorée de statues fut démolie en 1586, & celle qu'on lui a substituée est imparfaite encore: sur les côtés sont les tableaux des hommes les plus illustres de la république. Le chœur est orné de colonnes ioniques, de marbres divers, & de trois grandes statues qui représentent Dieu assis, & Jésus mort soutenu par un ange: le Christ est beau, le Père Eternel est médiocre. Plus loin est Marie pleurant la mort de son fils, statue ébauchée par Michel-Ange, & qu'aucun autre artiste n'a osé finir. Dans les niches de marbre on remarque les statues de marbre. La méridienne tracée dans cette église est le plus grand instrument d'astronomie de l'univers: le gnomon est élevé de 277 pieds, quatre pouces, dix lignes, au dessus du niveau du marbre solstitial qui est dans la chapelle de la croix, & sur lequel se font les observations de l'obliquité de l'écliptique & des mouvemens apparens du soleil: elle a été commencée en 1467. Auprès de l'église est le *campanile*, ou clocher: c'est une tour quarrée de 252 pieds de hauteur sur quarante-trois pieds de côté, inscrutée de marbre noir, rouge & blanc, dont le dessein en compartiment lui donne un coup d'œil fort gai: elle est une des plus belles tours qu'il y ait au monde: elle est ornée de belles statues: on y monte par 406 degrés, & du haut on voit toute la ville, le cours de l'Arno, les collines charmantes, les belles maisons qui le bordent, & sur une hauteur les restes de Fiezole, ancien siége des Augures Toscans, ville plus ancienne que Florence, dont elle fut la métropole & par qui elle fut détruite en 1010. Vis-à-vis la grande porte de l'église est une chapelle exagone, ancien temple de Mars, dédié aujourd'hui à St. Jean : elle a quatre vingt cinq pieds d'un côté à l'autre, est toute incrustée de marbre poli, & a trois portes d'airain si majestueuses que Michel-Ange dit, en les voyant, qu'elles devraient être celles du ciel. Cet édifice est un batistere ; les fonts en sont d'un porphyre précieux, & ornés d'une enceinte de colonnes de grenit oriental : on y remarque diverses statues parmi lesquelles on distingue celles de Jean Baptiste, d'un Pharisien & d'un docteur de la loi, qui disputent ensemble, & le tombeau du pape Jean XXIII. Au devant de la porte principale sont deux colonnes de porphyre liées ensemble, présent de la république de Pise que les Florentins avaient aidé dans leur conquête de Maiorque, où elles furent trouvées. Non loin de la place de la cathédrale est le *centaure*, statue pleine de force & d'expression : c'est Hercule qui d'un coup de massue casse la tête de Nessus apuiée sur son genou : près de la rue Baldi, sur une petite fontaine, est le fils de Telamon percé d'un coup mortel, porté par un soldat. L'église *dell'Annunciata* & le couvent des servites dont elle dépend sont remarquables : la nef est soutenue par des pilliers de marbre de couleurs différentes ; le plafond est de stuc blanc à compartimens dorés : le vulgaire va voir dans une de ses chapelles, élevée par le grand duc Ferdinand, mille ex voto enrichis de pierreries, & un portrait de la vierge peint, dit-on, par les Anges : l'homme de goût y admire de beaux bas-reliefs, l'autel, les gradins, le tabernacle, le candelabre, l'architecture, d'excellens tableaux. Celle de *Ste Croix* se distingue par des tableaux, sa chaire de

Grand Duché de Toscane.

marbre blanc taillée en relief, par les tombeaux de Michel-Ange, & d'autres hommes célebres, par le mausolée de Galilée: elle fut bâtie sur les desseins de Michel-Ange & la structure en est merveilleuse: elle a 460 pieds de long & 130 de large, la chapelle des *Nicolsini* est revêtue de marbre, & soutenue de douze pilastres d'ordre Corinthien qui lui donnent un aspect imposant: ses orgues sont admirées par leurs peintures. La grande place qui la décore rassemble les fêtes dans le tems du carnaval. L'église de *St. Laurent*, élevée par Cosme le Grand, est un ouvrage admirable: le marbre, le porphire, le jaspe, le lapis-lazuli, l'agathe, la calcedoine & d'autres pierres du levant y furent prodiguées; la chapelle des Médicis, si elle était achevée, surpasserait tous les monumens qui existent: on y a travaillé soixante ans sans la finir: Michel-Ange en donna le dessein, il l'orna de ses ouvrages les plus précieux, le tombeau de Julien de Médicis, & sa statue sont de la main de cet artiste inimitable: celle du jour & de la nuit sont des chefs d'œuvres, quoiqu'imparfaites; celle de la Vierge, celle de l'aurore & du crépuscule, sont admirées & dignes de l'être. On y voit encore les statues des grands ducs en bronze doré en 1722; cette église avait déja couté 2,700,000 scudi. La bibliotheque qui est dans une aile du cloître qui y est joint, est une salle longue de 160 pieds, large de trente-huit, pavée de beau marbre, enrichie de figures, de livres, de manuscrits: on y compte 3900 de ces derniers (*d*), & parmi eux est un Virgile écrit du tems de Théo-

---

(*d*) D'autres disent qu'on y en compte 5000.

dose : la place qui est devant elle est décorée d'un monument de marbre. L'église di *Sta. Maria novella*, est desservie par les dominicains : telle est sa structure simple & majestueuse que Michel-Ange l'appellait *ses délices* : elle est très-grande & presque revêtue de tombeaux de marbre très-fin. On y remarque celui de Joseph, patriarche de Constantinople. La colonne élevée qui est près de l'église de la *Ste. Trinité*, porte une statue de porphyre qui représente la justice : elle a fait dire à Florence que la justice est si élevée qu'on n'y peut atteindre : partout au moins les pauvres sont souvent dans ce cas. L'église de *St. Marc* est remarquable par des tableaux, par la statue & la chapelle de St. Antonin, archevêque de Florence ; celle du *St. Esprit* l'est par son grand autel, ouvrage de Michel-Ange, par son tabernacle, ses colonnes, ses figures : le tabernacle est environné de petites colonnes bleues de grand prix : leurs corniches sont dorées ; il est imparfait encore & a coûté 80000 écus : aux côtés de l'autel sont deux colonnes d'une pierre verte très-rare ; il est ceint d'un mur du plus beau marbre, & poli avec soin : au dessus sont un rang de colonnes & une balustrade de fer doré : l'église est soutenue par des colonnes d'une pierre nommée *serena*, luisante comme le crystal. *Or san Michel* est un bâtiment remarquable par des statues, & par le dépôt général où tous les notaires de la Toscane doivent envoyer une expédition de leurs actes. L'oratoire de St. *Philippe de Neri* est élégant & noble tout à la fois. *Maria nuova* a de beaux tableaux ; elle touche au grand hôpital, dont une moitié est occupée par les hommes, l'autre par les femmes ; là est un théâtre d'anatomie, une apothicairerie, une nombreuse bibliothèque,

Grand Duché de Toscane. 161

thèque à l'usage des médecins & des chirurgiens, & un jardin botanique. Le palais *Corsini* est beau, celui de Strozzi plus beau encore: le premier est vaste, sa situation est belle, l'intérieur en est rempli de choses rares: celui de Strozzi est isolé & grand, son extérieur est garni de bossages en pointes de diamans, & couronné d'une corniche majestueuse: c'est un des plus grands modeles qu'il y ait du genre noble & du goût Toscan: l'intérieur offre une cour environnée d'un portique à trois étages, soutenu par des colonnes, décoré d'ornemens d'une grande perfection, mais tous dans le genre simple & rustique. Le palais *Pitti* est le nouveau palais où résident les grands ducs: il conserve le nom de celui qui en fit jetter les fondemens, & qui fut gonfalonier de la république. Come I. l'acheta: sa façade donne sur une grande place & a quatre-vingt-dix toises de long & vingt-trois croisées; elle est sans ordre d'architecture, ornée de bossages & de refends vermiculés; son aspect est rustique & majestueux: la cour est d'une architecture mâle: son pourtour est formé de grandes galleries, où l'on s'est servi de trois ordres grecs: tout y est ordonné dans de belles proportions, & le style en est soutenu, les ailes sont faites avec autant de goût que de grandeur; une terrasse y conduit des fenêtres du premier étage dans le jardin; au dessous d'elle est une grotte où des jets d'eaux remplissent un bassin; elle est surmontée d'une cascade en gueridon. Sous la gallerie on montre une pierre d'aiman qui pése cinquante quintaux: l'intérieur des appartemens est décoré avec la plus grande magnificence: les lambris sont dorés, diverses pièces sont peintes à fresque: toutes sont ornées

Tome VII. L

de tableaux estimés, parmi lesquels on distingue la madona della Sedia de Raphaël & le tableau de St. Marc. On y voit des tables incrustées avec le plus grand art, une quantité immense de porcelaine ; une belle statue de porphyre qui représente Moïse venant de fraper le rocher, entouré de jets d'eaux qui jaillissent à ses ordres & d'enfans montés sur des cignes. Ses sallons sont magnifiques, sa bibliotheque est composée de 35000 volumes : on y voit les instrumens & la salle de l'ancienne academie *del Cimento*. Parmi les manuscrits, on remarque sur-tout le journal des voyages de Côme III : ce sont deux volumes folio accompagnés de grands desseins. Le jardin offre la plus grande variété du gracieux & du sauvage, de hauts & de bas, de grandes allées & de petits bosquets, de parterres, de fleurs & de gazons champêtres, de grottes, de fontaines, de statues : à son extrèmité est la fontaine *isola*, où une statue de Neptune & trois fleuves assis à ses pieds versent leurs eaux à grands flots, dans un bassin de granite de 20 pieds de circonference : ailleurs on voit Neptune en bronze environné de monstres marins : une des grottes renferme plusieurs statues ; elle est peinte & sa voute parait entr'ouverte, tombant en ruines. Plus loin est une vaste ménagerie : on nourrit un grand nombre de bêtes féroces dans le *seraglio di lioni*. Le palais *Riccardi* appartint à la maison de Médicis, & après celui du grand duc, c'est le plus vaste de Florence : on y remarque un tableau du Pfaffan, qui peignit l'amour & Venus nuds dans une boutique garnie de poiles & de chauderons : dans le palais *Girini*, est le tableau de Jésus dans la vallée de Josaphat, au milieu d'un amas d'ossemens qui se meuvent

& se rassemblent. Le *palazzo Vacchio* bâti dans le tems de la république & où se rassemblaient ses magistrats, fut aussi celui des Médicis devenus souverains : devant lui est une grande place ornée de statues, parmi lesquelles on distingue celle de Cosme I, & une fontaine du centre de laquelle s'éleve un Neptune de marbre d'une statue colossale, traîné dans une conque par quatre chevaux marins, & suivi de trois tritons : un David combattant Goliath, ouvrage de Michel-Ange, un Hercule terrassant Cacus, sont sur le frontispice du palais : la salle d'audience a 162 pieds de long sur septante-quatre de large ; ses murs sont peints à fresque, & on y voit d'excellens tableaux & des statues estimées, parmi lesquelles on distingue la Victoire ayant un captif sous ses pieds, sculptée par Michel-Ange (*d*). La salle qu'on nomme la *garderobe*, renferme des richesses qu'on ne peut apprécier : on y voit un devant l'autel d'or dont la matiere seule est estimée deux millions de livres, & le travail en est prodigieux, un bonnet de perles, le lit de Côme I, dont les colonnes sont incrutées de pierres précieuses ; c'était un ex-voto destiné aux jésuites de Goa, si le fils du grand duc guérissait : il mourut, & l'on a gardé l'ex-voto ; parmi ces raretés précieuses, on conserve l'original du digeste relié en velours cramoisi, & trouvé à Amalfi par les Pisans. Au dessus du palais & sur quatre colonnes s'éleve un clocher de 269 pieds. Vis-à-vis le palais vieux est la *Loggia*, portique formé de grandes arcades, & où l'on distingue la statue de Judith ayant la tête d'Holopherne à ses

---

(*d*) Mr. Robert place ces richesses dans le palais Pitti.

pieds, & un groupe admirable qui repréſente une jeune Sabine enlevée par un ſoldat de moyen âge, ayant à ſes pieds le vieillard accouru en vain au ſecours de ſa fille. Non loin de là eſt la *fonderie* ou le laboratoire de Chymie. La *galerie ducale* eſt un vaſte édifice : au rez-de-chauſſée ſont les bureaux, ou *gli-uffizi*, c'eſt là que s'aſſemblent les tribunaux de la ville : là auſſi eſt la bibliothéque Magliabecchi, riche en manuſcrits & en livres rares : au premier étage eſt l'académie de ſculpture, de peinture & d'architecture ; on y fait de riches tableaux en Moſaïque avec des pierres précieuſes : plus haut eſt proprement la *galerie* diviſée en trois corridors : celui du levant a 460 pieds de long : les deux autres ſont moins longs ; mais tous ont vingt-un pieds de large & vingt de haut ; leurs voûtes ſont peintes à freſque avec les portraits des Florentins qui ſe ſont diſtingués : dans le veſtibule on trouve des bas reliefs, des urnes, des monumens antiques ; le long des murs ſont rangés trois grouppes, cinquante-huit ſtatues & quatre-vingt-dix-neuf buſtes repréſentant les empereurs Romains, leurs femmes & leurs filles, de Jules Céſar à Alexandre Sevère : la ſuite d'Alexandre Sevère à Conſtantin eſt moins complette : parmi ces buſtes ſont ceux de quelques hommes illuſtres, tels qu'Ariſtippe, Annibal & Ciceron. On diſtingue par leur beauté ceux de Sénéque & de Marc Aurele : parmi les ſtatues, celle d'un jeune homme tenant un vaſe ; elle eſt d'un grand caractère ; celle d'une veſtale antique, d'un Mercure debout, d'un Mars & d'une Venus. Mais c'eſt dans le ſallon nommé la tribune que ſont raſſemblés les chefs-d'œuvres de l'antiquité : il eſt octogone, huit fenêtres l'éclairent, ſon plafond en coupole est incrusté de nacres de perles; le parquet est formé de marbre de rapport, & les murs tapissés de velours cramoisi: là est la célebre statue de Venus de Médicis qu'on croit l'ouvrage de Praxitele, deux autres Venus, un Faune jouant des crotales, l'Arrotino, les Lutteurs, &c. La corniche saillante soutient diverses petites statues antiques de la plus belle exécution; telles sont celles de Britannicus, d'Hercule enfant, de Silene assis, &c. les tableaux des plus grands maitres sont associés à ces statues admirables; un grand nombre de salles sont remplies de ces modeles de l'art: ici sont les portraits de tous les grands peintres des différentes nations: la Venus du Titien, le St. Jean dans le désert, de Raphaël, la vierge du Correge, &c. là sont des instrumens de mathématiques, de physique & d'astronomie, ailleurs sont des medailles, des camées, des porcelaines, des vases étrusques, des desseins, des portraits en miniature, &c. On y remarque une colonne d'albâtre oriental transparent, haute de six pieds, taillée en spirales, supportant une Diane antique de marbre; une armoire d'agathe & de jaspe dont les clous sont des topases, des saphirs, des émeraudes, décorée de quatorze colonnes de lapis lazuli dont les bases & les chapiteaux sont d'or massif: les bas reliefs sont aussi d'or: le haut est terminé par une perle d'une grosseur extraordinaire: là fut déposé un diamant tiré des mines de Golconde, pesant 139 kar. & demi. On y voit une tête de Tibere faite d'une seule turquoise grosse comme un œuf, & deux caisses dont l'une représente en cire un sépulcre rempli de cadavres dans tous les divers degrés où il passe de la mort à la dissolution, & l'autre peint des pestiférés morts ou mourans. Le détail de cette collection ferait immenfe; on n'en a décrit qu'une partie dans onze volumes folio: en général, on y compte plus de 1000 ftatues, buftes, bas-reliefs en pierre, en marbre, en bronze, des antiques de tous les genres, près de vingt-neuf mille médailles anciennes ou modernes, 3000 camées, &c. Cette galerie & la garderobe dont nous avons parlé plus haut, ont été léguées au grand duc François Etienne, par la fœur du dernier fouverain de Médicis, comme un fidei-commis perpétuel: aucun de fes fucceffeurs ne devront l'emporter, ni l'aliener.

Florence a encore un grand nombre d'objets dignes de l'attention de l'homme de goût & du philofophe; mais nous fommes forcés d'abréger. Nous paffons fous filence divers établiffemens publics, des hôpitaux: difons cependant qu'à celui d'*ad fcalas*, on voit le tombeau & l'épitaphe d'un homme qui vécut vingt ans, avec un corps, deux têtes & quatre mains: on dit que cet homme double n'avait pas les mêmes affections, que l'un pleurait, tandis que l'autre riait; que le premier veillait, tandis que l'autre dormait: ces faits ne peuvent être expliqués & peuvent bien n'être pas vrais. Parmi les quatre ponts qui joignent une partie de la ville à l'autre, on en remarque deux: celui de la *Trinité*, d'une conftruction folide & hardie, n'a que trois arches d'une largeur prodigieufe, dont celle du milieu a quatre-vingt dix pieds d'ouverture: il eft pavé de grands carreaux de pierres de tailles & bordé de larges parapets: à fes extrèmités font quatre ftatues de bronze qui repréfentent les quatre faifons: celui qu'on nomme *Ponte Vecchio* eft bordé de deux rangées de maifons occupées par des orfevres, &

au dessus une galerie ou corridor s'étend du palais Pitti au vieux palais, dans un espace de plus de 600 pas. L'Arna y a soixante & dix toises de large, les rues n'y sont point éclairées par des lanternes : des bougies allumées devant les statues de la Vierge ou des Saints en tiennent lieu. Il ne reste à Florence des monumens antiques qu'on y éleva jadis, que trois tours de construction estruque : elle n'a point de belle promenade. On y trouve plusieurs théâtres : celui de la *Pergola* est le plus beau ; il a la forme d'un œuf tronqué ; tout le monde y est assis, & les loges y sont bâties de briques. Cette ville a produit des savans, des philosophes, des poëtes, des artistes. Dans le cloitre qui tient à l'église Ste Marie Majeure, est l'épitaphe de *Salvino di Armato*, inventeur des lunettes, mort en 1387. Tous ses beaux palais ont été bâtis par des commerçans, lorsqu'elle était libre encore ; lorsqu'elle eut cessé de l'être, le commerce & les fabriques furent moins estimés & tomberent : dans les derniers tems on n'a élevé aucun monument qui puisse être comparé à ceux que la liberté fit naître. Il y a cependant encore quelque commerce : les Juifs le font en partie & y ont un quartier assez étendu. On y travaille une partie des 160 mille livres de soie qu'on y fait : on y fabrique des taffetas, des damas, des velours ; les manufactures de laine n'y fleurissent plus ; elles y sont très-languissantes ; les beaux draps se tirent d'Angleterre : on y cultive le lin ; on y fait des chapeaux de paille très-propres ; la bijouterie n'y est plus rien. A trois lieues de Florence, est une belle manufacture de porcelaine. Les Florentins sont regardés comme d'excellens œconomes ; ils sont aimables, mais trop enveloppés dans l'étiquette des cérémonies. L'air n'est pas sain dans cette ville superbe vers la fin de l'été & durant l'Automne. Sa longitude est de vingt-huit degrés, quarante-deux minutes, sa latitude est de quarante-trois degrés, quarante-six minutes, trente secondes.

Le Campora, petit couvent voisin de Florence: là Bartholomeus Bononis de Pistorio, Siennois, fonda l'ordre des Hieronimites.

Poggio, ou *Villa Impériale*, maison de plaisance des grands ducs, à un mille de la ville: une belle allée d'arbres y conduit, & cette allée est bordée de vignobles, de couvens, de maisons de campagne: à son entrée sont deux fleuves rustiques, au milieu de deux grands bassins: à son extrêmité on voit Atlas portant le monde, & Jupiter lançant la foudre: le palais est grand, commode, orné de statues antiques & de tableaux précieux: près de là est un magnifique jardin.

Pratolino est encore une maison de plaisance du grand duc, sur des collines qui se joignent au Mont Apennin: on y parvient par de grandes avenues d'ifs, de cyprès & de sapins; ses jardins ont des fontaines artistement décorées, des machines hydrauliques, qui font mouvoir des statues, telles que celles de jeunes filles, qui l'aiguière à la main, puisent de l'eau dans les fontaines, des figures d'oiseaux perchées sur des arbres y chantent; des paysans qui paraissent s'occuper à différens travaux: on y entend le son des orgues, & on y voit d'autres machines ingénieuses. Au bout d'un parterre, est la statue colossale de l'Apennin qui a soixante pieds de long, formé de quartiers de pierre, disposés avec tant d'art qu'à une certaine distance le colosse paraît une statue bien proportionnée, que plus on en approche, plus ses traits grossissent, & qu'enfin de près il n'est qu'un monceau de pierre, au dessous duquel est un monstre qui vomit de l'eau, & dans l'intérieur une grotte remplie de coquillages & de jets d'eau. A côté sont des bassins, des fontaines : diverses grottes, des labyrinthes, des terrasses, des amphithéâtres ornent encore ce jardin superbe. Il est négligé ou l'a été par l'absence de ses souverains. La salle & diverses chambres sont ornées de tableaux & de meubles magnifiques.

De Florence à Sienne on marche sur un chemin pavé, où l'on trouve une partie de l'ancienne Voie Cassia, il conduit sur des collines, puis dans les vallées ; le pays n'est pas si beau que de Florence à Pise, mais il est agréable par les vues variées qu'il présente, & par ses masses de vignobles & de bois d'oliviers.

Casciano, *Monte Lupo*, sont des bourgs : *Empoli*, *Emporium*, une petite ville bâtie, dit-on, par les anciens rois Goths : sa principale rue est large & bordée de belles maisons : l'Arno l'arrose : quelques auteurs y placent un évêché suffragant de Florence : son nom indique qu'elle était autrefois le marché des pays voisins qui sont très-fertiles.

St. Miniato al Tedescho, petite ville qui devint épiscopale en 1622, honneur qu'elle acheta par de fortes contributions qui lui furent imposées pour nourrir l'évêque & ses chanoines : elle est assez bien bâtie, l'Arno l'arrose ; Frédéric II, empereur, y éleva un château dont il reste encore une tour : sa cathédrale, quatre églises paroissiales, neuf couvens l'ornent encore.

Certaldo est un bourg : son château élevé sur la croupe d'une montagne, forme un coup d'œil charmant : on y montre la maison de Bocace. *St. Fiorentino*, *St. Geminiano*, *Alica*, *Staggia*, *Poggiobonzi*, sont aussi des bourgs : on prépare dans le dernier un tabac odoriferant, qui plait dans toute l'Italie.

Colle, *Collis*, petite ville sur le penchant d'une colline, dans la vallée d'Elsa; elle devint ville en 1592, & le siège d'un évêque suffragant de Florence : elle a plusieurs églises & huit monastères.

Val di Arno, vallée autrefois triste, sauvage, infertile, aujourd'hui riche par ses productions, agréable dans son aspect. On croit que le haut vallon fut autrefois le lit du lac, où se rassemblaient les eaux de l'Arno, & qui s'unissait au lac de Perugia; mais que l'Arno s'étant ouvert un passage au travers du rocher de Rignano, le lac s'était changé en une vallée : la terre y est disposée en couches & de niveau : on y trouve des monceaux d'os d'éléphans pétrifiés, les uns disent que ce sont les restes de ceux qu'Annibal y conduisit; les autres, que le climat d'Italie fut autrefois assez chaud pour que les éléphans s'y multipliassent : tout cela est assez incertain. *Ancisa*, *Figline*, *Franco*, *St. Giovanni*, *Terra-nuova*, *Laterina*, sont les principaux lieux de cette vallée.

Le *Val di Chiana* prend son nom du fleuve qui l'arrose, & qui recevant les eaux de l'Apennin, se déborde & fait enfler le Tibre & l'Arno auxquels il communique : il coule dans une longue vallée marécageuse.

Borgo St. Sepulcro, ville sur les frontieres de l'Etat de l'église & siége d'un évêque suffragant de Florence : elle est un fief qui ne releve que du

St. Siege, elle a un fort bâti sur un rocher, quatre églises paroissiales, huit couvens d'hommes, cinq de religieuses : c'est assez près de cette ville que le Tibre prend sa source.

Cortona, *Croton*, *Laura*, que quelques-uns croient être la même ville que *Corithus*, fut fondée par les Etrusques, & l'on dit qu'Ulysse y mourut : elle a été la capitale des anciens Toscans, puis une colonie romaine ; les Barbares la détruisirent, elle se rétablit, & devint florissante ; les Casali s'en firent déclarer souverain, & y regnerent de 1325 à 1409 : les habitans les chasserent, & se livrerent au roi de Naples, qui les céda aux Florentins : son évêché ne releve que du pape : elle a sept églises construites avec goût & décorées de beaux tableaux : on y trouve quelques palais : ses murs sont faits de gros blocs de pierres, sans chaux ni ciment, & on les croit l'ouvrage des Etrusques ; plusieurs parties en sont bien conservées : on y compte six couvens d'hommes, six de femmes, & une société savante qui appelle ses assemblées *noctes corytaneas*.

Arezzo, ville située près des montagnes, partie dans une plaine, partie sur une éminence au pied de laquelle coule le Tibre. Elle était une des principales villes des Etrusques, occupait le centre de leur pays, & fut, dit-on, bâtie par Aretas, fils de Janus : Sylla la dévasta, & la peupla d'habitans rassemblés de divers lieux de l'Italie : détruite par les Goths, rétablie par son évêque, elle fut vendue par les Florentins. Ses maisons, les églises ont un air antique, elle est bien pavée & a une *Loggia*, beau bâtiment élevé sur une place qu'entoure un beau portique : elle a produit plusieurs hommes célebres : son évêque ne depend que du pape : on y compte une église cathédrale, deux collégiales, quatorze paroissiales, dix hôpitaux, onze couvens d'hommes, & un plus grand nombre de religieuses : ces derniers réunis forment une rue.

Citerna, *Anghiari*, *C. Focognano*, *Bibiena* font des bourgs. *St. Nicolo*, *Prato-vecchio*, & quelques villages sont situés dans les districts de *Pratomagno* & de *Casentino*, qui se touchent. Là aussi est située *Vall'Ombrosa* ou *Vallombreuse*, abbaye célèbre dans le mont Apennin, chef-lieu d'un ordre fondé en 1040 par St. Gualbert, sous la regle de St. Benoit : elle doit son nom à sa situation agréable : il y a un pélerinage fréquenté.

Camaldoli, ou *Campo-Malduli*, abbaye dans un désert de l'Apennin, & qui fait partie du diocèse d'Arezzo. Elle est voisine des sources de l'Arno : St. Romoald la fonda en 1009 ou 1012 : elle donna son nom à un ordre qui suit la régle de St. Benoit, & en est le chef-lieu ; c'est un lieu très-fréquenté par les pélerins. L'ordre s'est divisé en plusieurs branches, & étendu en divers pays toujours sous le même nom : ce sont des hermites qui, par leur institut, doivent être éloignés de cinq lieues des grandes villes.

Sta. Maria della Gratie, couvent voisin du dernier & de la source de l'Arno. *Monte-Alverno*, couvent célèbre de franciscains, pélerinage fréquenté sur une montagne escarpée, où St. François a demeuré, & y reçut l'impression miraculeuse des stigmates le 14 Septembre 1224, vues par le pape Alexandre IV : il en mourut deux ans après ; ce miracle est un des plus faciles à faire, mais c'est un des plus douloureux.

Citta del Solo, petite ville. *Fiorenzuola* est petite aussi ; située dans l'Apennin, bâtie par les Florentins, sur le lieu où fut située l'ancienne *Fidentia* : elle est dans une vallée fertile, & bien cultivée qu'arrose le Santerno entre des montagnes qui exhalent de la fumée, & près du *Giogo*, un des plus hauts monts de l'Apennin, & dont le chemin qui la traverse, souvent réparé, toujours détruit par les torrens, est difficile & dangereux à traverser ; il est d'ailleurs étroit, & est bordé d'un côté par un précipice profond. Au pied est la *Scarperia*, bourg où l'on fabrique de bons couteaux, des fourchettes, des armes : les environs sont très-fertiles & fort négligés.

Barberino, petite ville ou bourg, qui donna son nom à une famille illustre : il est au pied de l'Apennin sur la Sieve.

Fiesola, autrefois *Fæsulæ*, nous en avons déjà parlé : la jalousie des Florentins la leur fit détruire & en transporter les habitans dans leurs propres murs : ce lieu où l'on ne voit plus que des maisons de campagne est encore le siége d'un évêque suffragant de Florence : diverses églises, divers couvens y sont dispersés : on y voit aussi une abbaye considérable de chanoines.

Campi est un bourg : *Prato*, une ville, siége d'un évêque suffragant de Florence. Sa situation est agréable, un terroir fertile l'environne, le Bisentio l'arrose : on y compte douze églises & vingt couvens.

Pistoie nommée par les Etrusques *Pistorium*. Elle fut une république comme Pise, & fut détruite dans le même tems : depuis lors, elle est dépeuplée, on n'y compte plus que 8 à 9000 habitans, la plupart fort pauvres : il y a peu de villes où les rues soient aussi larges & aussi belles. Ses palais sont magnifiques, mais presque vuides : sa cathédrale dédiée à Ste. Marie est un bel édifice : son dôme est d'une très-belle architecture & fait desirer que le portail en soit achevé : son évêque est suffragant de Florence : on y compte encore vingt-sept églises paroissiales, une autre où l'on révère une image de la vierge qu'on a vue, dit-on, suer du sang; dix couvens d'hommes, seize de femmes, & une académie des sciences fondée en 1745. Le pays qui l'environne est un vaste & fertile jardin ombragé par les plus belles allées d'arbres fruitiers : il y croit des melons d'eau recherchés dans toute l'Italie : il est accablé d'impôts, & couvert de mendians : l'Apennin y domine la plaine où elle est située : on y trouve du cuivre & des cryftaux qu'on nomme Diamans de Piftoie.

Barga est une petite ville, près d'elle on trouve du jaspe. *Pescia* est connue par son excellente huile : elle est arrosée par la riviere de son nom : le prévôt de sa collégiale y jouit des droits épiscopaux, & a sa propre paroisse : on y trouve encore trois églises paroissiales, sept autres églises, deux couvens de moines, trois de religieuses.

Entre le duché de Modène & les territoires de Gènes & de Lucques, sont quelques lieux dépendans de la Toscane : telle est la vallée de *Magra* qu'arrose la riviere de ce nom, & dont *Pontremoli* est le principal village. C'est un fief particulier de l'empire. *Turiago*, *Saffalbo*, *Malgliana*, *Salto della Cerva*, *Pietra Santa* sont des bourgs peu confidérables : ce dernier est dans une situation agréable, près de la mer, & a le titre de principauté. Quelques auteurs y placent un évêché.

GRAND DUCHÉ DE TOSCANE. 175

II. *Territoire de Pise.*

Il est abondant en grains, en vins, en huiles, en pâturages, en légumes, & en tout ce qui est nécessaire à la vie : on y trouve des fossiles, des carrieres, des grottes, des bancs de tuf & de craie, des bains à *Restone* & à *Acqua* : ceux-ci font monter le mercure à 26 degrés & demi : leurs eaux sont légerement alumineuses & chargées d'un acide mineral qui s'évapore avec facilité : les marais de Bientina sont remarquables par les plantes qui y croissent & les oiseaux qu'on y trouve, & le lac de *Serto* dont une partie est dans le territoire de Lucques, par le ris qu'on cultive sur ses bords : on trouve des mines de cuivre & des glands de plomb à *S. Giovanni alla Vena*; près des bains de *Noce*, on voit sortir une espece de fumée ou de nuage, quand il doit pleuvoir à *Verrucola* & dans des monts voisins : on trouve du crystal de roche, des plantes singulieres à *Monte d'Agnano*, des marbres à *Monte-Pisano*, des ruines antiques à *Maciuccolli*.

Ce territoire forma une république dont Pise était la capitale : ses habitans aimaient la liberté & ne craignaient pas la guerre : dans le dixieme siécle elle commandait sur la mer méditerranée; elle prit la Sardaigne & la Corse, mais ne les posséda pas longtems : en 1030, sa flotte s'empara de Carthage & en amena le roi à Rome pour le faire batiser : elle chassa les Sarrasins de la Sicile, & des dépouilles des vaincus, elle fit bâtir sa cathédrale & le palais de l'évêque : elle fit la guerre aux Génois, conquit & redonna le royaume de Majorque à son roi, secourut les croisés & delivra Alexandrie, soutint divers papes, en combattit d'autres, posséda Naples & diverses villes de ce royaume pendant sept ans : elle armait jusqu'à 200 galeres. Sa puissance dura deux siécles : abbatue par les Génois qui lui enleverent le *Porto Pisano* située presqu'au même lieu que Livourne, divisée par les factions Guelfe & Gibeline ; un de ses citoyens nommé *Vgolino*, en devint le tyran, il fut chassé par les Pisans, rétabli par les Florentins, enfermé enfin dans une tour où on le fit mourir de faim ; mais d'autres tyrans lui succéderent qui se firent donner le nom de duc : l'un d'eux voulut la vendre aux Florentins & se fit expulser : les Florentins vinrent assiéger Pise, ils la prirent, y dominerent pendant 88 ans. Charles VIII, roi de France, rendit à Pise sa liberté ; elle la conserva quinze ans & céda enfin aux armes des Florentins qui l'entraînerent avec eux sous un gouvernement presque despotique. Les Pisans firent de longs & d'inutiles efforts pour redevenir libres, & désesperant enfin d'y réussir, ils abandonnerent leur patrie qu'ils avaient aimée libre, & qu'ils ne purent habiter lorsqu'elle cessa de l'être ; ils se disperserent & cette ville puissante qui comptait (*f*) 80000 ames dans ses murs, en compte à peine aujourd'hui 15000. Elle manqua de loix sages, & prospera dans des siecles d'ignorance & de fanatisme qui peuvent bien promettre d'éclatans succès, mais donnent rarement la sagesse d'en user. On remarque diverses villes dans son territoire.

(*f*) Busching dit 150,000 ames : nous avons craint d'exagérer en fixant l'ancienne population de Pise à ce nombre.

Pise.

Grand Duché de Toscane. 177

Pise, autrefois *Pisæ* & *Colonia Juliæ*, est située sur les bords de l'Arno qui la partage, & se jette dans la mer à quatre lieues au-dessous. Elle fut fondée par les Arcadiens habitans de Pise en Elide: on en fait même remonter l'origine plus haut encore, & on prétend qu'elle fut bâtie par Pelops, fils de Tantale: elle fut une des douze grandes villes de l'Etrurie, devint une colonie romaine, eut son sénat & ses magistrats municipaux: l'Arno lui formait un port. Cette ville si belle est dépeuplée; en perdant sa liberté, ses citoyens ont perdu l'émulation: la culture est négligée autour d'elle, les arts languissent dans son sein; on a fait de vains efforts pour les reveiller de leur sommeil léthargique: on a donné à son université les plus grands privileges: on y entretient quarante cinq professeurs, l'archevèque s'en est fait grand-chancelier; mais elle n'attire que peu d'étudians, quoiqu'elle soit une des plus célebres de l'Italie. On y fixa le siége de l'ordre militaire de St. Etienne pour la repeupler, & ce moyen a été inutile encore. Cependant Pise est une ville superbe: sa situation est avantageuse & belle; ses édifices construits dans le tems de sa splendeur sont magnifiques, & peu de villes rassemblent autant de monumens en marbre étranger: ses quais longs & larges, sont construits avec autant de solidité que de grandeur, & décorés de beaux palais; ce sont les plus belles promenades de la ville, ses rues sont grandes, droites, pavées de quartiers en partie de marbre, & joints artistement; mais l'herbe croit entr'eux: trois grands ponts font communiquer ses deux parties, tous sont beaux & présentent une perspective imposante; celui du milieu est de marbre: c'est-là

Tome VII. M

que les habitans de chaque partie de la ville armés de massues, se livrent chaque année un combat dont l'origine remonte, dit-on, aux jeux olympiques; c'est donc une faible & ridicule copie d'un grand modèle.

La cathédrale dont on jetta les fondemens en 1063 est sur une vaste place: ses trois portes sont de bronze, & on dit qu'elles étaient celles du temple de Jérusalem: ses cinq nefs sont soutenues par 74 colonnes dont quelques-unes sont de verd antique & de porphyre: toutes les autres sont d'un beau marbre, prises de divers édifices anciens de la Grèce: parmi ses mausolées, on distingue celui de l'archevêque *Delci*, orné de bas reliefs & de deux statues estimées: on y voit aussi le tombeau de l'empereur Henri VII, qui fonda l'université. La chaire est de marbre sculpté, & revêtue d'ornemens de bronze, de porphyre & de serpentin tiré de la haute Egypte: il en est une encore dans le dôme: il est couvert de plateaux quarrés, son pavé à compartimens est une très-belle mosaïque de marbre: la voute est peinte & dorée; çà & là sont des statues remarquables & d'excellens tableaux: sa construction est gothique, & elle est trop obscure: son clocher, *campanite torro*, est célèbre par sa singularité: il fut commencé en 1174, c'est une tour cylindrique à 8 ordres ou rangs de colonnes l'un sur l'autre, décorés de corniche & penchée de maniere qu'on ne la regarde point d'abord sans craindre sa chûte: elle a 188 pieds de haut; on y monte par 193 marches bien éclairées: du haut la vue est étendue & riante: si l'on y descend un plomb perpendiculairement, on le trouve éloigné du bas de la tour de quinze pieds: les cloches sont placées dans la partie inclinée, & leur ébranlement n'y nuît point : on croit que l'architecte voulut faire un tour de force dans son art, en lui donnant cette inclinaison, & on a bien des raisons pour lui prêter cette idée bisarre : vis-à-vis le portail de l'église est le batistere, petite église ronde, toute de marbre, surmontée d'un dôme, d'une construction élégante, quoique gothique : un grand ordre de colonnes de granit y soutient les arcades intérieures : sur elles est un second ordre de colonnes qui soutiennent la coupole ; au milieu sont les cuves en usage quand on baptisait par immersion. Sa chaire de marbre est soutenue par des colonnes de granite oriental, portées par des lions. La voûte en est sonore & rétentit au moindre bruit : elle forme un écho qui repète distinctement les mots, quoiqu'on parle fort bas : il repète plusieurs fois, mais le son repèté en devient moins distinct. Le *Campo Santo* est un vaste cimetiere entouré d'un portique à 60 arcades, pavé de marbre & orné de peintures des meilleurs maîtres : on y voit d'antiques tombeaux, d'anciennes inscriptions : au centre est un espace couvert de neuf pieds de terre que la superstition fit transporter du voisinage du saint sépulcre, & qui a, dit-on, la propriété de consumer les corps en vingt quatre heures : on aidait sans doute au miracle avec de la chaux : elle est inutile aujourd'hui. Pise fut d'abord un évêché : elle devint archevêché en 1092 ; l'archevêque est primat de Sardaigne & de Corse, & a pour suffragans les évêques d'Ajazzo, d'Alleria & de Sagona : ses chanoines s'habillent comme les cardinaux. L'ordre de St. Etienne a dans Pise, son palais & son église : celle-ci est une des plus belles de cette ville : la statue de Côme I est devant sa porte; à ses pieds est une fontaine : son maitre autel est de porphyre d'une architecture mâle : au-dessus est un sarcophage orné de trois statues, au centre desquelles est un fauteuil de bronze : l'église est pleine d'étendarts de queues de chevaux, & de dépouilles prises sur les Turcs. L'église de *St. Matteo* a de beaux tableaux, & est remarquable par des effets de perspective; d'autres églises ont des peintures estimées. La loggia ou bourse est un grand édifice à arcades ouvertes, soutenu par des pilastres groupés, d'ordre ionique : on y conservait tous les actes relatifs au commerce & aux commerçans : ceux-ci s'y assemblaient, aujourd'hui elle est comme inutile : elle est située à une des extrèmités du pont de marbre : à l'autre est la *Casina de Nobili*, salle de jeu où s'assemblent les riches : l'université fondée en 1309 est divisée en quatre colleges, & a 84000 livres de revenus : on y entretient quarante jeunes gens : l'observatoire fut bâti par elle, & c'est peut-être le plus beau de l'Italie; il renferme d'excellens instrumens, un quart de cercle mural, une lunette méridienne, des telescopes, des boussoles d'inclinaison & de déclinaison, des pendules de Graham, &c. Vis-à-vis est le jardin de botanique, vaste terrein couvert de plantes rares, parmi lesquelles on compte le *Phyllirœa olivœ folio* : un cabinet d'histoire naturelle divisé en trois petites salles, est joint à ce jardin. Il est peu de palais à Pise qui ne soit décoré de tours : c'était une distinction accordée autrefois à ceux qui avaient exercé les premieres magistratures. Un climat doux, une situation heureuse, le goût des arts, sembleraient devoir la rendre commerçante & riche : cependant elle est fort pauvre : on y conſtruit quelques barques, on y fait des fleurs artificielles ; ce ſont preſque là ſes ſeuls objets de commerce : de vieux murs, un foſſé l'entoure ; un vieux château, un fort ruiné, une citadelle la défendent : l'air y eſt ſain en hyver, mais en été les marais voiſins l'y corrompent : un canal a remedié en partie à ce mal, il en eſt un autre qui a le même but, & qui pourrait faciliter le commerce ſi Piſe en avait ; il s'étend juſqu'à Livourne éloignée de plus de cinq lieues. Un aqueduc y conduit une eau pure & ſaine ; il va la reçevoir à deux lieues de là dans les montagnes, & eſt ſoutenu par 5000 arcades. Entre elle & Lucques ſont des reſtes de bains chauds, autrefois célebres, ils ſont au pied d'une montagne ; mais on n'y voit plus que les canaux qui les entouraient ; on y avait employé les plus beaux marbres : il parait que ce ſont ceux qui ont été rétablis en 1743 à St. Giuliano, & qui renferment vingt neuf bains commodes, ſix douches, deux étuves placées ſur la ſource qui leur communique ſa chaleur : une grande gallerie couverte, un vaſte bâtiment pour loger ceux qui viennent prendre les eaux, où il y a aſſemblées de jeux, ſallon de danſe, avec une tribune pour placer la muſique : la chapelle adoſſée contre le roc eſt placée de maniere qu'on peut de ſa chambre voir & entendre le prêtre à l'autel : ils ſont voiſins du bras du Serchio. La longitude de Piſe eſt de 27 degrés, 59 minutes : ſa latitude eſt de 43 degrés, 42 minutes.

St. Pietro d'Ingrato, ou *St. Pietro in grado*, abbaye dont l'origine eſt enveloppée de fables : autour d'elle le pays eſt fertile & cultivé : de là à Piſe le ſol eſt ſablonneux, couvert de broſſailles, de chênes, d'ormes: le bufle noir s'y nourrit, & lorsque le laboureur veut s'en servir pour ouvrir la terre par des sillons, il envoye des chiens exercés qui prennent les bufles par l'oreille & les amenent à la charrue.

Livourne, *Livorno*, autrefois *Labro*, *Liburnus portus*, belle ville régulierement bâtie à la moderne, & de maniere que de la grande place du marché, on voit les deux portes de la ville. La partie du nord est la mieux bâtie; elle est coupée par des canaux, sur lesquels les chaloupes portent les marchandises jusques dans les magasins: on l'appelle la nouvelle Venise. La ville n'a pas 2000 toises de tour, sa forme est quarrée; de bons bastions, de larges fossés pleins d'eaux, des ouvrages avancés, la défendent du côté de terre: deux mille hommes de garnison y veillent: ses maisons sont de briques, avec des chaînes de pierres de taille, & ses rues droites & bien pavées; diverses places l'ornent: l'une d'elles est vaste & belle, décorée de bâtimens assez beaux; c'est-là qu'est l'église principale, & le palais qu'habite le grand-duc quand il vient à Livourne. Le nombre de ses habitans monte à 40000 hommes, & parmi eux sont 13000 juifs: leur synagogue est vaste & riche, leur commerce est actif & très-étendu. Les Grecs & les Armeniens y reconnaissent l'autorité du pape, & y ont leurs églises particulieres: les Turcs même y ont leur mosquée, & elle sert à ceux d'entr'eux qui ont été fait esclaves: ceux-ci habitent le soir une grande maison de force: on les mène le jour ou aux travaux publics, ou à des artisans qui les occupent & en répondent. Les protestans seuls n'y ont pas l'exercice public de leur religion; cependant les Anglais, qui sont ceux qui y font le plus grand commerce y ont une chapelle ; les autres fe fervent des aumoniers de leurs vaiffeaux : les femmes publiques y font fouffertes, & y occupent un quartier particulier formé de diverfes rues. On y vit cherement ; parce que le grand duc perçoit de forts impôts fur les denrées & marchandifes qui y entrent, & y exerce un grand monopole, principalement fur l'eau de vie, le tabac & le fel. Livourne a un grand magafin d'huiles, plus folide qu'élégant ; il renferme dans toute fon étendue des caves ou des cuves quarrées, où l'on dépofe l'huile & où il fe conferve : cette ville a fept paroiffes, fept couvens d'hommes, un de femmes, une cour eccléfiaftique préfidée par un vicaire de l'archevêque de Pife : à peine y entend-on parler du tribunal de l'inquifition qui y eft établi : il y a peu de nobles, mais le commerce y eft très-confidérable : c'eft un entrepôt général de marchandifes de toute efpece, & de là on les tranfporte dans toute l'Italie & en divers pays de l'Europe : fon commerce actif confifte en coton filé ou non filé, caffé & drogues du levant, foufre, alun, laques fines, anis de Rome, effences, liqueurs, huiles de Tofcane, corail, &c. Ce dernier objet eft la feule manufacture qu'il y ait à Livourne : on le tire des côtes d'Afrique, de Sardaigne & de Corfe, on le divife en quatorze nuances différentes ; on les taille, les arrondit, les perce, les affortit, les polit, & on en fait des chapelets qu'on porte en Amérique ; d'autres fe vendent aux Turcs qui en font des boutons. Son port eft franc, & de-là vient fa profpérité : chaque balle cependant qu'on y débarque, quelle que foit fa groffeur & la matiere qu'elle renferme, paye deux piastres au duc, & cet impôt lui rapporte des sommes considérables. Vers le port on remarque la statue de marbre de Ferdinand I, à qui Livourne doit sa prospérité: le prince est debout sur un piédestal, le bâton de commandement à la main, quatre esclaves Africains de bronze sont enchaînés à ses pieds: l'ouvrage n'est point admirable. Le port n'a que 36 pieds de profondeur, & l'on est obligé de le nettraier souvent: il rassemble quelquefois plus de 100 vaisseaux de diverses nations: les petits bâtimens se tiennent dans un petit bassin nommé la *Bocca*: la partie du port qui s'avance dans la ville s'appelle la *Darse*, ou *Darsine*: elle se ferme avec une chaîne qui tient d'un côté à la vieille forteresse, de l'autre au mole: une digue la partage: le port extérieur est formé par le mole long de 600 pas, pavé avec soin. Les vaisseaux de guerre s'arrêtent dans une rade voisine du port où ils ne peuvent entrer: cette rade est bonne, mais exposée aux pirates & aux vents. Près de la ville sont deux tours bâties sur des rochers bâtus par la mer: celle de *Mazzoco* sert de magasin à poudre, & les vaisseaux du Levant y vont faire la quarantaine; dans l'autre est une source d'eau pure où les vaisseaux vont faire leur provision: plus loin dans la mer, à la pointe d'une bande de rochers, est une autre tour qui semble être formée de deux, posées l'une sur l'autre: c'est sur son sommet qu'on allume un fanal composé de trente lampes: près d'elle est le lazaret: à près de deux lieues du port est une très-petite isle sur laquelle s'élève une tour quarrée & fort blanche, qui sert à préserver les vaisseaux des écueils qui l'environnent.

Livourne n'était rien encore quand le *Porto*

GRAND DUCHÉ DE TOSCANE. 135

Pifano exiſtait. Lorſque les Florentins l'eurent détruit en 1284 le port de Livourne commença à ſe peupler : les Gènois qui l'avaient reçu des Français le vendirent aux Florentins en 1421 ; ils y firent bâtir une tour pour en défendre les approches : dès lors preſque tout le commerce de Florence ſe fit par Livourne : Alexandre de Medicis la fit fortifier en 1537, Côme I augmenta la ville, aggrandit & affranchit le port, il creuſa le canal. Ferdinand y conſtruiſit des acqueducs & des fontaines, il s'occupa de tous les moyens d'en faire une ville floriſſante, & il y réuſſit : c'eſt dommage que ſon ſol marécageux en rende l'air mal ſain & qu'elle manque d'eaux pures : ceux qui en veulent la font venir de Piſe.

Acqua, bourg qui a des bains chauds.

Volterra, nommée par les Etruſques *Volaterra*, enſuite *Othoniana* d'Othon I, empereur qui y réſida, eſt une ville ſituée ſur un mont, près du ruiſſeau de Zambra, preſque dépeuplée, fort pauvre, mais qui renferme beaucoup d'égliſes, de chapelles, d'oratoires & de monaſteres : l'air y eſt mal-ſain, ſur-tout parce que le pays fertile qui l'environne eſt preſque déſert & couvert de mares & de brouſſailles. Son évêché ne dépend que du pape : elle fut une des douze villes Etruſques, pluſieurs ſtatues qui lui reſtent atteſtent ſon antiquité : autour d'elle ſont des eaux minerales, des carrieres de pierres recherchées & des mines de cuivre inutile. Près de la mer, dans la forêt Vetulonienne, ſont des maiſons de pierres qui forment le hameau de *Vetulia*. Cluvier croit que ce ſont les ruines de l'ancienne *Vetulonium*.

Vada, *Vada Volaterrana*, bourg à l'embouchure de la riviere Cecina qui ſe dégorge dans une plaine qu'elle change en marais: l'air qu'on y respire est humide, chaud & très-mal sain. On y trouve beaucoup de bufles qui y ont de l'herbe jusqu'aux cornes.

Bolgari, ou *Bulgarium*, petite ville: ses environs sont riches en fruits, mais elle manque d'eaux.

Territoire de Sienne.

Ce territoire a vingt quatre lieues d'étendue: il renferme huit villes, 200 bourgs, villages ou châteaux, des plaines fertiles, des montagnes où l'on trouve des mines, des carrieres, des eaux thermales; il y a du marbre à *Castelletto*, des bouches de fumée, du soufre, des marcassites, de la pouzzolane, du vitriol & deux grottes à *Monte Rotundo* d'où sort dans les grandes pluies & à la fonte des neiges un vent souterrain: une mine abondante d'alun à *Monteleo*, des salines à *Castiglione*, presque partout des fossiles, des plantes peu communes, & dans les environs de Sienne de carrieres de marbres fins, de couleurs recherchées. La *Maremma* s'étend dans un espace de quinze lieues sur le bord de la mer, entre Orbitello & l'isle d'Elbe: c'est un pays désert & mal sain qui fut couvert autrefois de villes florissantes & libres: les guerres, la tyrannie des nobles le firent déserter par ses habitans: on travaille à en desséécher les marais & à la repeupler; mais il ne se repeuple qu'avec lenteur: un Suisse y avait établi une manufacture de liége: on y a formé une nouvelle législation; on y a anéanti l'ancienne à qui le pays devait en partie sa désolation: tout nouveau colon, tout habitant ancien y est exempt d'impositions & de corvées; il peut faire du sel, fabriquer du tabac, fortir, rentrer dans le pays, y exercer l'art qui lui plaira, chaffer, couper les bois, commercer avec une liberté entiere : un canal navigable qui conduit de Caftigione au port de Groffeto y facilite les débouchés. Tant qu'il y aura des terres libres, on les diftribuera gratis aux étrangers qui fe préfenteront ; ils pourront en acquérir de nouvelles, & le fouverain y paye le quart des bâtimens ruraux qu'on y éleve. On n'y peut être emprifonné pour une dette qui n'excéde pas 200 livres. Par ces inftitutions, le prince a diminué fon revenu de 500 mille livres ; mais il s'augmentera dans la fuite avec la population du pays.

Sienne devint un état libre dans le tems du grand interregne : il fut célebre dans le moyen âge par l'induftrie & le courage de fes habitans, fon commerce, fa population, il fe foutint contre Pife & Florence, fouvent il vainquit fes rivaux ; mais le courage qui vient fouvent du fanatifme affure moins un Etat que la modération & la prudence : après une victoire, les Siennois fe donnaient avec tous leurs biens à la Vierge, ils attendaient d'elle leur paix intérieure dont ils ne jouirent prefque jamais : les nobles s'étaient emparés du gouvernement, le peuple les força de le partager avec lui : on élut un étranger pour chef militaire & juge criminel, il était moins fufpect aux deux parties, & devait être agréable à tous. Les *Malatefta*, les *Petruzzi* étaient les factieux les plus ardens : en 1487, une partie des Siennois voulurent rétablir un confeil de neuf citoyens qui avait exifté autrefois : mais parmi ces neuf confeillers fe trouva *Pandolfo Petruzzi*, homme ambitieux, fourbe, adroit & méchant, qui bientôt décida de tout comme magiftrat, & de magiftrat fe fit tyran : il laiffa son pouvoir à ses enfans, qui n'ayant pas ses talens le perdirent bientôt : les troubles recommencerent, affaiblirent l'état qui ne put résister aux Français qui s'en emparerent, ni aux Espagnols qui les en chasserent : Charles V le posséda, son fils Philippe II le céda en 1557 au duc de Florence Côme I, en se réservant le *Stato delli Presidii*. L'Espagne possédait le vicariat de Sienne, comme un fief de l'empire, & Léopold le donna à Charles II sans aucun assujettissement, & c'est avec ce privilége qu'il est aussi parvenu à la Toscane.

Sienne, *Sena Julia*, est située sur trois collines agréables, qui font partie d'une montagne dont le massif est un tuf où l'on a creusé des souterrains curieux : elle a près de deux lieues de circuit, ses maisons sont la plupart grandes & bien bâties, mais gothiques, quelques-unes sont adossées à la montagne, & ont des jardins au niveau de leurs croisées, ses rues inégales sont pavées de briques posées de champ ; la pluye & l'eau des fontaines les lavent ; mais ce pavé se gâte facilement & devient fatigant par son aspérité : une seule rue ne monte ni ne descend, parce qu'elle s'étend le long de la croupe de la montagne ; presque toutes aboutissent au centre de la ville, un vallon l'environne & lui servait autrefois de fossé ; il reste peu de chose de ses anciens murs & de ses tours : on la voit de fort loin à cause de sa situation, & des tours bâties près des maisons de ceux qui avaient rendu des services à la patrie, lorsqu'elle était libre. La porte Romaine bâtie en 1321 est un édifice majestueux : sa citadelle élevée en 1560 est réguliere & assez forte pour intimider les Siennois, mais non assez pour les défendre. Sa cathédrale est ce qu'elle renferme de plus beau, elle est bâtie sur une élevation; on y monte par de vastes degrés de marbre qui ajoutent à sa grandeur & à sa majesté: c'est un grand vaisseau gothique, bâti en marbres noir & blanc, rangés par assises: son portail percé de trois portes, surmontées d'une rosette, dont les vitres sont peintes, & de deux tours pyramidales aux angles, est de marbre rouge & blanc: parmi ses ornemens on remarque deux lions de marbre blanc, armes de Sienne, le cigogne de Perouse, & le cheval d'Arezzo: elle a 330 pieds de long, & est revêtue aussi en dedans de marbre noir & blanc: ses piliers sont légers, chargés de feuillages & de fruits, ornés de statues, ses fenêtres forment comme une perspective de théâtre, sa voûte est azurée & parsemée d'étoiles d'or, divisée par des croix d'ogives; mais la frise en est défigurée par 170 mauvais bustes des papes en terre cuite, qui forment une suite de St. Pierre à Alexandre III; sa coupole est soutenue par des colonnes de marbre ornées de statues: le pavé en est admirable, il représente diverses histoires saintes exécutées en marbre, gris-blancs & noirs, dégradées par teintes, avec des hachures dans les ombres où l'on a coulé un ciment noir: on y remarque sur-tout le sacrifice d'Abraham & le passage de la mer rouge. Le grand autel est formé de marbres de différentes couleurs tirés de la montagne de Sienne: le tabernacle est de bronze. Parmi les chapelles, celle de la Vierge est la plus belle; le pape Alexandre VII la fit construire: sa décoration est riche & de bon goût: l'autel est incrusté de lapis lazuli; ses bas-reliefs sont dorés, ses colonnes d'un marbre verd de mer & d'ordre composite: sa coupole est dorée: il y a quelques belles statues & des tableaux médiocres: d'autres chapelles en ont de meilleurs: le Jubé est un octogone porté sur des colonnes de granite, soutenues par des lions: les sculptures en bois qui sont dans le chœur annoncent un travail infini. Le baptistere est une chapelle octogone de marbre, ornée de statues & de bas reliefs. Cette église eut autrefois une belle bibliothéque, qui renfermait des manuscrits précieux: les Espagnols l'ont dispersée: on y voit encore quelques livres d'église, les trois Graces en marbre, groupe antique très-estimé, des peintures en fresque. Devant cette cathédrale est une place ovale, creuse au centre, décorée du palais du grand duc, il est grand, son architecture est belle. Du chœur de l'église on voit par une ouverture celle de St. Jean, qui est comme attachée à la montagne & semble élevée au-dessus de la cathédrale. Parmi les autres églises on distingue *S. Maria in Provenzano*, collégiale bâtie en 1600: sa façade est de pierres de taille, son autel est majestueux & décoré de colonnes corinthiennes: les murs sont tapissés *d'ex-voto*: elle est ornée de quelques tableaux, & enrichie d'une image miraculeuse de la vierge. *St. Agostino* est rebâtie sur un beau plan: sa voûte est en ceintre surbaissé: ses colonnes d'ordre corinthien: sa tribune d'orgues est mauvaise: ses chapelles renferment de bons tableaux: sa bibliothéque est peu nombreuse & peinte à fresque: toute l'église est bien éclairée. *St. Martino vescovo*, paroissiale fort ancienne: sa façade est de ces pierres nommées en Italie *Travertino*: ses tableaux sont bien choisis, son fond est peint à fresque, avec feu, & d'une main savante: sous sa coupole font trois beaux autels. *Santo Lorenzo* est très-ancienne encore : on y voit une inscription romaine, & un puits au fond duquel est une espece de fontaine avec des colonnes, ouvrage très-antique. *S. Girolamo in Campansi*, belle église que firent bâtir les sept petites nièces du pape Alexandre VII, qui y prirent l'habit : *St. Francesco* a un beau tabernacle & des tableaux du Calabrese & de pierre de Cortone. *Sta. Catherina da Siena*, église de la confrairie qui s'établit en 1464 dans la maison qu'habita la sainte fille d'un teinturier de Sienne : divers peintres y ont tracé différens événemens de sa vie, tels que son mariage avec Jesus, & son commerce de lettres avec son époux : l'anneau qu'il lui donna, le pavé qui servait d'oreiller à la sainte se montre encore gravement aux étrangers. Cette confrairie a droit de délivrer deux prisonniers, l'un condamné à la mort, l'autre aux galeres, & ils paraissent à sa procession annuelle : elle delivre aussi deux prisonniers pour dette : tous les ans elle paye un certain nombre de dots pour des filles d'artisans, qui le jour de l'octave de la sainte, voilées & vêtues de blanc sont conduites par la ville en procession : ceux qui veulent être leur époux leur présentent un mouchoir : si elles consentent à leur demande, elles le nouent ; si elles n'y consentent pas, elles le baisent & le rendent avec honnêteté : les parens s'opposeraient en vain à leur choix regardé comme celui de la sainte. On pardonnerait à la superstition, s'il ne donnait jamais que de tels spectacles. *Spedale di Sta. Maria della Scala* est un vaste hôpital bien bâti, où l'on reçoit les malades, les pélerins, les enfans trouvés : on le croit fondé dans le dixieme siécle : son église est belle, ornée de tableaux estimés : au fond du chœur une peinture offre un effet de perspective qui paraît singulier & l'est peu : les colonnes y paraissent droites vues de loin ; elles sont courbes dans le haut quand on les regarde de près. Le palais *Savini* renferme des tableaux précieux : divers autres palais méritent d'être vus : celui de la *Seigneurie* ou hôtel de ville, fondé en 1287, est un grand édifice isolé dont le bas est en pierres de taille & le reste de briques : on s'y promene à couvert sous des portiques : c'est là que les magistrats s'assemblent encore, que viennent le *Podestat*, la *Consulte*, la *Rote* composée de trois juges étrangers, & le corps municipal composé de 9 *Excelsi* ; c'est là qu'on tient les archives : diverses salles & chapelles y sont ornées de tableaux historiques : l'ancienne salle du conseil y sert de théatre : cette métamorphose n'est pas bien rare. Sa tour a 270 pieds de haut : on y voit une cloche qui pese 13000 livres : du haut de la tour on découvre au loin les Alpes semblables à un nuage noir ; devant ces édifices est la place *del Campo*, elle a 1056 pieds de tour, est de figure ovale, pavée des briques de champ & de pierres disposées en compartimens, située entre deux vallons & deux collines, bordée de parapets, & décorée de bâtimens anciens, ornés de petites colonnes gothiques & régulieres : on y donne des jeux : on y fait des courses de chevaux : on y trouve une belle fontaine de marbre qui rassemble des eaux de diverses sources, abbreuve les habitans d'une eau pure, & lave les rues : onze rues viennent y aboutir : on trouve à Sienne plusieurs autres fontaines. Son université fut fondée en 1321, inaugurée par Charles IV : elle

fut

GRAND DUCHÉ DE TOSCANE. 193

fut célébre autrefois & a encore soixante professeurs : les Allemands y ont quelques inutiles priviléges : sa bibliothéque est nombreuse.

Sienne a conservé quelque ombre de son ancienne liberté ; son sénat est composé d'un capitaine du peuple & de 8 sénateurs qui ont conservé leur éclat extérieur, qui déliberent encore, mais ne décident plus ; la ville les élit : ses habitans sont bien faits, gais, ont l'esprit vif, sont polis, obligeans, mais ombrageux : ils prononcent l'Italien avec correction, & lui donnent toute l'harmonie qu'il peut avoir : les femmes y ont le teint blanc, beau & coloré : cette ville a produit un grand nombre d'hommes célébres, Socin y naquit ; elle a plusieurs académies dont les noms étaient singuliers : les *Intronati*, (*Hébétés* ;) les *Rozzi*, (grossiers), les *Innominati* ou anonymes, &c. Celle des sciences a fait imprimer des mémoires de physique estimés. On y trouve des cabinets d'Histoire naturelle & des collections de médailles. Son commerce consiste en étoffes de laines qu'on y fabrique. On y comptait autrefois plus de 100 mille ames ; elle n'en a plus que 17000 : sa noblesse est nombreuse & divisée en quatre classes, ou *monti*, d'où l'on tire les sénateurs. Son archevêque a pour suffragans les évêques de *Chiusi*, de *Grossetto*, de *Massa* & de *Sovana* : son palais n'a rien de remarquable ; il est voisin d'un grand hôpital qu'un cordonnier y a fait bâtir. Ses environs offrent des campagnes agréables, des cultivateurs heureux : l'air y est pur & sain, il n'est point obscurci par les insectes, il n'inspire pas l'accablement & la faiblesse, comme dans les pays voisins. Cette ville fut fondée, ou par les Etrusques ou par les Gaulois Senonois : Auguste y établit une colonie: quelques-uns de ses habitans ont prétendu qu'elle fut fondée par un fils de Remus, & de là vient qu'on y voit en bronze & en marbre la figure multipliée de la louve qui alaita les deux fondateurs de Rome. Sa longitude est de vingt-neuf degrés, une minute, sa latitude de quarante-trois degrés, vingt minutes.

Montieri, petite ville près de laquelle on trouve du cryftal.

Maffa, ou *Maffa Veternenfis*, petite ville, siège d'un évêque suffragant de Sienne qui porte aussi le titre d'évêque de *Populonia*: sa cathédrale & une paroissiale sont les seules églises qu'elle ait; mais on y voit encore trois couvens d'hommes & un de femmes: l'air y est mal sain, ses habitans sont bouffis & scorbutiques, attaqués d'obstructions dans le bas ventre, souvent affaiblis par des fievres opiniâtres: elle est située sur une colline peu éloignée de la montagne: c'est ici que commence la *Maremme*, pays dépeuplé & funeste à ceux qui en respirent en automne l'air empesté. Près de Maffa, on trouve du verd & du bleu de montagne.

Buriana, *Ifcia*, *Caftiglione*, sont des bourgs de la Maremme: ce dernier doit son nom à un lac: il s'appellait aussi *Caftilio Piscariæ*: c'est le lac ou golfe de Caftiglione & le fleuve *Ombrone* surtout, qui par ses inondations, multiplie les marais dans cette contrée: on en relève les digues: on y creuse des canaux pour remedier aux maux qu'il cause. Caftiglione est au bord de la mer à l'entrée de ce lac qui se joint à la mer & a deux lieues de diametre: on y voit des salines environnées d'une forte digue, un édifice construit dans la mer s'y oppose à la fureur des flots: un canal navigable les traverse : des magasins revêtus de pierres de tailles y conservent le sel, & divers reservoirs où se fait l'évaporation, y renferment 4859 mille pieds cubes d'eau, & donnent onze millions de livres de sel. Ce qu'il y a de plus curieux est une machine à feu.

Moscona, petit lieu situé sur les ruines de l'ancienne ville Étrusque *Rusellæ*, dont le nom se conserve encore dans celui des bains mineraux de *Bagni di Rosellæ*.

Grossetto, *Rosetum*, petite ville près de la mer, défendue par un château, & siége d'un évêque : elle a deux églises & un monastère : près d'elles sont des salines où une machine élève l'eau de la mer.

Culecchio, *Magliano*, sont des bourgs : celui de *Saturnia* est très-ancien, & celui de *Marsigliana* est riche par ses manufactures de soie. *Pitigliano* est une forteresse élevée sur une montagne.

Sovana, *Suana*, petite ville sur une montagne, siége d'un évêque : elle est peu peuplée ; l'air y est mal sain, surtout en été.

Santa Fiore, *Sansflorium*, petite ville à la source de la Fiore : elle a le titre de Comté.

Radicofani, château bâti par Didier, roi des Lombards, sur un des sommets les plus élevés de l'Appennin : au dessous est un bourg dont la porte & les murs sont anciens : la montagne y parait creuse, & il en sort un grand nombre de sources : elle touche à celle de *Santa Fiora* : au bas, près de la riviere de Paglia est une source chaude qui sort à gros bouillons, mêlée intimement à une tetre très-fine & très-blanche qui parait être une dissolution des parties calcaires & sulphureuses qui composent la montagne : l'eau exhale l'odeur de foie de soufre, & coule sur le penchant en vastes napes formées par des couches de stalactites très-blanches : on l'a reçoit au bas dans des moules de soufres en creux, formés sur d'autres en plâtre, frottés d'huile de lin & rangés dans des tonneaux ; bientôt le dépôt des eaux remplit les moules qui plus ou moins inclinés, donnent des stalactiques plus ou moins dures, d'albâtre, d'autant moins blanc qu'il est plus dur : il faut un mois, deux, six même selon la figure & la dureté qu'on veut leur donner pour faire l'ouvrage. On sait aussi les colorer intérieurement. La montagne des bains de St. Philippe qui est voisine de là, est intéressante par son aspect & les matieres qui la composent : on dit que le Saint l'a creusée : le haut est un assemblage de pierres schisteuses, feuilletées, brisées, mêlées de tranches quartzeuses : ces schistes ressemblent à des jaspes par la variété de leurs couleurs : leurs couches sont inclinées ; entr'elles sont de grandes masses d'un beau gipse dont la cassure est brillante & dont on fait d'excellent plâtre. On y trouve aussi des cryftaux violets, octaèdres, opaques ; vers le milieu sont des mines de soufre autrefois exploitées, dont les efflorescences font sur la langue le même effet que l'acide vitriolique, quelques unes sont durcies & ressemblent à des choux-fleur : des moffettes errent sur leurs excavations, & s'élevent quelquefois à trois pieds. On en voit une dans une fosse au dessus des mines, au milieu d'un bois de lentisques, d'ilex & de chênes : on en écarte les animaux qui y trouveraient la mort. Plus haut, la montagne est composée de la matiere alabatreuse, que charrient les eaux chaudes qui sortent des soufrieres & qui furent jadis plus abondantes. On trouve aussi dans ces lieux des laves de volcans, de la vraie pouzzolane, des pierres ponces, du verre fossile, & d'autres indices de volcans.

Chiusi, *Clusium*, une des douze anciennes villes Etrusques, aujourd'hui pauvre & mal peuplée ; elle est le siége d'un évêque : on y trouve deux couvens ; l'air y est mal sain.

Monte-Pulciano, *Monte-Politianus*, ville sur une colline voisine du lac de Perouse & du lac ou marais de Chiana : on y recueille des vins rouge & blanc, estimés par leur force & leur douceur. Son évêque ne dépend que du pape : on y compte quatre églises, sept couvens d'hommes, trois de femmes.

Pienza, *Pientia*, doit son nom à Pie II, qui y naquit en 1405, & y érigea un évèché qui relève immédiatement du pape ; elle s'appellait autrefois *Corsilianum*, puis *Carsignano*.

S. Quirico, petite ville, ou grand village sur une colline élevée : il y a un palais & quelques maisons assez belles : c'est un marquisat.

Monte Alcino, *Mons Umbronis*, ou *Lucis*, ou *Ilcii*, petite ville sur un Mont, siége d'un évêque qui ne dépend que du pape : on y compte quatre églises & trois couvens : ses environs sont abondans en vins estimés en Italie : on y trouve un thim dont les feuilles sont presque longues d'un pouce, découpées, dentelées, à fleur gris de lin, & dont le parfum est très-agréable : l'air y est froid & sain ; les paysans laborieux & robustes.

Buonconvento est un bourg : *Monte Oliveto*, une abbaye considérable.

Isles de la mer de Toscane.

Il n'en est point qui soit considérable : celle de *Melora* ou *Maloria*, est fort petite : sa largeur n'est que de cinquante-six toises ; elle était autrefois un écueil redoutable aux pilotes, parce qu'elle est à fleur d'eau : une tour qu'on dit y avoir été construite par la reine Elisabeth, avertit du danger & l'anéantit. L'Isle d'*Elbe* ou *Elva* appartient au prince de Piombino ; mais le grand duc y possède *Porto Ferraio*, port considérable, défendu par deux forts & une citadelle nommée *Cosmopoli*, parce qu'elle fut élevée par le grand duc Cosme I. Plusieurs chevaliers de St. Etienne l'habitent : un canal la sépare du reste de l'Isle ; un pont l'y rejoint. On y trouve des carrieres de marbre, des mines de fer & d'aimant ; mais les terres y sont steriles : ses habitans sont des pècheurs. L'Isle *Gorgona*, s'appella autrefois Urgo, ou Orgon : elle a trois lieues de tour : sa plus grande, ou plutôt sa seule richesse, vient de la multitude d'anchois qu'on pêche sur les côtes. Le *Formische* est une plus petite isle encore : celle de *Monte-Christo* fut connue sous le nom d'*Oglasa* : celle de *Giglio*, sous celui d'*Igilium*, la derniere a deux milles de long : un château & quelques maisons dispersées en renferment les habitans.

Gianuti est l'ancienne *Artemisia*, ou *Artemita*. *Pianosa*, autrefois *Plunasia*, fut autrefois un lieu d'exil. Au couchant de ces Isles, on découvre celle de Corse ; nous allons la décrire ici.

Isle de Corse.

Cette Isle a cinquante trois lieues de long & seize à vingt de large : les anciens Grecs la nommaient *Kyrnos* ou *Kirnon*. Du tems de Pline on y comptait trente quatre villes, dont cinq ou six seules existent encore : on ne découvre même les ruines que de quelques unes : elle est moins agréable que divers pays de l'Europe; mais elle n'est pas telle que la peignait Sénéque, entourée de rochers, n'offrant que de steriles déserts, manquant d'eau & de pain; l'hiver n'y détruit point l'olivier, comme il l'assure; l'été y donne de belles moissons & l'automne des fruits : située sous un climat chaud, des vents frais qui viennent de la mer la rafraichissent. L'air y est sain, excepté dans des lieux situés entre Porto Vecchio & Bastia, autour d'Aleria, de St. Pelegrino & de Mariana où des marais exhalent des vapeurs mal saines, sur-tout dans les grandes chaleurs : d'excellens ports l'environnent : son intérieur est très-montueux ; une longue chaine de montagnes la partage en deux parties inégales : des forêts épaisses en couvrent une partie : de petites huttes sont dispersées sur de grands espaces que la main de l'homme n'a point fertilisés encore : dans l'été, on y voit errer quelques troupeaux de vaches, en automne on y va faire une abondante moisson de chataignes : les villages y sont bâtis sur le sommet des montagnes & au bord de rocs escarpés : on n'en peut voir le nombre que durant la nuit où des lumieres tremblotentes les font distinguer. Un grand nombre de rivieres l'arrosent. La principale est le *Golo* qui sort du lac Ino : son cours est de vingt cinq lieues, ses eaux sont claires, son lit est large, lorsqu'il se jette dans la mer près de Mariano. Le *Tavignano* sort du lac de Crena, court dans un pays agreste & presque désert, & se perd dans la mer, près des ruines d'Aleria. La *Restonica* est une petite riviere, mais ses eaux sont limpides comme le crystal, agréables au goût, & roulent sur un lit de cailloux blancs; on les croit minerales, salutaires pour l'homme; elles blanchissent le fer. La *Prunella*, le *Valinco*, la *Gravona*, un grand nombre de ruisseaux y fertilisent les terres; les lacs *Ino* & *Créna*, tous deux situés sur une montagne, & à peu de distance l'un de l'autre, sont assez étendus : la montagne qui les renferme s'appellait autrefois *Mons Aureus*, & s'appelle aujourd'hui *Monte Rotondo*, ou *Gradaccio*, ou *Monte d'Oro* : de son sommet on découvre toute l'Isle, la Sardaigne, diverses petites Isles, & dans le lointain on voit la France & l'Italie. Son sommet est escarpé, la neige le couvre pendant neuf mois : sur les rochers qui bordent le lac d'Ino, on trouve des matrices de crystal, il y est transparent & à cinq faces, il fait feu avec l'acier. Près de Mariana est le lac de *Biguglia*, il est large & communique à la mer: celui de *Diane*, pres d'Aleria, se desséche durant l'été & laisse sur son lit sablonneux, un sel dont les Corses se servent avec plaisir. Aucune des rivieres n'y est navigable & ne paraît pouvoir le devenir : toutes sont riches en poissons dont les plus communs sont la truite & l'anguille; le thon, l'esturgeon, la sardine sont abondans sur les côtes : les huitres en sont recherchées, les unes par leur grosseur, les autres par leur délicatesse. Diverses sources d'eaux minerales, chaudes & froides, y présentent des secours contre diverses maladies. Les animaux y sont en grand nombre : le cheval y est petit, mais très-vif ; l'ane, le mulet y sont petits aussi, & ont une vigueur & une agilité extraordinaires : les vaches, les bœufs y sont assez grands ; peu de pâturages leur conviennent, & ils sont maigres : les premieres donnent peu de lait ; les seconds ont une chair coriace : l'huile tient lieu de beurre chez les habitans : en quelques endroits cependant on fait de bons fromages : les pentes des côteaux sont souvent peuplées de chèvres, on en mange la chair ; le mouton y est abondant, & d'un goût délicat, sa laine est noire ou tannée, grossiere, rude : quelques-uns ont quatre ou même six cornes : les bêtes fauves abondent dans les forêts : c'est là qu'on trouve le *Mouffoli*, animal semblable au cerf, par sa taille & sa couleur : ses cornes sont celles du belier, sa peau est très-dure ; sauvage, d'une agilité extrème, il s'élance de rocher en rocher, & franchit des précipices effrayans pour échaper au chasseur qui le poursuit : s'il est pris jeune, on peut l'apprivoiser. Le sanglier y est commun, on le chasse avec un chien d'une fierté & d'une fidélité extrème, dont le poil est doux & le corps épais : le porc nourri de chataignes y est un mèt délicat : le singe qui y fut si commun autrefois ne s'y trouve plus : il y eut des lapins dont la race est éteinte ; on y trouve beaucoup de lievres : les renards y sont grands & forts, ils enlevent les brebis, & attaquent même les poulains ; on n'y trouve point de loups. L'aigle, le vautour y planent sur le haut des monts ; la tourterelle, le ramier y sont abondans ; la grive, le merle, qui s'y nourrissent du fruit de l'arbousier, y sont recherchés par leur goût & leur délicatesse : la perdrix, le faisan, la bécasse, toutes sortes d'oiseaux aquatiques y abondent : le scorpion y est sans venin, l'araignée y est très-grande & sa piquure est douloureuse comme celle de l'abeille ; mais on n'y trouve point d'autres bêtes vénimeuses. La plus grande forêt de l'Isle, est celle de *Vico* ; elle produit assez de bois pour entretenir une flotte nombreuse : il est dur & sain. Le chêne verd, *Ilex*, y est commun : le limonier, l'oranger, le figuier, l'amandier, l'olivier y prosperent ; ce dernier est une de ses principales richesses ; l'huile qu'on retire de ses fruits est bon, & peut-être meilleur avec quelques soins : on estime davantage celui qui est recueilli dans une année froide : on en exporte pour environ deux millions de livres tous les ans : c'est à Balagna que s'en fait le plus grand commerce ; le noyer y est rare, la vigne peut y réussir par-tout, & les vins y sont doux & forts : les Allemands en achetent pour du Malaga ; la grenade y est excellente, les autres fruits y sont médiocres : l'arbousier, l'aloes, le laurier, le myrthe, le meurier embellissent ses champs & ses monts : le buis y est grand & peut être compté parmi les arbres qui décorent la terre de leur tige : tous les autres arbres y sont plus élevés que dans les pays voisins.

Le froment, l'orge, le seigle, le millet y croissent & meurissent avec facilité, l'avoine y végete avec peine, l'orge supplée à son usage ; le millet mêlé au seigle y donne un pain savoureux : la chataigne y sert souvent de pain, & réduite en farine, on en fait des gâteaux, on en exporte dans l'étranger pour 2 ou 300,000 livres : l'abeille y trouve sur le laurier, sur le myrthe, sur le thim, une moisson abondante : le miel en est un peu âpre & amer ; mais la cire en est excellente. Les montagnes y sont riches en plomb, en fer, en cuivre, en argent : on a commencé en 1767 à travailler une mine de ce dernier metal dans le district de Nebio ; elle rend environ dix-huit onces sur un quintal de minerai : le fer y est excellent ; çà & là, on y trouve des mines d'alun & de salpêtre : le granite de Corse est presque égal en dureté au granite oriental : le porphyre, le jaspe, le talk, l'amiante ou asbeste, l'émeraude, d'autres pierres précieuses, sont éparses sur ses monts, où l'on voit aussi des bancs de coquillages : c'est sur-tout vers les côtes méridionales qu'on trouve du beau corail.

Cette Isle est peu peuplée : en 1740 on y compta 333 paroisses, 427 villages, 26834 feux, 120389 ames : en 1769, on estimait le nombre de ses habitans être de 130000. Boswel le fait monter à 220000. On y comptait 1000 Grecs venus de la Morée, & à qui la république de Gênes avait cédé les districts de Paomia, de Revida, & de Salogna : leurs soins, leur activité firent prosperer le pays qu'ils cultivaient, & cette prospérité & leur attachement aux Gênois les rendirent odieux aux Corses qui les attaquerent dans les derniers troubles avec autant d'acharnement qu'ils se défendirent avec intrépidité ; mais enfin trop faibles pour résister, ils se sont retirés à Ajaccio.

Herodote nous dit que les premiers habitans de la Corse furent des Pheniciens, que Cadmus fils d'Agenor la découvrit & la nomma *Calliste*, que *Theras* Lacédémonien y amena une colonie & y envoya encore des *Miniens* : le grand nombre de ses promontoires lui fit donner le nom de *Kirnos* ; les Liguriens la nommerent *Corsica*. Les Carthaginois la soumirent, & pour en rendre les habitans plus soumis, ils en arracherent toutes les vignes, tous les oliviers ; politique digne d'une nation commerçante. Les Romains en chasserent les Carthaginois, & y fonderent deux colonies qu'ils placerent dans les lieux les plus mal-sains de l'Isle, mais ils n'en furent jamais les dominateurs paisibles ; souvent ces peuples voulurent secouer le joug. Les Goths y succederent aux Romains, & les Sarrasins aux Goths : les Francs s'en emparerent, pour la donner aux papes, qui en effet la possederent quelque tems : les Sarrasins s'y maintinrent encore. Les Gènois y établirent une colonie à San Bonifacio, & de là étendirent peu à peu leurs possessions ; le pape en les excommuniant les força de l'abandonner : un de ces papes y envoya des troupes conduites par Hugues Colonna ; il en chassa les Musulmans : fatigués des troubles qui agitaient ce petit Etat, les papes le céderent à la république de Pise, qui y rétablit l'ordre & la paix : bientôt les Gènois ayant vaincu les Pisans, se rendirent maitres de cette Isle & y regnerent avec dureté : depuis longtemps les Corses les haïssaient, ils avaient été leurs ennemis avant que d'être leurs maîtres ; ils les haïrent d'autant plus qu'ils eurent à les craindre. La république crut ne pouvoir les gouverner en paix qu'en les affaiblissant, & pour les affaiblir, elle les opprima : elle détruisit plusieurs de leurs villages, y rendit le commerce languissant, & négligea d'y faire prosperer la culture & les arts ; sans employer une politique cruelle, elle agit comme les tyrans, qui aiment mieux regner sur des peuples avilis, que de guider une nation éclairée & heureuse. De là, & du caractere indomptable des Corses, nâquirent des troubles & des guerres fréquentes.

Aidés des Français qui avaient conservé des prétentions sur leur Isle, conduits par *Sanpiero d'Ornano*, homme illustre dans la guerre & leur compatriote, ils voulurent chasser les Gènois : ceux-ci avaient à leur tête *André Doria*, vieillard qui à l'âge de quatre vingt sept ans, sçut combattre encore avec gloire pour sa patrie. Cette guerre finit par un traité, dont le roi de France fut le médiateur, & qui fut bientôt inutile : la haine resta dans le cœur des Corses, le desir de soumettre dans celui des Gènois : ceux-ci pour ôter des chefs aux Insulaires, détruisirent les principales familles, mirent des impositions pesantes sur le pays, éloignerent ses habitans des emplois civils & ecclesiastiques, & leur interdirent le commerce, acheterent au plus bas prix les productions de leurs champs, & leur vendirent le plus cher qu'ils purent les marchandises qu'ils y porterent; ils chercherent à leur ôter toute émulation, toute activité, ils établirent des loix sanguinaires, firent régner dans les familles des dissentions intestines, & quelquefois causerent la famine en privant l'Isle de ses productions, dans des tems de disette. Un commissaire Général siégeait à *Bastia* : des gouverneurs subordonnés étaient fixés à Calvi, à Ajaccio, à San Bonifacio; ils avaient des lieutenans répandus dans toute l'Isle : tous entraient dans ces emplois avec le desir de s'y enrichir : tous s'empressaient de piller le pays pour arriver plus-tôt à leur but. Gènes se flattait d'avoir soumis ces hommes indomptables; un instant l'eut bientôt détrompée. Un collecteur voulut enlever les meubles d'une vieille femme qui ne pouvait payer un paolo qu'elle devait pour sa contribution, ses voisins voulurent la soutenir, le collecteur les menaça, ils le chafferent à coups de pierre : les Génois foutinrent leur officier de finances par des troupes ; les Corfes s'affemblerent pour fe défendre, & bientôt l'Isle entière fut émue. Gènes ne put foutenir feule cette guerre, l'empereur y envoya des troupes qui intimiderent les Corfes plus qu'elles ne les foumirent : on fit un traité que ne refpecterent ni l'un ni l'autre parti, les courfes, les combats recommencerent : alors parut *Théodore*, baron de Neuhof, du comté de la Mark, avanturier hardi, homme inconftant, chez qui un projet en chaffait un autre, d'une riche taille, d'une figure majeftueufe, affable, inftruit autant qu'on peut l'être, en parcourant diverfes parties de l'Europe, & rapportant tout ce qu'on voit à un objet particulier : il defcendit en Corfe avec des armes, des munitions, des promeffes, & il fut élu roi : s'il eut été foutenu par des fecours étrangers, il le ferait encore ; mais il les avait promis & n'en recevait point : les Corfes commencerent à moins efperer de lui, à le moins refpecter ; il le fentit, & pour hâter ces fecours fi lents, il fortit de l'Isle, y revint quelque temps après ; mais y trouvant les Français unis aux Génois, il fe retira en Angleterre, où il vécut libre pendant quelque tems, puis dans une prifon où fes dettes le retinrent jufqu'à ce qu'une foufcription volontaire des Anglais l'en tirat, mais après avoir remis fon royaume en hypothèque à fes créanciers : il mourut peu de jours après ; on lui érigea un tombeau, & on lit dans fon épitaphe, que le deftin grava fur fa tête vivante que le héros & le mendiant font au même niveau, en lui donnant un royaume, & lui refufant enfuite du pain.

La guerre fe foutint en fon abfence : Gènes fut

soutenue par la France : les Corses l'étaient secrettement, mais faiblement par la Sardaigne & l'Angleterre ; ils furent forcés de se soumettre : les Français quitterent l'Isle pendant la guerre en 1741, & leurs ennemis ranimerent les dissentions de la Corse ; ses habitans eurent des succès sous la conduite de *Gaffori*, qui avait le nom de gouverneur du royaume, homme aussi éloquent qu'intrépide, qui fut assassiné en 1753. *Pascal Paoli* lui succéda. On sait qu'il gouverna avec sagesse, combattit avec courage, qu'il eut des talens, des vertus, qu'il brava long-tems les efforts réunis des Génois & des Français ; qu'il avait établi un ordre de gouvernement, qui alliait la liberté avec les avantages d'un pouvoir étendu ; qu'il eut fait de la Corse un Etat heureux : mais des forces supérieures, une défaite, peut-être la division qu'on prenait soin de semer entre les habitans, le forcerent de chercher un asyle en Angleterre ; il y vit encore, & il est oublié. S'il aima la liberté, l'indépendance de sa patrie, ce n'est pas de l'oubli où il végéte qu'il doit gémir, c'est de la voir pour jamais soumise à la France, à qui Gènes obérée l'a cédée en 1769. Depuis ce tems l'Isle est soumise : il ne reste plus de Corses indépendans que dans quelques montagnes inaccessibles.

Les Français y ont établi un gouvernement assez doux, & déja plusieurs Corses se sont offerts volontairement pour servir sur les flottes de cet Etat : mais les détails nous manquent sur ce sujet.

Le clergé y est nombreux, & les moines y étaient les plus ardens promoteurs de la liberté, parce qu'ils étaient fanatiques. Les franciscains, les capucins, les servites y ont soixante cinq cloitres : les dominicains, les jéfuites, &c. n'y en ont que dix ; autour de chacun d'eux on trouve un bois pour les promenades folitaires, un jardin & une petite vigne : les premiers vivent de la charité du peuple, les autres ont de beaux fonds. Il n'y a pas un couvent de femmes en Corfe : c'eft un effet de la politique des Génois qui voulaient que les familles opulentes ceffaffent de l'être, en les mettant dans la néceffité de doter toutes leurs filles : cette politique n'eft pas blâmable fans doute, mais il fallait n'employer que de tels moyens.

Gênes ne retirait pas de grands revenus de cette isle ; les particuliers feuls qu'elle y envoyait s'y enrichiffaient : l'excédent du revenu fur la dépenfe montait à peine à 4000 livres génoifes, & elle a employé inutilement des fommes immenfes pour y maintenir fon pouvoir.

On n'y connaiffait point les manufactures : on y fait cependant quelques étoffes groffieres, quelques toiles & des bougies ; on y tanne les peaux avec les feuilles du laurier fauvage. Paoli & les principaux chefs Corfes érigerent une univerfité en 1764 à Corte ; mais la chûte du chef a entraîné la ruine de l'univerfité.

Cette isle eft, comme nous l'avons dit, partagée en deux parties inégales, qu'on nomme *Di qua da monti*, & *di la da monti*, chacune de ces parties l'eft en jurifdictions, ou petites provinces & en fiefs ; ceux-ci le font en *Pieves* qui renferment diverfes paroiffes compofées de quelques villages ou *Poggi*.

I. *Di qua da monti.*

C'eft la partie de l'isle fituée au Nord-Eft.

Province de Capo-Corso.

Elle a dix lieues de long, est montueuse, hérissée de rocs, & cependant très-riche en oliviers & en vignes ; celles-ci donnent des vins rouges & blancs estimés : les derniers sont de deux sortes ; l'une ressemble au Malaga, l'autre au Frontignan, c'est peut-être la partie de la Corse la plus habitée : on y voit un grand nombre d'anciennes tours élevées pour défendre le pays contre les pirates, de petits bourgs peuplés de pêcheurs bordent les côtes ; les villages & les hameaux sont dans l'intérieur ; presque tous sont bien situés & arrosés par des ruisseaux qui ne tarissent point. On divise la Province en neuf districts dont huit sont appellés *Villagi*, l'autre est une *Rieve*. Le villagi de *Tomino* a pour chef-lieu le village de ce nom, fort par sa situation : ses habitans ont placé dans une niche de leur église, une bombe que les Génois y lancerent. *Roliiani* est un bourg assez grand. *Centuri* a un port qu'on peut rendre plus large & dont la situation est avantageuse : autour sont des monts couverts de vignes, d'oliviers, de mirthes, &c. Les fiefs de *Brando*, de *Canari*, de *Nonza* n'offrent rien de particulier : de petits bourgs leur donnent leurs noms : on y remarque encore *Olmi* & *Olmetta*.

Province de Bastia.

C'est la partie de l'isle la plus fertile & la plus riche : là est située la capitale.

Bastia est, dit-on, l'ancienne *Mantinorum oppidum* : c'est la plus grande ville du pays : elle est dominée par une haute montagne dont le pied sa perd dans la mer, & occupe un espace de 400 toises de long sur 100 de large : au milieu de sa longueur, la mer forme une anse fermée par un môle que termine un phare élevé par les Français. Cette ville est divisée en deux parties qu'on nomment *Terra Nuova* & *Vecchia* : c'est dans la premiere qu'est la citadelle entourée de fortifications plus couteuses qu'utiles : là est le château où résidait le gouverneur Génois, & où le conseil supérieur tient aujourd'hui ses séances, l'hôtel de ville, l'ancien palais des douze nobles, la cathédrale : les Génois timides & soupçonneux y avaient rassemblé tout ce qui formait leur gouvernement ; les Français n'y ont placé qu'une garnison : elle protége le port par un feu plongeant : ce port est petit & n'est bon que pour les galeres & les bâtimens de transport : le faible commerce qu'on y fait ne consiste presque qu'en cuirs : la ville proprement dite est plus grande & plus peuplée que la citadelle ; elle est sans murs, sans fossés, la montagne lui sert d'enceinte, ses rues sont étroites, tortueuses, inégales, les maisons bien bâties & hautes ; les églises belles : on y voit quelques palais ; ceux du commandant militaire & de l'intendant sont peut-être les plus beaux. On y compte environ 6000 ames, & quand on aura reparé les ravages du bombardement qu'elle essuya en 1745, elle en pourra loger le double. Du côté de terre les couvens des capucins, des recolets, des servites l'entourent ; ils sont placés sur les hauteurs ; celui des premiers est le plus beau : on y a transformé en college la maison des jésuites : son jardin est bien situé, spacieux, cultivé avec soin : celle des missionnaires sert de palais au général. L'évêque de Mariana & d'Acci y réside. Elle a une académie des sciences fondée par le marquis de Cursay, & en général elle est devenue plus agréable depuis que les Français la possèdent. Sa longitude est 27 degrés, 10 minutes : sa latitude est 42 degrés, 35 minutes.

La province se divise en quatorze autres pieves qui renferment 95 villages : nous remarquerons celui de *Furiani* où l'on fait un vin blanc qu'on peut trouver préférable au vin de Syracuse auquel il ressemble : la pieve de *Mariana* doit son nom à une ville qui n'existe plus : elle fut bâtie par les Romains dans la plaine, près de l'embouchure du Golo ; les marais en rendaient l'air mal sain : nous avons dit que l'évêque de son nom résidait à Bastia ; il est suffragant de Gènes. La pieve d'Orezza est considérable ; on y voit une source d'eau minerale.

Province de Nebio.

Elle se divise en huit pieves, & doit son nom à une ville qui n'existe plus, & qui a encore un évêque.

San Fiorenzo, S. Florentii *oppidum*, petite ville défendue par des murs & une forte tour : l'évêque de Nebbio y réside : à peu de distance sont des marais qui en corrompent l'air, & qui forcent d'en changer souvent la garnison. Près d'elle est une mine d'argent. Le golfe de son nom s'avance de près de deux lieues dans les terres : il est profond, souvent agité par les houles de la mer ; mais il forme de petites baies où les bâtimens sont en sûreté : les plus gros vaisseaux marchands entrent & n'ont rien à craindre dans celle qui est sous la tour de *Fornali*. *Barbagio* est un bourg:

Oletta, un village près duquel est un beau couvent de franciscains. *Olmetta di Rosoli* a aussi un couvent de capucins.

Province de Balagna ou d'Algaiola.

Le sol y est riche, le pays beau ; il produit beaucoup d'huile & de vins rouges & blancs. Elle renferme six pieves, où l'on compte une ville & trente villages. La ville est celle d'*Algaiola*, située au bord de la mer, ceinte de quelques fortifications. Plus au nord est le Golfe de Paragiola qui, dans sa partie méridionale, est resserré par l'*Isola Rossa*, ou *Isle Rouge* ; on y trouve un havre très-profond, & très-utile pour le commerce : les habitations qu'on a construites sur ses bords, forment comme une petite ville.

Province de Calvi.

On n'y compte que trois pieves : elle est cependant une des plus étendues ; mais des montagnes incultes, des déserts la couvrent, & ce n'est guere que sur les bords de la mer qu'elle est habitée. *Calvi*, *Littus Cæsiæ* est sa capitale, & lui donne son nom ; elle est située sur une langue de terre ou rocher élevé, qui s'avance sur son Golfe qui forme un des plus beaux ports de l'isle : elle est renfermée dans la citadelle, une des plus fortes de la Corse, & a plusieurs bastions assez bons : au-dessus de la ville est un fauxbourg ; on y voit deux couvens ; l'évêque de Sagone y réside souvent ; quelquefois il siége dans le bourg de *Vico* : il est suffragant de Pise. Sagone est détruite : elle était située au pié du Monte d'Oro, ou Gradaccio, sur une petite riviere à trois lieues de la mer. *Sta. Maria di l'Estella*, est un village au milieu d'une forêt entourée de montagnes.

Province de Corté.

Elle est située dans le milieu de l'île, & en est la plus vaste, & une des plus peuplées. On y voit des vallées agréables & fertiles, des monts escarpés, peu de culture: le Golo, le Tavignano, le Liamone en sortent, & ce sont les plus grandes rivieres de l'Isle. Elle est divisée en huit Pieves.

Corté, *Curio* était la capitale des Corses indépendans: là était le palais du général, le siége suprème de la justice, celui d'une université, le lieu où s'assemblait le corps législatif: on croit qu'elle fut aussi la capitale des anciens souverains de l'Isle: elle est située au pré d'un rocher, au confluent du Tavignano & de la Restonica, dans une plaine fertile en grains, vins & huile d'olive, entourée de montagnes très-hautes, & où deux gorges escarpées offrent d'horribles beautés: on peut la défendre avec facilité: son château bâti sur la pointe d'un roc domine sur elle. Les Français l'ont agrandie & fortifiée: leur commandant y occupe le palais de Paoli plus solide que beau: on n'y comptait autrefois que 1500 habitans; il y en a aujourd'hui presque le double. Sa longitude est de 26 degrés, 55 minutes: sa latitude de 42 degrés, & 12 minutes. Près d'elle sont deux couvens; on la croit l'ancienne *Cenestum*, dont d'autres voyent les ruines autour du village de Sta. Lucia. L'évêque d'Alleria y siége.

La province renferme encore 7 Pieves où l'on compte 56 villages.

Province d'Alleria.

L'air y eſt mal ſain: elle eſt peu peuplée, & aſſez pauvre. Elle eſt diviſée en ſept pieves, où l'on compte trente-deux villages. *Alleria* qui lui donna ſon nom, s'appellait autrefois *Rhotanus*, & fut une colonie Romaine. Le Tavignano qui l'arroſe avait alors le nom d'Alleria, & du fleuve il paſſa à la ville: elle a un évêque ſuffragant de Piſe, qui ſiége ordinairement à Corté: elle fut détruite en 1730 par les Corſes mécontens, on voit encore une tour près de l'entrée du petit lac de *Sale* ou d'*Anguillara*, ſéparé de la mer par une langue de terre: les habitans voiſins y préparent du ſel. Près du village de *Campoloro*, on recueille du vin qui reſſemble au Bourgogne par ſa couleur & ſon goût. Dans cette juriſdiction on trouve encore des ruines, qu'on croit être celles de *Nicæa*, ville bâtie par les Etruſques.

II. *Di la da Monti.*

Province de Bonifacio & Porto Vecchio.

Cette province eſt ſituée au midi oriental de l'Iſle: elle eſt diviſée en deux pieves, & ce ſont celles qui lui donnent ſon nom.

Bonifacio, petite ville fortifiée ſur une preſqu'iſle: elle a un port commode & ſûr, dont l'entrée eſt étroite & l'enceinte grande: la ville eſt petite, fortifiée, les habitans deſcendent d'une colonie Gènoiſe, fondée à la fin de 11e. ſiécle, & par leurs mœurs ils ne reſſemblent ni aux Gènois, ni aux Corſes; ils dépendent de l'archevêque de Gènes: c'eſt près d'elle qu'on pêche le corail avec le plus de succès : deux couvens sont dans son enceinte, un troisieme est auprès : les environs sont abondans en grains & en vins ; les bestiaux se tirent de la Sardaigne.

Porto Vecchio, petite ville sur un golfe qui lui forme un vaste port, qui a près de deux lieues de long, sur une demi de large : il est profond, les terres élevées qui l'environnent le garantissent des vents ; à son entrée s'élevent deux rochers dont l'un est taillé comme une colonne majestueuse qui le fait découvrir de loin : les marais de son voisinage y rendent l'air mal sain : la ville est fortifiée.

Province de Rocca ou Sartene.

On y compte cinq pieves & vingt-huit villages. *Les Casate* dépendent de cette jurisdiction, mais n'appartiennent à aucune de ses pieves : ce sont quatre petits villages : *Sartene* est une petite ville, située dans les terres à quatre lieues de la mer. Dans cette province est le *Campo Moro*, golfe fort étendu qui offre diverses rades sûres : on l'appelle aussi golfe de *Valinco*, ou de *Talane*, & sa meilleure rade est celle de Campo Moro qu'on croit être l'ancien port *Elici*.

Le fief d'Istrie.

Il ne renferme qu'une pieve : on y compte huit villages & deux bourgs : celui de *Valinco* est sur le golfe de son nom ; *Olmetto* est sur une riviere qui s'y jette.

Province d'Ajaccio.

On y compte huit pieves & la ville d'Ajaccio élevée sur une plage unie de l'Isle; des murs l'environnent, une citadelle la défend: ses rues sont droites & larges; ses maisons assez bien bâties: on y compte 4000 ames: par sa beauté elle est la premiere, par sa population la seconde des villes de Corse. Ses fortifications sont du maréchal de Termes, qui était en Corse l'an 1553; sa citadelle n'a que cinquante toises de diamètre: au Nord de la ville est un fauxbourg peuplé: le palais où résidait le gouverneur Génois, & le lieu où ils tenaient les archives, n'ont pas changé d'usage: ses plus beaux bâtimens sont la cathédrale & la maison des jésuites. On y voit encore deux monasteres: son évêque est suffragant de Pise: le golfe sur lequel elle est située, lui forme un port sûr & commode pour les plus grands navires: près d'elle on pêche du corail blanc, du noir, du rouge; ils sont avec les bois de construction travaillés les principaux objets de son commerce: les Grecs qui cultivaient trois districts de la Corse s'y sont retirés: ils habitent près du port; eux & leurs femmes ornent ce séjour, car ils sont grands & beaux. La ville fut autrefois à quelque distance; la mer la couvrit, & l'on en découvre encore les ruines & une église.

La Pieve de son nom est médiocrement peuplée: les sept autres renferment ensemble quatre-vingt cinq villages.

Province de Vico.

On y compte cinq pieves, & le district de *Cog-*

gia formé de quatre villages. *Vico* est un bourg: la cathédrale de l'évêque de Sagone y est située: on y voit un monastere: une enceinte de montagnes l'environne; sa pieve renferme dix-sept villages, les quatre autres ensemble en ont moins qu'elle. *Castel Ginebra* est située au bord du golfe de Sagona qui dut son nom à une ville qui n'existe plus; c'est près d'elle & le golfe qu'habitaient les Grecs dont nous avons parlé dans l'article précédent: ils y avaient une église, un cloître & cinq villages; la plupart étaient Mainotes: ils sont dans Ajaccio au nombre d'environ 800 ames.

Isle de Capraja.

Elle est située entre le Duché de Toscane, & la pointe Nord-Est de l'Isle de Corse dont elle dépend: elle a cinq lieues de tour, son sol est montueux, sec & raboteux; les rocs dont son enceinte est hérissée la rendent inaccessible, excepté dans le lieu où elle s'ouvre, pour former un grand havre où les vaisseaux sont en sureté: au dessus est la ville qui rassemble tous les habitans de l'Isle au nombre de 3000: ils sont forts & robustes, excellens navigateurs; les femmes y cultivent les vignes: une citadelle défend la ville, elle est sur un roc: aux deux extrèmités de l'Isle, s'élevent deux tours élevées pour découvrir au loin les pirates. Elle fut connue des anciens sous le nom d'*Ægilon*, *Capraria* & *Capresia*; on dit que l'abondance de ses chèvres lui fit donner son nom: de pacifiques moines l'habiterent dans les premiers tems du christianisme. Les Gènois l'enleverent à Giacopo de Maro, qui en était seigneur en 1507.

Pour passer plus facilement du Pays que nous

décrivons à ceux qui nous restent à décrire, nous passerons de la Corse à Malthe.

Isle de Malthe.

Cette Isle est presque également éloignée des côtes de l'Italie, & de celles de l'Afrique : elle est à vingt-cinq lieues des rivages de la Sicile. Elle a été d'abord connue sous le nom d'*Iperia*, & d'*Ogygia* : les Grecs l'appellerent Melite, & de ce nom les Sarrasins ont fait celui de Malthe : sa longueur est de huit à neuf lieues, sa largeur de cinq, son circuit de vingt-cinq : la mer en a englouti une partie, mais on n'en sait pas le tems : son aspect n'est pas agréable ; elle n'est qu'un vaste rocher blanc & calcaire, couvert de cinq à six pouces de terre, dont une grande partie y a été apportée de la Sicile : cependant elle est très-fertile ; elle produit de l'orge & du froment ; mais ses recoltes suffisent à peine pour nourrir ses habitans pendant cinq ou six mois : le coton fait leur principale richesse ; c'est le cotonier commun ou herbacé qui le produit ; on le séme & le recueille dans quatre mois, sa tige velue s'élève de deux à quatre pieds ; sa feuille ressemble à celle du petit érable, & sa graine à une petite noix : la gousse qui la contient est remplie de coton : celui-ci est plus beau que celui du cotonnier arbre, mais il est moins fort : on en fait diverses étoffes, des bas recherchés, des couvertures, des mantes ; il fait un objet de commerce qui rapporte environ un million ou 1200000 livres par an. On y cultive aussi la canne à sucre : les oranges de Malte sont les plus belles de l'Europe ; la plupart sont rouges & ce sont les meilleures ; on dit que l'arbre qui les produit est enté sur le grenadier. Les vignes y sont rares; on n'en voit que dans quelques jardins, & le bois à bruler y est plus rare encore: quelques arbres fruitiers, des figuiers, des orangers y donnent seuls un délicieux ombrage: la pêche, le sel qu'on tire de la mer, le corail qu'elle produit aident encore à la subsistance des habitans: on y voit quelques sources, & pas une riviere: le ciel y est presque toujours serein, & le coucher du soleil y présente un spectacle magnifique; les rosées y sont abondantes, la pluie fort rare; les Malthois disent que l'humidité du rocher aide encore à la fertilité de la terre, en tempérant la chaleur ardente qu'elle éprouve: on pulvérise ce rocher, on le séme sur les champs, & il sert de fumier: pas un pouce de terre n'y est perdu; tous les enclos y sont fermés de murs secs, pour empêcher que l'eau n'entraine la terre; ces murs donnent au pays un aspect triste: l'Isle est couverte de maisons de campagne, de villages, de cinq bourgs, de deux villes; chaque village a une église ornée de statues de marbre, de riches tapisseries, de reliefs d'argent. Les fortifications de l'Isle sont prodigieuses; on y voit des fossés profonds, longs de plusieurs milles, & creusés dans le roc; une partie de son enceinte est formée d'un rocher élevé, & perpendiculaire dans un long espace, & l'art n'a rien pu ajouter à cette fortification naturelle: quelques-uns de ces rochers sont taillés en mortiers qu'on remplit d'un baril de poudre, de boulets, de bombes, de pierres, qu'ils vomissent sur les vaisseaux ennemis qui voudraient aborder. Ceux qui habitent l'Isle sont de petits hommes nerveux, dont le nez est large & écrasé, les lévres grosses, les cheveux crepus; ils vont pieds-nuds dans tous les tems: un bonnet enveloppé d'un mouchoir leur tient lieu de chapeau: les femmes y font petites, bien faites, ont de belles mains, les yeux noirs & perçans, le teint affez blanc, l'efprit vif, beaucoup de fens, peu de vertu. Les premiers habitans de l'Isle furent des Phéaciens, qui en furent chaffés par les Phéniciens: on y fabriquait des toiles très-fines du tems de Diodore; d'anciennes infcriptions prouvent que les Tyriens y ont regné: les Carthaginois la foumirent, les Romains en furent les maîtres, les Goths s'en emparerent, les Arabes en devinrent enfuite les poffeffeurs, les Normands, conquerans de la Sicile, y régnerent auffi; enfin Charles-quint en fit préfent à l'ordre de St. Jean auquel elle a donné fon nom. On parle dans les villages un mélange de différentes langues, mais l'Arabe y domine: dans les villes on parle Italien.

L'ordre qui la poffède aujourd'hui prit fon origine dans la terre fainte: des négotians d'Amalfi qui commerçaient avec les Sarafins, bâtirent une églife à Jerufalem qui fut appellée en 1048 *Sta. Maria delle Latini*: on y avait élevé un hôpital dédié à St. Jean Baptifte, pour recevoir les pélerins qui venaient vifiter les lieux faints, des moines y demeuraient pour les foigner & les défendre, & ils s'appellerent *freres hofpitaliers* ou *de St. Jean*. Godefroi de Bouillon devenu poffeffeur de la terre-fainte, fit de grands dons à ces moines: fon fucceffeur leur confia des châteaux & des villes pour qu'ils les défendiffent: ils élurent un grand-maitre choifi parmi eux; ils firent vœu de continence, de pauvreté, d'obéiffance; mais devenus riches & puiffans, ils ne le remplirent pas toujours ; celui qu'ils exécuterent le mieux fut de faire une guerre continuelle aux infideles. Une croix octogone, un manteau noir les diftinguaient : l'ordre fut divifé en trois ordres, les chevaliers, les chapelains, les fervans d'armes : il combattit les Sarrafins pendant 200 ans, dans la Syrie & la Paleftine. Après la prife d'Acre, il s'établit en Chypre ; de là il conquit l'Isle de Rhodes, & celles de Nicoria, d'Epifcopia, d'Iolli, de Limonia, de Sirana qui l'environnent ; il les conferva pendant 213 ans, & on appellait alors ces moines militaires, chevaliers de Rhodes. Soliman II, les en chaffa en 1522 : les uns fe retirerent à Candie, à Venife, à Nice, en différens lieux de l'Italie. Charles-quint les établit d'abord à Syracufe en Sicile, puis les raffembla dans les Isles de Malthe & de Goze, fous la condition qu'ils pourfuivraient fans ceffe les Turcs, que le roi d'Efpagne, en qualité de roi de Sicile, aurait le droit de patronat fur l'évèché de Malthe, & qu'il ferait choifi fur trois perfonnes préfentées par le grand-maître ; que le capitaine des galeres ferait Italien, & non fufpect à l'Efpagne, que leurs conquètes dépendraient de la Sicile, que tous les ans ils préfenteraient un faucon (a) au roi de Sicile, comme un hommage : le premier & le fecond article, font aujourd'hui tombés en défuetude. En 1753 l'évêque de Syracufe voulut faire la vifite des églifes de Malthe ; le grand-maître s'y oppofa, & de là nàquirent des conteftations qui ne furent terminées que deux ans après, & l'évè-

---

(a) Les faucons y font très-communs.

que de Syracufe ne reclame plus le droit qu'il avait prétendu avoir.

L'ordre eft divifé en fept langues qui font celle de Provence, d'Auvergne, de France, d'Italie, d'Arragon, de Caftille & d'Allemagne : avant la réformation, l'Angleterre en formait une huitieme. Chaque langue poffède diverfes commanderies ; celle de France en poffède 300 : l'ordre en eft riche encore ; mais il a beaucoup perdu en Angleterre, en Dannemarc, en Suede, en Hongrie, en Allemagne & dans les Pays-Bas. Il entretient cependant 3000 chevaliers ; on y fuit la règle de St. Auguftin, & le pape en eft le chef fpirituel : les chevaliers, comme les chapelains & les fervans fe donnent le nom de freres, & le grand-maitre le prend lui-même. L'ordre eft monarchique & ariftocratique tout à la fois. Il eft monarchique fur les habitans de l'isle & des isles voifines, & même fur les chevaliers, en tout ce qui regarde la regle & les ftatuts de la religion ; ariftocratique dans les affaires importantes qui ne fe décident que dans le chapitre, préfidé par le grand-maitre. Il a deux confeils, l'ordinaire & le complet formés par le grand-maitre, les grands croix & anciens chevaliers de l'ordre. Ses principales charges font les baillis conventuels, chefs des 8 langues & membres du confeil du grand-maitre : chacun d'eux exerce un emploi particulier : l'un eft *grand-commandeur*, choifi dans la langue de Provence, & il eft le préfident de la chambre du tréfor : le fecond eft le *Maréchal*, choifi dans la langue d'Auvergne, chef du militaire ; le troifieme eft la *grand-hôpitalier*, choifi dans la langue de France, il eft l'adminiftrateur des hôpitaux ; le quatrième l'*amiral* ou le général des galeres, peut-être choisi dans toutes les langues, & n'est en charge que trois ou quatre ans, parce qu'elle exige une grande dépense; mais elle conduit aux commanderies & aux prieurés les plus considérables. Le cinquième est le *grand conservateur*, choisi dans la langue d'Arragon; il signe tous les billets à payer par le trésor. Le sixième est le *grand-chancelier*, pris dans la langue Castillane; il préside à la chancellerie. Le septième est le *grand-bailli*, choisi dans la langue Allemande; il a l'inspection sur les fortifications de Civita Vecchia, & sur celles de l'Isle de Gozo. Le *Turcopolier* est le huitième grand officier; il était choisi dans la langue Anglaise, & avait inspection sur la cavalerie & les gardes. C'est le Sénéchal qui administre aujourd'hui cet emploi.

Après ces officiers suivent les *prieurs*, dont le chef est le grand-prieur d'Allemagne, qui a séance & voix dans les Diettes de l'Empire, & réside à Heitersheim. Les simples chevaliers doivent tous être nobles: on les distingue en *cavalieri di justizia*, & en *cavalieri di gratia*: ceux-ci doivent leur titre, non à leur noblesse, mais à leurs services. Par les statuts de l'ordre, on n'y peut recevoir que ceux qui sont nés d'un mariage légitime, & qui ont l'âge de dix-huit ans; mais on obtient pour l'un & pour l'autre cas, une dispense du pape, le grand-maître a aussi le privilége d'y nommer six personnes à son choix.

Lorsque le grand-maître est mort, le conseil en rompt les sceaux; on tend la chaine du port. On procède à l'élection d'un lieutenant, qui représente le grand-maître, jusqu'à ce qu'on en ait élu un. Le corps du défunt, placé sur un lit de parade, est exposé dans la grande salle du palais: à son côté droit est une armure complette, posée sur une table couverte d'un drap noir. Après les obséques, l'ordre se rend à l'église de St. Jean; chaque langue se retire dans sa chapelle, & chacune choisit trois électeurs: ces vingt-un chevaliers joints à trois autres qui représentent la langue Anglaise, s'assemblent dans un conclave: ces électeurs en nomment seize à la balotte, & ces derniers nomment le grand-maître à la pluralité des voix. Ce prince a le titre d'*altesse éminentissime* & jouit de 3 à 400 mille livres de rente: ce petit Etat est le seul aujourd'hui où le duel soit autorisé par les loix.

Décrivons maintenant les principaux lieux de cette Isle, où l'on compte 130, ou 150000 ames, en y comprenant les habitans des deux Isles voisines qui en dépendent. Tous ceux qui sont en état de porter les armes en forment les forces de terre; les maritimes consistent en quatre galères, trois galiotes, quatre vaisseaux de soixante pièces de canon, une frégate de trente-six, & en un grand nombre de petits bâtimens nommés *scampavios*.

La Valette, ou *Cita nuova* en est la capitale: elle fut fondée en 1566 par le grand-maître Frédéric Jean de la Valette, sur une péninsule élevée qui sépare deux beaux ports, défendus par des fortifications redoutables, celui qui est au sud-est est le plus grand, il s'appelle *Marsa:* il s'avance à deux tiers de lieues dans les terres, & est si profond & si bien couvert par des terres élevées qui l'environnent, que les vaisseaux de guerre y sont tranquilles sans être amarrés. Il est partagé en cinq havres, l'entrée n'a pas 300 toises de large, & elle est défendue par des batteries élevées

l'une

l'une au dessus de l'autre où l'on compte quatre vingt gros canons, & par le fort de *Ricasoli*. Le port qui est au nord, s'appelle *Marza-Muscietto*, & sert pour les bâtimens de la pêche & pour ceux à qui l'on fait faire la quarantaine: des fortifications l'entourent: au centre est une petite Isle, sur laquelle est un château & un lazaret. La ville est bâtie sur une colline; ses rues sont en pente, régulieres & bien allignées, le roc blanc sur lequel elle est située, lui sert de pavé: sa blancheur blesse les yeux, & fait que ses habitans ont la vue mauvaise; la chaleur qu'il conserve rend la ville inhabitable dans les grandes chaleurs. Ses murs de pierres de taille sont élevés, ou même taillés dans le roc, & entourés d'une artillerie redoutable. Sur la hauteur, près de la mer, est le château *S. Elme*, fortifié à la moderne; il protége les deux ports. Les maisons de la ville sont bâties en pierres de taille: leur toit est une plate-forme, faite avec un ciment que la pluye ne cave ni n'entame: l'eau en descend par un tuyau qui la conduit dans une citerne, pratiquée dans le roc au dessous de la maison. Le palais du grand-maître est d'une structure simple & noble, plus commode que magnifique; son grand escalier joint la solidité à l'élégance: on voit encore dans cette ville un arsenal, un hôpital, les maisons de chacune des sept langues, l'église de St. Jean qui est magnifique, & dont le pavé est composé de monumens sépulcraux des plus beaux marbres, de porphyre, de lapis-lazuli, &c. jointes ensemble avec beaucoup d'art, & représentant les armoiries & les trophées des hommes dont ils rappellent le souvenir. Les esclaves Turcs ont une mosquée à la Valette: cet te ville a 2000 habitans : fa longitude eft de trente-deux degrés, dix minutes, fa latitude de trente-cinq degrés, cinquante-quatre minutes : felon le pere Feuillée, fa longitude eft de trente-deux degrés, quatorze minutes. Près de cette ville eft le bourg, ou la *Cita vittoriofa*, fur une langue étroite qui s'avance dans le grand port à l'oppofite de la Valette ; elle eft très-peuplée & très-forte, défendue par le château St. Ange, fitué fur un haut rocher, & joint à la Citta par un pont. C'eft ici que réfidait autrefois le grand-maitre, on y voit encore le palais de l'inquifition : le nombre de fes habitans eft de 3000 : deux canaux naturels la refferrent, & font comme des bras du grand port : l'un s'appelle le *porto della Renella*, l'autre *porto delle Gallère*. Ce dernier la fépare du bourg de *Senglea*, fitué, comme elle, dans une prefqu'Isle formée par deux havres du grand, dont le fecond porte fon nom : on y compte 4000 habitans. La partie la plus intérieure de Porto delle Galère, fépare auffi Senglea de *Bormola*, petite ville ouverte de 6 à 700 maifons. Au deffus d'elle eft le fort *Sta. Margherita*, trapèfe irrégulier formé de cinq baftions antiques, & autour duquel s'étend la *Citta nuova Cottonera*, fortifiée réguliérement : ces cinq petites villes peuvent être confidérées comme les parties d'une feule grande ville ; le port & fes havres les divifent.

Vers le Sud-eft de cette grande ville, à demi-lieue de fes murs, fur une longue terre qui s'avance dans la mer, eft fitué le *Forte di S. Thomaffo* : il a quatre baftions : divers châteaux font répandus çà & là.

Verdala ou *Bofchetto*, eft une maifon de plaifance

des Grands-Maîtres, à une petite lieue de la ville.

Malta, *Melita* ou *Medina*, nommée aussi *Citta-Vecchia*, ville située sur une colline dans le centre de l'Isle ; elle est fortifiée avec soin, son gouverneur se nomme le *Hahem* : plus étendue & plus peuplée autrefois, elle est encore le siege de l'évêque ; sa cathédrale est belle, très-vaste, toute tendue d'un riche damas cramoisi avec un galon d'or. On y voit encore diverses églises & couvens. De cette ville on découvre toute l'île, & quelquefois les côtes d'Afrique & de Sicile. Près d'elle, sont des catacombes qui s'étendent au loin sous terre, & forment un labyrinthe dont on dit qu'il est impossible de se tirer. De cette ville un long aqueduc composé de plusieurs mille arches, conduit des eaux à la Cité Valette : leur source est voisine de la maison de plaisance de Boschetto, qui est ornée de quelques arbres dispersés où errent quelques daims : ses meubles sont antiques, mais de la maison on a un beau coup d'œil.

Près de la *Citta-Vescbia* est une petite église consacrée à St. Paul, & à côté est la statue miraculeuse du saint, tenant en main une vipere. C'est là, dit-on, que l'Apôtre fut mordu ; & depuis l'Isle n'a plus de serpens, ni d'animaux vénimeux : ils y meurent même, quand on les apporte de Sicile. C'est là encore qu'est la grotte où il fut enfermé, elle est très-humide, & l'eau y dépose une espece de terre blanchâtre, qui sert de panacée universelle aux habitans de l'Isle, & se transporte en Italie, au levant, en Amérique même : tous ces faits sont douteux ; mais ce serait un crime que d'en douter à Malthe.

Forte-Rosso est un fort exagone, situé au centre d'une presqu'Isle voisine de l'Isle de Comino.

Isle - Comino.

Son nom ancien est *Hephestia* ; elle est située entre celle de Malthe & de Gozo : ses côtes sont stériles & nues, mais couvertes de redoutes & de fortifications : elle a deux lieues de tour : le centre en est assez fertile ; elle a un fort qui défend le passage du détroit qui la sépare de Malthe. On y voit quelques hameaux & une église, qui donne son nom au port ou *Cala di Sta. Maria*. Diodore parle d'une ville qui existoit de son tems, nommée *Cercine*, bâtie avec simétrie, commerçante, ayant des bons ports.

Isle de Goze ou Gozzo.

Elle a quatre lieues de long, deux de large, dix de circuit ; elle est bordée de roches & d'écueils ; l'air y est sain, le terroir fertile : on y compte 3000 habitans, dont un grand nombre travaillent à des manufactures de coton : elle rapporte annuellement 25000 écus, & a le titre de marquisat : elle fut plus commerçante autrefois ; les Phéniciens qui la peuplerent, y laisserent l'industrie qu'ils y avoient portée ; on y cultive aussi les cannes à sucre : on y voit trois forts, l'un au centre est un pentagone qui s'éleve au-dessus d'un bourg : les deux autres sont sur le bord de la mer, & défendent ses deux meilleurs ports : l'un est situé au nord, & s'appelle *Forte di Marsa il Forno* ; l'autre *Forte di Garsa*. Le bailli de Chambray y a fait bâtir & fortifier à ses frais une *Citta*, qui porte son nom. Elle a six bastions :

les anciens appellaient cette Isle *Gaulos*, ses habitans lui donnent le nom de *Gaudiseto* : quelques savans ont cru qu'elle étoit l'ancienne *Calypso*. On n'y voit point d'animaux vénimeux ; cependant St. Paul n'y descendit point : on y trouve quelquefois des antiquités puniques & étrusques.

Royaume & Isle de Sicile.

La Sicile est la plus grande Isle de la Méditerranée. Sa forme triangulaire lui fit donner autrefois le nom de *Trinacria* ou *Triquestra* ; celui de *Sicanie* lui fut donné par Sicanus, roi des Ibériens, qui s'y établit. Les Siculi en se rendant maîtres de la plus grande partie de cette Isle, lui donnerent le nom qu'elle porte encore. Les trois caps qui forment les extrémités du triangle, sont les caps *Faro*, jadis *Promontorium Palorum*, le cap *Bono* ou *di Marsella*, autrefois *Promontorium Lilibæum*, & le cap *Passaro* autrefois, *Promontorium Pachynum* : du premier au second on compte selon Cluvier 265000 pas, du second au troisieme 19000, du troisieme au premier 150000.

Différentes colonies Grecques s'y établirent, & y formerent differens états ; le plus puissant fut la république de Syracuse, qui seule eut plus de sujets que toute l'Isle n'en a aujourd'hui : elle finit en devenant un Etat presque despotique sous les Denis, sous Agatocle & Hieron. Les Romains & les Carthaginois se la disputerent longtems, les Romains triompherent, & elle leur fut soumise jusqu'à l'an 440 ; les Vandales l'envahirent alors. Belisaire les en chassa en 525, elle fit partie de l'Empire d'Orient jusqu'en 828, qu'elle fut conquise par les Sarrasins qui la possederent jusqu'au tems où le Normand *Roger le bossu*, fils de Tancrede, vint les en chasser : il prit le titre de comte de Sicile en 1080. C'est son fils *Roger*, qui réunissant sous son empire & le royaume de Naples, & cette Isle, se fit couronner roi des deux Siciles, en 1130. Ses descendans régnerent sur les mêmes états & eurent le même titre. Les Français conduits par Charles, frere de St. Louis, succéderent aux princes Normands. Pierre III, roi d'Arragon, s'en empara, lorsque les Siciliens indignés, excités par Jean de Procida eurent exterminés tous les Français qui vivaient dans l'Isle : c'est ce massacre auquel on donna le nom de vêpres Siciliennes, parce que le son des cloches qui annonce les vêpres, fut le signal des conjurés ; Pierre le transmit à ses descendans. Ferdinand V y joignit le royaume de Naples ; & depuis ce tems, l'histoire de ces deux états est liée l'une à l'autre, si on en excepte les sept ans que le duc de Savoye ou le roi d'Espagne ont possédé la Sicile.

Les anciens & plusieurs modernes ont cru qu'elle avait fait partie de l'Italie, & qu'un tremblement de terre, ou l'action constante de la mer, l'en avait séparée. On voit cette opinion dans Pline, dans Strabon, & Diodore ; on la voit exprimée dans Virgile & dans Claudien, & les couches de terre opposées & semblables peuvent appuyer cette opinion. Le détroit qui sépare la Sicile de la Calabre, fut appellé par les Romains *Fretum Siculum*, & est célebre par les descriptions étonnantes qu'en ont fait les Poëtes anciens, & même les Historiens. Là était Scylla, monstre à six têtes, dont la gueule béante était armée de trois rangs de dents, dont la voix était le rugissement d'un lion, dont les douze bras étaient armés de grifes sanglantes : de ses bras elle fondait les profondeurs de sa caverne ; de ses six gueules elle engloutissoit six hommes dans les vaisseaux qui l'approchaient : la peinture de Charybde qui lui était opposée, n'était guere moins épouventable. Il est certain que le passage de ce détroit fut autrefois rédoutable ; mais aujourd'hui les eaux moins resserrées s'écoulent avec plus de facilité, sa profondeur est de 25 à 30 pieds; on le traverse à la voile, souvent avec des rames, & rarement y voit-on de naufrages. Le bruit qu'on y entendait, le tournant qu'on y voit encore, peuvent avoir pour causes d'immenses rocs caverneux, contre lesquels les flots augmentés par des courans contraires, viennent se briser avec impétuosité. Mais quelle est la cause de ces courans ? c'est ce qu'on ignore : l'un, dit-on, se dirige vers le midi, l'autre vers le nord avec une force qui varie : c'est un effet qu'on observe, & qu'on n'explique pas, ou qu'on explique mal. Le détroit a environ une lieue de large : *Scylla*, aujourd'hui *Sciglio*, est le promontoire qui touche à la Calabre. *Charybde* est près de l'entrée du havre de Messine : il parait qu'il y a dans ce lieu un gouffre qui donne à la mer un mouvement irrégulier & violent, qui augmente la force du courant. Les Italiens le nomment *Calofaro* & *la Rema*; il est tranquille quand la mer est calme, sur-tout quand le vent du midi ne souffle point. La Sicile connait peu les rigueurs de l'hyver : déja dans le commencement de Janvier on y cherche l'ombre ; un petit feu de charbon suffit pour se préserver du froid qu'y amene le vent du nord-ouest : on n'y voit de la neige que sur le mont

Etna; elle est semée de rocs, & sa fertilité est cependant extraordinaire; elle est le jardin de l'Europe; quand on l'approche, un doux parfum l'annonce; elle fut le grenier de Rome, elle ne permet pas aujourd'hui de craindre la famine dans le royaume de Naples. Ses diverses parties n'excellent pas dans les mêmes productions : ce sont les grains qui font la plus grande richesse des vals de Notto & de Mazzara : ce sont les fruits, la soye, les métaux qui font celle du val Démone : partout les paturages sont abondans & bons; une multitude d'eaux de source les y arrosent sans cesse; son terroir imprégné de particules nitreuses ne s'épuise point : ses vins sont excellens, son huile est recherchée, la canne à sucre y prospére, le murier y nourrit abondamment le ver qui donne la soie; on y trouve de riches plantations d'orangers, de limoniers, de bergamotes, d'amandiers, & la noix de pistache s'y cultive avec succès; l'espece de frêne qui donne la manne y est commun; le miel qu'on y recueille dans les trous des arbres & des rochers, est célebre par sa bonté; des plantes aromatiques y parfument l'air; on en estime les laines, le ris, les figues, les raisins de Corinthe, le safran, les chevaux, les bêtes à corne, le fromage : ses monts, ses vallées fournissent des simples salutaires; elles sont riches en gibier; on y trouve la réglisse, & on en prépare le jus. La soude réduite en cendres y est un grand objet de commerce; c'est surtout à Venise qu'elle est transportée, les mouches cantharides en sont un encore; on les trouve surtout sur les pins & les figuiers voisins de l'Etna, on les préfere à celles de l'Espagne : vers le nord, on y trouve la pinne, poisson à coquille qui s'attache aux rochers par des filets de lin, dont on fait des gants & des bas. On y trouve des carrieres d'alun, de vitriol, de soufre, beaucoup de salpêtre, des monts pleins de sel fossile, des mines de plomb, de fer, de cuivre, peut-être d'or & d'argent, des carrieres de marbre, dont on trouve trente-une especes différentes & 300 sortes d'agathes, de beryl, de jaspes, d'émeraudes, & de porphyre estimé : le thon parait sur les côtes vers le mois de Mai, & y offre une pêche abondante ; celle du poisson épée se fait presque dans tous les tems : son épée aigüe & longue de plus de quatre pieds est formidable ; sa chair est excellente & ressemble à celle du bœuf ; la *morena* s'y trouve ; c'est peut-être le poisson le plus délicat qu'on puisse manger. La pêche du corail y est riche ; c'est à Trapani qu'elle est fixée : une croix appésantie, à laquelle sont attachés des morceaux de filets, & trainée au fond de la mer par des rameurs vigoureux, l'arrache du sol qui le produit, ou plutôt qui le soutient. Ce pays serait un paradis terrestre, si ses habitans étaient plus instruits, ou plus heureux, si son sol était mieux cultivé, si le gouvernement s'y occupait davantage des moyens de rendre le peuple moins misérable : la défense de transporter les blés, a rendu l'indolence du cultivateur plus grande encore, & ruiné les fermiers, elle a diminué les richesses & le pouvoir des grands, mais ce dernier effet peut devenir un bien. La culture de la soie y fut apportée par le roi Roger en 1130 ; c'est une source de richesses qu'il apporta de la terre sainte : celle de Messine est plus estimée que celle de Palerme : on en transporte annuellement 500 mille livres de la premiere, & 400 mille de la seconde : le blé qu'on a eu exporté dans les années abondantes, montait à 1960 000 setiers ; en 1765, il monta à près de 3000 000 setiers. Le commerce intérieur y est lent, difficile & faible ; on y manque de grands chemins & de commodités : il faut transporter les denrées sur le dos des mulets.

On trouve un grand nombre de sources minérales dans la Sicile ; plusieurs ont la chaleur de l'eau bouillante, quelques autres font descendre le thermomètre au dessous de zero, & cependant ne gelent jamais ; on en voit dont la surface est couverte d'une huile que les paysans recueillent & dont ils se servent pour leurs lampes ; près de *Nicosie*, il en est une qui donne une sorte d'écume de poix, dont on se sert pour les maladies froides : près de *Naso* est un petit lac dont l'eau transparente teint en noir l'étoffe qu'on y plonge ; près du cap *Passaro*, est un autre lac qui exhale une forte odeur de soufre ; ses eaux sont tiédes & paraissent bouillir en quelques endroits : autour on trouve de la lave & des pierres ponces : on voit des bains sulfureux en différens endroits ; ceux de *Sciacia* & du mont *S. Cologero* sont les plus connus : des vapeurs chaudes s'élevent de différentes montagnes, & de quelques vallées : dans la mer même on voit sourdre diverses fontaines d'eaux dont la chaleur contraste avec la fraicheur des eaux de la mer. A quelque distance d'Agrigente, est une saline dont la propriété est de se fondre au feu, & de se casser dans l'eau sans s'y dissoudre : divers auteurs anciens en parlent ; des modernes disent en avoir fait l'expérience ; cependant il est permis encore d'en douter. On dit qu'il y a eu autrefois des mines d'un sel si pur & si solide, que les sculpteurs le préféraient au marbre : ceci pourrait bien être une exagération.

Les principales rivieres de la Sicile sont le *Cantara* ou *l'Alcantara*, autrefois *Tauromiuius*, le *Giaretta* ou *Gartta*, autrefois *Symethus*, le *Salso*, le *Belicis*, le *Termini*. La premiere prend sa source dans l'Etna vers le Nord ; elle le limite durant vingt lieues ; son cours interrompu par des monts de lave qu'a vomi le Volcan, suit leurs sinuosités avant de se joindre à la mer. Le *Jaretta* fut célebre par la Fable. Thalie, amante de Jupiter, & fuyant les regards jaloux de Junon, fut métamorphosée en ce fleuve, qui se glissa sous l'Etna pour se rendre dans la mer : le fleuve ne s'y cache pas aujourd'hui : il était navigable sous les Romains, il a cessé de l'être : il ceint au couchant l'Etna dont il sort vers le Nord, & mêle ses eaux à celles de la mer, près du Morgantium. Il dépose à son embouchure & jamais sur ses bords, du bel ambre jaune, dont on fait des saints, des croix, des chapelets, &c, qui se vendent cher : on y trouve des mouches & des insectes, ce qui semble prouver qu'il n'est d'abord qu'un bitume liquide qui enveloppe les insectes qu'il trouve en coulant, & qu'il se durcit ensuite. Les autres rivieres ne méritent pas qu'on en fasse une description particuliere. Nous dirons cependant un mot de la riviere froide, *il fiume freddo :* elle est large dans le lieu même où elle sort de terre : ses eaux sont limpides, d'une fraîcheur glaçante, imprégnées de vitriol ; elles ne gelent jamais. Là Poliphème tua Acis quand les dieux firent cette riviere qui, effrayée encore de la voix terrible du meurtrier, s'enfuit avec rapidité. On trouve aussi dans l'Isle quelques lacs ou étangs : les deux plus considérables sont *Bevieri* & le *Pantama* : ils sont très-poissonneux : le moletti en est le poisson le plus estimé : on le sale à Leontini, & il forme un des 79 objets du commerce de Sicile. La plus haute montagne de la Sicile, c'est l'Etna, ou Aetna, aujourd'hui *monte Gibello*, ou montagne des montagnes ; on la voit même au de-là de l'Isle de Malthe, & de son sommet on dit qu'on peut découvrir les côtes d'Afrique. Placé près de sa bouche d'où il vomit sans-cesse une fumée épaisse, on voit auprès de soi une ceinture de neige ou de glace dans une étendue d'environ trois lieues ; là sont de petits lacs qui ne dégèlent jamais, & des monceaux de cendres mêlés à différens sels, qui y conservent des neiges éternelles. Plus loin, est une ceinture de collines & de cavernes profondes, formées par les éruptions du volcan : elles sont couvertes de bois de la plus riante verdure. On y voit prospérer le chêne toujours verd, le liége, le pin : là sont des châtaigniers d'une grosseur énorme : celui de *Cento Cavalli* a 240 pieds de tour ; au centre on a construit une cabane : celui *Del Galea* plus élevé, plus beau par sa tige, par ses branches étendues, a 80 piés de tour ; il en est d'autres qui approchent de ceux-là : ils existent depuis des siécles, & leur fécondité est toujours la même : les bornes de cette zone ont vingt lieues de tour, au delà une plus vaste lui succéde, elle est coupée de champs, de vergers, de vignobles, & sa fertilité est étonnante : on y voit s'élever des monts pointus ou sphériques environnés d'un cercle de lave noire. Des vallées riantes arrosées par des ruisseaux qui les ceignent en

ROYAUME ET ISLE DE SICILE. 237

faisant mille détours, d'une variété étonnante de productions, d'aspects, de formes & de couleurs, qui la font contraster avec les régions les plus éloignées ; cette zone a environ 60 lieues de tour. De ce sommet encore on voit toute l'Isle, comme en raccourci sous les yeux ; on y voit encore les Isles voisines, & la côte de l'Italie. Là s'entretient un feu continuel ; la bouche du volcan a une lieue de circonférence, & s'abaisse comme en entonnoir, elle est percée de différentes crévasses, d'où sortent des tourbillons d'une fumée sulphureuse, qui roulent en torrent sur la pente de la montagne, & forment un nuage long & noir qui s'étend sur l'Isle, ou sur la mer. On ne peut fixer le tems où il commença de lancer des feux & de la fumée ; il effraya les Grecs & les Romains, & il nous effraye encore par les torrens des matieres enflammées qu'il lance dans l'air, ou qu'il répand sur ses flancs, & par les sécousses effrayantes qu'il fait éprouver à tout ce qui l'environne. On compte un grand nombre de ses éruptions dans ce siécle & dans le précédent ; mais nulle n'a surpassé celle de 1693, qui engloutit quinze à seize villes, de vastes domaines, les hommes qui les cultivaient, & les troupeaux qu'ils nourrissaient ; il détruisit en partie d'autres villes encore, divers villages, 972 églises ou cloîtres, & fit périr plus de 90000 ames. Cependant de nouveaux habitans sont venus habiter & cultiver ses flancs à peine raffermis ; c'est que ses ébranlemens sont momentanés, & que sa richesse & ses dons sont constans ; il rassemble presque toutes les productions de la terre : là prospere le bled, les vignobles, des bois d'oliviers, des muriers, les épiceries, des fruits délicieux ; de vastes forêts, les plus belles prairies y nourriſſent de nombreux troupeaux, & un gibier excellent : là on trouve le goudron, le liége, le miel, les plantes aromatiques les plus rares : on dit même que le canélier, & l'arbre du caffé y exiſtent en ſauvageon : là encore ſont des magaſins de neige & de glace, où tous les habitans trouvent pendant toute l'année des ſécours pour tempérer les chaleurs ardentes de l'été : ſes cavernes renferment un grand nombre de minéraux, du cinabre, du ſoufre, de l'alun, du nitre, du vitriol, &c. Lorſqu'on le monte depuis Catane, il faut parcourir un eſpace de dix lieues pour atteindre les glaces; on n'en employe que huit en partant de Randazzo. Sa hauteur perpendiculaire, méſurée par le baromètre, eſt de 11450 pieds.

La Sicile a encore diverſes montagnes, mais aucune ne mérite qu'on s'en occupe, après qu'on a fixé ſes regards ſur l'Etna : nous nommerons cependant encore le *Monte-Pelegrino*, voiſin de Palerme : il eſt élevé, fort eſcarpé, & offre une vûe très-étendue ſur la Sicile & ſur la mer : on y découvre une partie des Iſles de Lipari : là eſt une caverne ſombre, où l'on va révérer Ste. Roſalie qui l'habita : on y conſerve ſa ſtatue d'un beau marbre blanc, du travail le plus fini : ſa jeuneſſe, ſa beauté, ſa piété ſont retracées ſur ce marbre inanimé, & elle ſemble inſpirer encore la dévotion dont ſon cœur était rempli. Tous les monts de la Sicile ſont couverts d'arbres, la plupart de ſes vallées ſont couvertes de buiſſons & de forêts : quelques-unes de ces dernieres ſont impénétrables, & peut-être elles récelent des reſtes de l'ancienne magnificence des Grecs.

Cette Isle eſt ſans doute admirable; mais on

y éprouve des inconvéniens, c'en est un bien remarquable que l'Etna : ses habitans la plupart barbares, ses chemins difficiles & dangereux, les voleurs qu'on y a sans cesse à craindre, le *Siroco*, dont on y éprouve les influences, peuvent diminuer le plaisir qu'on éprouve en la parcourant. Le *Siroco* est le vent du sud-est; c'est à Palerme qu'il est le plus ardent, & on en ignore la cause : lorsqu'il arrive, on croit recevoir la vapeur brulante qui sort de la bouche d'un four : il fait monter le thermomètre jusqu'à 116 degrés, il relâche toutes les fibres, détruit la vigueur, éteint l'imagination : s'il durait longtems, il donnerait la mort; mais rarement il dure deux jours, pendant lesquels on demeure enfermé dans sa maison; on croit que c'est le même vent qui étouffe les hommes & les animaux le long des rives des golfes de Perse & d'Arabie, mais rafraichi par son passage sur la mer.

La Sicile est peu peuplée, rélativement à son étendue & à sa fertilité : on y compte quarante trois villes royales, & 310 baroniales, mais ces dernieres ne sont la plupart que des villages. On y comptait en 1714, 268, 163 feux ou familles; c'est environ 1, 500, 000 ames, d'autres la fixent à 1100000 : on croit que Palerme renferme 120000 ames, & en renfermait 200 mille en 1713, & que le clergé dans toute l'Isle peut monter à 60000 personnes (*a*) : c'est trop de prêtres pour un pays si peu peuplé, & la capitale, quoique affaiblie, renferme encore trop d'habitans pour un Etat si peu

---

(*a*) Les lettres de l'Italie disent 80000, Busching seulement 45000.

étendu, l'intérieur se repeuple ; les côtes ont de longs espaces déserts. Les paysans y possedent leurs biens en propre, mais ils paient le cens ; la noblesse y est nombreuse. Un viceroi y représente le souverain : sa charge est triennale par la loi ; mais elle se prolonge souvent : il est le général de toutes les troupes du royaume ; il préside à tous les tribunaux de justice, à toutes les chambres de finances ; comme légat du St. Siège, il siège dans la chapelle du roi sous un baldaquin, & son trône est plus élevé que celui de l'archevêque : ses appointemens sont de 210000 livres : il nomme, mais sous certaines restrictions à toutes les charges municipales & militaires du royaume : il est assisté d'un *consulteur*, qui est regardé comme défenseur & protecteur du trésor royal, & qui doit être jurisconsulte. Il y a quatre grands tribunaux : la *grande Cour royale* est le premier ; il connait de toutes les causes en derniere instance : il est formé de six juges & d'un président ; ils se partagent & alternent pour former une cour civile, & une cour criminelle : la *Cour della regia camera*, préside à l'administration des revenus royaux. Un président & six juges la composent : chacun a sa partie déterminée : trois sont choisis dans la noblesse, trois sont jurisconsultes. La *Giunta* réside à Messine : elle termine les differens entre les tribunaux ecclesiastiques. Le tribunal *della sacra regia consienza*, est composé de trois juges que le roi élit tous les deux ans. Le roi, comme légat né du St. Siège en Sicile, y forme un tribunal, composé d'un juge ecclésiastique, d'un docteur en droit canon, d'un fiscal, d'un procurator, son chef a le titre de *monsignor della monarchia* : il est juge ordinaire dans les causes qui intéressent les abbayes,

bayes, les églises indépendantes, & connait par appel des sentences de tous les tribunaux ecclésiastiques, il est indépendant du pape, excommunie, absout les laïques & le clergé. Le tribunal de *la croisade* est un tribunal dont l'archevèque de Palerme est le chef; il vend des indulgences & la permission de manger du laitage en carême, & ces dispenses rapportent annuellement 525000 livres qui servent à l'entretien des galères. Le royaume a sept grandes dignités. Le *maestro-portalono* a l'inspection générale sur le commerce des denrées: *l'auditeur général* prononce sans appel sur les crimes commis dans les palais des rois. Le *grand amiral*, le protonotaire *della camera regia*, le *maestro secreto* ou secretaire du royaume & le *trésorier-général criminel*, qui administre les biens sequestrés, ou confisqués par la chambre pour crime de félonnie. Les trois états du royaume sont l'ordre militaire formé de tous les barons obligés au service militaire, l'ordre ecclésiastique composé des archevèques, des évèques, abbés, prieurs, commandataires & bénéficiers du domaine royal, au nombre de soixante-dix : l'ordre domanial formé par les quarante trois villes royales. Ces trois ordres assemblés forment le parlement: le roi le convoque quand il lui plaît: les villes y envoient des députés, les barons & les ecclésiastiques qui ne peuvent y venir, y envoient des représentans : le viceroi y expose les propositions du roi, les états déliberent lorsqu'il s'est retiré : la répartition des sommes accordées se fait par les trois ordres. Palerme y contribue pour un dixieme. Il n'y a que les barons, ou seigneurs des grands fiefs, qui siègent au parlement; une multitude de nobles en sont exclus : il y a 368 familles de barons; quelques-uns ont le titre de prince, plusieurs celui de duc, où de marquis, ou de comte; ils ont droit de vie & de mort sur leurs vassaux, mais ils doivent en prévenir le viceroi avant l'exécution: leur principal revenu est fondé sur le commerce des bleds. Le clergé possède le tiers de tous les biens-fonds de l'Isle, il a un grand nombre de priviléges, & ne remplit aucune fonction civile. Le haut clergé est composé de trois archevêques & de huit évêques. Les revenus que le roi en retire, montent à peine à trois millions de livres. Les dix sergenteries du royaume fournissent environ 600 hommes de cavalerie & 10000 fantassins. Le Sicilien en général est vif, pénétrant, fin, rusé, voluptueux, inquiet, impatient, brûlé d'un feu qui semble le consumer: il aime la vengeance; mais ils sont bons peres & bons époux; ils sont sobres, & l'yvrognerie y est le vice le plus détesté. On trouve chez eux de beaux hommes, des femmes intéressantes, tendres & fideles, des mariages heureux: on y voit des bergers se disputer le prix du chant, & une houlette est le prix du vainqueur: leurs troupeaux passent la nuit dans les champs & eux dans des hutes de paille.

On divise la Sicile en trois grandes vallées, comme nous l'avons dit.

I. *Val di Mazzaro.*

Elle a 72 lieues du midi au nord, c'est la partie la plus fertile de la Sicile: vingt petites rivieres l'arrosent: on y compte 117 villes & seigneuries, & environ 480 mille ames.

Palermo, autrefois *Panormus*, est le siege du viceroi, & la capitale de l'Isle. Elle est très-régulière : les deux rues principales se coupent exactement au centre, & y forment une place octogone, & de là lui vient son nom Ottangolo : elle est ornée de bâtimens beaux & uniformes : a chacun de ses angles, il y a un palais, une fontaine & une statue de chacun des anciens rois d'Espagne depuis Charles V : du milieu de cette place on voit l'ensemble de ses quatre rues, & on découvre les portes qui les terminent, chacune éloignée d'un mille de celle qui lui est opposée : ces portes sont d'une belle architecture, & décorées avec goût. Les petites rues sont paralleles aux grandes. On y voit une université, treize églises, huit abbayes que le roi confere, cinq séminaires, soixante & onze monasteres d'hommes & de femmes : dix-huit conservatoires pour les pauvres filles, deux pour les garçons, huit hôpitaux & un hôpital général : plusieurs princes, un grand nombre de nobles l'habitent. Le palais du viceroi est un grand château orné d'un beau jardin, décoré d'une grande place sur laquelle s'éleve la statue de Philippe IV avec des trophées ; elle est d'un beau marbre blanc ; Busching dit qu'elle est de bronze. Les jésuites avaient à Palerme un collège magnifique, devant lequel était la statue en bronze de Charles V. La fontaine qui orne le palais où s'assemble la justice, est admirable par sa grandeur, la noblesse de son architecture & de ses ornemens. Plusieurs couvens s'y font remarquer par leur beauté. Sa cathédrale est un vieux bâtiment gothique ; il est vaste, & soutenu dans l'intérieur de quatre-vingts colonnes de granit oriental : on y voit diverses chapelles riches : les reliques de Ste. Rosalie y sont conservées dans une grande boite d'argent, bien travaillée, & enrichie de diamants ;

ils y ont fait divers miracles, & font un préservatif pour la peste: on y montre encore des os de St. Pierre, & un bras de St. Jean-Baptiste. Là sont les tombeaux antiques de quelques rois Normands: ils sont du plus beau porphyre: vis-à-vis est un tabernacle de lapis-lazuli, haut de 15 pieds. Là se voient encore les tombeaux des empereurs Henri V & Frédéric II: tous deux sont de porphyre. La sacristie renferme quelques ornemens charmans de perles orientales, & qui ont plus de 400 ans, quoiqu'ils paraissent faits d'hier. L'archevêque est primat de la Sicile: ses suffragans sont les évêques de Girgenti, de Mazzara, & de Malthe: ses revenus sont de 80000 livres.

Palerme avait autrefois deux ports: Polybe & Diodore en parlent: un tremblement de terre combla l'un & l'autre en 1327: elle en a aujourd'hui deux autres: le vieux fait en 1405, sert pour les barques; le nouveau est hors de la ville; il est muni d'un très-beau môle qu'on finit en 1590, auquel s'amarrent les vaisseaux de guerre, & à l'extrèmité duquel s'élève une lanterne: le mont Pelegrino le défend du vent du nord, deux châteaux forts en éloignent l'ennemi. Entre la mer & les murs de la ville est une promenade délicieuse, nommée *Marino*: une bise agréable y tempere l'ardeur brûlante de l'été: au milieu est une espece de temple où se place un orchestre nombreux, qui rassemble autour de lui tous les amateurs. Cette ville est située à l'extrèmité d'un amphithéatre formé par des monts élevés, qui laissent entr'eux & la ville une vallée qui est un des lieux les plus beaux & les plus fertiles de la terre: c'est un jardin magnifique, couvert d'arbres fruitiers de toute espece, peuplé de maisons de campagne charmantes, arrosé par une multitude de ruisseaux d'une eau limpide qui y forment mille détours : quelques-uns font dériver son ancien nom de la riche contrée où elle est située ; mais il est plus vraisemblable qu'elle le dut à la grandeur & à la bonté de ses ports. C'est une des villes les plus anciennes de la Sicile : on y trouve d'anciennes inscriptions en langue Chaldéenne, ce qui a fait penser qu'elle avait été fondée par les Chaldéens. A l'orient de la ville sont de beaux palais : au couchant on en voit un grand nombre encore : à quelque distance est un couvent de capucins où l'on voit un appartement souterrain très-vaste, dont les murs forment une galerie, & un grand nombre de niches, où des cadavres tiennent la place de statues : ils ont les habits qu'ils porterent durant leur vie : leur peau & leurs muscles desséchés s'y conservent, & leurs parens viennent les visiter, & donner des larmes à leur souvenir. La vallée où est situé Palerme a quatre ou cinq lieues de long : elle est bornée par des monts, d'un roc gris calcaire, très compacte, où l'on trouve peu de corps marins pétrifiés, & on n'y voit presque que des *anomies* ; mais dans le fond de la vallée, le sol est formé d'un amas de buccins, de cames, de coraux semblables à ceux de la mer voisine, pétrifiés en partie, & qui annoncent que ce lieu n'est pas ancien, que la mer l'a formé, en joignant à la Sicile le mont *Crela*, qui a été une Isle : il y a 3000 ans cependant que cette vallée existe.

Palerme est commerçante : dans les bonnes années, il sort quarante mille balles de soie de son port : on y fabrique différentes étoffes, & la plupart en soie. C'est sur-tout avec les Gênois que cette ville commerce. Sa longitude est de trente-un degrés, quinze minutes, sa latitude de trente-huit degrés, dix minutes.

Monreale, *Mons regalis*, est une petite ville, située sur un mont à deux lieues de Palerme, qui devint en 1183 le siège d'un archevêque : son diocèse est fort petit, ses revenus sont de 378 mille livres ; mais le roi en retient la moitié assignée à diverses pensions : il est seigneur temporel de la ville, & ses suffragans sont les évêques de Catane & de Syracuse (*b*). Sa cathédrale, aussi grande que celle de Palerme, est incrustée de mosaïques qui ont coûté des sommes immenses, & ornée de divers monumens de marbre & de porphyre : elle fut bâtie par Guillaume le Bon, roi de Sicile : un de ses derniers archevêques l'a décorée d'un autel d'argent sur lequel sont représentées en relief, diverses histoires de la Bible : une promenade magnifique joint cette ville à Palerme : elle suit le penchant de la montagne, & par ses détours en rend la pente aisée : des arbrisseaux fleuris la bordent, de jolies fontaines l'embellissent, des jardins d'orangers y parfument l'air qu'on y respire : un ruisseau passe près de la ville & l'arrose.

Castro-nuovo, *Coniglione*, sont deux petites villes : l'une renferme 4000 ames, l'autre environ 8000.

Girgenti ou *Gergenti*, autrefois *Akraga* & *Agri-*

(*b*) Les lettres sur l'Italie imprimées en 1779, disent que cet archevêché a été supprimé, & ses revenus appliqués à la marine de l'Isle pour éloigner les corsaires de ses côtes.

ROYAUME ET ISLE DE SICILE. 247

gentum, ville qui est le siege d'un évêque, & où l'on compte 12000 ames; ses rues sont tortueuses, irrégulieres & sales; ses maisons placées en amphithéatre sur le penchant d'un mont haut de 200 toises, présentent le plus bel aspect aux navigateurs, mais de près elles sont petites & laides: son port est excellent & en est à plus d'une lieue, le chemin qui y conduit, est bordé d'aloës de vingt à trente pieds de haut, dont les fleurs sont en pyramide, & se renouvellent tous les cinq à six ans: elle a quelques belles places, quelques beaux édifices, & un château fortifié: ses environs sont fertiles en bleds, en vins, en huiles, en fruits excellens, tels que des oranges, des grenades, des pistaches, &c. ses habitans sont gais; mais ils ne sont pas sobres: à quelque distance de ses murs, on voit les ruines de l'ancienne *Agrigente*, qui, dit-on, renferma autrefois 5 à 600000 ames: elle était une des plus magnifiques que les Grecs eussent bâties dans cette Isle: au milieu de champs, de vignes & de vergers, on découvre encore les restes des temples de Venus & de la Concorde, bâtis sur le même modele, d'une architecture simple & majestueuse: les colonnes, les bases, les chapiteaux en sont encore entiers & d'ordre dorique: plus loin est le temple d'Hercule, il était bien plus vaste: ses colonnes avaient sept pieds de diametre: là était une statue fameuse du Dieu qu'on y révérait, & un tableau de Zeuxis, qui le représentait dans son berceau, étouffant deux serpens. Auprès sont les ruines du temple de Jupiter: c'était le plus grand de tous, & on l'appelle aujourd'hui *il tempio de' gigonti*; ses colonnes étaient prodigieuses: il subsistait encore en 1100. Çà & là on découvre les restes

Q 4

d'autres bâtimens augustes : plus loin sont ceux de son enceinte en partie taillée dans le roc ; ses catacombes, ses sépulcres sont très-vastes. Les monts voisins sont une immense concretion de pétoncles, d'huitres & autres coquillages cimentés avec du sable. La pierre est blanche lorsqu'on la coupe, le temps lui donne une couleur brune, foncée, & c'est celle de toutes ses ruines.

Licata, *Naro*, *Polizzi*, sont trois villes dont on ne connait guere que le nombre de leurs habitans : la premiere a 8000 ames, la seconde 7000, la troisième 4500.

Marsola, *Marsella*, autrefois *Helvia colonia* ; ville voisine d'un promontoire, auquel elle donne son nom. Elle fut bâtie des ruines de Lylibée : elle renferme 8000 ames, & est dans le voisinage de la mer.

Mazzara, ville ancienne, bâtie près des ruines de l'ancienne Selinunte : elle est le siege d'un évêque, elle a un port & renferme 7000 ames : on y recueille du très-beau coton.

Monte di San Giuliano, petite ville de 6000 ames.

Salerni, *Sciacca*, *Suterra*, sont trois petites villes : la derniere n'a que 2400 ames ; la plus peuplée est la seconde ; on la nommait *Thermæ Selinuntiæ* : ses environs sont couverts de figuiers, de citroniers, de pistachiers mâles ou femelles.

Termine, autrefois *Thermæ Himerenses*, célebre jadis par ses bains d'eaux minérales, auxquels elle doit son nom : un fort chateau la défend, quelques beaux édifices & un aqueduc l'embellissent, la riviere de son nom l'arrose ; ses environs sont riches en bleds & en vins : on y compte 9500 ames.

Trapani, *Drepanum*, une des plus belles villes

de Sicile, située dans une presqu'isle: elle a un bon port, défendu par une espece de citadelle bâtie sur la petite isle de la *Colombara*: on pêche beaucoup de corail & de thon sur ses côtes: elle a de bonnes salines, ses habitans sont au nombre de 16000 hommes: ils sont d'excellens hommes de mer, & passent pour les Siciliens les plus industrieux: on y fait des camées qui imitent les antiques gravées sur l'onix: l'ancienne *Drepanum* est dans son voisinage. *Trapano del monte* est un château sur le mont Giuliano, célebre autrefois sous le nom d'Erix: il y avait une ville & un temple magnifique, dédié à Venus, dont on voit encore les ruines: on trouve aux environs des débris précieux & des médailles.

Palma, petite ville près de la mer: les Anglais, les Français viennent y charger des amandes, & du soufre qu'on tire d'une mine voisine, & qui est excellent.

La vallée de Mazzaro renferme encore 101 duchés, principautés, marquisats, comtés, & baronnies.

II. *Val Demone.*

Il s'étend du cap di Faro à la riviere Termini, il est rempli de monts couverts de bois, & de là vient le nom qu'on lui donna de *Nemorencis Provincia*; on y compte 186 villes & seigneuries, & 331423 ames sans compter le clergé: le mont Gibel, que le peuple croit être une bouche de l'enfer, lui donna le nom qu'elle porte: c'est peut-être la partie de la Sicile la plus riche en soie; c'est la plus fertile en fruits, en huile, & la plus abondante en mines. Parmi ses montagnes est le mont *Heraco* qu'habitait le berger Daphnis, inventeur des vers bucoliques.

Messine, ville célebre qui eut le nom de *Zancle*, de son promontoire qui a la forme d'une faucille, dont la courbure fait l'enceinte de son port, & celui de Messene ou Messine, des Messeniens qui vinrent s'y établir après que les Lacédémoniens se furent rendus maîtres de leur patrie, ou plus probablement de *Messis*, moisson, à cause de la fertilité de ses champs. Elle est située en partie sur une plaine, en partie sur quelques collines : son abord est très-beau, son quai magnifique, bâti en croissant, long de mille pas, bordé de bâtimens superbes, uniformes, hauts de quatre étages : la rue, de ces maisons à la mer, est large de cent pieds ; on y jouit d'un air pur, d'une belle vue, & la chaleur y est tempérée par un vent constant qui vient du détroit : le promontoire qui forme son havre sûr & commode, est défendu par une citadelle de trois bastions réguliers, & sa pointe la plus avancée par quatre forts qui en commandent l'entrée ; entr'eux on trouve un lazaret & un fanal pour avertir les vaisseaux de se garantir du tournant de Charybde : le port renferme un grand nombre de galeres & de galiotes : le phare offre un point de vue unique ; mais c'est-là aussi ce que Messine a de plus beau : les rues en sont bien percées, mais mal propres : les places publiques y sont sales ; les monasteres nombreux, quelques-uns sont très-beaux, plusieurs sont très-riches : ses églises sont fort ornées : les Jésuites y avaient un college & trois maisons. Le palais de l'archevêque est grand & bien bâti : son diocese est le plus grand des trois archevêchés de Sicile ; mais ses revenus sont moindres que celui des deux autres: ils ne sont que de 63000 livres: ses suffragans sont les évêques de Cefalu, de Lipari & de Patti. L'hôpital général, la loge sont de beaux bâtimens; mais c'est sur le port que sont les plus remarquables. C'est ici que débarquerent d'abord les Normands, & les rois de cette nation lui donnerent de grands privileges. Elle a été de tout tems la rivale de Palerme, & l'amie de Syracuse ; elle a eu jusqu'à 80 grands vaisseaux employés au commerce. On enfreignit ses priviléges, elle se révolta, ne put se défendre, perdit ses prérogatives, ses forces, son commerce, son lustre & ses fortifications. En 1679 on y comptait environ 100000 habitans, elle n'en a plus que 26000, la peste qui l'a désolée, la petite vérole qui l'a ravagée à son tour, ont aidé à diminuer sa population. On y voit toujours l'inscription *Habet sua fulmina Zancle*; mais ces foudres sont éteints. Dans une bonne année il sort 500 milliers de soie de son port, on y compte 90 moulins pour la filer; on y tient des foires au mois d'Août ; mais les impôts empêchent que le commerce n'y devienne florissant: dans ses environs sont de belles promenades ombrées, des vignes qui se soutiennent sur de grands arbres qu'elles entrelassent ; quelques forts sont élevés sur les hauteurs qui l'environnent. On remarque que dans l'été après une tempête, il parait au lever de l'aurore dans la partie du ciel qui est sur le détroit des formes singulieres & brillantes, dont les unes sont en repos, & les autres se meuvent avec rapidité. Sa longitude est de 33 degrés, 33 minutes, sa latitude 38 degrés, dix minutes.

Castroréale, ville dans les montagnes, à la

source du Ruzzulino ; on y compte 8000 ames.

Centerbi, petite ville au pied de l'Etna, où l'on a trouvé une pierre qui se dissout dans l'eau comme le savon.

Cefalu est le siege d'un évêque : c'est une ville ancienne, peu étendue, peuplée par environ 5000 habitans ; son port peut contenir 30 ou 40 vaisseaux.

Jaci-Reale est l'ancienne *Acis*, connue par la fable d'Acis & Galatée : elle est comme toutes les villes voisines, bâtie sur d'immenses rochers de lave entassés les uns sur les autres, & quelquefois élevés à une très-grande hauteur : près d'elle coule la riviere froide, qui eut jadis le nom de la ville. On dit que ses eaux étaient anciennement très-saines, & qu'aujourd'hui elles sont venimeuses. Jaci renferme 9000 ames.

Linguagrossa, *Sta Lucia*, sont deux petites villes : on compte dans l'une & l'autre environ 2000 ames.

Melazzo, autrefois *Mylæ*, ancienne ville sur un petit golfe formé par la mer : elle a deux parties ; l'une située sur le promontoire de son nom, est fortifiée ; l'autre placée au bord du golfe, a son port dont un château défend l'entrée : on y compte 4000 habitans ; la pêche du thon, l'huile d'olives qu'on y embarque pour Gênes, Livourne & Marseille, sont leurs principales ressources ; autour d'elle il croît beaucoup de chênes verds ; la manne suinte de leur tronc.

Mistretta, ou *Mistratta*, ville de 6000 habitans, & siege d'un évêque : elle est située dans les terres.

Nicosia, ville assez étendue : elle est située sur

une montagne élevée: on y compte près de 20000 habitans, elle n'en avoit que 13000 en 1713.

Pati ou *Piatti*, petite ville au bord de la mer: elle est le siege d'un évêque, & n'a que 1500 habitans: on l'appellait autrefois *Pacti*, & fut bâtie par le comte Roger, près des ruines de Tindaro: son port est fortifié, un fort la défend, deux places l'embellissent; sa cathédrale est assez belle.

Pizzo di Gotto, *Rametta*, petites villes ou bourgs. *Asinelo* est comme elle dans l'intérieur des terres.

Taormina, autrefois *Tauromnium*, ville voisine de la mer, sur un mont rocailleux, qui fut appellée *Taurus*, & fut connue par le marbre précieux qu'il fournissait, & l'excellent vin qu'il produisait. Cette ville déjà déchue fut presque détruite par un tremblement de terre en 1693. A peine a-t-elle aujourd'hui 2000 habitans: ses ruines antiques donnent une grande idée de sa magnificence passée: son théatre assez bien conservé, étonne par son étendue, c'est le plus grand que l'on connaisse; il reste encore des pans de murs de sa naumachie & des quatre réservoirs qui lui fournissaient de l'eau: l'un d'eux est presque entier, & est soutenu par un grand nombre de hautes colonnes: à quelque distance, on voit une longue chaîne de montagnes: une des plus élevées est le *Monte Scuderio*, autrefois mont de Neptune: de son sommet on découvre, dit-on, la mer adriatique; on y voit un gouffre, d'où dans certains tems il sort un vent très-froid & très-violent. Le Nisso y prend sa source dans un lieu où l'on voit des restes d'anciennes mines; cette riviere charioit autrefois de l'or, & lui donnait le nom de *Chryſothoas*.

Tortorici, ville de 1500 habitans, *Traina* en a le double, elle est cependant presque ruinée: on la croit l'ancienne *Traianopolis*, elle avait un évêché du tems de St. Grégoire. On compte dans cette partie de la Sicile 164 principautés, duchés, marquisats, &c. parmi eux nous ne remarquerons que *Montpilieri*: ce lieu offre l'aspect le plus singulier; c'est une portion réguliere de sphere, haute de 300 pieds, revêtue de fleurs & de fruits, entourée de laves stériles vomies par l'Etna. Dans le voisinage, il y a divers mo drains semblables, très-fertiles, & environnés de matieres qui ont coulé de cet immense volcan. Près de là est l'ancienne *Hiebla*, nommée aujourd'hui *Mal-paſſi*; & le village de *Piémont* où un aqueduc conduit de l'eau pure; un torrent d'eau bouillante en dévasta les environs en 1755.

III. *Val di Noto*.

C'est la partie la plus célebre de la Sicile antienne, & la plus pauvre de la moderne. En 1745 on y comptait 55 villes & seigneuries, & 283039 habitans; le clergé n'était pas compris dans ce nombre.

Agosta, *Augusta*, fut ruinée par le tremblement de terre de 1693: elle s'est relevée avec peine; beaucoup de Malthois l'habitent, & l'ordre y a plusieurs magasins; ses édifices sont beaux, son port est magnifique, & défendu par 3 châteaux: elle est située au midi de Catane, dans une petite Isle qui fut une péninsule, ou une *Cherſoneſe*, selon les Grecs: ses fortifications sont assez considérables, ses habitans sont au nombre de 8000, ses environs sont abondans en cannes de sucre, ou *cana mele*; elle en profite peu, parce qu'elle n'a pas de sucrieres: on y trouve des oliviers très-hauts, & des vignes très-basses; ceux-là donnent de la bonne huile, celles-ci d'excellens vins. Près de là sont les ruines du petit *Hybla*, fameux par son miel. On le nomme aujourd'hui *Paterno*.

Catania, *Catina*, ou *Catetna*, fut bâtie par les Naxiens 718 ans avant Jesus-Christ, ou plus anciennement encore par les Cyclopes: elle fut renversée en 1693, la fertilité de son territoire la fait rebâtir. C'est-là qu'est une université, la seule de la Sicile; elle n'avait point de port, un courant de lave en se précipitant dans la mer lui en forma un sûr & commode; il eut un môle grand & solide; mais l'éruption qui bouleversa la ville détruisit le port, & engloutit les images des saints, les lambeaux bénits qu'on exposait sur son passage. Les murs avaient soixante pieds de haut, le torrent s'éleva plus haut encore, & entra dans la ville. Elle est très-antique & fort belle, malgré les désastres qu'elle a essuyés: on y voit une voûte qui fut un cimetiere que trente pieds de terre couvrent aujourd'hui; elle renferme un puits profond où l'on distingue plusieurs couches de laves, séparés par des couches de terre: ailleurs on a fait une excavation curieuse pour retrouver une source que la lave avait couvert: on y voit un éléphant de cette matiere qui porte un obelisque de granitr égyptien, des ruines d'un grand théatre, d'un aqueduc magnifique de six lieues de long, un bain fort vaste, des débris de temples, sur-tout de celui de Cérès très-vénéré des Romains: une rotonde semblable au panthéon de Rome, est le morceau d'antiquité le mieux conservé : elle est aujourd'hui une église chrétienne, & les Saints ont succédé aux Dieux. Catane a été la plus riche ville de Sicile : elle a encore 30000 habitans, & s'embellit, se peuple tous les jours : son évêque a des revenus considérables, la vente des neiges de l'Etna lui rapporte 23000 livres par an : ce mont en fournit dans toute la Sicile : on mendie dans cette Isle pour avoir de la neige, comme ailleurs pour avoir du pain, & on dit en proverbe que sans elle la Sicile serait inhabitable. On y visite le palais du prince de Biscaris, rempli d'antiques, de médailles, de camaieux, de bas reliefs, &c. déterrés dans les ruines de l'ancienne ville. Ses campagnes sont si abondantes, que les animaux s'y engraissent trop dans l'espace d'un mois : sa vallée est extrêmement peuplée, & remplie de bourgs aussi grands que des villes ; tel est celui d'*Aderno*. Là aussi est un vaste & magnifique couvent de bénédictins, qui ont 345000 livres tournois de rente : leur museum est rempli d'antiquités, les appartemens en sont très-riches, leur jardin très-curieux : sa base est la lave du volcan ; la terre y a été apportée ; les arbres & les allées en sont très-belles ; l'église serait une des plus belles de l'Europe si elle était finie, & son orgue est supérieur à celui de Harlem, si célebre encore.

Calascibetta, *Caltagirone*, *Carlentini*, *Castrogiovanne*, *St. Philippo*, sont cinq petites villes : la seconde est la plus peuplée, elle a 9000 habitans : la troisième est la moindre, on n'y en compte que 2000 : la quatrième est ancienne, & est vers le centre de la Sicile : on croit qu'elle est l'antique *Enna*, dont on ne voit plus même les ruines : elle était

était sur une colline, & Cérès, divinité favorite des Siciliens y avait fixé le siège de son empire: son temple était célebre.

Lentini, ou *Leontini*, *Leontium*, est une des plus anciennes villes de la Sicile: le tremblement de terre de 1693 la renversa presque toute entiere: ses habitans, ses bestiaux même passent pour les plus robustes de l'Isle: on y pêche, sale & prépare le *moletti*, poisson très-délicat: c'est là son principal objet de commerce: les Lestrigons l'habiterent: ses campagnes sont célebres par leur fertilité; Pline rapporte que le blé y croissait sans culture, & dans quelque lieu, on l'y voit croître encore: la petite riviere de son nom l'arrose.

Mineo, ville de 4000 habitans. *Modica* est plus grande, plus peuplée, a le titre de comté, est sur une petite riviere à cinq lieues de la mer. *Vizzini* est dans une gorge, au milieu d'une chaine de montagnes. *Melilli* est à quatre lieues d'Augusta, c'est un joli bourg.

Noto nuovo, ville de 7000 ames qui donne son nom à la vallée: le tremblement de terre de 1693 ayant détruit l'ancienne Noto, située à l'embouchure de l'Abiso, ses habitans bâtirent celle-ci.

Avola ou *Aula*, petite ville qui a des plantations de cannes à sucre & des sucreries: le sucre y meurit moins qu'en Amérique, & il est moins bon, sans être moins cher.

Terra nova, petite ville qui a un port, est située à l'embouchure d'une petite riviere qui porte son nom & a le titre de duché. A deux lieues de cette ville est le lac (Beviero) de son nom; il est étroit, mais long & a une lieue de tour: on en tirait beaucoup de sel, & on peut y en tirer encore; mais le plus grand avantage qu'on en retire, est le poisson : il y est si abondant que du rivage on le tue à coup de perches : il en fournit une partie de la Sicile pendant le carême ; deux gardes placés dans une tour, veillent sur ceux qui pourraient venir le pêcher sans en avoir le droit : c'est l'eau de la pluie, celle des ruisseaux qui descendent d'une montagne au levant de la ville, & de la petite riviere Drillo qui le remplissent. Lorsque l'ardeur de l'été l'a desséché, ses rives sont couvertes de sel. On croit que c'est le lac *Cocanicus* dont parle Pline. *Terra-nova* fut, dit-on, l'ancienne *Gela* : quelques auteurs cependant croient que *Gela* exista où est maintenant *Alicata* ou *Leocata*, dans une espèce d'Isle près de l'embouchure de la riviere Salso : ses environs fournissent le froment le meilleur, le plus blanc de la Sicile : elle a aussi de bons vins. *Mazzarino* a le titre de comté ; c'est un bourg sur une petite riviere à six lieues de la mer.

Piazza, petite ville presque dans le centre de l'Isle, elle a 18000 habitans : ses environs sont charmans & abondans en sources & en ruisseaux qui serpentent parmi de petits bois de sapins & de coudriers : on ne voit nulle part des païsages si charmans : près d'elle est le petit lac de *Mineo* : c'est le *lacus Palicorum* dont les eaux, quoique froides, bouillent continuellement. *Ragusa* est un bourg : des campagnes couvertes de thim, de calamente, & d'autres herbes odoriférantes l'environnent.

Siragosa, *Syracuse*, fut une ville superbe, une république florissante ; mais la guerre, la tyrannie, des tremblemens de terre l'ont presque détruite : des quatre quartiers qui la composaient, il ne subsiste que celui d'*Ortigie* le plus petit de tous : le reste est couvert de décombres au milieu desquels sont des vignobles, des champs, des vergers, des champs de tabac, entourés de murs formés de pieces de marbre couvert de gravures & d'inscriptions. Là se trouvent encore des monumens admirables. La *Latomie* admirée par Ciceron, est dans le sité le plus beau; elle est taillée dans un rocher très-dur formé de coquillages & de gravier; à 100 pieds sous terre, & est d'une vaste étendue : une couche de terre fertile la recouvre : à l'abri de tous les vents, elle produit des oranges, des citrons, des bergamotes, des grenades, des figues, &c. d'une grosseur extraordinaire & d'un goût exquis : ce jardin appartient à des capucins. *L'oreille de Denis* est une caverne très-vaste, élevée de quatre-vingt pieds, longue de 250, devenue aujourd'hui inaccessible : on dit que tous les sons qui s'y formaient, se réunissaient en un point où le tyran appliquait son oreille : c'est là qu'il renfermait ses ennemis, & qu'il épiait leurs discours pour y proportionner sa vengeance : l'écho en est prodigieux : près de là sont d'autres cavernes qui servent aujourd'hui à faire du nitre. L'*amphithéâtre* a la forme d'une ellipse excentrique : le théâtre en est entier; ses gradins, ses siéges subsistent encore. Les *catacombes* sont semblables à celles de Rome : des ruines de divers temples sont éparses çà & là : on y admire des colonnes de Jupiter Olympien : le temple de Minerve y est érigé en cathédrale dédiée à la Vierge, la façade en est neuve & dépare le reste. *Ortigie* qui forme aujourd'hui Syracuse a deux milles de tour : on y compte 16000 habitans presque tous misérables; elle était une Isle, & devint ensuite une péninsule que l'on a séparé de nos jours par un canal. Une forteresse redoutable la défend, l'eau de la mer remplit ses fossés, mais ses nombreuses embrasures sont sans canons : près de là est la fontaine Aréthuse qui sort de terre grande comme une riviere : on sait que la fable la faisait traverser l'Italie, & la mer poursuivie par Alphée, qui sortait de terre près d'elle. Syracuse a deux havres ; le grand a deux lieues de tour : il est excellent ; des édifices de marbre l'environnaient ; il était fortifié & est aujourd'hui abandonné : le petit port montre encore les ruines d'un acqueduc : la chaleur est violente dans cette ville ruinée, & l'on dit qu'il n'y a pas de jour où le soleil ne s'y montre.

Passaro, autrefois *Pachynum*, est la pointe la plus méridionale de la Sicile : ce n'est pas une péninsule comme on la représente, mais une Isle stérile de mille pas de circuit : il y a un fort & une garnison pour s'opposer aux corsaires Barbaresques : les champs voisins sont couverts de fleurs, & les rocs de capriers ; mais la main de l'homme ne s'y fait point remarquer, & on n'y recueille rien d'utile à sa subsistance : là croit le *palmeta*, joli arbrisseau dont la fleur est semblable à l'immortelle bleue ou pourpre. *Passaro* est un lieu d'exil pour les officiers subalternes.

Marza est une petite baye, voisine d'une saline qui porte son nom : lorsque l'été a desséché l'étang, on en tire beaucoup de sel qu'on embarque à Marza : la charge d'un âne se donne pour cinq sous, celle d'un mulet pour le double : lorsqu'il s'épuise, on le laboure, & il redonne la même abondance de sel.

Camarana fut une des plus riches villes de la Sicile ; il n'en reste qu'une tour : on croit qu'elle était l'ancienne *Camesena*, premiere ville qui ait été fondée dans cette Isle : près d'elle est un lac qui porte son nom. On compte encore dans cette vallée trente-sept autres duchés, &c.

Petites Isles situées autour de la Sicile & qui en dépendent.

Les *Ægates*, ou *Ægades* sont situées au couchant de la Sicile, vis-à-vis la partie de cette Isle située entre Marsella & Trapani.

Levenzo, nommée autrefois *Phorbantia*, ou *Buccina* : elle a quatre milles de tour, & c'est la plus septentrionale de ces Isles.

Favagnana s'appellait jadis *Ægusa* ou *Capraria* : elle a sept milles de tour, est très-fertile, abondante en lapins, en daims, couverte de belles prairies : elle appartient à la maison Palavicini de Gènes : on y voit un château fort nommé Ste. Catherine. La pêche est sa plus grande richesse : elle se fait entre ses côtes, & celles de la petite Isle de *Falconieri* : dans les bonnes années elle rapporte au seigneur plus de 80000 livres.

Maretimo est la plus occidentale de ces Isles : elle a treize milles de tour, & abonde en thims & en miel ; son ancien nom est *Hiera* ou *Maretima* ; c'est un rocher presque nud : son château est une prison d'Etat.

Plus près de la côte de Sicile, entre ses côtes & les Isles Ægades sont encore quelques petites Isles ou écueils, dont la principale est *Alcagrossa*. Entre la Sicile & l'Afrique on trouve les deux Isles que nous allons décrire.

Pantalaria est à dix-sept lieues du Cap Bon en Afrique & à douze de Malthe : elle a dix lieues de tour, & 3000 habitans tous agguerris, bons arbalêtriers ; elle nourrit du bon bétail, a des oli ves, des figues, des raisins, des capres, du coton, mais le blé y vient de Sicile, c'est l'ancienne *Cossura*, les Africains la nomment *Kowa*: elle est un fief de la Sicile, & donne le nom de prince à un descendant des Requezens d'Espagne. Au nord de cette Isle, il en est une plus petite.

Lampedosa ou *Lampidosa*, Isle inhabitée, mais fertile & riante. Il y a un bâtiment qu'une tapisserie divise en église & en mosquée, & que les catholiques visitent avec dévotion, ainsi que les Mahométans. Près de l'église est un magazin bien pourvu, où les navigateurs de toutes nations trouvent des agrès pour réparer ceux qu'ils ont perdus, ils en déposent la valeur dans un tronc s'ils ont de l'argent; s'ils n'ont que des marchandises, ils les déposent dans l'église. Des religieux Siciliens viennent les recueillir à des jours marqués, & y portent des nouveaux agrès: les profits de ce commerce toujours fait avec bonne foi, sont appliqués à un hôpital de Trapani. La pêche y est abondante; elle a un bon port, des eaux douces & pures: l'olivier sauvage la couvre: elle a cinq lieues de tour: la cour de Naples a projetté d'y établir une colonie. Près d'elle est l'Isle de *Linose*. La Lampedosa donne le titre de prince à la famille Tomasi.

Isles de Lipari.

Les anciens leur donnaient le nom d'*Æoliæ*, de *Vulcaniæ*, d'*Insulæ Liparæorum*: elles sont au nord de la Sicile, dont elles sont éloignées d'environ quatorze lieues: on y voit des volcans qui vomissent sans cesse du feu ou de la fumée, & c'est pourquoi elles eurent le nom de Vulcaniennes : toujours le vent y fouffle avec plus ou moins de force, & c'est la raison qui y fit placer la demeure d'Eole, Dieu des vents : elles sont au nombre de onze, les anciens n'en connaissaient que sept, & il est probable que les autres se sont formées, ou par quelques tremblemens de terre, ou par l'éruption de quelque feu souterrain. Elles produisent une quantité prodigieuse d'alun, de soufre, de nitre, de cinabre, diverses sortes de fruits, des figues excellentes, & sur-tout des raisins : il en est de l'espece qu'on appelle de Corinthe. On connait la malvoisie estimée qu'on en tire. Depuis 1600, elles dépendent de la Sicile ; elles dépendaient auparavant du royaume de Naples.

Lipari, *Lipara*, est la plus grande de toutes, est habitée & cultivée, produit de l'alun, du soufre, & du bitume : on y recueille des grains & des fruits ; on y voit divers bains chauds recherchés autrefois & aujourd'hui négligés. Les anciens la regardaient comme un fanal, parce que ses feux ne s'éteignaient jamais ; mais depuis plusieurs siecles elle n'a pas souffert d'éruption des feux souterrains : on y voit de vastes cavernes où l'action des volcans produisaient un murmure constant, c'était là qu'on prétendait qu'Eole emprisonnait les vents. Lipari a six lieues de long, & c'est la plus fertile de ces Isles : l'air y est fort sain ; ses habitans sont industrieux & bons navigateurs. La ville de son nom est bâtie sur un rocher, est le siége d'un évêque qui ne relève que du Pape, est défendue par un château, a deux églises, un couvent de moines & un de religieuses.

Volcano ou *Bolcano*, autrefois *Vulcania*, *Ther-*

miſſa, *Theraſia*, *Hiera* ou *la Sainte* : Pline & d'autres hiſtoriens diſent qu'elle fut produite par une éruption de feux ſouterrains dans les premiers tems de la république Romaine. On y voit aujourd'hui deux gouffres qui vomiſſent continuellement de la fumée, mais ils ne font plus d'éruption : rarement voit-on s'en élever des étincelles : le plus grand eſt vers le midi de l'Isle. Juſques dans le ſeizieme ſiecle il a lancé une quantité prodigieuſe de feu & de pierre ponce : en 1444 il avait fait une éruption qui ébranla la Sicile & les côtes de Naples; il en ſortit des rochers d'une groſſeur énorme, la mer bouillonna tout autour de l'Isle.

Volcanello; cette Isle eſt voiſine de la précédente; comme elle, un gouffre y fume ſans ceſſe, & y lança autrefois du feu : elle eſt couverte de veines de ſoufre.

Liſca bianca s'appella autrefois *Euonymos* : c'eſt la plus petite de ces Isles.

Baſiluzo, *Pare rotto*, & *Panari* ſont déſertes & preſque ſteriles : la premiere fut appellée *Herculis inſula*, la derniere *Hiceſia*.

Stromboli, ou *Strongoli*, autrefois *Strongyle*, a été très fertile & produiſait beaucoup de coton : ce n'eſt qu'une grande montagne dont la circonférence eſt de quatre lieues, & la hauteur d'environ 500 toiſes : de la mer au ſommet on ne voit preſque que cendres & matieres brûlées, terminées par des rochers de lave : vers le nord, on voit quelques vignobles de peu de rapport : ſes habitans ne ſont pas nombreux & ils ſont peu ſociables. Elle a ſuccédé à Volcano & ſert aujourd'hui de fanal aux navigateurs : c'eſt la ſeule de ces Isles qui ait un volcan qui brule ſans ceſſe :

pendant la nuit on y voit s'élever une flamme rouge & claire qui brille pendant quelque-tems, elle disparait, & renait de nouveau ; mais le navigateur est plus souvent guidé par les pierres enflammées qu'il lance dans l'air, qu'on voit retomber & rouler sur la terre, puis s'éteindre : il éclaire la nuit, sans en troubler le silence : sa longitude est 33 deg. 13 min. sa latitude 38 deg. 49 min.

Salini, connue des anciens sous les noms de *Didyme* & de *Gemella* : elle a eu un volcan, est cultivée, rapporte du vin & des fruits.

Alicur, autrefois *Ericusa*, a des palmiers dans ses champs : c'est la plus occidentale de toutes les Isles de Lipari.

Felicur a un territoire fertile ; mais est peu peuplée : on la nommait *Phœnicusa*.

Ustica, Isle au nord de Palerme, à dix lieues du cap *di Gallo* ; au couchant des Isles *Lipari*, elle a conservé son ancien nom ; elle a 4 lieues de tour & deux forts qu'on y a construit il y a peu de tems : auparavant les corsaires Barbaresques en avaient enlevé tous les habitans : on y en conduisit de nouveau en 1766 : elle n'existait pas avant la guerre punique & doit sans doute son existence à un volcan.

LE ROYAUME DE NAPLES (*a*).

Ce royaume comprend l'ancien Samnium, l'Apulie, la Campanie, la Lucanie & le Bruttium,

---

(*a*) Nous avons reçu diverses corrections & des articles étendus de la *Société Littéraire & Typographique* de pays habités par des peuples guerriers: on sait que chez les Samnites, les services rendus à l'Etat reglaient le rang entre les jeunes gens, & que le plus courageux, le plus vertueux avait le droit de choisir sur toutes les jeunes filles celle qu'il préferait pour sa femme: on connoît par l'histoire Romaine les délices de la Campanie: dans la Lucanie celui qui refusait de recevoir dans sa maison un étranger après le soleil couché, était puni par une amende. Les Romains se soumirent succeffivement ces différens peuples: ils firent

---

Naples, pour la description de ce royaume: plus exacte que celle de Busching, elle l'est plus que celle d'aucun autre géographe. Ce serait un des avantages qu'on retirerait de l'union des lettres à l'art de l'Imprimerie: c'est cette union qui rend si précieuses encore les éditions des premiers Imprimeurs de la Hollande; les Etiennes, les Elzevire, &c. étaient hommes de lettres: aujourd'hui que cet art est abandonné à des manœuvres, de belles impressions ornent des livres méprisables; & les ouvrages les plus estimés, les plus dignes de l'être, sont défigurés par des hommes ignorans & avides, qui vendent & achetent ce qu'ils n'entendent point; qui peuvent nuire à l'Etat, aux mœurs, sans être coupables, n'estiment la bonté d'un livre que par sa vente, regardent les hommes éclairés, comme des subalternes qu'ils nourrissent & payent, & avilissent l'auteur utile qui s'occupe du bonheur du genre-humain. Faites que l'Imprimeur soit savant & homme de bien, vous n'aurez pas besoin de censeurs, vous ne verrez pas des éditions clandestines insulter à la vertu, à la raison, détruire en secret tout le bien que la religion peut faire en public: il respectera les mœurs, l'Etat, sa profession; les lettres ne seront plus avilies, elles seront mieux cultivées & plus utiles: on peut s'étonner que parmi tant d'académies, aucune n'ait indiqué ce sujet aux réflexions de l'homme de bien & de l'homme instruit.

partie de l'Empire Romain, & devinrent la proie des Barbares qui le détruisirent; les Vandales, les Hercules, les Goths y regnerent. Bélisaire les en chassa vers l'an 536, & soumit le pays à l'Empire d'Orient. Totila s'en empara, Narsès les rendit à l'Empire par ses victoires: les Exarques de Ravenne y commanderent au nom de l'empereur. Les Lombards conquirent une partie de ce pays; mais ils ne purent soumettre le duché de Naples, qui fut longtems indépendant de ce peuple guerrier, & n'en devint tributaire qu'en 830.

Les Sarrasins qui s'étaient emparés de la Sicile, firent alors de fréquentes incursions dans ce pays; ils ravagerent le territoire de Naples, mais ils respecterent la ville, & le duc bientôt après fit alliance avec eux. En 877 l'évêque Athanase se saisit du duc Sergius, lui fit crever les yeux, & lui succéda: ce prêtre fut aussi l'allié des Sarrasins, & fut excommunié; pour se soutenir il appella les Musulmans à son secours: ils vinrent, pillerent l'abbaye de mont Cassin, s'établirent dans le pays, & ne purent en être chassés qu'en 914 par le pape Jean X. Les princes de Naples, de Benevent, de Capoue, les Grecs, les Sarrasins, les Romains se disputerent longtems ce pays: il était tour à tour ravagé & défendu par ses maîtres & par ses ennemis, & l'on ne savait souvent si l'on ne devait point voir un ennemi dans son prince, ou un prince dans son ennemi. L'ordre vint des lieux où on devait moins l'attendre: quarante gentilshommes Normands qui venaient de visiter en pélerins la terre sainte, aborderent sur les côtes de Naples: les Grecs y assiegeaient Bari, & des hommes qui voulaient pour jamais éloigner le joug de cet Empire, les engagerent à la secourir: ils mirent en fuite les

Grecs : les Sarrasins assiegeaient Salerne, ils vainquirent les Sarrasins, & le prince de Salerne essaya de les retenir dans le pays. Henri II empereur, ou roi d'Allemagne, qui s'était fait reconnaitre souverain de ces pays, leur donna quelques fiefs dans l'Apouille, & devenus plus puissans ils continuerent à faire le destin de ces petits Etats subalternes, toujours divisés entr'eux. Le prince de Capoue avait été chassé, ils le rétablirent : pour se venger du duc de Naples qui s'était joint à ses ennemis, il vient ravager sa capitale, pille les églises, & veut la garder. Le duc dépossédé recourt aux Normands qui le ramenent & le font rentrer dans Naples en triomphe. Ils obtinrent de la reconnaissance & de la politique un territoire assez étendu situé entre Capoue & Naples, & y fonderent la ville d'Averse dont *Rainolf*, l'un d'entr'eux prit le titre de comte ; c'était en 1032. Ce succès des Normands en Italie y en attira un grand nombre d'autres : parmi ceux-ci furent les fils de Tancrede de Hauteville, qui bientôt se distinguerent & devinrent puissans. Guillaume l'un d'entr'eux, surnommé bras de fer, chassa les Grecs de l'Apouille & s'en fit comte en 1043. Le pape & l'empereur s'armerent contre son frère Drogon qui lui succéda : mais le pape (c'était Léon IX), devint le prisonnier de ces courageux frères, il en fut respecté, & il donna l'investiture de l'Apouille, de la Calabre, de tout ce qu'ils pourraient conquerir en Sicile à *Hunfroi*, & à ses successeurs, sous la condition de lui en rendre hommage. *Robert Guiscard*, fils de Tancrede, devint duc de Calabre & de l'Apouille en 1060, il conquit la principauté de Capoue, le duché de Bari, chassa les Sarrasins de toute la Sicile, & s'empara encore des principautés de Salerne, d'Amalfi, & de Bénevent, délivra le pape en forçant l'armée de l'Empereur Henri qui l'assiegeait de se retirer, & fit plus de mal à Rome que n'y en auraient fait les Allemands : la mort le surprit au milieu des projets qu'il formait contre l'empire Grec. Roger son fils lui succéda, l'un de ses fils *Boemond*, son neveu *Tancrede*, allerent dans la terre sainte se former de petits Etats ; & lui cependant assura toujours plus sa puissance. Le pape Urbain II, en 1098, le nomma, ainsi que ses successeurs, légat apostolique du St. Siége en Sicile, & il y rétablit la réligion, y fonda un grand nombre d'hôpitaux, d'églises & d'évêchés. Son fils Roger, élu comte de Sicile par son père, profita de l'absence de son frère ainé Boemond, se fit duc de l'Apouille & de la Calabre, obligea le duc de Naples de lui prêter serment de fidélité, & étant enfin devenu maitre de ce qui forme aujourd'hui le royaume de Naples & de Sicile, il prit le titre de roi : l'antipape Anaclet y consentit, & Innocent II fut ensuite forcé d'y consentir comme lui : il donna à son royaume le nom de deux Siciles qu'il a encore aujourd'hui, résida à Palerme, conquit Tripoli, Tunis, Hippone, & mourut en 1154. *Guillaume le mauvais* lui succéda & régna douze ans. Son fils *Guillaume le bon*, tint plus longtems les rênes du gouvernement, & se fit aimer de ses sujets : il ne laissa point d'enfans ; *Tancrede* fils posthume du roi de Sicile lui succéda, mais ne regna pas trois ans. L'empereur *Henri VI*, de la maison de Souabe, qui avait épousé Constance, fille du roi Roger, s'empara du royaume & le transmit en 1195 à son fils *Frédéric II*, prince qui eut de grands talens, de grandes vertus, & qui pendant cinquante-trois ans combattit la puissance du St. Siége qu'il ne put vaincre, à laquelle il n'était odieux que par ses vastes possessions dont il entourait l'état de l'église, & parce qu'il était trop fier pour ramper sous elle : il mourut après de longues agitations ; après avoir joui de plus de gloire que de bonheur. *Conrard IV*, excommunié comme lui, est obligé de combattre les anathêmes du pape, & les princes qu'il arme contre lui, & tandis qu'il chasse les troupes du pape de ses Etats, le pontife les vend à un fils d'Henri III, roi d'Angleterre, qui ne les posséda jamais. Conrard périt à la fleur de son âge, empoisonné, dit-on, par *Mainfroi* son frère naturel, qui devenu régent du royaume, & aidé des Sarrasins qui s'étaient établis sur les côtes méridionales de la Calabre, battit les troupes du pape qui voulait s'emparer des états de son neveu, & quand il en fut le maître, il prit la couronne à Palerme en 1258. Le pape prépara sa ruine, il donna la Sicile à *Charles*, duc d'Anjou, frère de St. Louis, le nomma sénateur de Rome, vicaire de l'empire en Toscane, & le fit couronner par sept cardinaux ; à condition qu'il lui payerait un tribut annuel, & n'accepterait jamais la couronne Impériale. Charles vint avec une armée, défit & tua Mainfroi ; mais à peine fut-il sur le trône qu'il se vit sur le point d'en descendre. *Conradin*, petit fils de Fréderic II, vint reclamer l'héritage de ses peres ; d'abord vainqueur, puis vaincu, il périt avec ses amis sur un échaffaut : Charles fut assez barbare pour suivre en ce point l'avis du pape : c'était en 1268.

Jusqu'alors les rois avaient résidé à Palerme ; Charles fixa sa résidence à Naples, & ce fut une des causes qui lui firent perdre la Sicile : les Français y furent tous massacrés, & Pierre, roi d'Arragon, qui avait épousé la fille de Mainfroi ou Manfredi, & que Conradin avait nommé son héritier avant de mourir, s'empara de la Sicile, & s'y soutint par des succès. Charles fut forcé de l'en reconnaître roi : le frère de St. Louis avait de grandes qualités, mais il était ambitieux, vindicatif, cruel, & il fut malheureux ; son fils Charles n'eut pas ses vices, ni ses revers. Robert, successeur de celui-ci fit prospérer à Naples les sciences & les arts ; sa petite fille Jeanne, quatre fois mariée, périt enfin par les mains de son neveu *Charles de Durazzo*, qui lui succéda : la mort de celui-ci fit monter sur le trône son fils *Louis*, qui fut aussi roi de Hongrie : la sœur de ce dernier, en nommant Alphonse roi d'Arragon & de Sicile pour son héritier, réunit pour quelque tems les deux Sicile : son fils naturel Ferdinand I, devint après lui roi de Naples ; il s'exempta du tribut imposé par les papes, qui fut borné à l'hommage annuel d'une haquenée blanche : on s'y soumet encore aujourd'hui. Alfonse II, régna après son père & laissa la couronne à Ferdinand II, détrôné pendant quelques mois par Charles VIII, roi de France, mais qui fut rétabli bientôt après par Ferdinand le Catholique, roi d'Arragon & de Sicile. Il mourut sans enfans, & son oncle Frédéric lui succéda, son règne fut court & malheureux. Louis XII & Ferdinand le Catholique se partagerent ses Etats, & ce dernier fut bientôt en chasser les Français ; il en resta seul possesseur. La petite fille de Frédéric fit passer dans la maison de la Trimouille de vaines prétentions à l'héritage de ses pères. Naples & la Sicile demeurerent unis sous les rois d'Espagne : un viceroi y montra l'image de la royauté, y tint les sujets dans une dépendance servile, & y abaissa les nobles; le commerce ne fut point encouragé, parce qu'on craignait d'enrichir le peuple, on le chargea d'impôts; en 1646, le peuple Sicilien obligea le viceroi d'abolir les impôts sur la plupart des besoins de premiere nécessité, celui de Naples fut assiégé dans un château, & le royaume fut sur le point de passer dans les mains d'un duc de Guise : un pêcheur fut le chef de la conjuration, & on l'élut capitaine général du peuple, il montra que le courage, la fermeté, la prévoyance se peuvent trouver réunis dans l'état le plus abject : mais la prospérité lui fit perdre la tête, il devint fou, bientôt après il fut assassiné, & le viceroi rétabli : cependant le mécontentement du peuple n'était point calmé ; le duc de Guise espera d'en profiter, il voulait être le chef d'un nouvel Etat républicain, & n'aspira point au titre de roi ; il aurait réussi si la France l'eut sécouru, malgré les obstacles que lui avait préparé le gouvernement Espagnol, en s'attachant plusieurs nobles par des titres & des fiefs, un grand nombre de bourgeois en leur donnant des hypothèques sur les revenus publics, en créant des tribunaux dont les prérogatives étaient très-étendues, & dont les membres ne pouvaient espérer de maintenir leur puissance que par ses anciens maîtres. Le duc de Guise fut fait prisonnier, & la révolte finit. Naples fit partie de l'héritage que Charles II laissa à Philippe V de la maison de Bourbon ; mais l'empereur Joseph conquit ce royaume, Charles VI, le posséda jusqu'en 1734 que Don Carlos, duc de Parme, s'en empara. Alors Naples vit son souverain habiter dans ses murs, elle vit des abus se réformer, le commerce renaître

tre les arts encouragés. Le fils de Charles Ferdinand IV régne depuis 1759.

Le royaume de Naples confine vers le nord à l'état de l'église, & partout ailleurs aux mers Adriatique & Méditerranée. Sa surface est d'environs 3500 lieues quarrées: le climat y est chaud, & dangereux à l'étranger pendant l'été; l'hyver y est peu sensible, la glace & la neige y sont rares, mais dans les montagnes elles s'y entassent, & y offrent dans les ardeurs de l'été, un secours contre les chaleurs excessives. Dès le mois d'Avril la chaleur du soleil est brulante; mais les nuits y sont froides encore. La fertilité de la terre est admirable dans toutes les provinces; c'est dans les deux Abruzzes qu'elle est moins considérable. Par-tout on trouve diverses sortes de grains, dont on estime que le quart passe dans l'étranger, les meilleurs fruits, des légumes recherchés, mais mal cultivés, & leur goût s'en ressent, des vins excellens (*b*); beaucoup de ris, de blés de Turquie, de safran, & deux espèces de chanvre. Dans la Calabre on recueille abondamment de la manne, on y trouve de l'alun, du vitriol, du soufre, du cryftal, des carrieres de marbre, des mines de différens métaux: la laine y est fine, la soie sur-tout, quoique sale & mal filée, fait un des plus grands objets du commerce d'exportation du pays: les huiles en forment un autre qui monte à 11 millions de livres. On y cultive beaucoup de lin, & on en fait des toiles mal fabriquées: on y re-

---

(*b*) Ils le sont au moins pour les Napolitains: l'étranger les trouve trop doux, grossiers, pesans, peu spiritueux.

cueille de la reglisse, on y fait des fromages de lait de brebis, de chèvres, de vaches, de bufles ; mais tous assez mauvais. On en exporte des oranges, des noisettes, des amandes : les chevaux en sont très-estimés : chaque vache y rend environ dix ducats à son proprietaire ; le veau y est délicat, & celui de Soriente est le meilleur ; le mouton y est de mauvais goût : les cochons y sont savoureux, & leur nombre est immense : nul animal n'y est de plus grand produit que le bufle, mais sa chair est fade : la volaille y est commune & mauvaise. On connaît cette espece de lin ou de soie dont la couleur est d'un vert d'olive, & que donne une espèce de moule qu'on trouve sur les côtes de Naples, sur celles des Isles de Corse, de Sardaigne, de Malthe, & du Golfe de Venise : on en fait des camisoles, des bas, des gands, des bonnets qui sont aussi chauds que ceux qu'on fait avec la laine, aussi fins, aussi doux que s'ils étaient de soie, & qui conservent toujours leur lustre (c). On y trouve aussi la *pierre phrygienne*, ou *pietra fungifera*, qui n'a, ni la dureté de la pierre, ni les propriétés de la terre ; mais semble être un assemblage de terre, de bois pourri & de filamens de plantes diverses : placée dans un lieu humide & ombré, elle produit dans peu de jours des champignons qui se vendent jusqu'à vingt livres la pièce : leur graine d'une petitesse extrême, est cachée dans la matiere de cette pier-

---

(c) Ce fait est contredit par la Société de Naples : il y a seulement, dit-elle, à Reggio une fabrique de laine crue de poissons, (*lana sucida,*) produite par une espèce d'huitre.

re, & ne peut être distinguée de la poussiere qu'avec un microscope : ils croissent fort vite, sur-tout lorsqu'on verse de l'eau chaude sur la pierre.

Les *monts Apennins* s'étendent dans toute la longueur du pays, & se terminent au détroit qui la sépare de la Sicile. Le *Vesuve* n'en fait point partie : ce mont célebre est à moins de deux lieues de Naples : la partie qui s'étend vers la mer est couverte de fruits & de vignobles : la plaine qui l'environne est fertile & riante ; l'air y est mal sain. Le vin qu'on y recueille est de trois sortes ; l'un s'appelle vin grec ; le second est muscat, & sa couleur est d'un beau jaune ; le troisième est le vin rouge connu sous le nom de *Lacrima Christi* : il est destiné pour le roi qui en fait des dons à qui il lui plait : celui auquel on donne ce nom, & qui se répand par le commerce n'en est point. C'est au moins ce qu'assure Busching, mais la Société de Naples nous assure qu'on le recueille abondamment au pié du Vesuve, & qu'on en trouve dans toutes les caves de cette ville.

Le Vesuve est un volcan qui brule depuis un tems immémorial : les plus anciens auteurs en parlent : elle s'est formée de ses propres éruptions : la plus ancienne dont parle l'histoire est celle que décrit Pline le jeune, & dont les cendres, dit-il, furent lancées jusqu'en Afrique, & même jusqu'aux extrémités de la Syrie : le vent porta les cendres de celle de l'an 471 jusqu'à Constantinople : diverses autres éruptions ont été célebres par les désastres qu'ils causerent : il a environ 6000 toises de tour, & 600 de hauteur, au dessus du niveau de la mer, selon Busching, mais Mr. de la Lande réduit sa hauteur à la moitié : on se tromperait moins en prenant un terme moyen : un chemin tortueux, un vallon l'environnent, & séparent la partie stérile des campagnes cultivées, qui s'élevent à la moitié de sa hauteur: le vallon ainsi que le reste du mont, est couvert de pierres ponces, de scories, de sables brûlés, de laves en petits morceaux, détachés en grande masse irrégulieres & noires: au dessus du vallon sont les bouches formées par différentes éruptions, & bouchées aujourd'hui par de nouvelles laves, du gravier spongieux & brulé, des cendres qui ont amené des éboulemens: plus haut est une platteforme qui fut l'ancien sommet du Vesuve; elle est couverte de soufre & de sels en efflorescence: le sol y est chaud; il exhale une fumée humide qui dépose du soufre, & du sel ammoniac sur les crevasses: cette platte-forme a 520 pieds de large, elle environne une petite montagne de 770 toises de tour, & de 14 de hauteur, qui est le sommet actuel du volcan; elle fut formée en 1755, par une éruption violente: c'est là qu'on voit le bassin, ou crater toujours embrasé, changeant souvent de forme: on peut quelquefois y descendre à la profondeur de 100 pieds, sur une croute qui n'a pas quelquefois 10 pouces d'épaisseur: le foyer d'où le feu s'élance est fort profond, mais plus élevé que le niveau de la mer: quelquefois au bord du goufre, les pluies forment un petit lac, & fournissent une partie des vapeurs qui sortent du volcan; car l'eau des pluies n'est pas la seule qui pénètre dans le sein de cette montagne: on en a vu sortir des torrens d'eaux salées qui annoncent que la mer y pénètre; c'est mème à l'eau de la mer salée & visqueuse, que divers naturalistes attribuent la formation des volcans: cette eau mêlée au soufre renfermé dans la montagne avec des particules de fer, les fait fermenter & les enflamme. Quand on la monte, on entend quelquefois un bruit effrayant, le vent préserve de la fumée en la chaffant au loin, ou la rend étouffante en la rejettant fur le vifage. C'eft furtout lorfqu'il y a éruption que le mont s'agite, & fait entendre d'épouventables mugiffemens : tous les lieux voifins en font ébranlés, & l'air eft obfcurci par la fumée, la cendre, les pierres qui en fortent & retombent aux environs. On peut connaître les matieres qui bouillonnent dans fon fein par celles qu'il a lancées. La lave parait être formée de pyrites vitrioliques & alumineufes, le feu a enlevé le foufre qui y était mêlé, a fondu la terre vitrifiable, & a formé un verre opaque imparfait, où l'on trouve encore des indices de fer, de cuivre, de terre alumineufe : la matiere fpongieufe, qui couvre la furface de cette lave eft lancée par le volcan, tandis que la lave en coule ; c'eft une pierre prefque vitrifiée, rendue plus legère d'un feptieme, & où l'on apperçoit des particules brillantes de la nature du talc : la cendre telle que la lave ancienne qui a couvert les lieux voifins, parait être affez femblable à cette pierre : elle renferme des particules falines, tranfparentes, d'autres qui font brillantes, d'autres encore qui font noires : celles-ci étaient fans doute bitumineufes, & fondues par le feu ; elles donnaient aux autres matières la facilité de couler ; mais quand elles furent refroidies, elles ne fe trouverent pas affez abondantes pour les lier, & en faire un corps dur : les matières écailleufes qu'on trouve répandues çà & là, paraiffent de la terre cuite : les marcaffites plus pefantes que la lave font couleur de fer, quelquefois jaunâtres : en les décompofant, on y trouve du fer, du talc ou du mica, du soufre, de la pierre. Diverses expériences ont prouvé encore que ces matieres lancées renfermaient des mineraux, & même de l'or, de l'argent, du cuivre, de l'étain, du plomb. On a remarqué que l'Etna & le Vesuve ont fait des éruptions dans le même tems, & l'on en a conclu qu'ils se communiquaient entr'eux, & avec la *Solfatara*; mais cette supposition ne parait pas fondée : ces éruptions s'accordent quelquefois, mais non toujours : sur une longue liste de ces éruptions, nous ne trouvons même que celles de 1682 qui coïncident; les mouvemens du Vesuve n'ont aucune correspondance avec ceux de la Solfatara; la distance qui sépare les deux volcans est trop grande pour les supposer liés par une communication mutuelle (*d*), & leur volume suffit pour renfermer les matieres qui en sont sorties.

Les tremblemens de terre sont un des fléaux de ce royaume : diverses villes autrefois célebres n'y montrent plus que des restes déplorables: la multitude des lezards verds en est un autre, mal qui lui est commun avec d'autres contrées : ils n'y causent aucun mal, ils rampent sur les murs & ils les percent, & il n'est aucune chambre dont les fenêtres ou les portes demeurent ouvertes qui n'en soit bientôt habitées ; les scorpions y sont nombreux ; la *Tarentule*, araignée fameuse par les effets qu'on attribuait à sa morsure, y est commune ; elle doit son nom à la ville de Tarente dans les environs de laquelle elles sont très-grosses: on disait que ceux qui en étaient mordus devenaient

---

(*d*) Elle est de quatre-vingt lieues.

mélancoliques, faibles, perdaient l'appetit, pleuraient, soupiraient, riaient, dansaient, avaient des rêveries, & mouraient dans peu de jours si la musique ne venait à leur secours, & ne dissipait ces symptômes que par les mouvemens extraordinaires qu'elle les forçait de faire : mais l'examen a fait disparaitre, & l'effet de la morsure de l'araignée, & celui des instrumens de musique : la morsure de la tarentule n'est plus aujourd'hui différente de la piqure de l'abeille ; comme elle, elle cause de la douleur, de l'enflure, mais se dissipe en aussi peu de tems, & s'adoucit par les mêmes moyens.

Aucune riviere du royaume n'y porte bateau : ce ne sont que des torrens qui descendent avec impétuosité de l'Apennin, qui s'enflent par les pluyes, se desséchent par les chaleurs de l'été & forment des marais pendant l'hyver ; differens petits lacs sans issue y sont répandus ; l'ardeur du soleil change en vapeurs mal saines ces eaux croupissantes, & de là vient l'air dangereux qu'on respire de Juillet en Octobre. On a pensé quelquefois à creuser un canal rempli des eaux du Volturne, qui devait l'être encore des eaux de diverses petites rivieres, & se terminer dans la province de Bari : par là, on joignait la mer de Toscane à la mer Adriatique, on facilitait & faisait naitre le commerce, mais les difficultés rebutent : il faudrait percer les montagnes, faire un canal souterrain, & ce travail qui n'effrayerait pas un homme à grandes vues, a fait tomber le projet, & l'a fait regarder comme impossible à l'indolent Napolitain.

Le royaume de Naples a 144 cités ou villes : en 1670, on y compta environ deux millions d'ames : en 1763, on eftima fa population de 3765572 ames. La cour fait publier tous les ans un état de la population du royaume : par celui qui fut publié pour l'année 1767, on voit que le royaume renfermait 1819267 hommes mariés ou non mariés, 1886875 femmes ou filles, 55431 prêtres, 30524 moines, 21657 réligieufes ; qu'il y naquit 81898 enfans mâles, 76770 filles, & qu'il y mourut 123041 perfonnes. Par celui publié en 1777, le nombre des hommes mariés ou garçons monte à 2092745, celui des femmes ou filles à 2124030, celui des prêtres eft reduit à 46694, des moines à 26931, des religieufes à 21103. Les enfans mâles nés dans cette année montent à 90209, les filles à 85916, & le nombre des morts à 124584. En 1778 on y a compté 4564445 ames : c'eft 76, 817 de plus que l'année précédente.

Les Juifs ont obtenu en 1740 à Naples & en Sicile divers privilèges, dont ils doivent jouir pendant 50 ans, fans qu'ils puiffent être diminués ; & à l'expiration de ce terme, ils peuvent efperer de le voir fe prolonger pendant 50 années encore s'ils le défirent. Delà vient qu'on trouve dans cet état un grand nombre de familles juives très-riches.

La nobleffe eft très-nombreufe à Naples : il y a déja plufieurs années qu'on y comptait 119 princes, 156 ducs, 173 marquis, 42 comtes & 445 barons ; ceux-là forment la nobleffe titrée ; les fimples nobles font bien plus nombreux, mais la plupart font pauvres : tous vivent inutiles & n'en rougiffent pas ; ils font prefque tous ignorans, & leurs jours fe paffent dans une oifiveté éternelle ; leurs maifons font vaftes, leurs domeftiques nombreux : pour les entretenir, il faut que le maître se reduise à de maigres repas, & que souvent il n'en fasse qu'un. Les femmes comme les hommes brillent par l'éclat des habits & des pierreries qui les couvrent ; monter à cheval, conduire une calèche sont les objets les plus importans de leur éducation; le paysan sans vertus, sans émulation, sans industrie, y vit content par la fertilité du climat: en général le peuple y est bon: il suffit au coupable de toucher le parvis d'un église ou d'un monastere, pour être à l'abri du bras séculier & avec tant d'asyles ouverts au crime, il n'y est pas plus commun qu'ailleurs ; les ecclésiastiques n'y forment point un état séparé ; ils sont mêlés & confondus avec la noblesse & le peuple : ils y auroient une puissance redoutable, s'ils avoient pû y établir l'inquisition, mais l'horreur qu'on y a pour ce tribunal a toujours fait échouer leurs efforts pour l'y faire introduire: on y compte selon Busching, 20 archevêchés & 125 évêchés: la societé de Naples compte 21 des premiers, 110 des seconds: le nombre des cloîtres y est très-grand; c'est sous les rois lombards qu'ils commencerent à accumuler des richesses ; sous Tottila, St. Benoît y établit les premiers moines, qui bientôt y devinrent assez puissans pour rendre pauvre un pays riche par la nature. Les deux tiers des fonds du royaume sont entre les mains des ecclésiastiques, & jouissent des ; des revenus ; Busching l'assure & le tenait d'hommes instruits, mais la société de Naples juge le calcul exagéré, & cela peut être aujourd'hui que par de nouvelles loix on a interdit au clergé l'acquisition des biens immeubles : il conserve son pouvoir en amusant le peuple par des fêtes, des processions, des madones miraculeuses, par des cérémonies qui charment également les yeux & les oreilles : ses mœurs les feroient détester si le peuple était plus inftruit; ce font les hommes les plus intrigans du royaume. Sous un exterieur dévôt, ils pénètrent dans les familles & en deviennent les tyrans: on les confulte fur tout, & ils décident de tout; ils font les arbitres entre l'époufe & l'époux, les freres, les fœurs, les parens, les amis, les domeftiques; & le vice même y maintient leur autorité: trop fouvent ils flattent les défordres criminels pour en jouir, ils corrompent & vendent enfuite à d'autres les femmes qu'ils ont corrompues. C'eft ainfi que les peint le chevalier d'Eon. Il y a cependant beaucoup d'eccléfiaftiques refpectables par leur favoir & leurs vertus. Malgré le fanatifme qui regne encore parmi le peuple, on y eft indulgent pour les proteftans étrangers; on ne les force point à plier le genou dans les églifes ou dans les rues devant le *Venerable*; on leur permet de faire gras dans les tems où le catholique fe l'interdit. Le Napolitain naturellement fpirituel, voit les défauts de fa religion; mais il défire les voir feul: une grande partie du peuple eft grec d'origine, & plufieurs font encore membres de l'églife grecque: c'eft des côtes d'Albanie qu'ils émigrerent, lorfque les Turcs les foumirent à leur puiffance en 1532. Charles-quint y amena diverfes familles de la Morée, & depuis ce tems encore, il s'en eft fait diverfes émigrations.

Naples poffède le premier des biens pour un royaume; c'eft la fertilité de la terre & la douceur du climat: il fleurit par fes propres forces, & malgré les abus, les défordres qui s'y font enracinés dans un tems où fes princes éloignés ne penfoient qu'à en tirer de l'argent, & vendoient aux nobles & aux riches les biens & la liberté de tous les autres: pour les réformer, il faudrait une nouvelle législation qui fut vigoureuse, & hardie autant que sage; le gouvernement en retranche quelques-uns, mais avec peine, & ses soins l'amenent lentement à la prosperité dont il peut jouir; sa situation le met à couvert des guerres & des troubles qui agitent les autres états de l'Europe, & lui permet mieux de s'occuper de son bonheur; cependant les arts y sont ou inconnus, ou mal cultivés encore: le luxe dans les habits, dans les repas & les équipages, les plaisirs absorbent toute l'attention des particuliers: l'histoire naturelle y présente de grandes richesses, & on ne la cultive pas. Les tribunaux sont toujours un gouffre qui engloutit presque tous les talens: on y trouve quelques médecins instruits, quelques ecclésiastiques savans, mais ils sont rares: les premiers cherchent à vivre plus encore qu'à faire vivre; les seconds à parvenir aux dignités plus qu'à les rendre respectables. Les riches n'y connoissent & ne se soucient de connoître d'autres arts que leurs plaisirs. Pour encourager & faire fleurir les sciences, il faut des secours publics, & il n'y en a aucun. Un ministre qui a des vues grandes & utiles, le marquis de la Sambucca, s'y occupe des moyens de fonder un académie des sciences pour les mathématiques & la physique, & il trouve des obstacles dans tous les hommes en charge à qui d'autres études que celle des loix paraissent inutiles ou dangereuses; les particuliers n'y donneront pas l'exemple de sacrifices pour l'utilité générale, à moins qu'on ne regarde comme tels les fonds destinés aux maisons de piété, & à se repandre sur les pauvres: il n'y ont point établis de manufactures, point fondés d'écoles; mais ils ont fait élever trois riches collèges pour apprendre la musique. (*e*) L'intolérance n'y interdit pas la lecture des bons livres, mais elle y règne trop encore. C'est le roi Ferdinand qui y établit l'Imprimerie, & elle semble y faire quelques progrès.

Les loix sont un mèlange de celles des Romains & des Lombards, des constitutions des rois Normans ou Espagnols: les differends relatifs au commerce maritime se jugent selon un code particulier, qu'on nomme le *consulat de mer*: le dernier roi avait entrepris un code qui devait rassembler toutes les loix nécessaires de l'état; mais il n'a été ni achevé, ni publié. Cependant la jurisprudence y est un cahos de contradictions au milieu desquelles les juges décident comme il leur plait: aussi les avocats cherchent-ils plus à captiver les esprits qu'à citer les loix: de là vient la considération qu'on a pour eux, & le crédit dont ils jouissent: tous les offices civils sont dans leurs mains, & on les appelle communément les *sages*: les plus sages sont ceux qui gagnent annuellement 40 ou 60 mille livres, & pour les gagner, il faut posséder la faveur des ministres, ou des juges. On prétend que les procès font vivre 20000 avocats à Naples. On compte un grand nombre de tribunaux dans le royaume: celui du *sacré conseil de Ste. Claire* fut fondé en 1442, il connoit par appel, souvent en premiere instance de toutes les affaires civiles, criminelles & mixtes, & les juge

---

(*e*) Pour y perfectionner l'art dramatique, on vient d'y instituer une Société protégée par le roi, présidée par le prince Franca villa: elle examinera toutes les nouvelles pièces de théâtre, & l'auteur de celle qu'on estimera la meilleure, recevra un prix de 200 ducats.

en dernier ressort; ses sentences sont des loix pour tout le royaume, & il n'est point soumis aux formalités, ni même aux loix, le roi peut seul ordonner la revision de ses jugemens, & alors il s'unit à la *chambre de Ste. Claire* pour juger le procès une seconde fois : cette chambre juge des affaires de féodalité, des émancipations, veille à l'observation des loix & des reglemens de police, donne des conseils & fait des représentations aux rois: elle est formée par le président du sacré conseil, & les quatre doyens de ses quatre chambres. La *chambre sommaire* examine sommairement les comptes, & prononce sur les objets rélatifs au fisc. Son chef au *gran camerario* est un noble du premier rang qui agit par un substitut: douze présidens, deux avocats fiscaux, un procureur fiscal, plusieurs autres officiers la composent. Le *magistrat du commerce* fut institué en 1739; on voulait qu'il fit prosperer le commerce; mais il n'a pas atteint son but, parce qu'on ne lui a pas donné une inspection générale sur toutes les branches du commerce & qu'il est borné à juger les procès qui s'élèvent entre les commerçans : ce tribunal est composé d'un président, de sept conseillers, de deux négotians, d'un rapporteur qui ne délibère point. Le *tribunal mixte* érigé en 1739 est composé de deux juges nommés par le pape, de deux autres nommés par le roi, tous régnicoles; le président l'est aussi, mais ecclésiastique, & nommé par le pape sur trois personnes désignées par le roi: ils ne jugent que trois ans, ont inspection sur les droits d'asyle, sur les crimes connus par les ecclésiastiques, sur les legs pieux, sur les maisons de charité dirigées par des laïcs, &c. Naples a un *tribunal de santé*, une *grand-cour de vicairie* qui connoit en premiere instance de toutes les affaires civiles, criminelles ou mixtes des sujets du royaume; une *cour du Bailli* qui juge des procès dont la valeur est inférieure à celle de trois ducats; une audience générale de l'année, un *tribunal des fortifications*, une *cour de l'amirauté*, un *consulat de l'art de la soie*, un *consulat de terre & de mer*. Chaque province a ses tribunaux particuliers; chacune a son *audience royale*, des gouverneurs nommés par le roi dans les villes du domaine, par les barons dans leurs fiefs, ils y jugent les matieres civiles & criminelles; ils peuvent condamner à mort. Le grand aumonier du roi, assisté d'un membre de la chambre de Ste. Claire & de deux officiers subalternes, examine les ordres émanés de Rome, & son approbation peut seule en légitimer l'exécution: il dirige l'université de Naples, veille sur ses revenus, sur l'élection de ses professeurs. Un tableau du commerce de ce royaume nous prouve qu'il reçoit plus de l'étranger qu'il n'y envoye; c'est que les manufactures n'y sont rien encore, ou presque rien. Les Français y portent annuellement en étoffes diverses, toiles blanches, indiennes, coton, sucre, caffé, cacao, harengs, cuirs, drogues, merceries, &c. pour environ cinq millions de livres; ils n'en reçoivent que pour environ, 1,800,000 livres en huiles, blés, manne, soies, raisins secs, figues, amandes, noisettes, reglisse, noix de galles, chanvre, &c. (*f*) Les Anglais y portent en draperies,

---

(*f*) La Société de Naples dit que la soie de ce royaume qui se transporte à Lion, monte à près de trois millions de ducats, & que son prix moyen est de 20 carlins la livre.

morues, harangs, bois de teintures, poivres, fer, plomb, étain, mercerie, horlegerie, &c. pour près de treize millions ; ils en retirent en soie, huiles, fruits secs, cendres gravelées, tartre, &c. pour moins de cinq millions 500 mille livres. Naples reçoit de la Hollande des étoffes, des pelleteries, du tabac, des drogues, de la porcelaine, &c. pour plus d'un million, & lui fournit une somme presque égale en vins, huiles, eau de vie, raisins, &c. Le commerce avec l'Allemagne, & les autres états de l'Italie, redonne à Naples presque autant qu'elle perd avec les deux premieres en grande partie, il est presque au pair avec l'état de l'Eglise, parce que Naples doit à la dictature & à la chambre apostolique. En général, année commune, cet état est toujours débiteur, & cela se prouve encore par le change qui lui est toujours défavorable : il lui serait avantageux, s'il savait user des dons de la nature ; si l'on y savait employer la soie & la laine, qu'on y encourageât les manufactures ; il faut que de grands obstacles s'opposent à ces établissemens, si le ministre actuel ne réussit pas à les créer, à les faire prosperer : le génie du peuple semble s'y opposer, mais un grand ministre peut changer le génie d'une nation.

Déjà par ses soins, la culture est améliorée & l'économie politique perfectionnée : le roi guidé par ses conseils, a ordonné qu'on éleva une magnifique *bourse* où les négotians se rassembleront pour traiter des affaires de commerce, & fixer un change direct avec les diverses places commerçantes de l'Europe, car jusqu'à nos jours Naples n'en avait pas : il se faisait par le moyen de places intermédiaires comme Gênes & Livourne. C'est encore à ce ministre éclairé, qu'est due la résolution de percer & de construire des grands chemins par tout le royaume : ils doivent être tels qu'ils facilitent la circulation des marchandises dans tous les tems de l'année, qu'ils soient commodes & sûrs, & qu'on y puisse voyager en chaises de postes. Ces ouvrages couteront des sommes immenses : déjà celui qui conduit à Rome est fini ; ceux qui s'étendront dans les deux Calabres jusqu'à Reggio sont commencés : des ingénieurs tracent ceux qui vont de Naples dans la Pouille jusqu'à Otrante, de Naples à Bénévent, & par Campobasso jusqu'à l'extrèmité opposée vers la mer Ardiatique, & ceux qui parcourront les Abruzzes : ceux qui existoient ressembloient plus à des fondrieres, qu'à des chemins, & ils étoient inpraticables pendant l'hyver. Il a fait ordonner que les moines mendians enseigneroient désormais gratis à lire & à écrire, l'arithmétique & la grammaire latine.

Il y a cependant quelques manufactures à Naples : on fabrique des draps dans la capitale, à Arpino, à Piedimonte, à Avellino, à san Severino & ailleurs encore, mais ils ne suffisent pas, & on n'y en fabrique point de fins. C'est le roi Ferdinand I qui les introduisit dans cet état : la reine *Marie Amelie* employa de grandes sommes à établir des manufactures de draps grossiers pour habiller les soldats, dans les hôpitaux des provinces du royaume. On fabrique encore dans la capitale des baietons peints en noir qui servent pour le deuil, des étoffes nommées *frisi* qui ressemblent au moulleton frisé, & quelques autres étoffes communes, des étoffes en soie & argent, des damas, des satins, des taffetas unis ou chinés, des moires, des droguets, des raz, des velours, des peluches, des chapeaux, des cordages,

dages, des verres communs, des cierges & des bougies, des gants, de la porcelaine, de la faïance, des camelots en poils, différentes sortes de pâtes. On connoît le jaune de Naples dont le principal ingrédient est le plomb, les cordes de violon qu'on y fabrique, les cuirs qu'on y tanne, &c. c'est un avantage pour cette ville, mais il est acheté par la misère des provinces, dont elle attire tout l'argent par le commerce & par ses tribunaux.

Les revenus publics ont deux branches; l'une s'étend sur les personnes & les fonds, l'autre sur les denrées qui se consomment, se vendent, sortent & entrent dans le royaume : chaque communauté paye annuellement 52 carlins par feu : l'*Adohoa* est une somme fixe payée par les nobles pour se dispenser du service personnel : leurs vassaux en payent la moitié : ces deux impositions sont les seules qui soyent fixes & ordinaires: la première rapporte annuellement, 2,053,549 ducats : la seconde 172,487. Le ducat peut être évalué à quatre liv. six sols; car le carlin vaut huit sols & sept deniers, & il faut dix carlins pour un ducat. Ces deux impositions rendent donc au roi chaque année près de dix millions de livres de France, environ le tiers en est aliéné; mais en ajoutant à ce qui reste le produit des douanes & des différens droits prélevés sur le commerce ou les consommations, l'imposition sur les biens-fonds des ecclésiastiques, sur les dons gratuits des six sièges de la capitale, & les cassels qui naissent des prétentions du fisc, ils montent à plus de quatre millions de ducats. La Sicile ne lui en rapporte pas un million. Sa dépense ordinaire pour sa maison est d'environ 420000 du-

Tome VII. T

cats: il entretient vingt régimens d'infanterie, deux régimens de cavalerie & trois de dragons, un état major dans diverses villes, un corps d'artillerie, quelques navires, des hôpitaux, &c. & le total de ses dépenses est estimé d'environ 3,200000 ducats pour Naples, & d'environ 400000 pour la Sicile. Toutes les troupes napolitaines montent à 43500 hommes, dont environ 1000 forment la marine militaire.

L'ordre de St. janvier y fut institué en 1751 par le roi D. Carlos: l'image du Saint suspendue à un ruban incarnat ondé, en est la marque distinctive: sur leur habit les chevaliers portent une croix en broderie d'argent. Le roi en est le grand maître.

On divise ce royaume en douze provinces qu'on nomme *Giustizierati*, ou jurisdictions. Cette division vient originairement de l'empereur Frideric II.

I. *Terre de Labour* (*Terra di Lavoro*)

Elle est séparée des deux Abruzzes par les monts Apennins, ils la bornent au nord, & joints au comté de Molise & à la principauté ultérieure ils la limitent à l'orient: le Sarno & la mer de Toscane la bornent au midi: cette même mer est sa limite au couchant. Les anciens la nommoient la *campagne heureuse*; elle dut ce nom à la douceur de son climat, à la fertilité de ses plaines & de ses collines, à la pureté de l'air qu'on y respire, à l'abondance des poissons qu'on trouve sur ses côtes, ou dans ses rivieres. Pline l'appelle *laborinus campus*, des champs Leboriens célèbres autrefois, & c'est sans doute de ce nom que lui vient celui qu'elle porte. Elle fut connue quelque tems sous celui de *Chatellenie de Capoue*; c'est la premiere province du royaume

ROYAUME DE NAPLES. 291

le nombre de ses villes, & la richesse de son [...] & par ce qu'elle en renferme la capitale. On y compte 56,990 feux. Il n'y a que deux ports sur ses côtes dangereuses : ce sont ceux de Naples & de Baya : celui-ci sur-tout, quoiqu'abandonné à la [...], est sûr & vaste. Le long de ses rivages on a élevé trente-deux tours, sur lesquelles on allume des feux pendant la nuit, pour annoncer le nombre de batimens qui paraissent au large, précaution que firent prendre les courses des corsaires Afriquains. Quelques Isles en dépendent ; ses principales rivieres sont le *Gariglione* & le *Vulturne* : le premier prend sa source dans l'Abruzze ultérieure, passe à Sora, arrose les champs d'Aquino & se perd dans la mer près de Frajetta : le second naît dans les Apennins, & arrose Capoue avant de se perdre dans la mer. On y trouve les cinq petits lacs d'*Agnano*, d'*Averne*, de *Lutra*, de *Patria* & de *Fondi* : plusieurs ruisseaux les embellissent ; les chemins y sont tirés au cordeau, bordés d'arbres, mais incommodes par la poussiere qui s'en éleve : de distance en distance on voit dans les champs des ormeaux sur lesquels s'élevent des seps de vigne, chargés en automne d'une multitude de grappes qui forment d'agréables festons.

Naples présente le coup d'œil le plus imposant : elle est située au fond d'un bassin large & profond de deux lieues & demi, dont les côtes sont couvertes de bois & de monts, & terminées par les caps de Misene & de Massa : on la voit s'élever au bord de la mer, ayant le Pausilippe, l'Elme & Antiguano vers le couchant ; les collines d'Averse, de Caprée & de Capoue au nord, l'Isle de Caprée au midi, & sur le derriere le Vesuve

T 2

& la fumée sombre qui tourbillonne à son sommet : autour d'elle sont des maisons élégantes & des palais : située au pied de collines riantes, elle embrasse le bassin par son étendue : en y joignant ses fauxbourgs, presqu'aussi étendus qu'elle, elle a vingt milles de circuit; (g) elle renferme environ 400000 ames, en y comprenant les étrangers. En 1777 on y compta 350061 habitans Napolitains, parmi lesquels étoient 3203 prêtres & 10542 moines ou religieuses. Le *Sebès* ou *il Fornello*, ou *Fiume della Magdalena*, petite riviere qui descend des collines voisines, en arrose les environs; on la passe sur un pont grand & beau, fait de pierres de taille : elle était plus grande autrefois, mais après avoir été ensevelie dans une éruption du Vesuve, elle reparut affaiblie de plus de la moitié : une partie de ses eaux, conduite par des canaux, vient former diverses fontaines publiques de la ville, l'autre embellit ses jardins & fait mouvoir ses moulins : d'autres sources vivifient ses campagnes, & fournissent à d'autres fontaines : la plus belle est celle de *Medina*. (*h*)

(*g*) La Société de Naples fixe le circuit de Naples à un peu moins de 11 milles. Lenglet surrigé par *D. Matteo Egittio*, Bibliothécaire du roi, dit, qu'il est de neuf milles, mais qu'en y joignant ses fauxbourgs, il est de dix-huit. Nous avons lieu de croire que la Société ne compte pas les fauxbourgs, quoiqu'aujourd'hui unis à la ville.

(*h*) La Société de Naples nous apprend que le *Sebès* des anciens n'est pas la même riviere que celle qui porte aujourd'hui ce nom ; la premiere arrosait *Palepolis* : maintenant cachée ; elle coule sous la ville dans les aqueducs appellés *formali*, & est connue sous le nom d'eau du *fusaro*. Ce qu'on nomme aujourd'hui le *Sebeto*, était l'été y est brulant, mais les autres saisons y forment un long printems : les fleurs s'y dévelopent au milieu de l'hyver; la terre y végete sans cesse, les fruits y naissent, y mûrissent souvent dans le cours de l'espace de deux ou trois mois.

Cette ville est entourée de murs formés d'une pierre dure & noire, nommé *Piperno* : elle a seize portes, & elles sont toujours ouvertes, son intérieur n'a pas d'édifices qui étonnent par leur magnificence; mais tous sont bien bâtis : ils ne presentent point de disparate; leur hauteur est à peu près égale, tous ont quatre ou cinq étages, & sont couverts de terrasses faites de pierres de lavagna, unies par un mastic formé de pouzzolane, de chaux vive & de bitume : ses rues dont quelques-unes sont un peu étroites, mais bien alignées, sont pavées de grandes pierres quarrées, dures & noirâtres qui paraissent être de la lave du Vesuve : c'est de cette lave qu'était pavée la voie Appienne & les villes de Pompeii & d'Herculaneum : (*i*) differens châteaux la défendent:

---

connu des anciens sous le nom de *Rôbeolo*. Mr. De la Lande dit que le Sebeto se divise en deux branches dont l'une coule dans les acqueducs de Naples, & l'autre arrose ses jardins.

(*i*) Les pierres *volcaniques* dont Naples est pavée, se nomment *Basoli* : ce sont celles qui sont au dessous de la surface à une certaine profondeur, celles qu'on trouve d'abord & qui sont nouvelles sont cassantes : on en trouve des masses de couleurs variées & brillantes : on en fait de petites tables, des tabatières, &c. fragiles, polies & semées de particules d'or & d'argent : on en fait encore des ornemens de femmes, des boucles d'oreilles, des bagues, &c. qu'on croirait enrichis de diamans ou d'autres pierres précieuses ; on en extrait même des liqueurs sulfureuses de differens genres.

T 3

celui de l'*Oeuf* eſt bâti ſur une roche qui s'avance à 230 toiſes dans la mer : là était autrefois une maiſon voluptueuſe du riche Lucullus ; là, dit-on, fut une ville nommée *Megare* : ſa forme ovale lui a fait donner le nom qu'il porte ; un pont de 220 pas de long, le joint à la rue Ste. Lucie. Le *château-neuf* en eſt la foreereſſe la plus conſiderable : il eſt au bord de la mer, & il défend le môle : ſes hautes tours dont trois ont été changées en baſtions, furent élevées par Charles I, en 1280 : des foſſés profonds l'environnent ; il renferme une cour extérieure où l'on donnait autrefois des combats de taureaux, des tournois, des carouſels ; & à gauche, eſt un arc de triomphe en marbre, placé entre deux tours, orné de ſtatues ; une porte d'airain la ſépare d'une cour intérieure d'où l'on monte à une ſalle d'armes qu'on dit pouvoir armer 50 mille hommes : vis-à-vis eſt l'égliſe Ste. Barbe ; des peſantes pièces d'artillerie enlevées par Charles-quint au duc de Saxe, ſont conſervées dans l'enceinte de ce château ; un de ſes baſtions fut bâti d'un impôt mis ſur les filles-publiques, & il en porte le nom : près de lui eſt une promenade : c'eſt là qu'on va élever la *bourſe* dont nous avons parlé : la tour de St. Vincent dont parle Buſching eſt détruite depuis pluſieurs années, celle de St. Sébaſtien conſtruite au bord de la mer, par Charles I. ſert de priſon pour les fils de famille. Le château St. *Ehne* ou St. *Eraſme* eſt ſur des rochers, au haut de la ville & ſemble plus la menacer que ſes ennemis : Charles-quint en fit une foreereſſe : c'eſt un exagone de 100 pieds de diamètre : ſes foſſés ſont creuſés dans le roc ; il n'eſt acceſſible que d'un côté : il a huit citernes, des mines, des ſouterrains qu'on dit communiquer au château-neuf ou y avoir communiqué : à son pied est un couvent de chartreux élevé par la reine Jeanne, pour remplir le vœu de son pere, dans l'enceinte d'une maison royale, célebre par la beauté de sa situation. Presque toutes les rues de Naples se déployent devant lui; à sa droite on voit la mer, le Vesuve, des palais; à sa gauche la riche campagne qui s'étend jusqu'à Capoue : la maison est riche, l'église pavée de beaux marbres, ornée de tableaux : le maitre autel est formé de figures d'argent, sa balustrade est construite de jaspes, d'agathes, de marbres antiques & d'autres pierres précieuses. La sacristie a une marqueterie qui, par les seules couleurs du bois, forme des tableaux de l'histoire juive : là est le Christ de Michel-Ange qu'on dit avoir été imité d'un homme que le peintre fit mourir pour avoir un modele. Le *Torrion des carmes* est voisin de la grande place du marché, & une garnison assez nombreuse y contient un peuple turbulent & léger.

Le port de Naples est un quarré de 150 toises en tout sens : deux môles le défendent, un petit du côté du nord, un grand à l'orient & au midi : celui-ci a 500 pas de long : deux fortins en éloignent l'ennemi : le vent du sud-ouest y est encore à craindre; à l'entrée est une lanterne ou phare qu'on allume tous les soirs : la rade est bonne & sûre, sur-tout vis-à-vis Ste. Lucie; le môle est la promenade la plus belle, la plus fréquentée de Naples pendant l'été : celle qui l'est dans l'hyver est la rue de Tolede, alignée & bâtie par les ordres du vice-roi Pierre de Tolede, bordée des deux côtés par un rang de petites boutiques : les carrosses qui y vont & viennent, durant la nuit, éclairés par des torches, les lumieres des boutiques y forment une illumination brillante. Derriere les boutiques s'élevent deux rangs de maisons très-belles parmi lesquelles sont des palais. C'est la rue la plus élevée de Naples.

Parmi les palais de Naples, on doit distinguer le *Reggio-Palazzo*, bâti en 1600 sous le vice-roi Ruiz de Castro: d'un côté il domine sur la mer, de l'autre sur une grande place irréguliere; ornée de deux fontaines; l'une est celle de Medina dont le vaste bassin est entouré par huit lions de marbre, qui forment autant de grands jets d'eau entre lesquels il en est de plus petits, & dont le centre, formé d'un petit bassin, supporte quatre hommes montés sur des tigres & font jaillir quatre fontaines: au milieu trois satyres soutiennent sur leurs têtes une large conque, sur laquelle un Neptune en s'appuyant sur son trident, en fait jaillir trois jets d'eau. La façade du palais a près de 100 toises de long: trois rangs de pilastres, doriques, ioniques & corinthiens, placés les uns sur les autres, couronnés d'une balustrade, garnie de pyramides & de vases, la décorent: trois portes d'égale hauteur, ornées de colonnes de granite qui portent des balcons, sont disposées à égale distance sur cette face: la cour est médiocre, mais entourée de beaux portiques; l'escalier est magnifique & d'une grandeur prodigieuse. Il est orné de deux statues collossales du Tage & de l'Ebre: on remarque la salle des vices-rois où sont tous leurs portraits depuis Gonsalve de Cordoue qui gouvernait en 1500. Les autres pieces sont décorées de pilastres, de chapiteaux, de glaces, de tableaux: leur plafond est peint par de grands maîtres. Du côté de la mer sont diverses statues entourant un bassin qui reçoit l'eau d'un grand jets d'eau ; un aqueduc reçoit l'eau, & de distance en distance différens animaux semblent se la donner l'un à l'autre : à son extrèmité est une fontaine de marbre ornée de statues. Ce palais communique au château-neuf par une galerie portée sur des arcades, & à l'arsenal par un pont couvert : on pourroit fabriquer dans cet arsenal jusqu'à 60 galeres & sa darse en peut tenir 25. Naples a encore d'autres palais ; l'un des plus grands est celui du prince Francavilla, situé vers la porte de Chaia : ses appartemens sont magnifiques : le palais de *san Severo* est un des plus ornés : celui de *Caraffa* est remarquable par les antiquités qu'il renferme : le palais de la justice, nommé *Vicaria*, est isolé, entouré de murs épais & élevés ; sa grande salle peut renfermer 2000 personnes, & est tous les matins remplie de plaideurs ; différens tribunaux de la ville y ont des salles où ils s'assemblent ; il en est d'autres pour les greffiers, les archivistes, les tribunaux des monnaies.

Naples a un grand nombre d'églises & de chapelles : on en compte environ 300 parmi lesquelles sont quarante-trois paroissiales : sa cathedrale, *il duomo*, est dédiée à St. Janvier, & flanquée de quatre grandes tours : son architecture est gothique ; l'intérieur est revêtu de statues, ils servent de cadres à des tableaux estimés : 110 colonnes de granite ou de marbre d'Afrique, la soutiennent & la décorent. On y voit un vase antique de basalte sur un pied de porphyre, qui sert de fonds batismaux ; des tombeaux remarquables parmi lesquels on remarque celui d'Innocent XII, & celui d'André de Hongrie étranglé par sa femme Jeanne I. Dans une chapelle souterraine revêtue de marbre blanc, soutenue par des colonnes tirées d'un temple antique d'Apollon, on conserve le corps de St. Janvier, protecteur de la ville. Le *Trésor*, ou la chapelle du saint, est ronde, d'une belle proportion, bien décorée, soutenue par 42 colonnes de brocatelles, environnée de niches où sont les statues de bronze de 19 saints, de petites statues d'argent placées au pié sont remplies de reliques : les ornemens y sont accumulés plutôt qu'ils n'y sont arrangés ; tout y est de la plus grande magnificence, le pavé est de marbre, l'entablement de stuc orné de dorure : la coupole est d'une belle ordonnance, le dessein en est admirable, mais ses couleurs manquent d'harmonie. Là, & dans la sacristie, sont conservés des richesses immenses : on y voit des chandeliers d'argent de douze pieds de hauteur, des bustes d'argent ornés de diamans &c. dans une niche, derriere l'autel, est un ostensoir dans lequel sont deux fioles de cryftal remplies du sang de St. Janvier, recueilli par une dame Napolitaine pendant son martyre : on la montre annuellement le premier dimanche du mois de may ; on le voit desséché ; on invoque le saint à grands cris, le sang coule & se liquéfie & le peuple se croit heureux : on a expliqué le miracle par une opération de chymie, ou par la substitution d'une fiole remplie d'un sang frais à la place de celle où il est desséché, faite avec subtilité. Ce miracle se fit la premiere fois dans St. Gennarello, & on en conserve le souvenir par une procession solemnelle. Il se fait encore dans d'autres églises de Naples. Toutes sont ornées de tableaux, & il en est qu'on admire : nous en parcourrons quelques-unes ; celle de *St. Luigi di Palazzo* fut d'abord une chapelle dédiée à St. Louis : elle est magnifique par ses marbres & ses peintures : sur un agathe du grand Autel on voit la figure de St. François de Paule qui en jetta les fondemens : on dit que sa barbe, son capuchon, tous ses traits & leurs couleurs naturelles ne sont point l'effet de l'art : cette église appartient aux minimes dont l'apothicairerie est des plus célebres de Naples. *St. Maria di Piedigrotta* doit son nom à la grotte percée au travers de la montagne pour aller à Pouzzol : elle est petite ; un songe miraculeux la fit bâtir, une image miraculeuse la rend célebre ; elle est placée sur le grand autel ; on la visite en foule ; les vaisseaux la saluent, & chaque année on fait des feux de joie en son honneur par les rues. *Sancta Maria Maggiore* fut un temple de Diane ou élevé par Adrien à son favori Antonoüs, comme des restes antiques le persuadent : la vue du diable transformé en porc, la fit, dit-on, dédier à la Vierge : sa coupole est belle & bien éclairée : devant elle est la *pietra santa* que le peuple baise avec dévotion pour acquerir des indulgences. *San Paolo Maggior* montre les colonnes d'un portique qui décorait l'entrée du temple de Castor & Pollux, élevé par un affranchi de Tibere ; un tremblement de terre les a alterées ; elle appartient à un couvent de Théatins qui renferme les restes du premier théâtre public, où Néron déploya ses talens pour la musique : un tremblement de terre le renversa ; on en conserve des colonnes de granite. L'église des St. apôtres qui appartient au même ordre & fut élevée sur les ruines d'un temple de Mercure, a de beaux tableaux : on en remarque la coupole, la piscine, le bas relief d'une de ses chapelles. *St. Filippe de Neri* se distingue par ses peintures, par ses belles statues. On compte à Naples 149 monasteres des deux sexes. (*k*) Leurs églises sont la plupart décorées avec pompe. Celle des augustins de *St. Jean de Carbonara* renferme le tombeau du roi Ladiflas; il s'élève jusqu'à la voûte, & est admirable par le travail, la hardiesse de l'exécution; le dessein en est gothique: d'autres beautés font remarquer cette église : le couvent a une très-belle bibliotheque : celui des Olevetans a de belles peintures; ses cloîtres, sa bibliotheque, son apothicairerie sont dignes d'être vus. *Il Carmine*, couvent de carmes célebre dans l'histoire, & le premier que ces religieux ayent eu à Naples : c'est à la mere du malheureux Conradin qu'il doit sa splendeur; elle y consacra la somme qu'elle destinait à la rançon de son fils, lequel est enterré près du grand autel de l'église qui est la plus fréquentée de toutes celles de Naples, où le roi va toutes les semaines, & où l'on montre un crucifix, lequel baissa la tête pour éluder un boulet de canon qui n'enleva que sa couronne d'épines. Le couvent est très-vaste : c'est à St. Laurent que les magistrats & les députés du peuple s'assemblent dans les tems de paix; c'est ici qu'ils déliberent dans les tumultes populaires, & c'est dans le beau dortoir de ce couvent que Masaniello fut assassiné. *Madre di Dio*, église des carmes est dans une belle rue, est très-ornée, a un grand autel très-riche & d'un travail admirable. Les Dominicains ont quinze maisons à Naples; la principale est *St. Domenico grande*; elle fut autrefois un hôpital. Charles II le bâtit & son cœur y est conservé dans une boête d'yvoire : l'église a de beaux

---

(*k*) La Société de Naples en compte plus de 200.

tableaux & un crucifix qui parla pour confirmer la doctrine de St. Thomas, dont la cellule est changée en chapelle; sa sacristie est magnifique, peinte, dorée, pavée en marbre: on y voit divers tombeaux; l'université y a tenu ses séances: elle fut fondée par Fréderic II; le palais où elle s'assembla ensuite étoit destiné à des exercices militaires; il manquait d'eau & fut abandonné aux études: la porte du milieu du bâtiment est ornée de grandes colonnes avec les armes du roi; sa façade est ornée de statues antiques tirées de Pouzzol. Cette université est la seule vraiment libre de l'Italie; les loix du royaume y sont les seuls objets qu'on est obligé d'y respecter: en 1777 on l'a transferée dans l'ancien collège des jesuites de *Gesu Vecchio*, un des plus beaux bâtimens de Naples: sa cour est vaste, deux portiques l'environnent, son escalier est grand & noble, sa bibliotheque est le plus beau vaisseau de ce genre qu'il y ait à Naples, ses livres sont nombreux; & on y voit des instrumens d'astronomie, grands, exacts, ingenieux. La place qu'occupait l'université est destinée à une *Académie des sciences, de belles-lettres & arts liberaux* : là sera aussi la bibliotheque royale devenue publique, enrichie de tous les livres & manuscrits hérités de la maison Farnese de Parme. (*k*) On y place en ordre les antiquités trouvées à Portici & à Capo-di-Monte: le marquis de la Sambucca encourage & preside à ce travail qui doit aider à sa gloire. Le batiment sera décoré des deux statues

---

(*l*) Elle était auparavant dans le château de *Capo di monte*, édifice singulier, d'une architecture lourde, mais d'une belle exécution.

colossales antiques de la maison Farnese, le *Taureau* & l'*Hercule* : la premiere est la plus admirée : c'est un groupe de six figures de grandeur naturelle, taillées dans un bloc de marbre de huit pieds de haut & de sept de large. Le taureau est dans une attitude furieuse ; ses pieds de devant sont élevés sur la tête d'une femme assise & attachée à ses cornes : deux hommes s'efforcent de le jetter dans la mer du rocher où les figures sont placées : une femme & un petit garçon les considerent. Il y a encore dans Naples cinq bibliotheques publiques : cette ville a sept hôpitaux : celui de l'*Annunciata* est grand, beau, destiné aux blessés, à ceux qu'affligent des maladies aigues, aux enfans trouvés, aux foux, aux filles répenties, aux femmes mal mariées, aux orphelines : ses revenus sont considerables ; il dote des filles, entretient deux chœurs de musique, cent prêtres, trente clercs & paye les maîtres qui les instruisent, entretient diverses maisons de campagne pour faire respirer aux convalescens un air pur, ou leur faire prendre les eaux : cette derniere institution sur-tout est très-sage. Il fut fondé en 1301 ; sa nouvelle église est un chef d'œuvre d'architecture moderne. Il *Serraglio* est un hôpital ouvert à tous les pauvres du royaume, il fut commencé en 1751 ; il peut renfermer trois ou 4000 hommes, & on y établit des métiers pour occuper les vagabonds. *Gli Incurabili* peut renfermer 600 personnes : tous ceux qui sont attaqués de maladies chroniques, les filles qui veulent quitter le monde ; les enfans que la teigne dévore, les hommes consumés par les maladies vénériennes y sont reçus. *Monte della misericordia*, est encore un très-riche hôpital ; il a une maison dans l'Ile d'Ischia pour faire prendre les bains à ses malades :

son église est belle : devant elle est un obelisque bizare, semblable à un ancien chandelier d'église. On compte encore dans la ville trente sept conservatoires, espece d'hôpitaux où l'on reçoit des gens âgés & des enfans; ils y travaillent : il en est trois où l'on enseigne la musique aux enfans & qui font des écoliers célebres.

Les places de Naples sont grandes, peu régulieres; quelques-unes sont ornées d'obelisques, ou de fontaines; d'autres ne le sont que par les rues qui y aboutissent & les forment.

Près du couvent des cordeliers on trouve les *Catacombes* de St. Janvier ; lieux souterrains où l'on dit que se retiroient les premiers chrétiens & où ils enterroient leurs martyrs : creusées dans le roc ou la pouzzolane, elles s'étendent à deux milles au loin; sont divisées en trois étages dont chacun a des voûtes paralleles : elles peuvent renfermer quarante mille hommes : à l'entrée est une espece d'église taillée dans le roc, la chaire y a été creusée, l'autel en est grossierement taillé: dans l'épaisseur des pilastres qui soutiennent les voûtes sont de petites chambres sépulcrales ; on y entre par une porte quarrée, étroite & basse : on descend dans les unes, on monte dans les autres : des mosaïques, des peintures les ornerent. On croit que dans leur origine elles furent des carrieres de pouzzolane, où l'on enterra ensuite le bas peuple & les esclaves, & dont les chrétiens se servirent pour se cacher : elles n'inspirent que l'horreur & l'effroi ; les terres qui s'y sont éboulées empêchent d'y pénétrer bien avant. *La Grotta degli sportiglioni*, a sans doute la même origine: elle est taillée dans le roc dans une étendue de demi lieue : dans une branche de cette voûte souterraine, on accumula en 1656, 50 mille cadavres, & on la ferma d'un mur : sur la colline est une église où l'on prie pour les morts.

On trouve à Naples 5 théâtres fixes & 7 banques publiques. Parmi les autres banques, quelques-unes sont affectées au service des particuliers, & elles les servent gratis, quoiqu'elles soient obligées de payer un grand nombre de commis : les particuliers y déposent leur argent & en reçoivent des billets qu'on nomme *fedi di credito*, par ce qu'il leur est plus commode de faire ainsi leurs payemens, soit qu'ils soient sédentaires, soit qu'ils voyagent ; les négotians portent à ces banques l'argent qu'ils reçoivent, & font leurs payemens en billets signés du secrétaire de la banque : par là tous ces payemens, tous les contrats, sont enrégistrés dans la banque : on croirait qu'il est impossible qu'il y ait de l'ordre dans cette administration étendue & variée, mais il n'en est pas moins vrai qu'elle est aussi exacte que facile. Quoique ces banques soient fort anciennes, une seule a fait banqueroute, celle de la *Nunziata*, & ce désastre ne fut pas un défaut de son administration, mais des révolutions politiques. Les banques employent les sommes qu'on y dépose, à prêter sur gage à 6 pour 100 d'intérêt, & jamais gratis ; cet intérêt était modique lors de leur institution ; car il était alors généralement de 10 à 12 pour 100 : il est devenu onéreux aujourd'hui que le commerce, l'augmentation de la monnaie, l'a fixé à un prix bien plus bas : la vente des gages seule rend à telle de ces banques 25 mille ducats chaque année ; elles ont encore des rentes particulieres ; mais leur dépense, les pauvres qu'elles dotent, les aumônes qu'elles font, égalent ces rentes :

rentes. Leurs chefs font pris dans la noblesse, l'ordre des avocats, ou celui des négotians.

Naples, fondée d'abord par une colonie grecque, semble en avoir conservé une institution: les *sieges* paraissent une imitation des *Fratries*, lieu orné de portiques & d'un temple dédié au Dieu protecteur des familles qui s'y assemblaient pour sacrifier, & se consulter sur les affaires publiques. Les nobles y ont encore cinq sieges, le peuple n'en forme qu'un. Les premiers ont des loix, des réglemens, des formalités, que ceux qu'ils reçoivent s'engagent à observer. Quand ils ne reçurent dans leur sein que des nobles qui prouvaient 4 quartiers, qu'ils exercèrent le pouvoir qu'avaient eu auparavant les parlemens généraux, ce fut un honneur d'y être aggregé & on le recherchait ardemment : il l'est encore, mais l'admission est aujourd'hui plus difficile, quoiqu'ils aient moins d'autorité : avec celui du peuple, ils représentent la ville de Naples, & nomment des députés qui dirigent les assemblées : ils pourvoyent à sa subsistance, veillent à l'entretien des grands chemins & des aqueducs, à préserver la ville de maladies contagieuses : le roi ne peut, ou ne pouvait exiger de don gratuit, ni mettre d'impositions extraordinaires sans qu'ils y eussent consenti. Les sieges nobles sont ceux de *Capuana*, *Nido*, *Montagna*, *Porto*, & *Porta novo* : le lieu d'assemblée du quatrième est dans une situation agréable, au fond d'une rue où l'on faisait autrefois les courses de chevaux & diverses fêtes : dans celui de Nido, une seule voix peut interdire l'aggrégation au noble qui se présente ; le bâtiment qui le rassemble est vaste, & la noblesse y est vue de tout le monde ; il a une bibliothèque publique. Les autres n'offrent rien de remarquable.

Naples a 4 fauxbourgs; ce sont ceux de *Chiaja*, *Loreto*, *St. Antonio*, & le *Vergini*. Le premier nommé aussi *Spiaggia*, renferme de grands palais, & de belles maisons disposées le long de la plus belle promenade qu'on puisse voir; le long de la plage, le roi actuel a fait planter plusieurs rangs d'arbres, des fontaines l'ornent: il en est une encore fort agréable, c'est le *Platamone*; le sol en est élevé, il est au bord de la mer; on y voit des vestiges de grottes anciennes, & son nom en grec annonce que près de là sont des écueils au niveau de l'eau. Le fauxbourg St. Antonio est vers le nord, & c'est un des plus grands; il doit son nom à une ancienne église, qui fut partie d'un hôpital & l'est aujourd'hui d'une abbaie dont les religieux bénissent les chevaux & les cochons de la campagne, en les marquant d'un fer chaud, ce qui rend ces animaux respectables aux paysans. Celui des Vierges en est voisin: à l'orient de la ville est celui de Loretto.

Il y a beaucoup de fêtes & de spectacles à Naples: le faste y est aussi grand, aussi varié, aussi magnifique que dans aucune cour de l'Europe: Naples est remplie de domestiques habillés richement: le nombre des équipages & des chevaux y est prodigieux, & plusieurs familles tombent, écrasées sous le poids de ces dépenses. On y compte environ 5000 carrosses, & il n'est pas de villes en Europe où ils soient plus ornés. Une personne connue n'y peut marcher sans honte à pieds, & sans domestiques, sur-tout l'après diné: ceux qui n'ont pas de carrosse n'osent sortir que le matin. La table y est servie avec profusion. C'est peut-être ce luxe qui y arrête les progrès des sciences & des lettres. Cependant Naples l'emporte sur ce point sur Venise, Milan, Florence, Rome même : on y connait, on y cultive les lettres grecques & latines, ignorées ou défigurées dans les villes que nous venons de nommer ; on y est savant en jurisprudence, quoiqu'elle ne puisse se vanter d'avoir produit aucun grand Jurisconsulte. Elle est supérieure à la France par la connaissance des antiquités, par l'érudition ; elle lui est inférieure par les sciences physiques, & de raisonnement, parce que la presse y est moins libre : deux reviseurs, l'un nommé par le roi, choisi parmi les professeurs de l'Université, l'autre par l'archevêque, (& celui-ci est toujours un ecclésiastique,) ont inspection sur elle ; ils consultent trop leurs idées, leurs préjugés, surtout leur prudence ; car ils sont responsables de la doctrine des livres qu'ils approuvent. Rome, Florence, pour ne pas gêner le commerce, permettent l'impression de toutes sortes de livres, pourvu qu'on n'annonce point qu'ils ont été imprimés à Avignon ou en Toscane. Naples le défend avec sévérité. Dans un état des consommations annuelles de cette ville fait en 1767, on trouve, 389280 septiers de blés, 88093 d'orge ou avoine, 75292 quintaux d'huiles, 45550 quintaux de fromage, 72900 quintaux de poissons, 45542 quintaux de viandes salées, 165620 muids de vin, 21800 bœufs ou vaches, 160000 moutons ou agneaux, 55000 cochons, 82000 chevreaux, 16 millions de poules, poulets ou pigeons, 20 millions d'œufs & 300000 melons d'eau.

En général, le Napolitain est courageux, surtout charitable & c'est ce que prouve la multitude d'établissemens pieux & riches fondés par des particuliers: ils voyagent peu: nés sous un beau ciel, dans une terre fertile, ils en sortent avec peine, & y rentrent avec joye. Naples est sous 40 deg. 50′ 10″. de latitude, & le 31 deg. 39′ 10″ de longitude. Elle fut connue autrefois sous le nom de *Parthenope* & de *Napolis*.

Des rives du bassin de Naples, on voit vers le couchant s'élever une montagne riante nommée le *Pausilipe*, où l'on recueille du lin estimé, & au travers de laquelle on a creusé un chemin long de 450 toises qui conduit à Pouzzol: on l'appelle *la Grotta*, & on croit qu'elle fut faite par les habitans de Cumes; Varron, Seneque, Strabon en parlent; elle fut aggrandie par le viceroi Pierre de Tolede; elle a 50 pieds de haut, 30 de large; au milieu est une chapelle; deux soupiraux y répandent un jour sombre; la poussiere la rend incommode; vers la fin d'Octobre & de Fevrier, le soleil l'éclaire dans sa longueur: sur le mont sont les ruines d'un aqueduc qui conduisait les eaux du Serino à la *Piscina mirabile* de Misene: là est aussi le tombeau de Virgile, petite tour quarrée, ouverte en lanterne, haute de 10 pieds, couronnée de ronces, de parietaires & d'autres herbes sauvages du milieu desquels s'élève un laurier toujours verd; sur le penchant qui regarde la mer est une église, & le tombeau de Sannazar: son mausolée est orné des statues de Minerve & d'Apollon, qu'on a sanctifiée en gravant sur leurs piédestaux, les noms de Judith & de David. Cette côte nommée *Mergelina* est semée de belles maisons, de châteaux, de lieux de délices: elle se termine au promontoire de *Coreglio*, vis-à-vis l'Isle de Nisida: un peu plus loin est une petite grotte que Lucullus avait fait tailler pour y prendre les bains : on y voit un petit temple qu'on croit avoir été dédié à la fortune. Ce promontoire du Pausilipe est un roc couvert de broussailles parmi lesquelles s'éleve l'opuntia qui nourrit la cochenille : le long des rives qui y conduisent est une belle & large allée qui sert de promenade : là, on trouve aussi des bains chauds dont les eaux sont imprégnées d'alun, de cuivre & de fer. Tout le mont est si agréable qu'un poëte Napolitain l'appelle, *un lambeau du ciel tombé sur la terre*.

De la grotte du Pausilipe au lac d'Agnano, il y a une demi lieue de chemin, où l'on trouve d'antiques ruines, où l'on voit à sa droite le *mont des Camaldules*, le plus haut des environs de Naples, & au dessous duquel on tire la pierre de taille nommée *piperno*. Sur les rives du Lac, on voit les ruines de l'ancienne ville de ce nom : il a demi mille de diamètre ; l'air & les vapeurs qui s'échappent de son lit le font bouillonner sur les bords ; mais il n'a pas de chaleur sensible : il est couvert d'oiseaux de riviere de toute espèce ; on y pêche des tanches excellentes. Sur ses bords sont les étuves de St. Germain : c'est un bâtiment quarré, voûté, couvert d'une terrasse, divisé en 5 pieces différentes : une vapeur chaude ou fumée de soufre y sort de terre, & on la conduit dans les chambres par de petits canaux : les malades étendus sur des banquettes de pierre, enveloppés dans une couverture, la respirent d'abord avec peine ; elle leur paraît d'une chaleur insupportable, quoiqu'elle ne le soit qu'à un degré qui varie entre 30 & 40 ; mais bientôt ils s'y accoutument, elle les baigne de sueur, & leur paraît agréable.

Les murs près des bouches à fumée sont chauds,

chargés de foufre, & d'une matiere alumineufe, jaune, & en aiguille: quand cette fumée fort de la terre, elle confume le papier fans l'enflammer, elle couvre la peau de puftules qui fe diffipent fans laiffer d'empreinte, lorfqu'on les frotte avec du foufre chaud : quelquefois on la voit étinceller dans la nuit : ces bains foulagent ou gueriffent la paralyfie, la goutte, la faibleffe des membres, les abcès internes, &c.

Près de là eft la *grotte du chien*, petite caverne longue de dix pieds, large de quatre, haute de neuf : fon fol eft fablonneux ; il s'en éleve une vapeur humide, légère, fenfible à la vue à la hauteur de fix à huit pouces : elle ne dépofe fur les murs aucune incruftation, aucune matiere faline ; on n'y fent d'autre odeur que celle d'un fouterrain chaud ordinaire : un chien qu'on y couche pendant quelques minutes y eft agité de convulfions violentes ; elles le feroient périr, fi on ne le mettait à l'air libre qui lui rend fes forces, en un tems égal à celui qui les lui fit perdre : le crapaud y eft fuffoqué en demi heure ; le lezard en cinq quarts d'heures, une fauterelle en deux heures, les oifeaux refiftent moins, le coq vomit & expire prefque dans l'inftant ; aucun infecte, aucun reptile n'y réfifte, l'homme en eft plus ou moins affecté. Les montagnes voifines ont quelques autres grottes femblables.

La *folfatare* eft un mont qui paroît avoir été un volcan aujourd'hui éteint, ou dont les éruptions ont ceffé depuis que les matieres métalliques ne font plus mêlées au foufre qu'on en tire ; (*m*)

(*m*) Strabon en parle, liv. c & Petronius, *de mutatione Reip. Rom.* dit qu'on y entendait des mugiffemens.

l'éruption qui enleva le sommet du mont, se dirigea du nord au midi, & couvrit d'antiques bâtimens qu'on y trouve à une grande profondeur : elle forma au sommet un bassin ovale de 250 toises de long, environné de collines interrompues au midi : le terrain y est chaud & blanc, doux au toucher, formé de terre & de pierres calcinées, réduites en poussiere par une chaleur continue, les pierres y sont couvertes d'une fleur d'alun : ici la chaleur ne se fait sentir qu'à la profondeur de trois pouces ; là, le terrein est brulant à sa surface ; ailleurs il croît des broussailles que les chaleurs de l'été dessèchent : en divers lieux on voit sortir de la fumée ; vers le nord du bassin, cette fumée paroît quelquefois durant la nuit mêlée d'étincelles brillantes ; rassemblée, elle donne du sel ammoniac ; elle n'enflamme point le papier, mais le dessèche & le consume ; elle mouille le fer, noircit l'argent, ronge le cuivre & le dissout. On y expose des pierres pendant un mois, & alors on y ramasse le sel ammoniac dont elle les a couvert : sa suie lessivée avec l'eau de la solfatare donne un vitriol rouge, estimé pour la teinture : la terre lessivée avec la même eau fournit un excellent alun blanc : on y fait aussi diverses préparations de soufre : toute l'opération consiste à mettre cette suie, cette terre, ou des masses sulfureuses dans des vases remplis d'eau, & couverts d'appentis qui en éloignent l'eau des pluies ; le vase s'échauffe sur le terrein brulant, l'eau s'évapore, on lutte les vases, on les place sur des bouches de fumée, & la matiere se cryftallise au haut du vase de l'épaisseur de deux pouces, ou coule dans un autre auquel le premier communique par un tuyau : le terrein de ce bassin rétentit sourdement sous les pieds, & l'on croit qu'il n'est formé que d'une croute formée par les matieres en fermentation: ses bords sont élevés de trente pieds & couverts d'arbustes aromatiques & odorans. Les anciens nommoient ce lieu *Phlegra*, *Forum* ou *Olla Vulcanis*, *Colles Leucogœi*; là se donnerent les combats d'Hercule & des Géans. Vers l'orient est un bassin d'eau qui bouillonne d'un côté, quoique sa chaleur ne soit que de trente quatre degrés; au pié des collines qui environnent la Solfatara sont des sources très-chaudes qui ne bouillent point: sur sa pente méridionale est un couvent de capucins, bâti dans le lieu où St. Janvier souffrit le martyre; les vapeurs y échauffent le pavé, & séchent le linge près de l'autel, il en sort des murs d'une chapelle, elles conservent les cadavres déposés dans un antre, & rendent le couvent inhabitable en été. Plus bas est une grotte qui communiquait du lac d'Agnano à Pouzzol, & que des éboulemens de terre ont bouchée: derriere la Solfatara & le lac est une source dont l'eau contracte la chaleur & le goût salin de la montagne: elle a fait monter le thermomètre au soixante-huitieme degré.

Pozzuolo, ville d'environ 9 à 10000 ames, située au couchant de Naples, sur le golfe *Puteolanus*: elle est du domaine royal: fondée par les Samiens 469 ans avant Jesus-Christ, elle eut d'abord le nom de *Dicearchia*, & prit celui qu'elle porte encore du grand nombre de sources minerales qui l'environnent: elle a été une république, puis une colonie romaine, & alors elle était d'une étendue considérable: son évêque suffragant de Naples est nommé par le roi: sa cathédrale fut un temple dédié à Auguste: ses murs sont de pierres ou de marbre, rassemblés sans ciment,

On y voit des colonnes corinthiennes; cette ville a quelques autres antiquités, fur-tout un temple de Serapis, ou des Nymphes, revêtu des plus beaux marbres de Sicile & d'Afrique; quelques-unes des quarante deux chambres dont il étoit environné, une falle de bains pour les facrificateurs y font encore entiers, ainfi que fon pavé de marbre blanc, & quelques autres de fes parties. Sur un piedeftal de ce marbre blanc qui fupportait une ftatue de Tibere, fe voient en relief les ftatues de quatorze villes d'Afie que renverfa un tremblement de terre & que releva cet empereur. Les eaux de la mer ont baigné quelques-unes de fes colonnes; les dattes les ont criblées, & on trouve encore de ces coquilles bivalves dans leur intérieur. Dans le couvent des capucins eft une citerne finguliere, bâtie en brique, revêtue de ftucs, ayant la forme d'un vafe, foutenue par un pilier, renfermée dans une voûte, ne touchant à la terre d'aucun côté. L'amphithéâtre de Pouzzol eft confervé: mais fon arene longue de 250 pieds, eft devenue un jardin: on diftingue encore fes portiques & fes caves: on voit ailleurs les reftes du labyrinthe où l'on confervait les eaux dont la ville s'abreuvait: la mer couvre des ruines précieufes, elle a refpecté fur fon bord celle de la maifon de plaifance de Ciceron, & près de fon port 14 piliers & plufieurs arcs qu'on a cru être les reftes du pont de Caligula: elles en portent le nom, & défendent le port & la ville de la violence des flots. Devant cette ville la mer forme un golfe qui s'étend en un vafte demi cercle, qui a cinq quarts de lieue de traverfe jufqu'à Baies, & deux lieues jufqu'au cap de Mifene.

Pozzuolo renferme deux églifes paroiffiales, fix

couvens de moines, & deux couvens de religieuses.

Près d'elle est le lac *de Lucrin*, célèbre autrefois par les huitres vertes que les Romains y faisoient nourrir : il renfermait un grand nombre de poissons : il est voisin des rives de la mer, & n'en fut séparé que par les travaux de l'homme : un tremblement de terre éleva le 30 septembre 1538, du milieu de ses eaux avec un fracas terrible un mont haut de 200 pieds, formé de laves, de pierres brulées, de scories ; sa base a près d'une lieue de tour : ses environs beaux & fertiles furent bouleversés, le bourg de Tripergole situé entre le lac & la mer fut détruit ; une bouche à fumée s'y fit remarquer pendant long-tems : il ne reste du lac qu'un marais rempli de joncs, qui ne montre aucun vestige de coquillages.

Le *lac Averne* est voisin du golfe de Pouzzols, dans une vallée étroite : c'est un bassin circulaire de 300 toises de diamètre : jadis les collines qui l'environnent étoient couvertes de forêts épaisses & sombres qu'Auguste fit détruire. Ce vallon où régnait une ombre éternelle servait pour sacrifier aux dieux infernaux : l'horreur l'habitait, nul oiseau ne pouvait voler au dessus sans être suffoqué : aujourd'hui, découvert de forêts, ses eaux claires & fraiches n'exhalent plus de vapeurs malfaisantes, des poissons nagent dans son sein, des plongeons & d'autres oiseaux se jouent sur sa surface : il est profond de 180 pieds ; & selon quelques auteurs de 400 ; sur ses bords on voit encore la moitié d'un temple qui fut consacré à Apollon : vis-à-vis est la caverne qu'habita la Sybille de Cumes, elle a 10 pieds de large, 12 de long, 100 pas de profondeur, & est creusée dans un vaste rocher ; on y entre plus en rempant qu'en marchant : on trouve au deſſus de la grotte les bains de la Sybille ; ils ſont creuſés dans le roc : on y deſcend par un mauvais eſcalier ou ſentier tournant : ce ſont deux petites chambres qui furent très-ornées, pavées en moſaïques, entourées d'une banquette : elles ſont inondées d'eaux tiedes, les éboulemens ont détruit le reſte. Autour de cette grotte ſont les ruines de l'ancienne *Cumes*, ville autrefois opulente, affaiblie par les Romains, dévaſtée par les Saraſins, détruite par les Napolitains en 1207 : ſon évêché fut réuni à celui de Naples ; on y voit des reſtes de temples & d'aqueducs, un arc de triomphe fait de grands quartiers de marbre ; près d'elle eſt un ancien édifice appellé le *Temple des Géans*, & la *Torre di Patria* à l'embouchure du Literne ou Clanio, que l'on dit être le tombeau de Scipion.

Les ruines de *Baies* ſont au couchant de Pouzzols : cette ville & ſes environs furent le ſéjour des plaiſirs & de la volupté ; il était peu de riches Romains qui ne vouluſſent y avoir une maiſon ; malgré les dévaſtations que ces lieux ont ſouffert, la nature y parait dans toute ſa force & ſa beauté : la terre y produit ſans culture, quelques ſoins la rendent prodigue : le printems y eſt perpétuel ; ce pays de délices fut celui de la débauche, & les Penelopes y devenaient des Meſſalines : aujourd'hui il n'eſt habité que par quelques payſans pauvres & groſſiers ; l'air y eſt empeſté par les lacs où on fait rouir le chanvre, & par les marécages qu'y forment des ſources ſans iſſue : la côte eſt couverte de magnifiques débris que la mer ronge & engloutit inſenſiblement : le golfe de Baies eſt entouré d'un côteau en quart de cercle, couvert d'arbres & d'arbuſtes toujours verds ; au bas on découvre des temples antiques : ceux de Mercure, de Vénus, & de Diane font les mieux conservés ; l'eau de la mer y pénètre & commence à détruire les bas reliefs qui les ornent encore. Le château de Baies, élevé par Pierre de Tolede sous Charles-quint, sur un roc formant le cap qui termine le golfe, en défend le rivage : la ville s'étendait de là jusqu'aux bains de Neron nommés aujourd'hui *Etuves de Tritoli* : l'ouverture en est élevée de cinq toises au dessus du niveau de la mer : ils sont formés par de petites voûtes de six pieds de long & quatre de large ; la chaleur qu'y occasionnent les eaux bouillonnantes qui sont au fond est telle qu'il suffit d'y faire quelques pas pour être couvert de sueur : ceux qui font la fonction de guides, ont le teint pâle, les yeux éteints, les traits altérés : de ces eaux bouillantes, très-limpides, qui ont un goût acide & sulfureux sortent quelquefois des gerbes d'un feu bleuâtre. On trouve là des chambres, des salles, des galleries taillées dans le roc, des restes de bas reliefs, & autour, des ruines qui annoncent un édifice considérable qu'on croit avoir été un palais de Neron : dans le voisinage on trouve encore differens bains : à quelque distance des ruines de Baies est le petit lac poissonneux de *Mare-morto* : il communique à la mer par un petit détroit qu'on peut fermer pour empêcher le poisson d'en sortir : autour étaient les champs élisiens des poëtes : plus loin est le lac Acheron, nommé aujourd'hui *Lago Fusaro* ou *Coluccio* : il nourrit du poisson & on y fait rouir du chanvre. Entre la *Mare-morto* & la mer est la *Piscina mirabile*, reservoir d'eau de 200 pieds de long sur 130 de large, soutenu par quarante-huit piliers : on y descend par deux escaliers de quarante marches :

son enduit est aussi dur que la pierre : on croit qu'il fut bâti par Agrippa. Il serait trop long de décrire toutes les ruines remarquables qu'on trouve à chaque pas dans ces lieux célebres : nous nous bornerons à dire encore un mot du promontoire de Misene; il ferme au couchant le Golphe de Pouzzols & de Baies : on y voit beaucoup de voûtes : sur la hauteur était une ville, & au dessous un port où un phare guidoit les vaisseaux : la ville fut détruite en 890. On y trouve de belles ruines, entr'autres la *Grotta Traconaria*, allée longue, souterraine, tortueuse, qui a diverses chambres sur les côtés.

Procida, isle d'environ deux lieues de tour, où l'on compte 4000 habitans, qui est fertile en fruits, & abondante en vins : on estime beaucoup ses artichauds & ses figues : elle appartient au Marquis de Vasto : les faisans & les perdrix nombreuses qu'elle nourrit sont destinés aux plaisirs du roi : pour les conserver, il avait fait défendre aux habitans d'avoir des chats; les rats se multiplierent, les enfans dans leur berceau, les cadavres, avant d'être ensevelis, en devenaient la proye; les paysans se plaignirent & l'ordre fut révoqué. Strabon, liv. 11, dit qu'il fut un tems où cette isle fut unie à celle d'Ischia. Elle a une petite ville, située sur une hauteur sur la côte méridionale : à quelque distance, au bord de la mer, est une espece de bourg.

Ischia, autrefois *Aenaria* & *Pitecusa*, isle d'environ 4 lieues de tour : elle est peu éloignée de la côte & parait avoir été formée par un volcan épuisé : on n'y entend plus de mouvemens souterrains; il ne vomit plus de feux : mais on y trouve çà & là des scories, des laves, des eaux minérales chaudes très-actives. Strabon supposait que ce volcan communiquait à l'Etna, au Véfuve, à la Solfatara. Cette isle est aujourd'hui un des lieux les plus agréables de l'Italie : elle est montueuse, mais fertile en fruits, en vins blancs estimés, & abondante en gibier : ses monts ont des mines de fer ; on dit même qu'il en est qui donnent de l'or. Toutes ses productions, les poissons même qu'on pèche sur ses côtes ont un goût exquis, l'air y est très-sain ; & cette pureté de l'air jointe à ses sources salutaires, y attirent un grand concours de personnes ou malades ou pressées par l'ennui. Vers le Nord, est une petite ville, bâtie sur un rocher élevé que la mer environne & qu'un pont joint à l'isle : là réside un Evêque suffragant de Naples. On y compte 4 églises & un couvent de religieuses.

Nisida, petite isle dans le Golfe de Pouzzols, semblable à un jardin fertile & cultivé : elle serait riche, si les lapins ne la ravageaient : elle rend environ 3200 livres à son propriétaire ; Busching dit 8000 ducats : vers le midi, elle a un petit port nommé *Porto Pavone*, & sur un rocher voisin un lazareth où les vaisseaux font la quarantaine. On dit qu'en 1550, l'on y trouva le tombeau d'un citoyen Romain : il était de marbre, une lampe y brulait encore dans une bouteille de verre fermée. Elle n'était point noircie, quoique le feu de la lampe fut vif: il s'éteignit dès qu'il fut à l'air.

Torre di Rovigliano, & *Torre di Greco*, bourgs voisins de la mer, au pied du Véfuve, sous un climat délicieux. *Torre del Annunziata*, village qui a une manufacture de fusils.

Portici, village, maison royale à une lieue & demi de Naples, bâtie d'abord par un prince d'Elbeuf, ensuite par le roi Charles ; dont le successeur y passe le printems & l'automne : l'air y est pur, la situation riante : son jardin s'étend jusqu'à la mer : des terrasses séparent le palais de vastes plantations d'orangers, de citroniers, de grenadiers, &c. Au nord sont des arbres fruitiers de toute espece, & plus loin des vignes : sa cour octogone est entourée de bâtimens neufs & traversée par le grand chemin : dans l'intérieur est une chambre d'une très-belle porcelaine : ses appartemens sont pavés de mosaïque grecque & romaine, ornés de statues de bas-reliefs, de vases antiques, des peintures du Carrache, de Breughel, &c. Le bâtiment est simple, sa façade est tournée vers le Golfe de Naples ; autour sont dispersées une multitude de maisons de campagne & de jardins ; le village est uni à celui de Rosine qui occupe la place d'Herculanum, qu'on y a retrouvé à 68 pieds de profondeur, en cherchant des débris & de la poussiere de marbre pour faire des stucs ; on y trouva d'abord des statues, un théâtre, un temple de forme ronde, décoré au dehors de 24 colonnes d'albâtre fleuri, & au dedans d'autant de colonnes & de statues de marbre grec : bientôt on découvrit une ville entiere, dont les rues étaient tirées au cordeau, avaient des trotoirs & étaient pavées de laves, dont quelques maisons étaient magnifiques : quelques-unes ont des fenêtres d'un verre épais, quelques autres d'un gypse transparent, coupé en lames minces. Là était un vaste palais pour rendre la justice, décoré de statues, joint à deux temples ; un théâtre avec des gradins, des statues de bronze, des colonnes de marbre, des peintures à fresque, des murs revêtus de marbre de Paros, &c. On en a tiré des antiques rares qui ornent le palais de Portici. Herculanum, selon Denis d'Harlicarnaffe fut bâtie par Hercule, felon d'autres par les Opiciens, ou les Aufoniens : les Ofques, les Cuméens, les Tyrrhéniens, les Samnites occupèrent fucceffivement cette côté avant les Romains. Herculanum devint riche & floriffante ; des maifons de délices l'entouraient, un peuple nombreux l'habitait ; il affiftait au fpectacle lors de l'éruption du Vefuve dont les cendres remplirent l'air, la terre, la mer, étouffa les hommes, les troupeaux, les oifeaux, couvrit la ville entière, ainfi que celle de Pompeia, & ne laiffa qu'une vafte & ftérile plaine où elles avaient exifté ; le fouvenir même s'en était effacé ; les favans difputaient fur le lieu où elles furent. Pompeia ou Pompeii eft voifine de la tour *del Annunciata* à un quart de lieue de la mer ; elle n'eft couverte que d'une couche légère de terre où vegetere des vignes & des arbres ; on y trouve un nombre prodigieux de monumens antiques de toute efpèce ; dans la partie découverte, on voit le mur qui ceignait la ville, des tombeaux au dehors, une porte, un théâtre, un petit temple, &c. Ce n'eft qu'une petite partie de la ville : fes édifices font entiers, peu endommagés, & s'ils étaient tous découverts, tous déblaiés, ils offriraient un fpectacle unique en fon genre. Les monumens, les écrits qu'on a trouvé dans ces villes, font l'objet des études d'une académie qui en a publié 4 volumes in-folio des peintures, & 2 d'eftampes, très-bien gravées avec des explications : chacun fe vend 12 Ducats.

Somma, petite ville du domaine royal, fon territoire & celui de quatre villages qui en dépendent produifent 7 à 8000 livres de foie la meilleure du royaume. *Avella*, bourg qui a le titre de principauté,

cipauté, *Arienzo* a celui de marquifat. *Acerra* celui de comté : ce dernier a encore le nom de ville, eft le fiege d'un évêque fuffragant du pape, & nommé par le roi : la riviere de Patria l'arrofe ; l'air y eft mal fain.

Nole, ville du domaine royal : elle fut fondée par les Etrufques quarante-huit ans avant que Rome le fut : c'était une colonie romaine riche & floriffante, & quoiqu'elle foit belle encore, elle a bien déchu de fon ancienne grandeur. C'eft-là qu'Augufte mourut, là que les cloches furent inventées. Son évêque eft fuffragant de Naples : fes environs donnent une foie eftimée. A un mille de fes murs eft *Cafa Marciana*, abbaye célèbre de bénédictins qui dépend de Monte-Vergine, elle eft fituée au pied d'une colline agréable. Le bâtiment en eft magnifique.

Averfa, ville du domaine : elle eft à un mille de l'ancienne *Atella*, détruite par les barbares. Robert Guifcard la retablit, & lui donna le nom d'Averfa ; elle eft jolie, bien bâtie dans une plaine charmante, à l'extrémité d'une grande avenue qui conduit à Naples ; les orangers y embaument l'air ; fes environs font couverts de maifons de campagne : autour d'elle font quatre monafteres dont l'un, (c'eft celui de *S. Lorenz*) eft auffi ancien que riche : dans fes murs on compte neuf églifes, fept monaftères d'hommes, cinq de religieufes. Son évêque relève immédiatement du pape & jouit de 50 mille livres de rentes : le bourg *S. Arpino* occupe la place de l'ancienne *Atella*.

Caferta, ville du domaine, peu étendue, mais où l'on voit un palais royal, le plus vafte, le plus régulier, le plus magnifique qu'il y ait en Italie : c'eft un rectangle qui du couchant à l'orient a 731 pieds, & du midi au nord 569 : ſes murs épais de douze à quinze pieds, en ont cent & ſix de hauteur ; il eſt partagé en quatre cours, en quatre châteaux raſſemblés : ſes deux façades ont trente-quatre croiſées : devant elles ſont deux pavillons & un avant-corps, douze colonnes de plus de quarante pieds de fût les décorent : un portique ſuperbe traverſe le bâtiment du midi au nord : au centre de l'édifice eſt un veſtibule octogone dont quatre côtés s'ouvrent ſur les quatre cours, deux ſur le portique & un ſur le grand eſcalier, éclairé de vingt-quatre croiſées, décoré de la plus belle architecture & des marbres les plus riches; compoſé de cent marches de marbre larges de dix-huit pieds: ſur le huitieme eſt une ſtatue d'Hercule couronné par la vertu : au deſſus eſt encore un veſtibule de forme ronde, entouré de vingt-quatre colonnes de marbre jaune, éclairé par une coupole : en face eſt une chapelle : à droite eſt l'appartement du roi, d'où l'on voit la mer, Naples, Capoue, & les plaines qui les environnent ; une gallerie magnifique & vaſte le ſépare de celui de la reine, le reſte eſt pour les princes; le bâtiment a cinq étages ; tous les appartemens ſont voûtés, tous ſont beaux, les colonnes d'albâtre viennent de *Jeſuado*, lieu à dix lieues de Naples ; celles de marbre jaune de *Caſtronovo* en Sicile, ou d'*Apriceno* dans la Pouille : on a fait quatre-vingt-dix-huit colonnes doriques de la pierre de *Belicmi* qu'on tire de Palerme; elle eſt griſe, veinée d'un jaune métallique : on y a employé la belle pierre qui approche de l'albâtre nommée *Vatulano* & qu'on tira de Benevent, des marbres de Carrare pour les baſes & les chapitaux, des pierres de taille du mont *S. Jorio* près de Capoue, qui ſont d'une dureté extrême, des sapins de la Calabre, le fer de l'Isle d'Elbe &c. Ces jardins ont cinq cent toises de longueur, ils sont ornés de statues de marbres, & de bosquets. Un acqueduc y conduit des eaux qu'il prend à quatre lieues de là sur le mont *Taburno*, près des fourches Caudines : en quelques endroits il forme un pont de mille six cent vingt pieds de long, cent septante-huit de haut, soutenu par trois rangs d'arcades qui reposent les uns sur les autres; il perce cinq fois la montagne: sa longueur est de 21133 toises, sa pente d'un pied sur 4800. Ce palais superbe a couté environ près d'onze millions : c'est beaucoup sans doute, mais c'est peu comparé à ce que couta Versailles.

Caserte fut fondée par les Lombards : elle a le titre de principauté, son évêque nommé par le roi est suffragant de Capoue.

Mataloni, petite ville qui a le titre de duché, une église collégiale, quatre paroissiales, & cinq couvens.

Capoue, ou *Capua*, ville du domaine, entourée de fortifications modernes, défendue par un vieux château, bâtie dans le neuvieme siecle des débris de l'ancienne Capoue par l'évêque Landulphe, & le comte Landon, tous deux Lombards, arrosée par le Vulturne, & située au pied du mont *Tifates* aujourd'hui *St. Nicolas*: on y trouve quelques quartiers bien bâtis, quelques belles maisons, mais en général elle n'est pas belle; ses rues sont mal pavées, mal alignées, & elle paraît pauvre. Son archevêché fut fondé en 968 ; sa cathédrale est jolie, soutenue par des colonnes de granite, embellie par divers tableaux; elle a encore une collégiale, seize paroissiales, neuf couvens d'hommes, trois de femmes : ses maisons offrent beaucoup de marbres antiques, mais mal employés. Les suffragans de son archevèque sont les évèques de *Teano*, de *Calvi*, de *Cuserta*, de *Cajazzo*, de *Carinola*, de *Sessa*, & de *Venafro* : ses environs sont riches en lin.

L'ancienne Capoue bâtie, ou par un compagnon d'Enée, ou par les Tyrrhéniens, fut une des villes les plus florissantes de l'Italie : on connait ses délices; on lui donnait le nom de riche, d'heureuse; ses campagnes abondantes y appellaient le plaisir, & produisaient le falerne, le massique, le cecube, d'autres vins estimés ; les Romains l'affaiblirent, les Vandales la détruisirent ; & on n'en voit plus que des ruines à demi lieue de la nouvelle, au lieu où est situé le bourg de *Ste. Marie*, entre le Vulturne & le Literne, près de Caserte. Le monument le plus considérable qu'on y trouve est l'amphithéâtre bâti de briques, revêtu de grandes pierres blanches, assez bien conservé, plus décoré que celui de Rome ; on y voyait sur ses murs les têtes, les bustes, les statues des divinités du paganisme.

Cajazzo, autrefois *Calatia*, petite ville sur un mont, à quelque distance du Vulturne : elle a un château fortifié, son évèque est suffragant de Capoue ; on y compte quatre églises, deux couvens dans l'enceinte de ses murs, deux au dehors.

Thelese, fut une ancienne ville du Samnium, mais dont on ne voit plus que les murs & des ruines : elle fut détruite par un tremblement de terre en 1668 ; son enceinte qu'on voit encore, prouve qu'elle était grande, mais l'air y était mal sain ; près d'elle sont des sources minerales dont on vante les vertus, sur-tout pour la goûte ; son évèque suffragant de Benevent siege à *Cerrera* ou

Cerrito, petite ville où l'on fabrique des draps; la cathédrale y a été transportée & l'on y compte encore une collégiale & trois couvens.

Calvi, autrefois *Calis* & qu'on dit avoir été bâtie par Calaïs, fils de Borée: il ne reste plus de cette ville que l'église cathédrale, le palais de l'évêque qui est suffragant de Capoue, un séminaire, & une auberge.

Carinola, *Calinula*, petite ville qui a le titre de comté: un ruisseau y passe, l'air y est mal sain. Son évêque est suffragant de Capoue.

Sessa, autrefois *Aurunca*, ou *Suessa Pometica*, ville agréable, assez peuplée, siege d'un évêque suffragant de Capoue, elle a le titre de duché; sa cathédrale est remarquable par ses peintures & ses tombeaux.

Theano, *Theanum*, ville ancienne qui a le titre de principauté, est le siege d'un évêque suffragant de Capoue, & renferme un riche couvent de bénédictins: près d'elle il y a des sources d'eaux minerales qu'on dit salutaires à ceux qui ont la pierre.

Alifi ou *Aliphe*, petite ville située au pié des monts Apennins, ruinée en partie, mais qui montre encore des restes de son ancienne grandeur: elle était fort ancienne. Son évêque suffragant de Bénévent, réside à *Piedimonte*, petite ville voisine où l'on compte trois églises, quatre couvens, où est encore une manufacture de draps autrefois plus florissante. *Rocca Vecchia*, *Pesenzano* sont deux autres petites villes.

Venafro, *Venafrum*, ville ancienne qui a le titre de principauté, & est un siege suffragant de Capoue: il y a une cathédrale, six paroissiales, trois couvens. Ses environs sont plantés d'oliviers; ils étaient autrefois célèbres par leurs bains chauds; elle n'est pas éloignée du Vulturne.

S. Vicenzo di Volturno, monastere illustre près de l'embouchure du Volturno, fondé en 703, & qui s'enrichit si rapidement qu'il égala presque l'abbaye de Mont-Cassin.

Monte-Cassino, montagne où était située l'ancienne ville de *Cassinum*, & célèbre par l'abbaye fondée par St. Benoit sur son sommet ; c'est un des plus riches couvens de l'Italie. Sa façade a 525 pieds de long ; on y entre par une voûte, reste du couvent qu'habita le saint : le chapitre, les corridors, les différens corps de logis où l'on reçoit les étrangers que la piété y attire, tout y est très-propre. L'église est belle : le cloître qui y conduit est orné de seize belles statues de marbre, dont celle du pape St. Gregoire est la plus remarquable : la porte est revêtue de lames de bronze, sur lesquelles sont des bas reliefs qui représentent les possessions de l'abbaye. Elle a près de 100 pieds de long, est décorée de pilastres & soutenue par de belles colonnes doriques de granite oriental ; le pavé est posé sur les restes d'un pavé ancien fait en mosaïque, & incrusté de marbre à desseins, elle est ornée de très-beaux tableaux. Le sanctuaire est orné de balustrades magnifiques avec onze génies de bronze, tenant les symboles des différentes dignités qui ont illustré cet ordre : le grand autel est riche : on y monte par trois marches d'albâtre, le retable est incrusté de pierres précieuses : au dedans sont les tombeaux de Saint Benoit & de Sainte Scolastique autour desquels treize lampes brulent sans cesse : à côté sont les mausolées de divers hommes illustres. Sous le sanctuaire est un souterrain creusé dans le roc avec trois chapelles magnifiques : la tour de St. Benoit & ses chambres renferment des reliquaires, des vases précieux, des marbres rares, des tableaux de grands maîtres. Cent religieux composent ce monastere ; un chapitre élit un abbé tous les six ans, & est formé de tous les chefs des soixante & douze maisons de cette Congrégation : quelques moines cultivent les lettres dans cette solitude, qui par son élévation est exposée aux orages, à la foudre qui y tombe souvent & a terni les dorures de la voute de l'église.

Au bas de la montagne est la petite ville de *San Germano* qui dépend de l'abbaye pour le spirituel & le temporel : on y compte quatre paroisses, quatre couvens, & 7 à 800 ames. L'abbé y a un palais & y passe l'hyver : on y reçoit les riches, les pauvres, les mendians, les pélerins avec hospitalité, on les conduit au couvent par un chemin qui tourne la montagne, & où sont disposées deux chapelles où l'on fait remarquer, dans l'une, l'empreinte de la cuisse de St. Benoit ; dans l'autre celle de son genou.

Près d'elle sont les ruines de *Cassinum*, sur le penchant du mont ; elle fut une colonie Romaine ; Théodoric, roi des Goths, la détruisit ; dans son enceinte, on voit encore les restes d'un ancien temple, d'un amphithéâtre qui a 820 pieds de circonférence & des murs élevés de 57 pieds, d'un théâtre, & de quelques aqueducs souterrains.

L'abbé de Mont-Cassin exerce les fonctions épiscopales dans son district, & est le premier baron du royaume : il s'intitule patriarche de la sainte religion, abbé de Mont-Cassin, chancelier & grand chapelain de l'empire Romain, abbé de tous les abbés, chef de l'Hierarchie de St. Benoit, chancelier & collatéral du royaume de Sicile, comte & gouverneur de la Campanie, de la Terre de Labour, des provinces voisines de la mer, prince de paix. Un peu plus de modestie aurait convenu à des moines.

Valle-fredda bourg à quelque distance du Gerigliana.

Sora, petite ville, siege d'un évêque qui ne dépend que du pape; elle a le titre de duché, cinq églises & deux couvens.

Aquino, fut une grande ville, & n'est plus qu'un village de trente-cinq maisons assez pauvres, il a deux églises: la cathédrale est détruite; Aquino a encore le titre de comté & d'évêché qui ne releve que du pape. L'évêque reside à *Ponte-Corvo*.

Atino, autrefois ville épiscopale, n'est plus aujourd'hui qu'un bourg, & une prévôté qui ne releve que du pape. *Rocca-Guglielma*, *Monticello*, *Enola*, sont aussi des bourgs.

Fondi, ville qui a le titre de principauté: elle est dans une grande plaine, près du lac de son nom, est mal peuplée, pauvre, pavée de pierres enlevées de la voie Appienne qui forme sa principale rue, ornée d'un château dont le jardin appartint, dit-on, à Cicéron. S. Thomas d'Aquin y enseigna la philosophie, & on y montre un oranger planté de ses mains. Ses environs sont très-fertiles; ils sont couverts d'orangers, d'oliviers, de vignes, de lauriers, de mirthes, de plantes de toute espèce, les vins qu'on y recueille sont estimés & l'étaient des Romains. A un mille de là on voit un mont couvert d'oliviers. Son évêque ne releve que du pape: la cathédrale, une collégiale, trois couvens d'hommes sont ses principaux édifices.

Le lac de Fondi a une lieue & demi de tour: il enfle par de certains vents ; fes eaux croupiffantes exhalent des vapeurs putrides qui rendent l'air mal fain: on y pêche de groffes anguilles de fort bon goût.

Itri petite ville traverfée par la voie Appienne, & qu'on croit être l'*Urbs Mamurrarum* d'Horace: elle n'eft point riche, point jolie, mais elle eft environnée de collines fertiles, couvertes de vignes, de figuiers, d'oliviers, de lentifque, de mirthes. Sa fituation eft agréable, fes campagnes riantes, & leurs productions variées.

Gaetta, *Cajeta*, ville ancienne qui fait partie du domaine, fituée fur le penchant d'une petite montagne près de la mer dont elle eft prefqu'environnée : on dit qu'elle fut fondée par les Grecs : la deftruction de Formies qui donnait fon nom au golfe qui la baigne d'un côté, & celle de Minturne la rendirent floriffante ; elle eft longue, mais étroite, elle ne tient à la terre que par une ifthme fortifié avec foin ; le château qui défend le golfe l'eft auffi. Parmi fes monumens antiques, on remarque le tombeau de Munatius Plancus ; celui du Connêtable de Bourbon eft dans le château : l'églife cathédrale a de beaux tableaux, un clocher remarquable par fa hauteur & le travail, un batiftaire qui eft un morceau antique très-curieux : c'eft un vafe porté par quatre lions de marbre d'une feule piece avec des reliefs qui repréfentent Ino, affife fur un rocher, cachant dans fon fein un enfant : des fatyres & des bacchantes danfent autour d'elle. Une colonne de marbre blanc, toute fculptée, qui fit, dit-on, partie du temple de Salomon, orne fon grand autel. Près d'elle eft un rocher fendu en trois, de fa cime à la mer, le jour de la mort de Jefus. On a bâti une chapelle fur un gros bloc de marbre tombé dans une des fentes : elle ne peut recevoir que deux hommes à la fois : elle eft comme fufpendue au deffus de la mer qu'on entend gemir au deffous. Une foule de pélerins la vifitent, les vaiffeaux la faluent ; on raconte un grand nombre de miracles qu'elle a opéré. Ce rocher s'appelle *de la Trinité*, & les bénédictins y ont une églife : les Francifcains montrent dans leur jardin le buiffon où fe roulait leur fondateur pour éteindre de coupables defirs, & le rocher d'où il prêchait aux poiffons.

Les rivages du golfe font rians ; au fond on voit un grand fauxbourg : tout autour il y avait de belles maifons & des tombeaux, dont on diftingue encore les ruines mêlées aux orangers, aux mirthes, aux arbuftes les plus odorans & les plus agréables qui couvrent fes environs. Le port a la forme d'un demi cercle ; il eft revêtu de beaux quais garnis d'artillerie, & défendu par des ouvrages qui s'avancent dans la mer. La ville renferme diverfes églifes paroiffiales, fix couvens d'hommes, deux de femmes, & environ dix mille habitans. Son évêque ne releve que du pape.

A l'entrée du golfe eft la petite isle de *Ponza* : elle appartint aux ducs de Parme : elle a un bourg, un port & des falines abondantes.

Mola, ou *Mola di Gaeta*, petite ville ou grand bourg voifin de la mer, au fond d'un petit golfe, fur les ruines de Formies, ou *Hormia*, ville des Leftrigons, détruite par les Sarrafins, connue par fes vins, par fa fituation charmante, par la richeffe des campagnes qui l'environnaient. Mola jouit des mêmes avantages : des montagnes la préfervent des vents du nord & du couchant : la mer y fournit d'excellens poissons; au milieu d'un jardin planté d'oliviers, de grenadiers, de lauriers, de mirthes, de jasmins, & d'autres arbustes couverts de fleurs; il a près de lui la montagne de Cecuba, dont les vins sont encore les meilleurs du pays. Gaete, les isles d'Ischia & de Procida, les rivages voisins lui donnent une perspective unique. Les femmes y sont mises avec élégance. La mer en a rongé les bords & a englouti des bâtimens magnifiques; elle laisse quelquefois à découvert de beaux marbres, des pavés en mosaïque, une grande salle entourée de sieges de marbre, où l'on croit que Ciceron faisoit ses conferences académiques: cet orateur avait une maison à Formies, & fut mis à mort près de là.

Trajetto, petite ville sur une colline agréable: elle a le titre de duché.

Barca, ou *Scaffa di Garigliano*, lieu où l'on traverse le Garigliano, connu jadis sous le nom de Liris: ici était autrefois située Minturne, & on voit encore les restes de son amphithéâtre, de son aqueduc, de ses murs & de ses tours.

II. *Principauté ultérieure.*

La terre de Labour & la principauté ultérieure la terminent au couchant, la Basilacate, & la Capitanate à l'orient, la principauté citérieure au midi, le comté de Molise au nord. Les deux principautés n'en faisaient qu'une autrefois soumise aux ducs de Benevent; mais elle fut partagée ensuite entre *Radalchis* & *Siconolf*: la partie située à l'orient de l'Appennin fut appellée principauté ultérieure; celle au couchant, principauté citérieure. La premiere est montueuse; elle est sur-tout abondante en bétail, en noix, en noisettes & chataignes. Elle renferme le duché de Benevent dont elle dépendait autrefois, & qui aujourd'hui appartient au pape, par le don qu'en fit l'empereur Henri III à Léon IX : elle renferme 19,120 feux ; le Sabatto l'arrose, l'Apennin s'y étend, les Irpini l'habiterent. Son tribunal de justice siege à *Monte fusco*, ou *Monte-fusculo*. Là aussi reside son gouverneur ; c'est tout ce qu'on peut dire de cette petite ville.

S. Agatha di Gothi, ville située sur un rocher, & qui a le titre de duché, ses environs sont fertiles, abondans & peuplés : les chemins y sont impraticables l'hyver. Son évêque est suffragant de Benevent : on y compte huit paroissiales, une abbaye, trois monasteres d'hommes.

Ariola, *Monte-Sarchio*, *Monte-Calvo*, sont des bourgs qui ont le titre de duché. *Vitulano* a celui de comté, *Padula* est une baronnie.

Ariano, ville du domaine ; elle est ceinte de murs & située sur une hauteur. Son évêque est suffragant de Benevent, & est nommé par le roi : elle a le titre de comté : à quelque distance on voit deux villages qui depuis quelques siecles sont habités par des Grecs, réunis à l'Eglise Romaine.

Trevico, *Trevicum*, *Vico della Baronia*, sont deux bourgs presque dépeuplés dont les évêchés ont été unis : l'évêque est suffragant de Benevent.

Avellino, petite ville qui a le titre de principauté, & qui fut presque ruinée en 1684 par un tremblement de terre. On y fabrique des draps grossiers. Près d'elle est le *Val di Gargano*, lieu fameux autrefois par les fourches Caudines. On a réuni à l'évêché d'Avellino suffragant de Benevent, celui de *Frigento*, *Friquentium*, petit bourg voisin.

Fripalda, *Solofra*, petits lieux qu'on honore du nom de duchés.

Monte-Marano, petite ville qui a le titre de principauté, & un évêque suffragant de Benevent. Elle renferme un couvent de religieuses & cinq de moines. *Volturara* est une petite ville.

Serrino, *Montella*, ont le titre de comté.

Nusco, ville pauvre & mal peuplée : elle est le siege d'un évêque suffragant de Salerne.

S. Angelo de Lombardi, petite ville qui a le titre de Marquisat : elle a trois paroisses & deux couvens : on a réuni à son évêché, suffragant de Conza, celui de *Bisaccio*, petite ville, bâtie sur une colline & qui a le titre de principauté.

Lacedogna a un évêque suffragant de Conza. *Monte-Verde*, petit bourg dont l'archevêque titulaire de Nazareth est évêque.

Monte-Vergine, un des Apennins, sur la cime duquel est une célèbre abbaye qui lui donne son nom : elle fut fondée en 1119 par St. Guillaume de Vercelli : les habitans des provinces voisines y accourent vénérer une image de la Vierge. Les princes de la maison d'Anjou ont enrichi ce monastere qui est un des premiers du Royaume.

Conza, *Compsa*, petite ville qui a le titre de duché : on la regarde comme la capitale de la province : elle est aux sources de l'Ofanto, autrefois Aufidius, & au pied de l'Appennin : on y commerce en marbre : elle est le siege d'un archevêque qui a pour suffragans les évêques de Muro de Lacedonia, de St. Angelo de Lombardi.

III. *Principauté citerieure.*

Elle a la Terre de Labour & la principauté ultérieure au nord, la Basilacate au levant, le Golfe de Policastro & la mer de Toscane au midi & au couchant. Ses côtes sont hérissées d'anciennes tours.

Elle est abondante en bled, en vin, en huile, en safran, est arrosée par le *Sarno* & la *Selle*, dont l'eau pétrifie, dit-on, les corps étrangers qu'on y jette. Là est le Cap *Paliante* qui forme un beau port. Les Picentins étaient ses anciens habitans.

Salerne est sa capitale & eut autrefois ses princes particuliers : elle est dans une belle plaine bornée par la mer, environnée de collines agréables & fertiles : son port jadis célèbre est assez bon, mais négligé ; celui de Naples l'a fait déchoir : elle est fortifiée & a un château. Elle eut une université très-florissante, autrefois simple école où l'on enseignait la physique & la médecine : il en est sorti des médecins célèbres, mais qui devaient sur-tout leur savoir aux Arabes. On connaît les distiques de l'école de Salerne imprimés en 1100. Il s'y tient au mois de Septembre la foire la plus considérable du Royaume. Elle est le siege d'un archevèque depuis l'an 974, & ses suffragans sont les évêques de Campagna, de Capaccio, de Policastro, de Nusco, de Sarno, de Marsico-nuovo, de Nocera de Pagani, & d'Acerno. On y compte dix-sept églises paroissiales, treize monastères d'hommes & quatorze de femmes : la Salé & l'Erno qui y coulent lui donnerent son nom.

Minori, ville du domaine, située au bord de la mer, dans une situation agréable : son évêque est suffragant d'Amalfi : on y compte quatre églises paroissiales.

Amalfi, *Amalphia*, ville ancienne, située au couchant du golfe de Salerne : sur une côte stérile & déserte, quoique le commerce peut s'y faire par la mer : il y est presque impraticable du côté des terres. On croit qu'elle fut bâtie l'an 600, mais ce n'est qu'une conjecture; il est certain qu'elle était une république puissante & riche dans le neuvieme siecle: *Flavio Goja*, l'un de ses citoyens, paraît y avoir inventé la boussole dans le treizieme siecle. En 1125, les Pisans la saccagerent & y trouverent les pandectes de Justinien. Elle a le titre de principauté, ses habitans sont pauvres depuis qu'ils ont abandonné la navigation : ce qu'elle a aujourd'hui de plus considérable sont ses fabriques de papier qui pourraient se perfectionner encore. Son archevêque a pour suffragans les évêques de Lettere, de Capri & de Minori.

Sorrento, autrefois *Surrentum*, ville du domaine royal, située sur une colline près de la mer, & si voisine de Massa, qu'elles semblent faire une même ville : on y voit de beaux édifices, une noblesse nombreuse l'habite, son territoire est fertile, ses soies sont recherchées. Son archevêque a pour suffragans les évêques de Vico-Equense, de Massa Lubrenze & de Castello a mare.

Massa Lubrenze, petite ville du domaine royal, située au bord de la mer; son territoire est abondant en pâturages, son évêque est suffragant de Sorrento.

Capri, *Caprea*, isle éloignée de la Terre-Ferme, montueuse, presque inabordable & par là chere au tyran Tibere qui put s'y livrer en paix à de honteux plaisirs, & y donner des ordres sanglans. Elle a trois à quatre lieues de circuit : ses montagnes y forment une vallée riante où *Capri* est située. Son évêque est suffragant d'Amalfi : la dixme des cailles & des autres oiseaux de passages y forment la plus grande partie de ses revenus, & il n'est pas pauvre : la chasse y est abondante en gibier, la pêche y est riche encore. Capri n'est qu'un bourg ouvert ; mais au couchant de l'isle est encore une ville qu'on nomme *Ano-Capri* : les édifices qu'y avaient élevé les Romains sont presque tous détruits. En 1778, le roi a rassemblé à Capri tous les chartreux qui n'ont pas voulu cesser de l'être, ils y occupent le couvent qu'ils y avaient ; le roi donne quarante sols par jour de pension aux prêtres d'entr'eux qui ont quitté l'habit, vingt-sols à ceux qui le conservent : le frère Convers reçoit la moitié de cette somme.

Vico-Equense, *Vicus Aequensis*, petite ville au bord de la mer, bâtie par Charles II, sur les ruines de l'ancienne *Aequa* détruite par les Goths ; son évêque est suffragant de Sorrento.

Castell à mare di Stabia, bourg ou petite ville au bord de la mer, élevé près des ruines de Pompeia & de Stabia : elle a un port : on a trouvé d'anciens restes de Stabia presque à fleur de terre, les tuiles de ses maisons sont six fois plus grandes que celles dont nous nous servons ; elle existait encore du tems de Pline le jeune. Castell à mare est proprement l'ancienne *Velia* : on y a établi une manufacture de glaces, dont les ouvriers furent tirés de Venise. Il y a des eaux minerales estimées ; on y compte six églises paroissiales, huit couvens d'hommes, deux de femmes : son évêque est suffragant de Sorrento.

Ravello, petite ville sur une colline élevée, & qui fut le siege d'un évêché qu'on a réuni à celui de Scala. On y fabrique des toiles.

Scala, ville qui a le titre de principauté : son évêque ne releve que du pape : plus considérable autrefois, elle est connue encore par les vins muscats & le miel qu'on y recueille dans ses environs,

&

& par ses mines de plomb. L'évêché de Ravello a été réuni au sien.

Tramonti, petite ville qui renferme un cloître, & quelques églises ou chapelles. *Majori*, bourg au bord de la mer: il appartient au domaine royal, a une église collégiale, & trois monastères.

Lettere, ville du domaine royal, siège d'un évêque suffragant d'Amalfi : on y fait quelque commerce : on y compte une église & trois monastères.

Cava, autrefois *Marcina*, ville du domaine: son évêque ne relève que du pape : il s'y fait un grand commerce en toiles; on y fabrique beaucoup d'étoffes communes de soie, & des toiles qui se consomment dans les provinces voisines: on y compte plus de mille métiers en action : d'anciens privilèges donnés par les rois exemptent ses commerçans des droits d'entrée & de sortie. Près d'elle est la célèbre abbaye de bénédictins *de la Trinité de la Cava* dont les archives sont très-intéressantes pour l'histoire du moyen âge.

Sarno, Sarnus, ville qui a le titre de comté, & est le siège d'un évêque suffragant de Salerne: sa cathédrale & une collégiale sont ses seules églises: elle a encore cinq monastères. On recueille dans ses environs 4000 livres de soie, une des plus fines & des mieux filées du royaume.

Nocera delli Pagani, a le titre de duché : on lui donna ce nom lorsqu'elle était possédée par les Sarrasins, pour la distinguer de Nocera dans les états du pape. Son évêque est suffragant de Salerne: son territoire renferme trente-six villages, & l'on y recueille environ 5000 livres d'une soie médiocre. On y compte douze églises paroissiales, quatre couvens d'hommes, deux de femmes.

Tome VII.   Y

Acerno, petite ville, évêché suffragant de Salerne : elle est située sur un mont.

Campagna, petite ville qui a le titre de duché, & est le siège d'un évêché suffragant de Salerne, auquel on a réuni celui de *Satriano*, ville ruinée. Elle renferme quatre églises paroissiales, six couvens d'hommes, trois de femmes : son territoire est abondant en vins & en huiles.

S. Severino Camarota, *S. Menaio*, *Bucino*, *S. Magno*, *Athene*, *S. Lorenzo*, *Felitto*, sont des bourgs qui ont le titre de principauté. *Alta-Villa*, sur le Selo, *Castello dell'Abbate* située au bord de la mer, *Saponara* ont le titre de comtés. *Sicignano*, *Forino*, *Lauriano*, *Aquara* sont des duchés. *Gifoni*, ou *Jovis Fanum*, *Calabrito*, *Capofole*, *Bocca Gloriosa*, &c. sont de simples bourgs.

Monte-Corvino, petite ville presque déserte, autrefois évêché.

Capaccio, *civitas caput aquensis*, petite ville qui a le titre de comté, & qui est le siège d'un évêque suffragant de Salerne. *Cangiano* eut le nom d'évêché & ne l'a plus.

Marsico nuovo, petite ville assez jolie qui a le titre de principauté : elle est située près de l'Apennin, & son évêque est suffragant de Salerne.

Castello a mare della Bruca eut un évêché selon Busching : si elle l'eut, elle ne l'a plus. C'est une bourgade située près des lieux où fut l'ancienne *Hella* : on n'en trouve pas même les ruines, couvertes de forêts impénétrables, ou de campagnes habitées par des barons ignorans & pauvres, & des hommes presque esclaves & demi-nuds.

Policastro, *Paleocastrum*, petite ville presque ruinée sur le golphe de son nom, qu'on trouve aussi désigné sous celui de golfe de Laï. Son évêque fuffragant de Salerne, réside dans un bourg voisin. On croit que l'ancienne *Temesa* fut située en ce lieu. On place quelquefois cette ville & la précédente dans la Calabre : elle fit partie du Brutium.

Pesto, Pesti, petit village situé près des ruines de l'ancienne ville de *Pæstum* ou *Possidonia*, où siégeait un évêque. Ses habitans l'ont abandonnée depuis le onzième siècle, & elle était presqu'ignorée, quoique Merula en eut parlé 200 ans auparavant. En 1745, le comte Golozza en découvrit les ruines & les fit dessiner avec soin. Un architecte Ecossais en a publié en Angleterre une suite de desseins, sous le titre de *The Rhuins of Possidonia*. On y remarque trois temples, dont toutes les colonnes sont droites encore, un théâtre, un amphithéâtre qui a dix rangs de sièges avec les voûtes qui les soutiennent, une basilique, des murs taillés en pointes de diamans.

IV. *Calabre citerieure.*

La Calabre s'appellait autrefois *Vallée de Crate*; c'est des derniers empereurs Grecs que lui vient son nom; les fils des anciens rois Normands en prenaient le nom : en général c'est un pays montueux, presqu'inaccessible, sans commerce intérieur : la plupart de ses habitans font la contrebande : ils se rassemblent en diverses troupes au commencement du printems, & font les armes à la main des incursions rapides en diverses provinces du royaume, où ils tuent ceux qui résistent, & pillent ceux qui leur cédent : ils rentrent chez eux en Eté pour y vivre de leurs déprédations. On n'a pu mettre encore un frein utile à ces désordres; mais le ministere actuel s'en occupe : le moyen le plus doux, le plus sûr était d'y faire naître le commerce, de l'y faciliter par des chemins commodes, & c'est celui qu'il a choisi : il y travaille avec ardeur, & bientôt ce pays autrefois célèbre par les arts, & où Pythagore enseigna, sera remplie de citoyens industrieux & utiles. La Calabre citérieure est abondante en bons fruits, en grains, en vins, en huiles excellentes, en chanvres, coton, lin, sucre & ris, qu'on y cultiva davantage autrefois, en safran, miel, sel, laine que les Vénitiens viennent acheter pour faire des draps; elle fournit plus de soie qu'aucune autre province du royaume, le liège y est très-commun, on y recueille sur les feuilles du frêne la manne estimée la meilleure de toutes celles de l'Europe; elle a des mines d'or & d'argent; mais elles sont pauvres; elle en a d'assez abondantes en plomb & en fer; en différens lieux on y trouve du soufre, de l'albatre, & des cryftaux; les porcs, les moutons y font beaux & en grand nombre : ses bornes sont la Basilacate au nord qu'on regarde aussi comme une partie de la Calabre, la mer Jonique au levant, celle de Toscane au couchant, la Calabre ultérieure au midi; les Lucaniens, les Brutiens l'habiterent, vingt-cinq tours en défendent les côtes, 35000 feux y font répandus : le *Sacciero*, le *Saino*, le *Cochile*, le *Gralti*, le *Neto*, le *Friumto* l'arrosent & tous se jettent dans la mer.

Cosenza en est la capitale & le siège de son tribunal : elle est petite, située au pied de l'Apennin sur sept collines, dans une plaine fertile qu'arrose la Grathis ou Grata & le Busento; ses environs font beaux, très-peuplés, bien cultivés, abondans en bleds, fruits, huiles & vins : on y nourrit beaucoup de vers à soie. Sa Métropole est sa seule église, mais elle en a trois paroissiales dans ses fauxbourgs : on y comptait douze couvens de moines & quatre de religieuses : mais leur nombre diminue tous les jours dans le royaume. On y compte plusieurs personnes de mérite. L'archevêque a pour suffragans les évêques de Martorano & de Cassano.

Paula ou *Paola*, petite ville bien bâtie à une petite distance de la mer, c'est un des plus beaux lieux de la Calabre ; là naquit St. François fondateur de l'ordre des minimes, qui ont un couvent magnifique à un mille de ses murs : l'église en est belle & riche. Divers autres ordres y ont des couvens, & y possèdent presque toutes les campagnes. Près d'elle encore est un beau palais du prince de Francavilla, situé entre deux collines. Son territoire est abondant en grains & riche en simples.

Bisignano, autrefois *Besidiæ*, ville qui a le titre de principauté : on y compte quinze églises paroissiales & cinq monastères de Moines. Son évêque ne dépend que du pape, 2000 Grecs réunis sont dispersés dans son diocèse : elle est agréable, située sur un mont près de la Boccone.

Citraro bourg & abbaye du mont Cassin près d'un petit golfe, sur un rocher ; là fut, dit-on, *Lampetia*.

Belvedere, bourg qui a titre de principauté : il doit son nom à un château dans une belle situation, d'où l'on a les plus beaux points de vue. *Altomonte* autrefois *Balbia*, renommée par ses vins, a des mines d'or & d'argent.

Scalea, petite ville au bord de la mer ; on cultivait autrefois la canne à sucre dans ses environs ; on y cultive aujourd'hui le coton, l'olivier, la vigne : on y recueille de la manne & du miel.

Près d'elle, plus au midi, est le bourg & le cap de *Cirella*: sur les monts de ce nom, on remarque des vestiges des mines d'or, d'argent & de plomb qu'on y exploitait autrefois.

Layno, *Marmonna*, &c. bourgs au nord de la province. *Trebisaccia* est voisin de la mer d'Ionie.

Cassano, petite ville près du torrent de Lione: elle a quatre couvens d'hommes. Son évêque suffragant de Cosenza est nommé par le roi. Son diocèse renferme beaucoup de Grecs & d'Albaniens: le principal lieu qu'ils habitent est *Lungro* où l'on compte 2000 Grecs, & où est une source salée qui fait leur principale ressource. Là est une abbaye dont les chefs exercent la jurisdiction sur eux. *Acqua-formosa*, *Ober* & *Unter-Firmo*, *S. Basilio*, *Frascineto*, *Porcile*, *Civita* & *Plaraci* sont des villages habités encore par des Grecs: on y en compte environ 6000; on fait le service divin dans les premiers selon le rite grec.

Terra nuovo, autrefois *Thurium novum*, *Palinura* sont de petits bourgs autrefois mieux connus.

Rossano, *Rossanum*, ville entourée de rochers: elle a le titre de principauté, & renferme quinze églises, sept couvens d'hommes, deux de femmes. Elle est le siège d'un archevêque sans suffragans. Son territoire est fertile en huile, en safran, poix, goudron, &c. On en tire de beaux mâts de navire.

S. Marco, autrefois *Argentanum*, petite ville, chef-lieu d'un marquisat: elle a deux couvens. Son évêque ne relève que du pape, & est seigneur de *Montgrassonice*.

S. Benedetto Ullano, abbaye ancienne & célèbre: un évêque Grec y résidait: aujourd'hui c'est un vicaire des évêques Romains de Bisignano, Rossano, Cassano & Anglona: les Grecs qui sont sous son inspection y vinrent de l'Albanie & ont trois églises.

Cariati, petite ville qui a le titre de principauté: elle est voisine de la mer ainsi que Cariati vecchia. A son évêché suffragant de S. Severin, on a réuni celui de *Gerenza*, ou *Cerenza*, (*Cerinthia*,) voisine de l'Apennin.

Umbriatico, autrefois *Brystacia*, petite ville assez peuplée, située sur un rocher escarpé d'où sort un ruisseau qui se rend dans la mer. Son évêque est suffragant de S. Severina.

Strongoly, *Strongylus*, ville voisine de la mer, assise entre des rochers, & siège d'un évêque suffragant de S. Severina: on y compte quatre églises paroissiales: elle a le titre de principauté.

Martorano, *Ramertum*, petite ville siège d'un évêché suffragant de Cosenza : c'est un marquisat.

Francovilla, *Tarsia*, *Belmonte* bâtie sur un mont, pris de carrières d'un beau marbre. *Nocera*, *Castiglione di Cosenza*, *Castiglione maretimo*, *La Motta di Burzano* sont de petites villes qui ont le titre de principauté. On croit que cette dernière est sur le sol qu'occupait jadis l'ancienne Locres.

Castrovillare, *Longobuco*, *Guardia* sont des duchés. *Castagneto* un comté. *Corigliano* un marquisat : on y trouve des mines d'argent.

S. Gio in fiore, *Montallo* sont deux petites villes. *Amantea* où Busching place un évêque, n'en a point.

V. *Calabre ulterieure.*

Elle est entourée des mers Jonienne, de Toscane & de Sicile, excepté vers le nord où elle tient à la Calabre citérieure : dans le moyen âge on l'appelait *Terra Jordana*. Ses plaines & ses monts fertiles rapportent les mêmes productions que la Calabre citérieure : on y trouve surtout des chevaux très-vigoureux : on y voit encore l'ancienne forêt qui produisait de la résine : c'est la *Sua Brutia* : les chênes, les sapins, les frênes couvrent ses hauteurs; il en suinte une manne excellente, les fruits y sont meilleurs qu'à Naples : cependant, malgré la beauté du pays, le clergé seul, & quelques barons y sont riches ; le canal ou Phare de Messine la sépare de la Sicile. Autrefois elle faisait partie de la grande-Gréace, & on l'appella aussi *Hespérie* & *Ausonie* : les Brutiens l'habiterent. On y remarque deux golfes, l'un vers la mer Toscane, c'est celui de St. Euphemie, l'autre vers la mer Jonienne, c'est celui de Squillace. Ses côtes sont défendues par quarante-sept tours; elle renferme environ 47000 feux, l'*Amalto*, le *Maturo*, le *Metramo* l'arrosent. Là finit l'Apennin avec la Peninsule.

Catanzaro, *Cantacium* en est la capitale, ou le fut, & elle est le siège de son gouverneur, de son tribunal, celui d'un évêché suffragant de Reggio, auquel celui de Taverna a été uni. Les lettres de Pilati disent que la capitale actuelle est Squilaci. On y compte neuf couvens d'hommes & quatre de femmes : on y travaille assez bien la soie; on y fait des velours communs, des droguets de soie, des étoffes de coton qui font une tapisserie d'usage.

Crotone, *Croto*, ville du domaine royal où l'on construisit en 1751 un port où les plus grands vaisseaux sont en sureté. Elle fut fondée, dit-on, par Diomède, Pythagore y enseigna ses rêveries philofophiques; fes habitans étaient célèbres par leur force; elle avait douze mille de tour, & était arrofée par l'Efaro. Aujourd'hui elle eft petite; un évêque fuffragant de Reggio & que le roi nomme, y fiège: on y compte cinq paroiffes & deux couvens.

Sancta Severina, *Syberona*, petite ville dans un lieu élevé & rocailleux, fiège d'un archevêché fondé par le patriarche de Conftantinople, & auquel on a réuni l'évêché de S. Leone en 1571, après que cette ville eut été détruite: fes fuffragans font les évêques d'Umbriatico, de Belcaftro, d'Ifola, de Cariati & de Strongoli: on y compte 8 églifes & 2 couvens.

Belcaftro, *Geneocaftrum*, petite ville qui a le titre de duché, & où fiège un évêque fuffragant de San Severina. Son diocèfe renferme plufieurs familles d'Albaniens qui ont abandonné leur ancien culte.

Policaftro, *Taverna*, deux petites villes du domaine: la derniere eft dans une vallée & a cinq églifes & cinq monafteres.

Nicaftro, *Neocaftrum*, autrefois *Sicania*, petite ville, qui a le titre de comté: fon évêque eft fuffragant de Reggio.

S. Eufemia, bourg qui fut autrefois une ville affez confidérable, & donne fon nom à un grand golfe fur le bord duquel il eft fitué: l'ordre de Malthe y a des terres qu'il fait défricher avec un grand fuccès. *Maida*, petite ville divifée en quatre paroiffes: elle a un couvent. *Pizzo* n'eft qu'un village au bord de la mer: on y pêche beaucoup de Sardines.

Ifola, petite ville, évêché fuffragant de S. Severina.

Tropea, *Pojtropea*, ville affez bien bâtie fur un rocher élevé, près de la mer : on y jouit d'une vue riante & étendue. Son évêché eft fuffragant de Reggio & le roi y nomme : elle a cinq églifes paroiffiales, huit couvents d'hommes, trois de femmes.

Lamato, bourg à fix lieues de la mer, au pied de l'Apennin, bati en 1639. par les habitans de *Lametia*, ville au bord de la mer, ruinée par un tremblement de terre. Lamato eft riche par fes figues recherchées.

Monte-leone, ville où font établies diverfes manufactures qui y repandent de l'aifance : elle n'a point d'évêque, & Bufching s'eft trompé en lui en donnant un. Entre cette ville & le bourg de *Bivona* fut fituée *Hiponnum*, nommée enfuite *Vibo-Valentia*, renommée par fes prairies & fes fleurs odoriferantes : on y cultive aujourd'hui le coton & les figues.

Mileto, petite ville, principauté, évêché qui ne relève que du pape : elle a deux paroiffes & deux couvens. Là commence une vafte plaine riche en oliviers, parfemé de villages qui furent autrefois des villes, telles que *Metauria*, *Portus-Oreftis*, &c.

Nicotera, petite ville près de la mer : fon évêque n'eft point fuffragant de Reggio, comme le dit Bufching, il ne dépend que du pape : Nicotera eft un comté.

Palma, bourg voifin de la mer, ainfi que *Goia* & *Seminara*, il a le titre de duché ; le terrain mêlé de talc réfonne fous les pas.

Oppido, petite ville, comté, évêché fuffragant de Reggio : fa cathédrale eft une églife affez laide : il y a encore une collégiale & deux paroiſſiales. On la croit l'ancienne Marmertum.

Bagnara, *Sciglio*, ſont deux fort petites villes : la premiere a le titre de duché : la derniere eſt fortifiée ; le promontoire auquel elle donne ſon nom, était connu ſous celui de Scylla ; près d'elle ſont des montagnes riches en toutes ſortes de métaux : elle a le titre de principauté.

Fiumana di moro eſt un petit bourg.

Reggio, ville du domaine, bâtie ſur une colline au bord du détroit de Meſſine, dans une ſituation charmante ; on la diſtingue de Reggio, capitale du duché de ce nom, en ajoutant au ſien celui de la province où elle eſt ſituée : elle en eſt la ville la plus conſidérable : on prétend que ſon nom vient d'un mot grec qui ſignifie rompre, briſer, parce qu'elle eſt ſituée dans l'endroit où ſuivant la tradition, la violence des flots ſépara la Sicile de l'Italie. On y fabrique des bas, des camiſoles, des gants, avec le fil, ou la ſoie, ou la laine de la pinne marine, eſpèce de moule dont l'écaille eſt couverte de poils fins de différente longueur, qu'on met tremper dans l'eau, qu'on bat, qu'on carde, & file ; ſa couleur eſt brune & luſtrée : c'eſt dans ſon territoire qu'on recueille le plus de ſoie, mais on ne l'y travaille pas ; ſes environs ſont couverts d'orangers, de citronniers, de muriers, de vignobles ; on y voit quelques cannes à ſucre. Elle eſt le ſiège d'un archevêché fondé par le patriarche de Conſtantinople auquel le roi nomme, & dont les ſuffragans ſont les évêques de Nicaſtro, de Crotone, d'Oppido, de Gerace, de Squilace, de Catanzaro, de Tropea & de Bova : elle renferme quatorze égliſes, ſix couvens d'hommes, un de femmes & deux collèges.

S. Agata, petite ville du domaine ; dans fon diftrict font des mines d'argent, de plomb & d'étain. *Brancaleone*, bourg voifin du cap *di Spartivento*, autrefois *Promontoire d'Hercule* qui avec le *Capo dell'Armi* font les pointes les plus méridionales de l'Italie.

Bova, petite ville fur une montagne : elle a le titre de comté, & eft un fiège fuffragant de Reggio : on y compte cinq églifes & un monaftere de religieufes ; la plupart de fes habitans y parlent grec encore : les monts qui font auprès d'elle font riches en métaux.

Gieraci, *Hieracum*, ville qui a le titre de principauté, & où fiège un évêque fuffragant de Reggio : elle a treize églifes & quatre monafteres. On croit qu'elle eft la *Locri* (a) des anciens, capitale de la grande Grèce, nommée enfuite *Giracum & Heraclium* : mais elle eft fur un mont voifin de la mer, & Locres était fur le rivage ; des bains fulfureux la font connaitre ; on dit qu'ils font utiles contre la ftérilité.

Grotteria, petit lieu voifin de la mer. *Stilo*, *Stilus*, petite ville du domaine fitué auffi à quelque diftance de la mer, arrofée par le Cacino ; il y a des mines de fer, on y voit un couvent magnifique de chartreux ; *Satriano* eft fur l'Alace ; c'eft un petit bourg, & aujourd'hui fiège des tribunaux de la province.

Caftel vetere, autrefois *Caulonia*, ville qui a une

(a) Ce village a le nom de Ville : nous en avons parlé.

église collégiale, neuf paroissiales, & quatre couvens.

Rocella, autrefois *Amphisia*, petite ville près de laquelle on pêche beaucoup de corail. Elle a le titre de principauté. Les villages répandus entre ces lieux font misérables, situés dans des marais, habités par des hommes pâles & exténués.

Squillaci, *Scyllacium*, ville, principauté, évêché suffragant de Reggio : elle est très-ancienne, les Athéniens y ont envoyé une colonie ; & on la connaissait sous le nom de Scylaceum. Sa situation est agréable, le torrent de Favellone l'arrose, elle donne son nom à un golfe ; on y compte onze paroisses, quatre monasteres d'hommes, deux de femmes. Les campagnes y sont bien cultivées ; elles ne semblent qu'un beau jardin : on y voit quelques bourgs & plusieurs villages.

Cropani, bourg qui a une collégiale, & deux monasteres. *Simori*, qu'on dit avoir été autrefois *Sybaris* a sept églises paroissiales : détruite, puis rebâtie par les Grecs sous le nom de *Thurii*; elle était arrosée par un petit fleuve de son nom & par le Cratis. *Cutro*, village qui n'est pas éloigné du Cap delle Colonne, nommé ainsi parce qu'on y trouva des restes d'un temple de Junon : c'était le Promontorium Lacinium, & près de là fut dit-on, l'ancienne Crotone : on voit encore quelques ruines & des décombres au milieu des marais : un bourg mal sain lui a succédé.

On trouve encore quelques bourgs dans la Calabre ultérieure, tels que *Sinopoli* qui a le titre de comté : *Condonaia* qui a celui de marquisat ; *Melicuca*, &c.

V. *Basilicata.*

C'est une partie de l'ancienne Lucanie : elle est presque environnée par les monts Apennin, qui près de Venosa s'y partagent en deux chaines : l'une & l'autre s'étendent vers la mer. Il paraît que les Grecs donnerent à cette province le nom qu'elle porte dans le dixième siècle : elle touche au nord & au couchant de la terre du Bari & à la principauté ultérieure, au midi à la citérieure, au levant à la terre d'Otrante ; sept tours en défendent les rivages, c'est le sol le plus fertile peut-être du royaume, & la province la plus déserte ; on n'y compte gueres que 17000 familles ; on y trouve beaucoup de bêtes venimeuses ; le *Basiento* & l'*Agri* l'arrosent : deux lacs étendus y sont abondans en poissons : ce sont le *Lagro ugro* & le *Lamelagiva.*

Matera, ou *Maltera* est le siege de l'audience royale de la province que Busching place dans la petite ville de Baglio ; l'archevêché d'Acerenza a été uni au sien, le roi y nomme ; ses suffragans sont les évèques de Venosa, d'Anglona, de Potenza, de Gravina, & de Tricarico. Matera est une petite ville où l'on compte cinq églises & deux couvens : divers géographes & Busching lui-même la placent dans la terre d'Otrante, c'est une erreur.

Pomarico est un petit bourg.

Tursio, *Tursium*, petite ville qui a le titre de duché, & dont l'évêché a été uni à celui d'Anglona : sa cathédrale, une collégiale, une paroissiale sont ses seules églises ; elle est sur le Sino à quelque distance du golfe de Tarente.

Melfi, ville dont l'évêché releve immédiatement

du pape & qui a le titre de principauté : on y voit un ancien château situé sur un rocher, sept églises, sept monasteres d'hommes & un de femmes.

Lavello, *Labellum*, petite ville qui a le titre de marquisat ; elle est ancienne, son évêque est suffragant de Bari.

Rapolla, petite ville, dont l'évêché a été réuni à celui de Melfi, & qui a le titre de duché : on y fabrique des toiles assez fines.

Venosa, autrefois *Venusia*, ville, principauté, évêché suffragant de Matera : elle a sept églises, cinq couvens d'hommes, deux de femmes, est situé au pied de l'Apennin, dans une plaine fertile & fut autrefois une république : elle en conserve encore le nom dans son sceau.

Muro, petite ville sur un mont voisin de l'Apennin ; elle a le titre de comté, est le siege d'un évêque suffragant de Conza, renferme trois églises, trois monasteres.

Acerenza, autrefois *Achereuntia*, ville qui a le titre de duché, & dont l'archevêché a été réuni à celui de Matera, ou dont le siege a été transféré dans cette derniere ville. Acerenza déchoit encore tous les jours ; sa metropole & deux couvens sont les seuls édifices qu'on y remarque.

Monte-pelojo, *Mons Pelusium*, petite ville qui est un marquisat, & le siege d'un évêque qui ne dépend que du pape. Elle a une église & quatre monasteres.

Potenza, *Potentia*, ville située près de la source du Baziento, dans l'Apennin, siege d'un évêque suffragant de Matera : elle a trois églises & six couvens. L'ancienne Potentia fut détruite en 1250 ; la moderne fut rebâtie près de ses ruines.

Tricarico, ville au pied de l'Apennin, près de Bazíento, fiege d'un évêque fuffragant de Matera; elle a trois églifes, quatre couvens & le titre de comté.

Anglona, *Aquilonia*, *Pandofia*, petit bourg qui fut une ville confidérable, évêché qui a été uni à celui de Turfi : on n'y voit plus qu'un château, une églife & quelques chaumieres: quatre villages habités par des Grecs dépendent de fon diocéfe.

Barille, *Ruvo*, *Pietra Pertoza* font des bourgs; celui d'*Agromento* fut autrefois une ville nommée *Grumentum*, *Atella*, *Ferrandina*, *Marfico Vetere*, *Noia*, *Ferolito* ont le titre de duchés ; *Stigliano*, *Olivito*, *S. Archangelo*, *Monte Albano* des principautés ; *Oppido* un comté, *Anzi* un marquifat, *Lauria* ou *Laure* fournit des foies affez fines.

L'*Apyglia* renferme la Capitanate, la terre de Bari & celle d'Otrante. M. *Popowitfch* parle de quelques fingularités de la nature dans ce pays que nous croyons devoir rapporter ici. On n'y trouve prefque point de montagnes, furtout dans fes deux premieres parties, peu de fources & de ruiffeaux, prefque point de rivieres; l'eau des pluies confervée dans des citernes y fert à l'ufage des hommes ; ces citernes fe trouvent ou dans des places publiques, & s'entretiennent en commun, ou dans les maifons des particuliers ; on y creufe les rochers, afin qu'ils confervent les eaux pour abreuver les beftiaux: l'air y eft très-chaud, mais une rofée très-abondante, fans doute, à caufe du voifinage de la mer y raffraîchit les champs & les vignobles ; les plantes potagères deffechées par la chaleur brûlante du foleil y font arrofées encore d'une eau falée & croupie qu'on tire des puits. C'eft près de Manfredonia, & au pied du mont Gargano

Gargano qu'on trouve de bonnes eaux douces; mais de cette ville à celle de Barletta, le fol des lieux voifins de la mer, furtout vers le golfe qu'elle y forme, n'eft qu'un fablé profond accumulé par les fiecles : il n'y croît que des buiffons de myrthe & quelques plantes qui pouffant de profondes racines, peuvent encore s'y nourrir. Ces lieux déferts, fauvages, prefqu'inhabités, font utiles pour la pêche, & furtout pour celle de la feche qui fe fait au mois d'Avril & de Mai dans les endroits où la mer eft baffe. Les pêcheurs jettent des fagots de buiffon de myrthe dans la mer, & lorfque le poiffon nage au deffus pour y dépofer leur frai, ils l'environnent de filets, le prennent & le rotiffent avec la fiente de buffle defféchée : les buffles y errent çà & là, nul lieu habité ne les gêne, aucun ne peut leur fournir une fubfiftance abondante : ils fe raffemblent en troupeaux & paffent dans l'eau les momens du jour où la chaleur eft la plus ardente, & lorfque le flot arrive, ils frappent l'eau enfemble, s'en couvrent & la fecouent. Près de Barletta, ces fables font cultivés ; on en fait des jardins & des vignobles ; les couches du premier font couvertes avec des buiffons de myrthe, afin que le vent ne puiffe les détruire ou n'emporte tout le fable : & les plantes fe nourriffent en partie de l'eau de mer qui pénètre le fol léger qui les porte : les feps de vigne pouffent leurs racines jufqu'à ce qu'ils trouvent cette eau falée : les femences des plantes doivent être mifes à une grande profondeur, ou elles periffent : ces plantes font principalement la calebaffe, le melon, la citrouille & le concombre : le vin y eft quelquefois falé, peut-être parce que le cep y eft tenu bas & que fes farmens rampent;

au contraire le melon d'eau y est exquis, on en transporte en divers lieux & jusqu'à Naples, il est doux, sucré, & rafraichit; ses feuilles entrelassées donnent un ombrage agréable. On trouve encore de ces contrées sablonneuses & désertes sur les bords du golfe de Tarente, formées de collines de sables nues où il ne croit que du genievre à baie rouge, & quelques buissons. En général, c'est le pays qui a le moins dégénéré de son état ancien: il est rempli de villes, de bourgs, de villages; les habitans y sont nombreux, actifs, industrieux, la noblesse florissante, les vivres à bas prix: on y voit des vergers même sur les bords sablonneux de la mer; les chemins y sont beaux & sûrs: le bled, le vin, l'huile, le sel, le coton, le safran, la manne, les fruits, les plantes, les légumes de toute espece y sont abondans: les poissons qu'on prend sur ses côtes sont les meilleurs de la Méditerranée.

VII. *Terre d'Otrante.*

Les anciens lui donnaient les noms de *Terra Hydruntina*, de *Japygia*, de *Messapia*, de *Calabria*, de *Salentinorum regio*; c'est une partie de l'ancienne Calabre, une presqu'isle qui ne tient à la terre qu'au nord où il confine à la terre de Bari: les tonnerres y sont fréquens; les laines en sont estimées; elle est abondante en huiles, en vins, en coton, en figues, en amandes, & autres fruits excellens; elle est semée de monts peu élevés: on y trouve beaucoup de tarentules, de serpens nommés par les Grecs *chersides*, de sauterelles qui devasteraient le pays si les oiseaux ne les dévoraient; soixante-cinq tours sont élevées sur ses côtes pour servir à sa sûreté ; le *Brindano*, le *Licto* sont ses principales rivieres, & ne sont que des ruisseaux ; on y compte plus de 4700 feux : d'Otrante aux côtes d'Albanie il n'y a que cinquante-un mille d'Italie, & la ligne qui joint les caps fait la séparation de la mer Jonienne avec la mer Adriatique.

Lecce, *Alexum*, en est la capitale : c'est une ville peuplée où le commerce fleurit, que l'opulence embellit tous les jours, & qui est la seconde ville du royaume par son étendue ; le gouverneur y réside, le tribunal du pays y siege ; elle a un évêque suffragant d'Otrante, une belle cathédrale, trois autres églises paroissiales, dix-huit couvens d'hommes, & dix de femmes : elle appartient au domaine.

Otrante, autrefois *Hydruntum*, ville du domaine, environnée de murs & de remparts, protégée par un château fortifié, placé sur un rocher : elle a un bon port dans une isle rocailleuse qui communique par un pont à une autre petite isle qu'un pont joint à la Terre-Ferme. Cette ville est commerçante, & assez riche. Ses fauxbourgs renferment quatre monastères. L'archevêque qui y siege est nommé par le roi, & a pour suffragans les évêques de Castro, de Gallipoli, d'Ugento, de Lecce & d'Alessano.

Castro, *Castrum Minervæ*, petite ville souvent dévastée par les Turcs, qui est enceinte de murs, a le titre de comté, est le siège d'un évêque suffragant d'Otrante.

Alexano, *Alexano civitas*, petite ville voisine du Cap di Sancta Maria di Leuca, nommé autrefois *Promotorium Japigium*, ou *Salentinus*, le plus méridional de la presqu'isle ; près de ce Cap est un bourg où Busching place un évêque, mais il n'en eut jamais. Alessano a deux couvens & un évêque suffragant d'Otrante.

Ugento, *Uxentum*, ville assez pauvre, située à quelque distance du golfe de Tarente, & qui a un évêque nommé par le roi & suffragant d'Otrante. Elle a le titre de comté.

Gallipoli, autrefois *Callipolis*, ville du domaine, située sur un rocher presque environné de la mer, & qu'un pont joint encore à la terre-ferme: elle est forte, peuplée, commerçante, sa situation est agréable, les Génois en retirent beaucoup d'huiles, de vin, de safran, de sucre. Son évêque, suffragant d'Otrante est à la nomination du roi.

Nardo, *Neritum*, petite ville dans une agréable & fertile plaine: elle est peuplée, a huit couvens, le titre de duché & un évêque qui ne relève que du pape.

Tarente, *Tarentum*, ville ancienne, située sur une petite presqu'isle qui s'avance dans le golfe de son nom: son port autrefois vaste & sûr ne sert plus que pour des barques de pêcheurs: un château fort le défend: la ville est presque ruinée, elle n'est guères habitée que par des pêcheurs; il s'y fait cependant encore un bon commerce de laines: elle appartient au domaine, a le titre de duché, est le siege d'un archevêque nommé par le roi & dont les suffragans sont les évêques de Motula, de Castellanata, & d'Oria. Dans le golfe de Tarente, au fond de la mer, est une source d'eau douce qu'on peut puiser sur la surface de la mer lorsqu'elle est tranquille.

Motola, *Mutila*, petite ville qui a le titre de principauté, & dont l'évêque nommé par le roi, est suffragant de Tarente.

Caftellaneta, petite ville, principauté, évêché fuffragant de Tarente : cette ville renferme quatre couvens ; le ruiffeau de Talvo l'arrofe.

Oftuni, *Hoftunum*, petite ville du domaine, fituée dans une contrée abondante en gibier : elle a un évêque fuffragant de Brindifi, deux églifes & cinq monafteres.

Brindifi, *Brindufium*, ville ancienne, autrefois confidérable & floriffante : fon port était vafte & fûr, l'armée navale des Romains s'y retirait ; là finiffait la voye Apienne : trois châteaux la défendent, fon port ruiné par les Vénitiens eft entiérement bouché ; mais on commence à le rétablir. Son archevêque n'a qu'un fuffragant, c'eft celui d'Oftuni : cette ville renferme deux églifes & deux couvens.

Oria, *Uria*, ville qui fut confidérable, mais aujourd'hui prefque ruinée : elle a le titre de marquifat, fon évêché eft à la nomination du roi, & eft uni à celui d'Uritano.

Maffafra, *Martina*, font des bourgs, le dernier a le titre de duché : il en eft encore quelques autres, mais ils font peu confidérables.

VIII. *Terre de Bari*.

On l'appelle auffi la *Pouille* ou *Terra Peucézia* : elle eft bornée au nord & au levant par la mer Adriatique, au midi par la terre d'Otrante, au couchant par la Bafilacate. Elle produit du blé, des vins ; on y recueille du coton, du fafran, de l'huile, (*a*) des amandes & d'autres fruits ; feize

_____

(*a*) Les huiles de Bari & d'Otrante ont une faveur défagréable, & ne font pas bonnes pour les manufactures ;

tours en défendent les côtes ; on y compte plus de 42000 feux ; l'Ofanto qui la sépare de la Capitanate est le seul fleuve qui l'arrose.

Bari, *Barium*, fut son ancienne capitale & lui donna son nom. Voisine de la mer, elle y avait un port excellent que les Vénitiens ont presque détruit ; elle fait partie du domaine, est bien bâtie, peuplée, assez commerçante, célèbre encore en Italie par les reliques de S. Nicolas, évêque de Mira. Son archevêché fondé probablement dans le neuvième siecle, a pour suffragans les évêques de Bitonto, de Giovenaso, de Ruo ou Ruvo, de Polignano, de Minervino, de Lavello, de Conversano, & de Bitello. Elle parvint à Philippe II par héritage. On y compte douze monasteres.

Frani, *Franum*, est aujourd'hui capitale de la province, parce que son gouverneur y reside & que son audience royale y siege. C'est une ville médiocre, assez mal peuplée, mais située dans une campagne fertile ; on y voit de belles maisons : son château a quelques fortifications, son port se remplit tous les jours de limon. Elle est le siege d'un archevêque qui a pour suffragans les évêques d'Andria & de Bisceglia ; on y compte dix ou douze monasteres.

Barletta, *Barulum*, ville du domaine, au bord de la mer Adriatique, elle est fortifiée, bien bâtie, & fut fondée par l'empereur Heraclius. Ici réside l'archevêque titulaire de Nazareth, qui joint à ce titre ceux d'évêque de Cannes & de Montever-

---

ce défaut vient de la fabrication & de la quantité prodigieuse qu'on y en recueille qui fait qu'on en prend moins de soin & qu'on en mêle les pressées.

da; mais la ville dépend de l'archevêque de Trani, les deux prélats y ont leur jurisdiction séparée, leur église & leur clergé particuliers : l'archevêque de Nazareth a des privilèges très-étendus ; il porte la croix & le pallium.

Cannes, *Cannæ*, ville célèbre & aujourd'hui détruite, sur la rive septentrionale de l'Ofanto. Son évêché a été lié au titre d'archevêque de Nazareth.

Canozia, *Canusium*, ville sur l'Ofanto ; elle est petite ; connue par la soumission forcée de l'empereur Henri IV au pape Grégoire, & parce que l'archevêché de Bari y eut d'abord son siege.

Minervino, petite ville dans une position agréable : elle a un évêque suffragant de Bari, & trois monasteres.

Altamura, ville bâtie par l'empereur Frederic II pour les Grecs qui y avaient l'exercice de leur culte ; mais ces Grecs sont aujourd'hui soumis au pape qui leur interdit leur culte en 1601 dans l'église de S. Nicolas la seule qu'ils eussent encore. *Altamura* a le titre de principauté.

Gravina, ville, duché, évêché suffragant de Matera. Sa cathédrale, une collégiale, cinq couvens d'hommes, trois de femmes sont ses principaux édifices.

Conversano, *Conversa*, petite ville, siége d'un évêque suffragant de Bari : elle est située entre des monts, renferme 7 monasteres & a le titre de comté.

Monopoli, petite ville & marquisat situé au bord de la mer ; elle a un évêque qui ne releve que du pape, six églises, six couvens de moines, trois de religieuses : elle fait partie du domaine royal.

Polignano, *Polymnianum*, ville située sur le rivage de la mer, dont l'évêque est suffragant de Bari, & qui a le titre de marquisat : elle est presque deserte & réside à *Mola di Bari*, petite ville qui n'a point un archevêque comme le dit Busching.

Bidetto, *Bitectum*, petite ville, évêché suffragant de Bari, marquisat.

Bitonzo, *Bituntum*, ville du domaine, évêché suffragant de Bari ; elle est dans une belle plaine fertile, voisine de la mer & célebre par un combat. On y compte treize églises, neuf couvens d'hommes, trois de femmes.

Gisvenazzo, *Juvenacia*, petite ville située sur une colline près de la mer : elle a le titre de duché, un évêché suffragant de Bari, quatre églises, quatre monasteres.

Malfetta, *Melphictum*, ville au bord de la mer ; elle a le titre de principauté & est le siege d'un évêque qui ne releve que du pape : elle renferme deux églises, une abbaye, un collège où enseignerent les jésuites, & cinq couvents dont un seul est habité par des religieuses.

Viseglia, *Vigilia*, ville sur le rivage de la mer, siège d'un évêque suffragant de Bari : elle est assez peuplée, mais presque sans commerce & fait partie du domaine royal.

Ruvo, *Rubum*, petite ville dont parle Horace dans une de ses satyres : elle a le titre de comté, & est le siege d'un évêque suffragant de Bari : on y compte quatre monasteres.

Andri, *Andria*, ville que sa situation dans une plaine riante & fertile, &, sa manufacture de faïence rendent assez peuplée. Son évêque est suffragant de Trani ; elle a le titre de duché, deux Eglises, six monasteres.

Cassano, *Acquaviva*, &c. sont des bourgs. *Cel-*

lamare est une principauté, *Penuci* ou *Dellenoci* un duché; *Gioia* un comté.

IX. *Capitanate.*

Elle a eu les noms de Daunie, d'Oenotrie, d'Hespérie, d'Ionie, de Taurinie, de Camesene, d'Apulie, &c. elle doit son nom actuel aux Grecs qui appelaient *Capitan* le gouverneur qu'ils y envoyaient: au nord elle a la mer Adriatique qui la borne encore au levant: au midi elle a la terre de Bari & la Basilicate; au couchant le comté de Molise: elle n'est qu'une vaste plaine sablonneuse, abondante en grains, où l'on ne voit aucun arbre, où l'on trouve à peine quelques sources, quelques rivieres d'eaux douces; où lorsqu'on creuse des puits ils ne se remplissent que d'eaux salées: la chaleur y est ardente, les hommes y sont desséchés par elles; les femmes n'y ont ni décence ni pudeur; on y nourrit beaucoup de bestiaux; on fait du sel sur ses côtes. Le *Gargano* est la seule montagne qu'on y voie: c'est de ce mont qu'on tire les oranges, & la neige dont les habitans se raffraichissent; là qu'ils trouvent des pierres pour tous les bâtimens qu'on élève dans la province: on y compte 18000 feux; 22 tours en défendent les côtes; le *Fortore* & le *Candelaro* arrosent une partie de son sol. On y compte trois lacs: ce sont ceux de *Lezina*, de *Varano* & d'*Andria*: tous sont voisins de la mer & formés par elle.

Lucera, *Luceria* en est la capitale: elle est petite, agréable, située sur une hauteur: on y fabrique des draps: le tribunal de la province la rend peuplée: son évêque est suffragant de *Benevent*;

on y compte quatre églises & neuf monasteres; elle fait partie du domaine.

Foggia est la ville la plus riche & la plus belle de la province; elle est le centre du commerce de la Puglia, & le siège du tribunal de la douane royale du bétail : celui qui y préside en retire 40 mille livres par année : c'est à Foggia que se vendent presque toutes les laines du pays, & leur prix se fixe par l'autorité de ses magistrats : elles en sortent ordinairement pendant la franchise de ses foires du mois de may : cette franchise commence un mois avant la foire & finit deux mois après. Près de cette ville sont les ruines d'*Arpi*.

Salpe, autrefois Salapia, petite ville voisine de la mer, d'un lac, & d'une saline : Busching se trompe lorsqu'il y place un évêché.

Ascoli, *Asculum*, petite ville qui a le titre de duché, où l'on compte trois monasteres, où siège un évêque suffragant de Bénevent. Elle est sur un mont & est assez peuplée.

Bovino, petite ville au pied de l'Apennin qui sert de bornes à la province : elle a le titre de duché : son évêque est suffragant de Bénevent.

Troja, ville qui a le titre de comté, bâtie en 1008, au pied de l'Apennin, arrosée par le Chilaro; elle a six églises, & six couvens : son évêque ne relève que du pape, & dans les cérémonies on porte à ses côtés deux grands éventails de plumes, distinction qu'il partage avec le grand maitre de Malthe : eux seuls ont droit à cet ornement qui auparavant n'appartenait qu'aux papes. Près de Troja fut l'ancienne *Æquilanum Larino*, petite ville, siège d'un évêque suffragant de Bénevent.

Manfredonia, ville du domaine, bâtie par

le roi Mainfroi en 1256 des ruines de l'ancien *Sipontum*: son port la rend commerçante; c'est là que l'on embarque les laines achetées à Foggia. Elle a un archevêque dont le seul suffragant est l'évêque de Viesti. Dans ses murs on compte six monasteres; il en est deux encore dans son voisinage.

Monte S. Angelo, petite ville, où est une église située sur un rocher, & consacrée à l'archange Michel, qui y apparut à un évêque de Siponte, pour lui déclarer qu'il protégeait ce lieu : des pélerins la visitent, 19 chanoines y vivent. Cette petite ville donne quelquefois son nom au mont *Gargano* qui en est voisin & dont parlent Virgile, Horace, Strabon, Lucain, &c.

Viesle ou *Viesti*, Vestix, petite ville qui fait partie du domaine: son évêque est suffragant de Manfredonia.

Lesina, ville assez pauvre, près de la mer & du lac de son nom. Busching se trompe en y plaçant un évêché.

Termoli, Termini, ville sur le bord de la mer: elle a le titre de duché, & est le siège d'un évêché suffragant de Bénevent. On y compte deux églises & trois monasteres.

Dragonaria, petite ville qu'arrose la petite riviere de Tripale : elle n'est point le siège d'un évêque, quoique les géographes le disent.

S. Severo, petite ville qui a le titre de principauté : son évêque est suffragant de Bénévent ; on y fabrique des draps.

Volturara, *Volturaria*, petite ville, marquisat, évêché suffragant de Bénevent : elle est peu éloignée de l'Apennin.

Porto-Grece, bourg situé au bord de la mer,

Varano est sur les rives du lac de ce nom. *Chicuti*, &c. sont encore des bourgs. *Ossara* est un duché.

Dans cette province se trouvent encore les Isles de Tremiti, qui sont au nombre de trois; celle de *S. Nicolo* ou de *Tremiti* a un Château, quelques hameaux & un monastere de bénédictins qui ont le droit d'entretenir 25 soldats pour leur défense : celle de *S. Domingo* où est encore un couvent, & *la Capraria* qui est inhabitée. Les moines sont juges des différends qui s'élevent entre les habitans; on y trouve des oiseaux rares parmi lesquels on remarque le dioméden : cet oiseau a la figure du hibou, le cri semblable à la voix humaine, le ventre blanc, les ailes tannées, les yeux étincelans: il ne vole que la nuit; son nom lui vient des Isles où on le trouve qui s'appellaient autrefois *Insulæ Diomedæ*.

X. *Comté de Molise.*

C'est la moins étendue des douze provinces du Royaume : elle a 12 lieues de long & 10 de large : elle est bornée au nord par l'Abruzze citerieure, au levant par la Capitanate, au couchant par la terre de Labour. Dans le tems des rois Lombards, une Colonie de Bulgares s'y établit : son nom lui vient d'*Ygone de Molise*, gentilhomme Normand, qui devint un des plus puissans barons du Royaume sous le regne de Roger I, dont il épousa la fille ; il possedait presque toute cette province, il y fit bâtir un château auquel il donna son nom. On peut juger de ses possessions par le nombre de soldats qu'il envoya à la terre sainte : il était de

605 fantassins & de 486 cavaliers. On ne compte dans cette province qu'environ 13000 feux ; elle est fertile en blés dont elle envoye 100000 tonneaux dans la terre de Labour ; ses grains sont estimés les meilleurs du royaume. Elle produit du vin, du safran, abonde en gibier & en soie ; on y recueille 16000 livres de cette derniere : c'est une partie de l'ancien Samnium : le *Toferne* ou *Fortore* & le *Volturne* y prennent leur source ; le premier se rend dans la mer Adriatique, le second dans la mer de Toscane.

Campo-basso en est la capitale ; l'évêque de Bojano y réside : elle est située sur le penchant d'une colline qui se termine en une plaine vaste & agréable : les vivres sont abondans dans cette ville ; elle est le centre du commerce de la province ; on y fait des ouvrages d'acier assez recherchés : l'air y est très-sain : il y a beaucoup de négotians étrangers, & sans les compter, elle est habitée par 6000 ames. Les chemins qu'on trace dans tout le Royaume, & dont l'un passera par cette ville la rendront plus florissante encore.

Autrefois elle était bâtie sur le mont même dont elle occupe le penchant : il ne reste plus de son ancienne enceinte que des murs, le château fortifié & miné, & l'église paroissiale : les autres villes du Royaume montrent presque toutes la même révolution : sous l'empire Romain, n'ayant à craindre aucun ennemi étranger, elles étaient bâties dans la plaine, les incursions des barbares les firent abandonner pour se rassembler sur les monts où la défense était plus facile, & où les seigneurs élevaient leurs châteaux ; aujourd'hui la paix & un gouvernement régulier sont abandonner les monts pour defcendre dans les plaines plus commodes pour le commerce.

Bojano, autrefois *Bovianum*, ville devenue un bourg, qui a le titre de duché, & dont l'évêque fuffragant de Bénévent refide depuis deux fiecles à Campo-baffo. Elle eft fituée au pied de l'Apennin, & la petite riviere de Tilerno l'arrofe.

Supino, bourg élevé près des ruines de l'ancienne *Supinum*, ville du Samnium : on y voit des reftes d'édifices, & quatre de fes portes fubfiftent encore : Supino eut un évêché qui a été uni à celui de Bojano.

Guardia-Alferia, petite ville dont l'air eft mal fain, qui eft mal peuplée & eft pauvre fans doute, puifque fon évêque fuffragant de Bénévent n'a qu'un revenu annuel de 1000 livres.

Trivento, petite ville fur une colline dont le Tigno baigne le pied : elle a le titre de comté : fon évêque ne dépend que du pape.

Ifernia, ou *Sergna*, *Aefernia*, ville au pied de l'Apennin, qui fait partie du domaine royal, dont l'évêque réleve immediatement du pape. Sa cathédrale, cinq couvens d'hommes, deux de femmes font fes édifices les plus remarquables, & ils le font peu.

Lefpinetta, *Molife*, *Capra cotta*, &c. font des bourgs : ce dernier eft fur une montagne. *Monte-Falcone* a le titre de duché.

L'ABRUZZE ne renfermait autrefois qu'une province. Frederic II. fit de Sulmona fa Capitale. C'eft Alphonfe I. d'Arragon qui la partagea en deux, en faifant de la riviere de Pefcara leur limite commune : fon nom lui venait du fleuve Abruzzo, nommé aujourd'hui *Teramo*. Les Apennins &

d'autres montagnes très-élevées, souvent couvertes de neiges, rendent ce pays le plus froid du Royaumes: les monts y sont couverts de forêts inutiles jusqu'ici, parce qu'elles sont éloignées de la mer, & qu'on n'y trouve pas de rivieres navigables: on y remarque des marbres de différentes couleurs: les monts, les vallons y abondent en pâturages excellens, en plantes aromatiques & médicinales, en gibier de toute espece: il y croît du blé, du riz, du vin.

VI. *Abruzze citerieure.*

Elle a au nord & au couchant l'Abruzze ulterieure, au levant la mer Adriatique, au couchant le comté de Molise: c'est la plus froide des deux: cependant elle est fertile en grains, en vins, en excellens fruits; on y recueille du safran estimé, beaucoup de soie & d'huiles; le commerce de bestiaux est sa plus grande richesse. Sept tours en defendent les côtes; la *Tigna*, le *Lanciano*, & le *Pescara* l'arrosent, les Samnites l'habiterent; les tremblemens de terre y sont fréquens: on y compte environ 24000 feux,

Civita di Chieti, ou *Teti*, *Teate*, est sa capitale: là réside son Gouverneur, son audience royale, & un archevêque qui n'a pour suffragant que l'évêque d'Ortona. Elle donna son nom à l'ordre des théatins, & leur fondateur en fut archevêque: cette ville est située sur une hauteur, près de la Pescara: ses environs sont très-agréables & très-fertiles. On y compte quatre églises, sept couvens d'hommes, deux de femmes.

Vasto ou *Guasto di Ammone*, autrefois *Histonium*, ville qui a le titre de duché, où l'on trouve deux églises collegiales, huit couvens d'hommes & un de femmes.

Lanciano, qu'on croit être l'*Anxanum* des anciens, est une ville du domaine, connue par ses deux foires très-fréquentées, arrosée par le torrent de Feltrino ou Lanciano qui lui forme un petit port : elle est le siège d'un archevêque qui n'a point de suffragans, & qui est nommé par le roi.

Ortona a mare, *Orthonium*, petite ville qui a un port fortifié, fréquenté par les commerçans de Dalmatie : son évêché est suffragant de Chieti; celui de *Campli* dans l'Abruzze ultérieure lui a été uni.

Pescara, forteresse élevée à l'embouchure du fleuve de ce nom : elle a le titre de marquisat & s'appellait autrefois *Alternus*.

Valva, petite ville située près des lieux où exista autrefois celle de *Corfinium* : son évêché a été uni à celui de *Sulmona*.

Sulmona, autrefois *Sulmo*, ville sur la Sota : elle a le titre de principauté, son évêché ne releve que du pape : on y compte onze églises, huit couvens d'hommes, quatre de femmes.

Civita-Borelle, petite ville qui n'a point d'évêché : Busching lui en donne un & se trompe.

Agnone, *Bocchianico*, *Pentima*, &c. sont des bourgs. *Pettorano* a le titre de principauté. *Franca-Villa*, *Popoli* ont celui de duché.

XII. *Abruzze ultérieure.*

Cette province donne les mêmes productions que la précédente : on doit compter parmi elles beaucoup

beaucoup de chanvre. Elle était habitée par les Vestini; la mer adriatique la touche au levant, la province précédente & la terre de Labour au midi, les terres de l'église par tout ailleurs: on y compte 40000 feux; ses côtes sont défendues par 6 tours; elle n'a pas de rivieres un peu considérables, mais on y voit le lac *Celano*, connu autrefois sous le nom de lac *Fucin*.

Aquila, ville assez grande & belle, quoiqu'elle ait souffert de deux tremblemens de terre dans ce siecle: elle est située sur le penchant d'un mont dont l'Aterno arrose le pied: elle était entourée de fortifications aujourd'hui presque détruites; elle fut bâtie avec les ruines de l'ancienne *Furconium*, fait partie du domaine, a un évêché qui ne relève que du pape, & que le roi nomme, renferme vingt-cinq églises paroissiales dont seize sont collégiales, dix-huit couvens d'hommes & onze de femmes: ses environs sont très-fertiles en safran.

Tagliacozzo, petite ville & duché. *Santa Maria de la Vittoria*, Abbaye de bénédictins aujourd'hui détruite, mais le pape en nomme encore l'abbé; de grands revenus sont attachés à ce titre.

Celano, petite ville à quelque distance du lac de son nom, de forme presque circulaire, & où se rendent deux ruisseaux: la ville a le titre de comté. *Amiterne* n'est plus qu'un village. *Piscina* est depuis 1580 le siège de l'évêque des Marses.

Civita-Ducale, ville fondée par Robert, duc de Calabre en 1308, & presque ruinée par un tremblement de terre en 1703. Son évêque ne relève que du pape.

Civita di Penna, *Pinna*, ville sur le Salino: elle est assez peuplée: on y compte sept églises, sept monasteres d'hommes, deux de femmes: elle a le titre de duché : son évêché a été uni à celui d'Atri.

Atri, *Hadria*, ville sur un mont escarpé près de la mer : son évêque dépend immediatement du pape.

Campli, petite ville dont l'évêché fut uni en 1604 à celui d'Ortona dans l'Abbruzze citérieure, & elle est divisée en trois parties qui sont *Campli*, *Nucella* & *Castro-nuovo*.

Teramo, *Interamnia*, ville au confluent du Viciola & du Tordina, c'est de cette situation qu'elle tira son ancien nom : elle eut aussi celui d'Abruzzo, comme le fleuve formé des deux rivieres qui s'y joignent. Son évêque ne dépend que du pape, & il a le titre de prince. On compte au dedans & au dehors de ses murs neuf monasteres : elle était anciennement le chef-lieu des *Prægutii*, peuple dont le nom fournit encore une étymologie du mot *Abruzze*.

Amatrice, *Capistrano* sont des principautés : *Aiello*, un duché : *Civita S. Angelo* un marquisat.

Morrea, autrefois *Marrubium* ; *Albi* autrefois *Alba fucentes* ; *Cicoli*, &c, sont de petits bourgs.

Stato de gli Presidii.

Le roi de Naples possede aussi ce petit état, qui depuis Philippe II dépendait de l'Espagne. Il est composé de six petites villes fortes, de la principauté de Piombino, & de l'Isle d'Elbe.

Orbitello en est la principale ville ; elle est voisine de la mer, au milieu d'un lac : une langue de terre y conduit : elle a de bonnes fortifications, un port sûr, des salines abondantes.

Les autres petites villes sont *Talamone*. *Monte*

Argentaro, *Porto Hercole* dont le port est fréquenté, *Monte Filippo*, *Porto S. Stephano*. Près de Porto-Hercole fut autrefois la ville de *Cosæ* habitée par les Etrusques.

La principauté de *Piombino* dont le domaine utile appartient au duc de Sora, renferme trois petits bourgs, ou villages & la petite ville de *Piombino*, *Plumbinum*, située sur un rocher près de la mer : elle fut bâtie sur les ruines de *Populonium*, ville étrusque dont il ne reste plus de vestiges : elle a une citadelle & un château fort où réside le prince ; le golfe voisin en prend son nom, ainsi que le canal qui sépare la terre ferme de l'Isle d'*Elbe*, connue autrefois sous les noms d'*Aethalia* & d'*Ilva*, montueuse, & riche seulement en fer, en plomb & en soufre. On dit que les Argonautes y aborderent & donnerent à son port le nom de *Portus Argous* : ce port s'appelle aujourd'hui *Porto Ferraio* : il appartient à la Toscane : la petite forteresse de *Portolongone*, son port & quelques villages sont au roi de Naples, & les autres lieux au prince de Piombino.

ETAT DE L'EGLISE.

Dans ce court abrégé de l'Histoire des papes, nous ne parlerons pas de tous, mais seulement de ceux qui se sont distingués par leurs institutions, leurs vertus, ou qui ont accru l'état de l'église.

On regarde *St. Pierre* comme le premier pape : il était de Bethsaïde, & se nommait Simon. Jesus lui donna celui de *Cephas* ou *Pierre* : il fonda l'église d'Antioche, alla à Rome, y établit un siège patriarchal & l'occupa 25 ans : divers auteurs ont prouvé, ou cru prouver qu'il n'avait jamais été à Rome. S. *Lin* son successeur fut accusé de magie pour avoir reſſuſcité les morts, un conſul lui fit, dit-on, trancher la tête, pour avoir chaſſé le diable du corps de la fille : ce pape ordonna que les femmes entraſſent voilées dans les égliſes. *Clet* ou *Anaclet* mit en uſage les mots de *ſalut & bénédiction apoſtolique*. Son ſucceſſeur *St. Clement* établit 7 notaires pour récueillir les actes des martyrs ; lui même le fut l'an 100 ; ſes miracles le firent jetter dans la mer qui s'ouvrit & ſe retira devant lui l'eſpace de 3000 pas. On penſe que nous ne rapportons ici que des, *on dit*. S. *Evariſte* fit conſtruire une égliſe dans le vatican où les chrétiens de Rome venaient recevoir la communion, ordonna que les évêques fuſſent conſacrés par trois autres, que les clercs portaſſent les cheveux courts. Son ſucceſſeur *Alexandre* voulut que les mariages ſe célébraſſent dans l'égliſe. S. *Sixte* preſcrivit l'uſage de l'eau bénite pour exorciſer, du pain ſans levain dans la conſécration, du mélange de l'eau & du vin dans le calice, celui du carême. S. *Higin* était Athénien, & avait enſeigné la philoſophie ; il ordonna que les enfans ſeraient préſentés ſur les fonds batiſmaux par des parains ou maraines. *Pie I* fixa le jour où l'on célébrerait la pâque, inſtitua les pains bénits & les cérémonies pour la réception des vierges. S. *Soter* ordonna que le conſentement des pères & mères ſerait néceſſaire pour rendre un mariage valide, & que les meſſes ſeraient célébrées à jeun. S. *Ziphirin*, élu en 202. voulut que les enfans communiaſſent à 12 ans, & chaque fidele, au moins une fois par an ; que les calices fuſſent d'or ou d'argent ; qu'un évêque ne pût être condamné ſans l'autorité du S. Siège. *Calixte I.* ordonna le jeune des quatre tems ; il mourut dans un puits. S. *Urbain* fut le premier qui orna les églises & les vases sacrés, avec l'or, l'argent, les pierreries. *Antere* décida qu'on célébrerait la messe avec un petit pain rond où la figure de Jesus serait imprimée. *S. Fabien* fut élu, parce qu'une colombe vint se poser sur sa tête au moment où l'on cherchait un pape : il défendit le mariage entre parens jusqu'au 5e. degré, fit bâtir des églises sur les tombeaux d'hommes vénérés, ordonna que les fideles communieraient trois fois dans une année. *Corneille* fut savant, pieux, & eut la tête tranchée. *Luce I.* décida que les évèques ne pouvaient être sacrés qu'à l'âge de 30 ans. *Etienne I.* voulut que les prêtres ne portassent leurs habits sacerdotaux que lorsqu'ils seraient en fonction. *S. Eutichien* ordonna que les corps des martyrs seraient ensevelis dans une tunique de pourpre. *S. Caius* institua les quatre ordres mineurs qui sont le portier, l'exorciste, le lecteur & l'acolithe. *S. Marcel*, élu en 309, divisa Rome en 20 paroisses & ordonna qu'on y batiserait les catéchumenes : l'empereur Maxence l'obligea longtems à panser des chevaux de poste. *S. Miltiade* reçut, dit-on, de l'empereur Constantin le palais de Latran pour y soutenir sa dignité ; il défendit de jeûner le dimanche & le jeudi, jours regardés comme sacrés par les payens, & mit en usage les chandeliers & les croix sur les autels. *S. Silvestre* prescrivit l'usage de l'aube & de la tunique pour ceux qui officiaient aux autels qu'il voulut qu'on fit de pierre ; il donna aux jours de la semaine les noms qu'ils portent aujourd'hui. *Saint Marc* fit du pallium une partie de l'habit pontifical. *Saint Libere* approuva l'hérésie des Ariens pour sortir d'exil, & s'en repentit puisqu'il est devenu un saint. *Saint Felix* fut sacré par trois évêques hérétiques dans le palais de l'empereur Constance. *S. Damase* fit par son élection naître une sédition sanglante : il ordonna que les pseaumes se chanteraient en deux chœurs alternatifs. *S. Sirice* défendit le mariage aux prêtres, & permit aux moines de devenir évêques. *S. Anastase* voulut que les prêtres fussent debout & un peu inclinés, lorsqu'ils liraient l'Evangile : il mourut en 402. *S. Innocent* établit l'usage de donner au peuple la paix à baiser. *S. Zozime* autorisa les prêtres à dire des messes basses, & fit bénir le peuple à la fin de cette cérémonie. *S. Boniface* substitua le jeune des vigiles à l'usage de passer la nuit en prieres près des tombeaux des martyrs. *S. Leon* fut éloquent, savant, pieux ; il sauva l'Italie des fureurs d'Attila par sa prudence, & les églises du pillage des Vandales par ses prieres : il est le premier pape qui ait fait frapper des medailles. *Felix III.* ordonna que les évêques seuls auraient le droit de dédier les églises. Sous *Simmaque*, le premier pape qui n'ait pas eu le nom de saint, les revenus de l'église furent érigés en bénéfices ; c'était en 514. Boniface II. confirma la régle de St. Benoit, fit dater de l'Ere de grace, & voulut nommer son successeur, essai qui fut condamné par l'église. *S. Silvere* institua la fête de la purification de la vierge pour faire cesser la peste. *Pelage I* éclaira l'église par ses écrits, consola Rome par ses vertus pendant le siège qu'en fit Tottila. *Benoit I.* mérita le nom de père des pauvres. *Pelage II* fit de son palais un hôpital. *S. Grégoire* fut un grand pape, presque un grand homme : il eut de grandes vertus, montra beaucoup de savoir, allongea le carême de quatre jours, e fit nommer *Serviteur des Serviteurs de Dieu*, &

ÉTAT DE L'ÉGLISE. 375

institua la procession des rameaux & quelques autres cérémonies: il siègeait en 600. *Boniface III.* se fit déclarer Pontife universel, excommunia les Simoniaques, défendit aux évêques de se nommer des coadjuteurs. *Boniface IV.* institua la fête de tous les saints, & permit aux moines d'exercer les fonctions curiales. *Dieu donné* ou *Deodatus I* interdit les présens au commencement de l'année comme étant un usage payen. *Boniface V* ordonna que les églises seraient un asyle sacré pour tous les criminels, excepté pour les sacrileges. *Honorius I.* fut un homme modéré & sage : il fut anathématisé par un concile. *Jean IV* se servit des trésors de l'église pour racheter les fideles faits esclaves par les barbares. *Eugene I.* voulut que les maisons des prêtres fussent dans le voisinage des églises, & que les évêques eussent des prisons pour y renfermer les clercs criminels. *Vitalien* établit l'usage des orgues. *S. Deodat* fut le premier moine qui devint pape. *Agathon* fit cesser le tribut que l'église de Rome payait à chaque élection d'un nouveau chef. *Jean V.* ordonna que les papes feraient sacrés par les évêques d'Ostie. *Jean VI* rendit le pape & son élection indépendans de l'empereur Grec : il fut élu en 701. L'empereur Justinien II baisa les pieds du pape Constantin, & c'est de là que vient l'usage de baiser les pieds de ce pontife. *Grégoire III* autorisé par le peuple Romain, gouverna en souverain l'exarchat de Ravenne. *Etienne III* favorisa l'élévation de Pepin sur le trône des Français, & Pepin prépara la puissance temporelle des papes. *Etienne IV.* régla l'élection des chefs de l'église. *Adrien I.* fournit le premier exemple de la décision des Pontifes sur la justice d'une guerre. *Leon III* accusé, est jugé par Charlemagne ; il vexa les peuples, s'abandonna aux fureurs de la vengeance, mais il embellit l'église de S. Pierre, fit bâtir un nombre prodigieux de maisons, accrut la puissance des papes par les libéralités de Charlemagne qu'il fit empereur en 800, il fut le premier qui mit des verres colorés aux églises, & canonisa les morts. Il posséda le duché ou l'usufruit du duché de Rome, & l'exarchat de Ravenne, & joignit la Corse à son domaine; mais cette dernière possession ne fut jamais réelle. *Pascal I.* engagea Louis le debonnaire à renoncer à l'élection des papes. *Grégoire IV.* se cacha pour n'être point élu; il se laissa retrouver, & devenu pape, il avança & soutint que la puissance du pape était supérieure à celle des rois; il se déshonora en servant d'instrument à l'ambition des fils ingrats, armés contre leur père Louis le débonnaire. *Leon IV.* fortifia Rome, l'aggrandit, montra du courage, de la piété, de grandes vertus. *Nicolas I* fut surnommé le grand, & fit respecter les droits de son église par sa fermeté. *Formose* ne fut qu'intronisé, parce qu'il était déjà évêque de Porto : c'est le premier exemple d'un évêque qui passe d'un siége à un autre : son successeur fit faire le procès à son cadavre : plusieurs autres papes ne firent que passer, ceux qui suivirent furent les esclaves honteux ou les malheureuses victimes de Marosie, femme impudique & violente. Son fils *Jean XI.* mourut en prison : c'était en 939. *Leon VII.* eut les vertus d'un pontife, ainsi que *Martin III.* & *Agapet II. Jean XII* est le premier pape qui ait changé de nom, en montant sur le trône: tous ses successeurs l'ont imité : son impudicité lui causa la mort. Sous *Benoit V*, l'empereur Othon prit Rome, en fut le souverain, & emmena le pape qui mourut en Allemagne. *Silvestre II* sortit en 1000 de l'Abbaye d'Aurillac pour prendre le sceptre de l'église : il accorda aux chefs des monasteres le droit de porter la mitre. *Jean XVIII* corrigea plusieurs abus relativement aux bénéfices. *Sergius IV.* fut un pontife respectable. *Jean XIX.* exclut le peuple de la part qu'il avoit eue jusqu'alors à l'élection des papes. *Benoit IX* devint pape à 10 ans, & déshonora ce titre par ses vices honteux. *Grégoire VI.* acheta son abdication & ses droits à prix d'argent. *Clement II.* fut le premier pontife qui prit des armoiries : il était Allemand. *Leon IX* fut savant & pieux : les Normands le firent prisonnier & le respecterent. *Nicolas II* en s'unissant à eux, rendit l'élection des papes indépendante des empereurs : elle ne fut faite alors que par le Clergé Romain. *Grégoire VII*, fils d'un charpentier, moine à Cluni, voulut soumettre les rois à sa puissance, faire de l'empereur une espece de vice-roi, & établir à Rome un synode perpétuel pour l'administration de l'Europe entière. Sa piété était sévere, son ambition ardente, & son orgueil sans bornes : il ordonna que le nom de pape ne fut donné qu'à l'évêque de Rome : il élut, déposa, il pardonna à des empereurs, ses successeurs l'imiterent, subjuguerent ceux dont ils avaient été les sujets, créerent des rois, en furent les seigneurs suzerains : d'abord ils eurent plus de crédit que de pouvoir ; peu à peu l'état de l'église se forma, ils devinrent souverains de Rome, qui longtems avait voulu être libre quand son évêque donnait & ôtait des couronnes ; ils avaient l'exarchat de Ravenne. Otton III leur donna la marche d'Ancone, & la comtesse Mathilde toutes ses possessions, qui comprenaient le Duché de Toscane, Mantoue, Parme, Reggio,

Plaisance, Verone, Ferrare, Modene, une partie de l'Ombrie, le duché de Spolete, presque tout ce qu'on appelle le patrimoine de St. Pierre : mais les papes n'en purent retenir qu'une partie : l'autre dépendait de l'empire, & ils n'en acquirent quelques portions qu'avec le tems & des circonstances heureuses. Ils eurent & ont encore la suzeraineté de Naples ; mais elle ne fut pas toujours un vain titre comme aujourd'hui ; ils devinrent enfin souverains de toutes leurs possessions au commencement du quatorzieme siècle. *Pascal II.* se refusa quelque tems à la thiare qu'on lui présentait, la soutint avec toutes ses prérogatives au milieu des inquiétudes & des dégoûts. *Calixte II* parut aussi grand que sa dignité. *Adrien IV* était un moine Anglais de basse naissance, & son mérite & sa fermeté le firent admirer ; il couronna Frederic I avec lequel il eut de longues querelles ; il excommunia les Romains qui résistaient à son autorité. *Alexandre III* regna au milieu des agitations ; sous lui l'élection des papes fut reservée aux seuls cardinaux. *Urbain III* mourut de douleur, lorsqu'il apprit que les Sarrasins avaient repris Jerusalem : ses prédécesseurs, ses successeurs s'occuperent beaucoup des croisades qui ajoutaient à leur pouvoir, en multipliant les états Chrétiens & en affaiblissant ceux qu'ils voulaient soumettre. *Celestin III* soumit la Sicile à payer un tribut annuel à l'église de Rome. *Innocent III* élu en 1198, fut charitable envers les pauvres & fit bien des malheureux par son ambition : il érigea trois nouveaux Royaumes, la Bulgarie, la Bohème, l'Arragon, déposa l'empereur & le roi d'Angleterre, vit naitre un nouvel empire latin à Constantinople ; il dévasta les états du comte de Touloufe par la croifade qu'il publia contre les Albigeois, & les lui ravit par une sentence; il approuva les régles de St. François d'Assise, & celles des carmes. *Innocent IV* fut célebre par sa haine contre Fréderic II dont il avait été l'ami, il fit du chapeau rouge la marque distinctive des cardinaux. *Urbain IV* institua la fête-Dieu: *Clement IV* était un grand jurisconsulte Français; la mort de sa femme le fit jetter dans l'église; il devint pape, & fit Charles d'Anjou fils de son maître, son vassal, comme roi des deux Siciles. *Grégoire IX* se fit céder le comtat Venaissin en Provence. *Grégoire X* régla les assemblées du conclave, & voulut que les cardinaux n'en sortissent que lorsqu'ils auraient donné un successeur au pape mort: sous lui l'empire était sans chef, il annonça qu'il en nommerait un de sa propre autorité, si les électeurs ne le faisaient: ils le firent, & la crainte du pouvoir leur fit choisir Rodolphe de Habsbourg qui n'en avait pas, mais dont les descendans sont devenus bien plus puissans que l'empire qui ne se soutient aujourd'hui que par le secours des étrangers. *Nicolas III* eut les qualités d'un prince, les vertus d'un prêtre; mais sa haine violente contre Charles d'Anjou, roi de Naples, ternit sa mémoire. *Boniface VIII* fut un tyran; il ajouta une couronne à la thiare, mit le bon roi S. Louis au rang des saints, & fonda notre dame de Lorette. *Benoit X* fils d'un berger, fut un pontife respectable. *Clément V* erra sur les frontieres de France, & détruisit l'ordre des templiers. *Jean XXII* s'arrogea encore la suzeraineté de l'empire: ses querelles avec l'empereur, la dissension de l'ordre de St. François, & ses rêveries sur la vision béatifique sont les objets qui l'occupèrent le plus; c'é-

tait cependant un homme de mérite, qui s'éle
au premier rang de la profeſſion de ſavetier ;
ſiegea à Avignon, c'était en 1315. *Benoit XI*
refuſa d'abord à la dignité qu'on lui offrait :
employa les tréſors de ſon prédeceſſeur à repar
les égliſes, à ſoulager les pauvres : il était fi
d'un meunier, & devenu chef de l'égliſe il mar
ſon unique niéce à un ſimple marchand de Tou
louſe. *Clément VI* acquit Avignon pour quatr
vingt mille florins qu'il ne paya pas ; il établ
un jubilé tous les cinquante ans : ces jubilés fa
ſaient la richeſſe de Rome, en y attirant une mu
titude prodigieuſe de pélerins. *Grégoire XI* rét
blit le ſiege des pontifes à Rome ; cette ville dé
périſſait loin d'eux ; le déſir de la liberté n'y fai
ſait naître que des troubles ; cependant ce ne fu
rent pas les Romains qui engagerent les papes à y
revenir, ce furent les Florentins qui formaien
alors une république puiſſante, détruite enſuite
par un pape. Le peuple influa encore ſur leur élec
tion, & força les cardinaux d'en élire un qui fu
Italien ; les cardinaux élurent d'abord *Urbain V*
puis mécontens de ſa dureté, ils élurent *Clément VII*
ce ſchiſme dura pluſieurs années : il finit à *Ale*
xandre V né à Candie, de parens qui ne purent
l'élever : il régna en 1412. *Jean XXIII* avait été
corſaire, il fut guerrier, fit un roi de Naples, &
ne put ſauver Rome du roi qu'il avait fait, fit
aſſembler un concile qui le dépoſa, & qui joint
aux cardinaux, élut ſon ſucceſſeur. Ce fut *Mar-*
tin V, homme d'un mérite rare auquel Rome
doit beaucoup. *Eugene IV* fut un pontife éclairé
& ſage ; le concile de Bâle le dépoſa en vain. *Pie II*
qui avait ſoutenu les conciles par ſes écrits étant
particulier, s'éleva avec force contre ſes propres

maximes lorsqu'il fut pape, & foutint les prérogatives du St. Siege avec violence. *Paul II* était l'un des plus beaux hommes de son siècle; il aima la pompe & la magnificence, il haït les savans. *Sixte IV* fit célébrer la fête de l'immaculée conception, persécuta les Médicis, entra dans une conspiration formée pour les assassiner, & montra la même violence contre les Vénitiens. *Alexandre VI* acheta la thiare, la déshonora par ses vices, & bouleversa l'Italie par son ambition & par ses crimes; il voulait aggrandir l'état de l'église & donner une couronne à l'un de ses fils, César Borgia, qui à la tête d'une armée, qu'il rendait puissante par des perfidies, par les assassins & les empoisonneurs qui la précédaient, prit Forli, Faenza, Imola, Piombino, Urbin, Camerino, &c. César perdit tout à la mort de son pere, & l'église hérita de ses conquêtes criminelles; on croit qu'Alexandre fut empoisonné en 1502. *Jules II*, violent & guerrier, ajouta aux Etats de l'église toute la Romagne, Bologne, &c. il fit du pape une puissance prépondérante en Italie. *Léon X* cultiva les sciences, & fut l'ami des savans, mais son luxe, ses prodigalités, peut-être ses débauches porterent un coup funeste à l'église Romaine, en faisant naître la réformation qui en détacha plusieurs nations. *Clément VII* vit Rome assiégée, prise & pillée par l'armée de Charles-Quint; il fit la paix sans que l'Etat dont il était le chef, perdit rien de son étendue, il soumit pour jamais Florence à sa famille. *Paul III* établit le tribunal de l'inquisition, approuva l'institution des Jésuites, ouvrit le concile de Trente; il voulut ôter Parme à son petit fils, & n'y réussit pas. *Paul IV* chercha à réformer les mœurs des eccléfiastiques : mais il y travailla avec une dureté qui le rendit odieux ; à sa mort le peuple brisa sa statue, & brula tous les monumens que Rome avait élevé à la famille des Caraffe dont il était. *Pie IV* eut le nom de père des pauvres, & de protecteur des muses : il fut cruel envers les neveux de ses prédécesseurs. *Pie V* contribua à la victoire de Lepante ; son administration serait plus admirée, s'il n'eut pas été trop sévère & trop dur. *Grégoire XIII* était jurisconsulte ; il fonda plusieurs colléges, reforma plusieurs sociétés de moines, & corrigea le calendrier. *Sixte V* fut gardien de porcs dans son enfance : & son activité, son génie mâle & fier le firent admirer, sa cruauté le fit craindre : il embellit Rome, il rétablit l'ordre dans l'Italie, & laissa de grands trésors. *Clément VIII* encouragea les savans par des récompenses, reprima divers abus, fut humain & sage, il mourut en 1605. *Innocent X* condamna Jansénius : sa sœur fut son premier ministre, & ne lui fit point mériter le respect de la postérité. *Alexandre VII* embellit Rome, & ne montra dans la politique qu'un génie médiocre. *Innocent XI* avait été banquier : il fut un honnête homme, un prélat vertueux ; mais opiniâtre & soumis à l'empire des préjugés. *Clément XI* fut très-pieux ; il reste de lui plusieurs homélies, il fut élu en 1700. *Clément XII* diminua les impôts qui accablaient le peuple. *Benoit XIV* se serait fait admirer quand il n'aurait été qu'un simple prêtre ; il était éclairé, sage, humain, aima les sciences qu'il cultivait, & la vertu dont il donnait l'exemple. *Clément XIII* était pieux, il vit les jésuites qu'il aimait, persécutés & chassés ; il pleura sur eux, & ne put les soutenir : ce fut le plus grand chagrin qu'il ait éprouvé dans son regne pacifique. *Clément XIV* fut un pontife éclairé ; il anéantit l'ordre des jésuites, & peut-être a-t-il été la victime de leur vengeance. *Pie VI* regne & s'occupe à repeupler ses Etats, à y faire régner l'ordre & l'abondance.

L'Etat de l'église confine vers le nord à la république de Venise, au levant à la mer Adriatique, au midi au royaume de Naples & à la mer méditerranée, & au couchant aux Etats de Toscane & de Modene. Il a environ 90 lieues de long sur 30 de large, & 2200 lieues quarrées en superficie.

Quand on considere que cet état est étendu, fertile, situé avantageusement pour le commerce, qu'il a de bons ports sur deux mers, que son souverain tire de grandes sommes des autres pays, que les étrangers y accourent de toutes parts, & y font une grande dépense ; que la sainteté du caractère de son prince, la vénération qu'on a pour sa personne, fait souhaiter de vivre sous son gouvernement, & sert à le rendre paisible & heureux, on se persuade qu'il ne doit point avoir d'Etats plus florissants que le sien : & cependant c'est le contraire ; il est peu cultivé, ses habitans sont fort pauvres, on n'y trouve sur cette étendue assez vaste qu'environ 1100000 ames, le commerce y est faible, & presque borné à celui qui se fait à Boulogne & à Ancone. Cependant les dattes, les amandes, les figues, les olives, beaucoup d'autres fruits y croissent sans soin & sans culture ; le vin, le pain s'y acquierent avec peu de peines & de travail ; & l'homme y languit dans la pauvreté, il y meurt de faim ; on ne travaille pas avec ardeur, avec joye, là où les impôts suivent le travail, où il est opprimé par eux, où les jours de fête entravent l'industrie & les affaires, où une multitude de pauvres errent & vivent sous la forme de pélerins, & retombent avec un nouveau poids sur l'homme laborieux; où la fainéantise est fortifiée par le grand nombre d'hôpitaux; un Etat ne prospere pas lorsque les cloitres y engloutissent une jeunesse florissante, quand ces cloitres & les églises renferment des richesses incroyables sans circulation & sans utilité pour le public, quand l'inquisition s'oppose à ce que de nouveaux habitans viennent cultiver des terres abandonnées; ce sont là les principales causes de la faiblesse & de la pauvreté des Etats du pape, mais ce n'en sont pas les seules; on peut compter parmi elles la passion qu'ont les papes, les cardinaux, les autres chefs de l'église, de faire de leurs neveux & de leurs proches des hommes riches & considérés, de rendre leurs noms célèbres & de le conserver par des fondations de cloitres, d'églises & autres monumens pieux; chaque ordre, chaque couvent cherche à augmenter la richesse & la magnificence des monumens de son église, ils ne peuvent le faire qu'aux dépens de l'homme industrieux; les légats, les gouverneurs, les autres magistrats, cherchent à s'enrichir avec d'autant plus d'ardeur que le tems de leur administration est plus incertain & plus court. Enfin une chambre des blés y détruit l'agriculture, en s'emparant de tout le commerce des grains.

Selon les principes du droit canon, le pape est le chef universel de l'église : toutes les communautés chrétiennes, tous leurs membres doivent reconnaître son autorité suprême ; le monde entier doit être soumis à ses loix. Il est le lieutenant de Christ; ce qu'il fait est aussi bon & juste qui que si Dieu l'avait fait lui-même, puisqu'il est son image sur la terre: il est le roi des rois, le seigneur des seigneurs ; il doit avoir sur tous la prééminence : il a son trône, & orne son front d'une triple couronne qu'on nomme la richesse du monde : tous les rois doivent reconnaître son pouvoir , il doit les reprimander & les punir ; il peut donner & ôter les couronnes, lier ou délier les sujets du serment de fidélité : un trône vacant lui appartient ; il peut exercer par tout le droit du glaive comme son autorité spirituelle , & gouverner ceux qui gouvernent les peuples , rendre légitimes les enfans qui ne le sont pas , dispenser des loix de l'église ; mais les protestans & les catholiques mêmes ont renversé ces principes. Il serait difficile de dire avec précision quel est aujourd'hui le pouvoir du pape dans l'église catholique : il lui reste plus de prérogatives que d'autorité ; plus de prétentions que de force. Nous ne le considerons ici que comme un des princes les plus puissans de l'Italie.

Les *cardinaux* l'élisent parmi eux ; ils sont son conseil, ses ministres, les chefs de ses tribunaux , les princes de l'église; on ignore le tems de leur institution : on appellait ainsi avant le dixième siecle les prêtres & les diacres qui assistaient l'évêque dans les affaires & les cérémonies, longtems après qu'ils eurent été désignés pour les seuls electeurs du chef spirituel de l'église , leur dignité était inférieure à celle des évêques & même des abbés; ils passaient de là à l'episcopat comme à un rang plus élevé : en 1464 ils furent décorés de la pourpre ; insensiblement ils se sont élevés au premier rang après le suprème , & ils se disent encore les protecteurs des royaumes & princes de l'empire. Ils sont divisés en six évêques, 50 prêtres qui prennent leurs noms d'une église de Rome, 14 diacres, ou sous diacres : le moins riche doit avoir à sa suite trois gentilshommes, des chapelains, des aumoniers, des sécretaires, une livrée nombreuse, douze chevaux de carosse. *Urbain VIII* leur donna le titre d'*eminentissimus*, & ils prennent aujourd'hui celui d'*illustrissimus*; ils portent selon les circonstances une soutane violette de laine, couverte d'un long manteau de moire trainant, ou d'une soutane de velours rouge en hiver, & de soie rouge en été; le matin ils sont en long habit noir doublé de rouge; l'après diné en habit court & noir, mais le manteau, les bas, la culotte, le talon des souliers est rouge. Ils ne portent leurs chapeaux rouges que dans les cérémonies les plus solemnelles.

Le *conclave* est l'enceinte où ils se renferment pour élire un pape ; c'est ordinairement une des galeries du vatican; on y construit autant de cellules qu'il doit y avoir de cardinaux, faites de planches, tapissées de soie, numerotées, rangées en ligne droite, de maniere qu'une ruelle étroite les sépare l'une de l'autre : les issues en sont murées ; la grande porte qui ne l'est pas est fermée de quatre serrures, dont deux clés sont gardées en dedans & deux en dehors ; on leur fait parvenir en cérémonie leurs repas par des tours, comme dans les couvens, & ces tours sont gardées par des prélats ; on y donne audience aux ambassadeurs par une fenêtre au travers d'un rideau fermé. On y enferme avec les cardinaux, un confesseur, un chirurgien, deux médecins, un apothicaire, quatre barbiers, un maçon, un menuisier, &c. Dès que le pape est mort, on l'annonce au

ETAT DE L'EGLISE. 387

fon de la groffe cloche du capitole, le canon du château St Ange, & l'ouverture des prifons. Le cardinal Camerlingue expédie une lettre circulaire, pour inviter les cardinaux étrangers à fe rendre au conclave; on s'y rend dix jours après la mort du pape. Il s'élit au fcrutin. Après la meffe du St. Efprit, on diftribue aux électeurs un billet où chacun met fon nom, & celui qu'il veut élire. Le dernier cardinal-diacre prend fur une petite table placée devant l'autel, des boules où font écrits tous les noms des cardinaux, il les lit & les compte à haute voix, les met dans un fac, l'agite, en tire trois qui font défignés *fcrutateurs*, & trois autres qu'on nomme *infirmiers*, parce qu'ils portent les billets aux cardinaux malades; les premiers les reçoivent dans une boëte vuide, fermée à clef, ouverte par une petite fente où ils les gliffent; les billets des autres cardinaux fe mettent fur l'autel, après qu'ils les ont pris dans un baffin, qu'ils les ont écrits, pliés, cachetés, montrés, & s'être mis à genoux devant l'autel, en proteftant devant Dieu qu'ils n'ont élu que celui qu'ils devaient élire. On les met tous dans un calice, on les mêle: le premier fcrutateur prend un billet & l'ouvre, il le préfente au fecond qui le lit à haute voix. Chaque cardinal les marque, compte les voix, & fi les deux tiers font réunies fur l'un d'eux, il eft élu. Si aucun n'a le nombre fuffifant, on recommence.

Chaque conclave coute à la chambre apoftolique 300000 écus; ils font prefque toujours des fcènes d'intrigues & de révolutions fingulieres. L'Empire, la France, l'Efpagne ont le droit d'exclure de la dignité de chef de l'églife de certaines perfonnes; mais il faut que le cardinal chargé des affaires de chacune de ces couronnes annonce son oppofition avant que celui qu'on veut exclure ait le nombre marqué de voix : pour être élu, il faut être Italien & avoir au moins cinquante cinq ans ; lorfque le choix eft fait, on l'annonce au peuple affemblé dans la place St. Pierre, & on couronne l'élu huit jours après.

Sa cour eft nombreufe & brillante : la pompe qui l'environne eft augufte & impofante ; il ne porte la thiare qu'à fon couronnement ; dans les cérémonies il porte la mitre épifcopale ; communément il porte un chapeau rouge, bordé en or, & il eft vêtu d'un camail rouge orné d'une large broderie auffi en or : deux éventails de plumes de paon renouvellent l'air qu'il refpire ; il mange feul, rarement en public ; il ne joue, ni ne chaffe, ni n'affifte aux fpectacles, il n'entre jamais de femmes dans fon palais ; des Suiffes chargés de hallebardes le fuivent en public : deux cuiraffiers le précédent, quand il marche fans cérémonie ; fix valets de pied les fuivent tête nue ; un prêtre fur une mule blanche porte fa croix, puis vient fon caroffe trainé par fix chevaux, guidés par un cocher & un poftillon en rabat, ayant à fes portieres deux officiers à cheval & deux officiers en foutanne violette ; il avance entre deux haies de Suiffes vêtus de pourpoints bariolés de diverfes couleurs ; on feme de verdure les rues où il s'avance, on fe met à genoux quand il paffe. S'il va dire la meffe, il eft porté dans un fauteuil magnifique fur les épaules de douze valets de pied en robes rouges.

Les principales charges de la cour de Rome font occupées par les cardinaux, tel eft le *Camerlingue*, qui eft le chef des finances de l'Etat, &

fait comme l'office de pape durant le tems qui s'écoule entre la mort & l'élection de ce chef de l'église; tel est le *fécretaire d'Etat* qui est à la tête de l'administration : tel est le *dataire* qui préside à la nomination & à l'expédition des bénéfices. Le cardinal-vicaire fait les fonctions épiscopales dans Rome, veille sur les mœurs, examine les curés, les livres. D'autres cardinaux sont *vice-chancelier, auditeur, fécretaire des brefs*; il en est que la mort d'un pape ne déplace point, d'autres qui changent avec lui.

Le *confistoire* est le tribunal suprême des papes; les cardinaux le forment; il s'assemble ordinairement dans le palais une fois par semaine, & extraordinairement lorsque le pape le juge nécessaire; il y préside sous un dais; on y délibere sur toutes les affaires temporelles & spirituelles qui intéressent le saint siege; on y élit les cardinaux & les prélats qui dépendent de cet Etat. Les collèges inférieurs sont appellés *congrégations*; tel est l'*inquifition*, le *tribunal des immunités eccléfiastiques*, la *confulte* établie pour recevoir les plaintes des peuples contre les gouverneurs, & des vassaux contre leurs barons. La *Rote* connait de tous les procès civils, au-dessus de 500 écus romains (*a*); douze juges composent ce tribunal; l'Empire, la France, & Venise en nomment chacun un, l'Espagne deux, trois doivent être Romains, un Boulonois, un Ferrarois, un Milanais, un qui se choisit alternativement ou dans Perouse, ou en Toscane : appellés à juger des causes de tous ces

---

(*a*) 2666 livres de France.

pays, on devait y choisir des juges : ils siegent disposés en rond, & de là vient le nom du tribunal ; ce sont des prélats distingués, leurs décisions sont des loix. Les autres tribunaux sont la *signature de justice*, & celle *de grace*, &c. Les *conservateurs* sont des magistrats municipaux semblables aux échevins.

Les revenus du pape sont très-grands : ses propres États lui en rapportent de considérables ; nul n'ose vendre du vin & des fruits, avant que lui, ses neveux, leur suite aient vendu ceux qu'ils tirent de leurs propres domaines, & ils en fixent le prix ; les annates, l'expédition des bénéfices, le droit de pallium, les investitures des archevêques & des évêques, les jubilés, les indulgences, les dispenses, les canonisations, les promotions de cardinaux, les subsides spirituels, &c. lui rapportent des sommes considérables ; en 1768, on estima les revenus des pays soumis à son autorité à 2200000 scudis, dont 1240000 étaient employés à payer les dettes de l'Etat qui montaient en 1741 à 56 millions de scudis ; tous ses revenus réunis sont d'environ six millions d'écus Romains ; ils sont administrés par la chambre apostolique ; ceux qui en remplissent les emplois les payent très-cher ; mais ils savent remplir le vuide que cet achat met dans leur fortune.

Ses soldats ne sont pas méprisables, mais ils ont de mauvais généraux ; ils sont bien tenus, bien payés ; leur nombre ordinaire est de 6000, & selon les circonstances, on les augmente, on les diminue avec facilité. Sa garde du corps est composée de 400 Suisses & de 70 cuirassiers : quatre galères, deux frégates se tiennent à Civita-Vecchia, & y sont peu utiles.

ETAT DE L'EGLISE.

Les gouvernemens les plus considérables dans l'Etat de l'église se nomment *légations*, elles sont au nombre de cinq & se sont celles de *Bologne*, d'*Urbino*, de la *Romagne*, de *Ferrare* & d'*Avignon*; le légat ne réside jamais dans cette derniere; c'est un vice légat qui remplit sa place; ces emplois se changent tous les trois ans. Les autres parties de l'Etat ecclésiastique sont divisés en gouvernemens moins étendus: partout l'administration y est despotique, Bologne seule doit être exceptée.

I. *Campagne de Rome.*

Elle a de belles plaines, ses champs sont fertiles, mais les bourgs & les villages y sont rares, leurs habitans sont pauvres, grossiers & féroces, ils ne labourent que pour leur subsistance, & sont obligés d'emprunter le secours de leurs voisins pour moissonner: les marais Pontins couvrent une partie de cette campagne, & y corrompent l'air; l'eau y croupit, le terrain y est gras & mobile, & l'été y fait régner des maladies cruelles; on n'y habite guere que le haut des monts; on s'occupe à dessécher ces marais en creusant des canaux; mais pour y rendre au laboureur son activité, il faudrait que le cultivateur ne fût pas forcé de porter sa recolte à Rome, & de la vendre à un bas prix fixé par les ministres. Cette province touche à l'Abruzze, à la terre de Labour, à la mer Méditerranée; le Teverone le borne au nord-ouest; elle contient la plus grande partie de l'ancien Latium.

Rome, jadis la capitale du monde, est encore aujourd'hui celle des chrétiens soumis à l'autorité spirituelle des papes; ils l'habitent, & ont reparé ses ruines enfouies par les Barbares : ils l'ont embellie par des chefs-d'œuvre des arts ; elle renferme encore dans son enceinte les sept collines sur lesquelles elle était assise : la température y est douce, parce que des monts la défendent contre l'impétuosité des vents, le Tibre qui prend sa source dans l'Appennin y commence à être navigable : son lit y est profond, & ses eaux grisâtres & bourbeuses : on la divise en 81 paroisses, & on y compte 200000 ames, en renfermant dans ce nombre les étrangers, 2827 prêtres, 3847 moines, 1910 religieuses, 1665 étudians, 1470 pauvres ; ses rues sont grandes, belles, mais mal entretenues : la *Strada del Corso* est la plus fréquentée & sert de promenade : on y voit un grand nombre de belles places, de palais superbes, d'églises magnifiques ; ses portes sont la plupart d'anciens arcs de triomphe ; elle a dix mille de tour, mais renferme dans cette enceinte des jardins, des lieux inhabités ; elle est défendue par le château St. Ange fortifié avec soin, & qui fut autrefois le tombeau ou môle d'Adrien. Cette ville mérite d'être décrite plus au long ; nous ne suivrons point Busching qu'on dit avoir suivi quelquefois des guides infidèles ; ni M. de la Lalande qu'on accuse d'inexactitude ; nous nous bornerons à faire un abrégé très-succint de la description de Rome, de Magnan, quatre volumes folio, imprimé à Rome en 1778. On la divise en quatorze quartiers ou Riones. Nous ne parlerons que des objets les plus frapans.

Rione di monti.

Situé au levant, il a sept milles de circuit, & c'est la partie la plus montueuse de Rome : on voit dans sa partie orientale la porte St. Jean, d'une architecture rustique; & au delà une grande place décorée par la basilique de St. Jean de Latran, dediée à St. Jean dans le 7°. siecle, & élevée sur les ruines du palais des Laterani par Constantin en 324. Sa grande façade est superbe, ornée par un grand ordre de colonnes, & de pilastres composites d'un plan uniforme: en général elle est trop percée, ses petits ordres sont sans proportions avec le grand dans lequel ils sont inscrits, sa balustrade est trop haute, ses statues ne sont pas de bon goût: son portique est décoré de pilastres composites revêtus de marbre de Carrare sur un fond de jaune antique: on y voit une statue de Constantin: la loge élevée d'où le pape bénit le peuple est soutenue par quatre colonnes de granite rouge oriental: on compte 335 colonnes dans l'intérieur: plusieurs sont de la plus grande beauté; la nef est dorée, peinte, ornée de statues, de grands pilastres canelés d'ordre composite qui s'élevent du pavé au plafond chacune dans une niche renferme la statue colossale d'un apôtre: elles sont de marbre: celle de St. Barthelemi est la plus estimée. La plus belle chapelle de l'église est celle de la maison Corsini: l'autel en est orné d'un beau tableau en mosaïque qui représente St. André Corsini: le cadre est un fond d'albâtre oriental, accompagné de deux colonnes de verd antique à bases & chapiteaux dorés: au dessus sont les statues de l'Innocence & de la Pénitence. Là est le magnifique mausolée de Clément XII, orné d'une urne de porphyre qui fut longtems sous le portique du Panthéon, & qui unit à une belle forme des ornemens simples exécutés avec précision: au dessus est la statue en bronze du pape, accompagnée de celles de l'Abondance & de la Magnificence : aux côtés font divers monumens en marbre, des urnes, des colonnes de porphyre, des bas reliefs, des ſtatues eſtimées : la coupole eſt peinte & dorée, le pavé de marbres de différentes couleurs, la grille de bronze doré : les vaſes ſacrés & les ornemens y ſont magnifiques. Le grand autel de la Baſilique eſt iſolé, orné de quatre colonnes de porphyre qui ſoutiennent un pavillon de marbre ciſelé à fond d'or d'un travail gothique ; on y conſerve dans des buſtes d'argent les têtes de St. Pierre & de St. Paul : l'autel du S. Sacrement a un beau tabernacle de pierres précieuſes : un bas relief d'argent y repréſente la Cène : l'architrave & le baldaquin de bronze doré, y ſont ſoutenus par quatre colonnes antiques cannelées, de bronze doré, qui ornaient autrefois le temple de Jupiter Capitolin : vis-à-vis eſt un orgue ſoutenu par des colonnes de jaune antique, de quarante palmes de hauteur. Les autres chapelles, la ſacriſtie des chanoines, les murs des croiſées ſont embellis par les tableaux des plus grands maîtres : le portique ſeptentrional compoſé de deux galeries élevées l'une ſur l'autre, eſt orné d'une ſtatue de Henri IV roi de France. Le cloitre de St. Jean de Latran eſt rempli d'antiquités ſacrées & profanes : là eſt l'urne ſépulcrale de St. Hélène, la plus grande qu'il y ait en porphyre, & deux ſièges percés de pierre rouge ſur l'uſage deſquels les voyageurs ſe ſont égaiés ; mais qui paraiſſent n'avoir ſervi que dans les bains des anciens Romains.

Sur cette place on remarque encor le batiſtere de Conſtantin, célebre par ſes ornemens, ſon ancienneté, ſes tableaux, ſes colonnes, ſes ſtatues ;

un obelisque élevé à Thebes dans la haute Egypte, que Constantin fit descendre par le Nil à Alexandrie, que Constance fit transporter à Rome, qui est de granite rouge, chargé d'hieroglyphes, haut de 204 palmes, pesant plus de 1300000 livres, au pied duquel est une belle fontaine; & un autre obelisque couché qui ornait les jardins de Salluste. Près de là est la Scala Santa, sanctuaire quarré, décoré des ordres dorique & ionique, où l'on parvient en montant à genoux 28 degrés de marbre blanc qui étaient, dit-on, jadis, au devant du palais de Pilate. Le palais de Latran, un des plus superbes de Rome est aujourd'hui occupé par 250 pauvres filles qui y travaillent à divers ouvrages: l'Hôpital de ce nom est ouvert aux malades de tous les pays, de tous les âges: au nord est St. Etienne le rond, ancien temple de Faune, de forme ronde, soutenu par 60 colonnes de granite ou de marbre de Paros. La villa Justiniani a de belles allées, de belles fontaines, des statues, des bustes & des vases antiques: on en remarque plusieurs dans la villa Palombara. Les restes de l'arc de Gallien annoncent que le bon goût du siècle d'Auguste n'existait plus sous ce prince. La basilique de Ste. Croix de Jerusalem bâtie par Constantin renferme des reliques vénérées, & de la terre apportée des saints lieux: son portique composé de plusieurs rangs de colonnes, forme un labyrinthe & soutient une coupole: l'intérieur a de magnifiques colonnes de granite, & de beaux tableaux: des Bernadins en habitent le monastere; d'un côté il a les ruines du temple de Venus & Cupidon, de l'autre celles de l'amphithéâtre Castrense bâti en briques, dont les arcades sont entremêlées de colonnes Corinthiennes. Devant la porte majeure font les ruines du temple de Minerva Medica, sa forme est ronde. St. Eusebe est un monastere vaste & riche, élevé sur les ruines des thermes & du palais des Gordiens, dont le péristile était orné de 200 colonnes de marbre: auprès sont les restes du château de l'eau Marcia dont l'aqueduc commençait à 11 lieues de là. Au dehors des murs est la basilique de St. Laurent, construite avec les debris de temples antiques: on en remarque les colonnes, l'autel souterrain, les tombeaux, le portique.

Au nord est la Basilique de Ste. Marie Majeure, une des cinq églises patriarchales de Rome, & l'une des plus grandes de cette ville: on dit qu'elle fut bâtie en 352 sur un plan dessiné par la neige descendue du ciel. Sa place est décorée d'une fontaine & d'une magnifique colonne de marbre blanc, élevée autrefois dans l'ancien temple de la paix. Sa façade construite sous Benoit XIV est formée par deux ordres; l'inférieur est ionique, ouvert en plate-bande, formant trois avant-corps, qui portent chacun un fronton: le supérieur est corinthien, ouvert en arcades: la grande nef présente un beau coup d'œil, quoique le plafond en soit trop bas: on y voit une suite de colonnes ioniques de marbre blanc, & des mosaïques dont l'une fut faite dans le 5e. siecle: le maître autel est isolé, formé d'une grande urne antique de porphyre, dont le couvercle de marbre blanc & noir, soutenu par quatre enfans de bronze doré, sert de table; le baldaquin est porté sur quatre belles colonnes de porphyre, qui supportent quatre statues d'anges qui tiennent une couronne: à ses côtés sont les magnifiques chapelles de Sixte V, & de la famille Borghese: la premiere renferme le mausolée de ce pape célèbre, orné de bas reliefs, de quatre colonnes de verd antique, d'autant de cariatides d'un beau marbre qui soutiennent un pavillon sous lequel est la statue de Sixte à genoux; la chapelle Borghese est plus magnifique: son autel est décoré de quatre colonnes de jaspe oriental; ses piedestaux sont revêtus de jaspe, d'agathe, de moulures dorées; le fond est de lapis-lazuli; au milieu est une image de la Vierge, entourée de pierres précieuses, soutenue par quatre anges de bronze. Là sont les mausolées de Paul V & de Clement VIII; d'autres chapelles accompagnent celles-là, & sans les égaler, sont cependant très-belles; dans l'une d'elles, qui est revêtue de marbre précieux & de dix colonnes de porphyre, on conserve le berceau de Jesus, & d'autres saintes reliques; dans la sacristie est la statue d'un ambassadeur du roi de Congo; vers le nord, la Basilique présente un demi cercle en saillie, accompagné de deux arriere corps, avec deux coupoles octogones qui surmontent les balustrades dont l'édifice est couronné; là est une place où l'on remarque l'obelisque que Claude avait fait venir d'Egypte. Le palais Albani renferme une bibliotheque de 40 mille volumes, une longue suite de desseins de peintres célèbres, des tableaux des plus grands maîtres, plusieurs antiques représentant des dieux, des empereurs.

La villa Strozzi est peu vaste, mais embellie d'allées, de statues, de bustes antiques & modernes.

La villa Negroni, commencée par Sixte V, a deux mille de circuit; son palais, ses allées de cyprès, ses bosquets, ses fontaines, ses antiques, sont dignes d'être vues. C'est dans la place Termini qu'étaient les bains de Diocletien: c'est de leur grande falle furtout qu'a été formée l'églife des chartreux, l'une des plus belles de Rome : c'eft une croix grecque de 160 pieds en longueur & largeur ; on y entre par une rotonde qui était un des chaufoirs des bains ; la nef frape par fa majefté, fes énormes colonnes, fon pavé magnifique, fes tableaux ; on y voit une méridienne, une des plus grandes, & la plus riche de toutes celles qui exiftent. La porte Pie en eft voifine ; c'eft l'ancienne porte Nomentana ou Viminalis, ouvrage folide & mâle ; au-dehors font les églifes de Ste. Agnès, des murs & de S. Conftance ; au dedans la fontaine de Moïfe, l'un des ouvrages le plus admirable de Sixte V, ornée de ftatues, de bas reliefs, de colonne de granites ; fous l'arcade du milieu eft la ftatue de Moïfe frapant le rocher ; les eaux en fortent par trois larges ouvertures, tombent dans un grand baffin de marbre fur les bords duquel font deux lions de marbre noir, & deux de marbre blanc dont la gueule béante vomit un fleuve d'eau.

Au couchant eft l'églife de St. Charles, de forme ovale, où l'on admire deux tableaux de Mignard ; celle de St. André, dont l'intérieur dans fa forme elliptique eft revêtu des plus beaux marbres, de ftucs dorés, de beaux tableaux, & dont les pilaftres font de marbre blanc pofés fur un fond de marbre rouge : dans l'intérieur de la maifon qui appartient aux jéfuites, eft la ftatue de Saint Stanislas mourant, dont la vue frappe d'un fentiment profond : dans fes jardins était autrefois le temple de Quirinus élevé par Numa. Près de là eft le palais de la *confulte*, trapeze irrégulier dont l'architecture eft brillante : il eft fur la place de Monte-Cavallo, à côté eft le palais Rofpigliofi : il fut bâti des ruines des thermes de Constantin, dans une belle situation ; on y admire un tableau du Poussin, où le tems fait danser les saisons au son de sa flûte, & plusieurs ouvrages de grands peintres, un bassin de marbre verd antique en forme de soucoupe, un buste de Scipion en basalte, une statue rare de Dioclétien ; d'autres antiques, des tableaux à fresque, en mosaïque, un jardin, son portique où est l'aurore du Guide, des tableaux de paysage, &c. La villa Aldobrandini a un jardin remarquable par ses eaux, ses plantations, sa situation, la pureté de l'air qu'on y respire : là est cette fresque antique connue sous le nom de *noce Aldobrandine* : on y voit des statues & des portraits remarquables : vers l'entrée est le monastere de Ste. Catherine de Sienne, dont l'église élégante dans ses proportions, & décorée de pilastres corinthiens, est revêtue de marbre. Plus loin sont les églises de St. Dominique & St. Sixte, de St. Bernardin, de Ste. Agate in Saburra, de St. Laurent in Panis perna, & celle du monastere de l'enfant Jésus, une des plus anciennes de Rome, qui fut auparavant le palais de S. Pudent, sénateur Romain qui logea à ce qu'on prétend S. Pierre : on y voit deux chapelles, l'autel où le saint célébra la cène, & un puits qui renferme trois mille martirs.

Au midi est la colonne Trajane, un des plus beaux monumens de l'ancienne Rome, & la plus belle colonne du monde. Sa hauteur est de 217 palmes, en y comprenant son piedestal & son couronnement : son diamètre inférieur a 16 palmes, le supérieur en a 14 & demi : le fût est formé de 23 blocs de marbre d'un gris obscur, posés à plomb les uns sur les autres, & dont chacun a en longueur la largeur de la colonne : dans leur épaisseur on a taillé un escalier en limaçon de 184 marches, éclairé de 43 petites fenêtres : du haut, entouré d'une balustrade, on jouit de l'aspect de Rome dans toute son étendue : le fût est orné de bas reliefs ; on y voit des sieges, des marches d'armées, des batailles, des camps, des passages de rivieres, & 2500 figures humaines : la sculpture en est excellente : elle est élevée dans une place qui faisait le centre de l'ancien Forum Trajani, où l'on voyait des édifices de la plus grande somptuosité, une basilique où siégeaient les consuls, le temple de Trajan où était la bibliotheque Ulpia, & un portique en colonnades d'ordre corinthien où l'on avait placé les statues des hommes illustres. Cette partie de la Rione di Monti renferme beaucoup d'églises & de monasteres ; celle de Ste. Praxede est remarquable par son ancienneté & ses ornemens ; celle de Ste. Agathe a près d'elle les restes de l'ancien temple de Pallas sur lesquels on voit la statue de la déesse : celle de St. Pierre aux liens est la plus ancienne de Rome, & l'on dit que cet apôtre la consacra ; on y voit les chaines dont il fut chargé à Jerusalem unies à celles qu'il porta dans la prison Mamertine ; l'église est soutenue par 22 colonnes de marbres de Paros, semblables à l'albâtre, & d'ordre dorique : sa chaire de marbre blanc, ses peintures, sur-tout le mausolée de Jules II sont admirables ; la statue colossale de Moïse parlant au peuple les tables de la loi à la main, est le chef-d'œuvre de Michel-Ange. Près d'elle sont des restes curieux des Thermes de Titus ; l'église de St. Clément, élevée dans l'endroit où fut la maison de ce pape, conserve la forme des anciens temples des chrétiens : elle est

ornée

ornée de colonnes de marbre, de porphyre, de granite, de peintures estimées; on y voit un sarcophage antique orné de faunes & de divinités payennes; c'est le tombeau d'un cardinal. Le Campo Vaccino est une partie du Forum Romanum, & on y remarque encore des vestiges de son ancienne magnificence, tels que les ruines des temples de la Concorde, de Jupiter tonnant, de Jupiter stator, de l'arc de Titus le plus ancien de Rome, & dont les bas reliefs en marbre sont des chef-d'œuvres, du temple de la paix élevé par Vespasien, des débris de la maison de Néron; c'était le plus grand, le plus superbe qu'il y eut à Rome, il avait 436 palmes de long sur 291 de large: là furent déposées les dépouilles de Jérusalem, les richesses du sénat, celles de l'empereur, & des citoyens les plus riches, comme dans un lieu de sureté: il en reste encor trois arcs; l'ancienne église de St. Côme & Damien fut un temple de Rémus & Romulus; elle est composée de deux édifices, l'un rond & antique, l'autre quarré & du tems de Constantin: ses portes antiques de bronze y furent placées par Adrien I. Celle de St. Arien fut le temple de Saturne, presqu'aussi ancien que Rome, & qui servait de trésor public; il en reste encore les murs de la façade; l'arc de Septime Sévère est tout de marbre blanc; il est en partie enterré, & n'a plus le char triomphal qui le couronnait; l'ancienne église de St. Luc & de Ste. Martine en est voisine: elle fut un temple de Mars où le sénat délibérait sur la guerre: elle renferme des tableaux & une chapelle souterraine remarquable; près d'elle l'académie de Saint Luc tient ses séances; elle est composée de peintres, de sculpteurs & d'architectes; le crane de Raphaël y est exposé à la vénération des artistes : cette société a formé des hommes distingués dans les arts. Nous sommes forcés de passer ici sous silence divers autres objets dignes d'être remarqués qui sont dans cette partie de Rome. Nous en ferons autant dans les autres, car nous devons abréger.

Rione di Trevi.

Son circuit est de trois mille & demi, elle renferme une partie du mont Quirinal, & doit son nom à un carrefour où aboutissaient trois rues, *Trivium*. Sa partie occidentale renferme une église de N. D. de Lorette, octogone, coupée en coupole double comme celle de St. Pierre, ornée de pilastres corinthiens, & de statues estimées, parmi lesquelles on distingue celle de Ste. Susanne : le palais Bracciano dont la façade est décorée d'un grand ordre composite tout en pilastres : le portique de la cour est en arcades & supporté par des colonnes doriques : dans l'appartement au rès de chaussée sont 84 colonnes d'un beau marbre & un grand nombre d'antiques, comme les statues de Cléopatre, de César, d'Alexandre, de Seneque, &c. L'église des douze apôtres, bâtie sous Constantin, reconstruite sous Clement XI, est remarquable par ses tableaux, par son architecture, par la confrérie qui y est attachée & qui nourrit douze veuves, soulage des malades & des pauvres honteux, distribue des dots à des pauvres filles. Le palais Colonne peu remarquable par son extérieur ; mais dont la cour est la plus vaste qu'il y ait à Rome, dont les appartemens sont de la plus grande magnificence, ornés de statues & de tableaux antiques & modernes des plus grands maîtres, dont la gallerie est une des plus superbes qu'il y ait en Italie, & la bibliotheque une des plus curieuses; les jardins méritent aussi qu'on les visite. Le palais Bolognetti est remarquable par son étendue; celui de l'académie de France où loge un directeur & douze pensionnaires qui ont remporté des prix, est rempli de modeles en plâtre des plus belles statues antiques; celui de Sciarra a une bonne bibliotheque, est embelli par une place qui porte son nom, où se réunissaient autrefois la Via Lata avec la voye Flaminienne : celui de Conti a de beaux appartemens, de beaux tableaux : devant lui est la magnifique fontaine de *Trevi*, formée d'une partie de l'eau vierge, la plus agréable, la plus saine qu'on boive à Rome, qui a sa source à huit milles de là & dont l'acqueduc construit par Agrippa se divise en deux branches & a quatorze milles de longueur : elle fut décorée par Clément XII, composée de trois corps d'architecture & d'un soubassement qui repose sur un rocher d'où l'eau sort & tombe dans un vaste bassin ceint d'un trotoir de sept marches, & d'une barriere qui occupe presque toute la place : l'avant corps représente un arc de triomphe décoré de quatre colonnes, de bas reliefs & de statues : celle de Neptune posée sur une conque que trainent des chevaux marins guidés par des tritons, est dans la niche du milieu ornée de quatre colonnes ioniques : tout y est de marbre & repose sur des rochers : dans les niches latérales, sont les statues de la salubrité & de la fécondité : sur la corniche sont celles de l'abondance des fleurs, de la fertilité des campagnes, de la richesse de l'automne, & de l'agrément des prairies ; sur les bas reliefs on voit Agrippa & la Vierge dont l'eau porte le nom. Près de là est l'église S. Marie in Trivio, bâtie ou réparée par Belisaire; un monument de l'empereur Claude, & un entablement de grande maniere, à fleur de terre, qui fait partie de l'aqueduc de l'eau vierge; l'église de St. Vincent & Anastase est remarquable par sa belle façade; celle de St. Silvestre est jointe au couvent des Théatins, beau, riche, orné de jardins agréables & d'une grande bibliotheque: plus haut est la place de monte Cavallo: sa situation est belle, son point de vue est agréable, sa forme irréguliere; elle doit son nom aux statues colossales de Castor & Pollux tenant leurs chevaux, magnifiques groupes de marbre que Constantin fit transporter d'Egypte pour décorer ses thermes; sur cette place est le palais du pape qui domine la ville & où l'on respire l'air le plus pur; plusieurs pontifes y ont travaillé, l'ont agrandi, l'ont embelli. Sur la porte d'entrée est une tribune soutenue par deux colonnes, ornée par les statues de Pierre & Paul, d'où le pape bénit le peuple. Sa cour longue de 150 pas est environnée d'une colonnade qui forme un grand portique & lui donne de la majesté: l'ordre ionique en décore le fond; des marches d'une grandeur extraordinaire conduisent au premier étage: on entre dans une vaste salle: à droite est la chapelle, à gauche les appartemens de S. S. diverses portes se succedent toutes décorées de tableaux des plus grands maîtres; la petite & la grande gallerie en sont encore enrichies; les voutes sont embellies par des statues dorées: quelques endroits sont pavés des plus beaux marbres; tel est celui de la chapelle Pauline. Le Caféaus qu'y a fait faire Benoit XIV est orné de bustes de marbre blanc, de porcelaine, de stucs dorés, de grotesques, de tableaux, de paysages; le jardin est vaste, renferme des allées, des parterres, des potagers, de belles fontaines, des jets d'eaux, des statues antiques, des salles de verdures, des orgues que l'eau fait jouer, des grottes pittoresques en rocailles. Plus loin on voit le collège des Maronites où le service se fait en syriaque pour le rite & la langue; le chant y est aidé d'instrumens singuliers & peu connus.

La partie orientale de ce quartier renferme la place Barberine où sont deux fontaines; celle du Triton est ingénieuse, quatre dauphins y soutiennent une coquille où est un Triton qui de sa conque jette de l'eau: celle des trois abeilles n'est composée que d'une simple coquille ouverte dont la charniere soutient trois abeilles qui répandent l'eau. Le palais Barberin est l'un des plus beaux & des plus vastes de Rome: il est sur le mont Quirinal: les artistes y ont réuni tout leur art; il est sur-tout enrichi de peintures & de sculptures estimées. Sa façade, son portique sont beaux; le rez-de chaussée renferme des tableaux estimés, des statues, des bas reliefs qu'on admire: la grande salle du premier étage a une voute magnifique peinte par Pierre de Cortone qui s'acquit par elle la réputation du premier peintre de son tems; il serait trop long de décrire toutes les beautés de ce palais superbe: nous ajouterons seulement qu'il y a une bibliotheque de soixante mille volumes, plusieurs milliers de manuscrits précieux, des pierres gravées, des bronzes antiques, des médailles, &c. La belle église de Ste. Susanne fut consacrée sur la fin du troisieme siecle: son portail moderne est un des plus élégans qu'il y ait à Rome; les stalles des religieuses qui la desservent sont magnifiques:

la citerne de marbre de leur jardin fut décorée de la main de Michel-Ange. Là furent jadis la maison, la place & les jardins de Sallufte qui formaient une promenade délicieufe. Le couvent des carmes déchauffés qui en eft voifin renferme divers chef-d'œuvres de l'art, fur-tout la ftatue de Ste. Therefe, le plus bel ouvrage du Bernin. Près de la porte Salara eft le *Campus fceleratus* où l'on enterrait avec des cérémonies effrayantes les veftales qui avaient rompu leur vœu ; au-dehors eft la Villa Albani, ornée avec un goût, une magnificence qui l'égalent aux plus beaux palais de plaifance des plus grands princes de l'Europe ; le bâtiment eft compofé d'un grands corps de logis, & de deux portiques terminés par deux petits temples dans le goût antique : le grand portique eft pavé en marbre, foutenu par des pilaftres & des colonnes de granite d'Egypte, du plus beau poli ; fes points de vue, fa décoration furpaffent tout ce qu'on peut voir ailleurs en ce genre : l'un des temples eft dédié à Marc-Aurelle & l'on y voit fa ftatue, un autel, de belles colonnes, un vafe d'albâtre fleuri de dix palmes de diametre ; l'autre l'eft à Antonin Pie ; il renferme fa ftatue, celle de Sapho, d'autres encore, avec des buftes, des bas reliefs intéreffants, un vafe d'albâtre fleuri, &c. Ses différentes falles, fes diverfes pieces, fes cabinets, fes portiques raffemblent les chofes les plus rares dans les différens arts & de toutes les contrées où ils furent cultivés avec genie : fes jardins, leurs parterres, leurs fontaines, leurs bofquets font magnifiques, & un modèle de magnificence & de goût.

III. *Rione di Colonna.*

Elle a trois milles & demi de circuit, & renferme le mont Cittorio & une partie du mont Pincius: c'est une partie des anciennes régions de l'Alta Semita & de la Via-lata: la colonne Antonine lui donne son nom: sa partie orientale renferme la Villa Ludovisi qui a un mille de tour; ses salles sont très-belles, ornées de statues & de bustes: dans la seconde surtout, on remarque une statue antique de Mars, & les grouppes d'Arria & de Petus, de Pluton & Proserpine: au milieu du jardin est un pavillon où l'on voit des peintures à fresque: celle de la Renommée est la plus estimée; on y conserve un corps humain pétrifié: les jardins furent plantés par le Notre; on y voit un labyrinthe, & tout ce que l'art imagina pour les embellir, ou pour prouver les richesses de leurs possesseurs; plus bas est le couvent des capucins auquel appartient l'église de la conception, riche en peintures; sous le grand autel orné de beaux marbres & d'un tabernacle de pierres fines, repose les restes de St. Justin; près de là est l'église St. Isidore remarquable par ses marbres, ses mausolées, son tableau du saint qui lui donne son nom, ouvrage de Sacchi; & par ceux dont l'ont enrichi, le Maratte, Baldini, le Bernin, le Perusien. Sa partie occidentale renfermait autrefois les jardins de Lucullus, & l'on y voit diverses églises: parmi elles on remarque celle de St. André delle Fratre, dont la coupole & le clocher sont d'une architecture singuliere, qui a deux belles chapelles, & le tombeau d'un neveu du roi de Maroc; celle de S. Silvestre in Capite, fondée en 261, qui renferme une image de Jesus, envoyée, dit-on, par lui-même au roi Abgare: sa façade est moderne & ornée de statues, l'intérieur en est bien décoré: le maître autel est entre deux colonnes d'albâtre oriental; on remarque dans le palais Bernini, le portrait du roi Jaques; dans celui de Verospi, des antiques, des tableaux de l'Albane, un instrument de musique dont le clavier faisait jouer à la fois un clavessin, un orgue, deux épinettes, une viole, un violon & d'autres instrumens. La place Colonne est vaste, ceinte de beaux bâtimens, ornée d'une belle fontaine; au centre s'élève la colonne Antonine élevée sous l'empire de Commode, & toute en marbre; son chapiteau est dorique, sa proportion corinthienne; son diamètre est de 21 palmes, sa hauteur de 177; à son sommet est la statue de St. Paul haute de 19 palmes; dans l'intérieur est pratiqué un escalier de 190 marches d'où l'on monte au sommet entouré d'une balustrade: un bas relief y forme 20 spirales autour du fût qui représente les deux guerres de Marc-Aurèle; on y voit des greniers à blé, des tours, des armes, des bagages, des camps, des passages de rivières, des batailles, &c. Le palais Chigi occupe le côté septentrional de la place: il est vaste & majestueux, son intérieur est riche en tableaux, en antiques; la façade de la douane de terre est décorée de onze grandes colonnes cannelées, restes du temple d'Antonin Pie; un tel usage est une espèce de profanation; près de là est un séminaire où l'on instruit cent jeunes ecclésiastiques. Là sont encore les établissemens publics élevé par la famille Capranica, l'église de Ste. Maie in Aquiro, bâtie en 400 sur les ruines d'un temple de Juturne, celle de Ste. Marie Magdelaine, dont la construction est singulière, & la façade comme l'intérieur trop chargés d'ornemens; le mont Citorio, colline où se retiraient autrefois les centuries qui avaient donné leur suffrage, où est aujourd'hui une place décorée du grand palais de la justice, & du piedestal de la colonne d'Antonin Pie: celui-ci est de marbre blanc, haut de 18 palmes & demi, orné de bas reliefs qui représentent les pompes funèbres de cet empereur & son apothéose: celui-là est très-grand, a trois portes & 125 fenêtres de front, a dans sa cour une belle fontaine dont le bassin est de granite; là sont les greffes, les archives, les bureaux de la chambre apostolique. Près de lui est la maison des missionnaires, où tous les ecclésiastiques de Rome font une retraite de dix jours avant d'entrer dans les ordres, où il se tient chaque semaine des conférences ecclésiastiques. Au nord est le petit palais de la Vignaccia, dans la cour duquel s'éleve l'obelisque solaire que Benoit XIV fit retirer de dessous les maisons voisines: sa hauteur est de 97 palmes sans le piedestal sur lequel on a gravé la dédicace qu'Auguste en fit au soleil; il est chargé d'hierogliphes, & endommagé par le tems; il servait de méridienne & annonçait la longueur des jours par celle de ses ombres. St. Laurent in Lucina est une église antique, élevée sur les ruines d'un temple de Junon, & on y remarque un grand autel, orné de beaucoup de pierres précieuses, de belles colonnes de marbre noir, d'un crucifix du Guide célèbre par le dessein & la couleur; une chaire très-belle, faite des beaux marbres, quelques mausolées; là est le tombeau du Poussin. Non loin de là était l'arc de Marc-Aurele, aujourd'hui détruit; on y voit aussi le college de la Propaganda, où les cardinaux tiennent leurs séances pour les objets rélatifs à la propagation de la foi, où l'on instruit de jeunes ecclésiastiques venus de diverses parties du monde & destinés à y retourner. Il y a une grande bibliotheque & une imprimerie célèbre.

IV. *Rione di Campo Marzo.*

Il a plus de trois milles de circuit, & comprend une partie du mont Pincius, l'ancienne région du Cirque Flaminien & le champ de Mars qui lui donna son nom. Dans sa partie orientale on voit la place d'Espagne qui doit son nom au palais de l'ambassadeur de cette monarchie; elle est décorée de belles maisons, de la fontaine de la Barcaccia qui a la forme d'un vaisseau, du magnifique escalier de la Trinité du mont, le plus beau qu'on connaisse, il conduit au monastere de ce nom, habité par des minimes Français, dont l'église est ornée avec goût, & la bibliotheque nombreuse; les galleries peintes à fresque ont de belles perspectives. La villa Medicis est à l'extrèmité de leur jardin; elle a des antiques recherchés: sa façade intérieure est décorée de bas reliefs, de bustes & de statues: la vue du vestibule est pittoresque, il a des bas reliefs d'une grande maniere, des statues estimées, sa gallerie est embellie par de belles colonnes de marbre, d'albâtre, de verd antique, de grandes tables de granite, d'autels antiques, des bustes, d'un magnifique vase antique de marbre de Paros, d'un grand nombre de statues; ses jardins sont beaux par leur situation, leurs perspectives, les chef-d'œuvres de l'art dont ils sont décorés; entr'autres d'une statue de Cléopatre comparable à celle du vatican;

ils s'étendent jusqu'à la villa Borghese: la façade du bâtiment a 240 palmes de long ; ses quatre faces sont trop chargées de reliefs, de statues & d'ornemens antiques; dans l'intérieur, on remarque le bas relief de Curtius se précipitant tout armé; des colonnes de porphyre, de lumachella, de brèche coralline, de verd & jaune antique, des vases, des bustes, la belle statue de Sénèque mourant dans le bain, en pierre de touche, celle de David, un grand nombre d'autres morceaux précieux; ses souterrains ont besoin d'être restaurés; ses jardins qui ont près d'une lieue de tour, offrent des ombrages délicieux, des bois peuplés de chevreuils, de daims & de lievres, de beaux pavillons, de magnifiques allées, des esplanades magnifiques, des fontaines abondantes, des pieces d'eaux, des grottes, des volieres, plusieurs morceaux antiques. Près de là est cette partie inclinée des murs de la ville qui semblent prèts à tomber, & qui le paraissaient déja sous Bélisaire. La place du peuple est embellie par les églises de Notre Dame du peuple, de Ste. Marie de Monte Santo, de N. D. des miracles ; par un grand obélisque Egyptien, une belle fontaine & la porte de ce nom construite sur les desseins de Michel-Ange : c'est par cette porte que les ambassadeurs, les cardinaux & les princes souverains font leur entrée; c'est celle qui présente l'aspect le plus frapant, le plus magnifique ; là commençait la Voye Flaminia. N. D. du peuple est remarquable par ses belles chapelles; l'une d'elles est des plus brillantes de Rome, elle est remarquable par les proportions de sa masse générale, de ses détails, de sa coupole; par ses tableaux & ses mausolées. Près de là est le palais Rondinini où sont plusieurs antiques estimées, parmi lesquels est un Alexandre le grand; plus bas est l'église de Jésus & Marie, dont le portail est orné de pilastres composites, dont l'intérieur est d'une belle proportion, & la décoration magnifique, quoique d'ordre dorique; celle de la Trinité par son portail & ses autels; ces deux dernieres sont modernes & de forme ovale.

Dans sa partie occidentale est l'église de St. Charles, grande, belle, d'ordre corinthien; le palais Ruspoli, un des plus beaux de Rome, dont le portique de la cour est décoré par une statue colossale d'Alexandre le grand; son escalier de quatre rampes, de trente marches chacune de marbre de Paros, ornée de statues antiques & d'une facilité, d'une noblesse qui le rend unique en son genre; l'intérieur renferme aussi de grandes beautés; le palais Borghese est plus beau, plus riche encore: sa façade a 269 palmes. Sa cour est grande, autour regnent deux étages d'arcades, couronnés par un attique corinthien, portés par 100 colonnes de granite: ses raretés sont en grand nombre, & en peinture seulement on y compte 1700 originaux. Derrière ce palais est le port de Rippette où abordent les barques, qui de la Sabine & de l'Ombrie, apportent par le Tibre des provisions à Rome: le coup d'œil en est pittoresque: en face sont les églises de St. Jérôme, des Esclavons, & l'église de St. Roch; à côté de celle-ci sont les restes du magnifique mausolée d'Auguste, espèce de grande tour ronde, dont le couronnement & ses ornemens ont été détruits par le tems, & où sont encore plusieurs chambres sur lesquelles repose un jardin.

Le monastere de la conception in Campo Marzo, fut fondé par des religieuses Grecques, qui aimerent mieux fuir leur pays que de renoncer au culte des images, perfécuté par Léon l'Iftorien : le grand autel a des peintures eftimées. Le college Clémentin fondé par Clément VIII, a un beau théâtre pour l'exercice de la jeuneffe ; on y remarque deux baignoires antiques d'un bafalte rare tirant fur le verd, entremêlé de veines de Calcedoine.

V. *Rione di Ponte.*

Elle a environ deux milles de tour, renferme le petit mont Giordano, & a pris fon nom du Pont St. Ange qui n'en fait plus partie depuis Sixte V. On y voit le palais Altemps d'une belle architecture, décoré au dedans de tableaux eftimés, d'antiques, d'un fépulcre Grec : il donne fur la place Palomba où eft la belle églife de Ste. Apollinaire, conftruite en 772 fur les ruines d'un temple d'Apollon; elle dépend du collège Germanique, qui entretient 100 écoliers Allemands ou Hongrois. Parmi d'autres palais on remarque celui de Lancelotti, commencé fous Sixte V, riche en antiques & en tableaux de prix. A quelque diftance eft le mont Jordan fur lequel eft l'églife paroiffiale de St. Simon & Jude, & le palais Gabrielli, dont la cour a une fontaine abondante, & l'intérieur de belles ftatues, des tableaux choifis, une grande bibliotheque, des inftrumens de mathématiques, des machines curieufes. Plus loin eft l'églife collégiale des Saints Celfe & Julien, où l'on révère leurs corps; plus loin encore, la place St. Ange, près de laquelle étaient les ruines d'un arc de Gratien; près de là eft le palais Alberini, un des plus finguliers par fon architecture. Le palais Niccolini où l'on remarque un beau grouppe de Venus & de Mars ; la banque du St. Esprit, autrefois l'hôtel de la monnaie, la petite église de la purification, celle de St. Jean Batiste des Florentins, bâtie par Leon X dans la rue Julia, elle est magnifique : sa façade est décorée de deux ordres corinthiens, couronnée par un fronton & six statues, la masse en est bonne, bien disposée, l'intérieur divisé en trois nefs toutes ornées avec goût. Dans la rue Julia, une des plus belles, des plus grandes de Rome, on remarque le palais Sachetti, dont on admire les peintures à fresque, & l'église de St. Blaise qui fut un temple de Neptune. Près de là est N. D. du suffrage, église ornée d'une chapelle de marbre, de stucs dorés, de peintures estimées. Plus loin celle de N. D. de la paix, bâtie pour remplir le vœu de Sixte IV pour la paix de l'Italie, rebâtie par Alexandre VII, dont le portail est formé de deux ordres ; l'inférieur en forme de demi cercle saillant est un portique de colonnes doriques ; l'intérieur est composé d'une nef & d'une coupole octogone : on y révère une riche image de la Vierge, entre quatre colonnes de verd antique & de statues : on y voit des tableaux faits par de grands maîtres.

VI. *Rione di Parione.*

Elle a moins d'un mille & demi de tour, & renferme une partie du cirque flaminien ; l'origine de son nom est inconnue ; on le croit dérivé cependant du mot *apparitorum*, parce qu'il y demeurait autrefois un grand nombre d'officiers de justice. Il renferme la belle église de St. Nicolas, surnommée des Lorrains, parce qu'elle fut bâtie par eux en 1636; rien de plus riche que son intérieur; Près de là est la grande place Navonne qui conserve la forme du cirque d'Alexandre Sévère, où l'on célébrait les fêtes Agonales : elle a trois belles fontaines, celle du milieu est le plus bel ouvrage du Bernin : elle représente le Danube, le Gange, le Nil & la Plata, assis sur un rocher qui porte un obelisque & jette de l'eau par quatre larges ouvertures; il renferme une caverne d'où sortent un lion & un cheval pour s'abbreuver : le dessein en est mâle & hardi, la sculpture excellente; l'obelisque est de granite rouge, chargé de caractères Egyptiens, haute de 73 palmes : les deux autres fontaines sont belles encore quoiqu'inférieures à celle-ci; l'église de Ste. Agnès fait encore un des plus beaux ornemens de cette place. Innocent X la fit rebâtir & y a un magnifique mausolée : son portail est un des plus beaux de Rome; l'intérieur, en forme de croix grecque a quatre arcades occupées par la porte & quatre chapelles : dans les souterrains on a représenté la Sainte nue, mais couverte de ses cheveux : cette église est très-riche; son seul ostensoir coute 130 mille écus romains. Près d'elle sont le collège & le palais Panfile; de l'autre côté l'église de St. Jaques des Espagnols; au midi, le palais Massini dont le portique est soutenu par des colonnes d'une excellente architecture, qui a trois cours ornées de fontaines, de bas reliefs & d'antiques; il fut le premier asyle de l'art typographique à Rome, & depuis lors il y a toujours eu une imprimerie. La place du Pasquin doit son nom à un tronc de vieille statue d'un beau travail, mais défigurée par le tems : elle a été consacrée aux bons mots, aux placards, aux affiches satyriques du peuple : là font des boutiques de libraires & le palais Caraccioli où est un cabinet de pierres gravées & de camées, des statues antiques, telles que Vénus fortant du bain, & des tableaux précieux. Ste. Marie in Vallicella ou la Chiefa Nuova est une église fuperbe fondée par le pape St. Grégoire : la façade est décorée des ordres corinthien & composite : tout y est d'une belle exécution, le pavé est de marbre ; les meilleurs maîtres en ont fait les tableaux ; le maître autel est auffi riche que beau, les Chapelles en font admirables. Elle appartient aux Oratoriens qui ont un grand & beaux cloître, une bibliotheque confidérable, un oratoire d'une architecture finguliere. Le palais de la chancellerie fût bâti avec les matériaux du Colliſée : fon extérieur eſt ſimple & noble. C'eſt là qu'habite le cardinal chancelier. La façade ſe joint à celle de l'égliſe de St. Laurent in Damafo dont les chapelles font très-riches. Près de là est la place du Campo di fiore, marché aux chevaux, lieu d'exécution pour ceux que l'inquifition condamne. Sur fon côté méridional eſt le palais Pio, élevé ſur les ruines du théâtre de Pompée, dont on voit encore pluſieurs reſtes.

VII. *Rione della Regola.*

Elle a plus d'un mille & demi de circuit, est arrofée par le Tibre, renferme une partie du Cirque flaminien, & doit fon nom au mot latin *Arenula*, dont on fit celui d'*Areola* & enfin *Regola*. Il renferme la place Farneſe, ornée de deux belles fontaines, formées de deux grandes cuves ovales de granite très-profondes, & elle doit ſon

nom

nom à un palais qu'on regarde comme le plus beau de Rome ; c'est un quarré dont les faces égales sont percées de trois rangs de croisées : sa masse générale est bien proportionnée : son vestibule est orné de douze colonnes doriques de granite égyptien, montées sur des dez : le pourtour de sa cour est décoré des trois ordres dorique, ionique & corinthien. C'est là qu'est encore le fameux Hercule Farnese, une des plus belles statues grecques qu'il y ait au monde, & le taureau dont nous avons parlé à l'article de Naples, un grand nombre de belles statues, un Atlas qui porte un globe céleste, seul monument astronomique qui nous montre la maniere des anciens, pour marquer les constellations, un Alexandre Farnese, deux rois captifs, &c. La galerie a été peinte par Annibal Carrache : il serait trop long de faire ici l'énumération des belles choses qu'on y voit ; nous passerons encore sous silence divers palais, parce qu'ils n'offrent rien de frapant, pour parler de l'église de la charité, grande, belle, remarquable par le tableau de la communion de St. Jérôme, de celle de Notre Dame de Monserrat, desservie par des Espagnols, jointe à un hôpital pour les malades d'Arragon, de Catalogne & de Valence ; de celle de St. Thomas de Cantorberi, dédiée d'abord à la Trinité par Offa, roi de Mercie ; de celle de St. Luce du Confalon, que la confrerie féculiere de ce nom, la plus ancienne de Rome, a fait rebâtir depuis peu ; il y en a un grand nombre d'autres qui ont des églises plus ou moins grandes, plus ou moins ornées. Le palais Falconieri a une collection d'excellentes peintures ; la grande fontaine du Pont Sixte, élevée par Paul V, est composée de deux colonnes ioniques, d'un attique

& d'un arcade sous le ceintre de laquelle sort une nappe d'eau qui tombe dans un vase, & du vase se précipite dans un bassin ; cette eau vient du Janicule, & passe sous les arcs du pont Sixte, construit sur un modèle antique & d'une belle structure. Plus loin est la Trinité des pélerins, hospice fondé par St. Philippe de Neri ; la façade de son église est décorée par les statues des Evangelistes, & son maitre autel l'est par un tableau célèbre du Guide, représentant la Trinité. Le mont de Piété établi en 1539, est un grand bâtiment isolé ; on y prête sur gages sans intérêt, on y dépose les sommes qu'on craint de garder chez soi. Le palais Spada est riche, décoré par des statues & des bas reliefs en stuc ; il a une jolie galerie dont la voûte soutenue par des colonnes doriques est exécutée en perspective ; il renferme de belles antiques, des dieux, des animaux, des hommes célèbres, parmi lesquels on remarque la statue colossale de Pompée. A côté de ce palais est l'église de St. Paul à la Regola, dont la façade est jolie ; plus loin celle de Ste. Marie in Monticelli, ancienne paroisse, où l'on voit un Jésus en mosaïque qui a 1300 ans d'ancienneté. Le palais de Ste. Croix est beau, a des bas reliefs antiques estimés, des statues, de bons tableaux.

VIII. *Rione di St. Eustachio.*

Elle a moins d'un mille & demi de tour, & renferme encore une partie du Cirque flaminien ; une église lui donne son nom. On y voit l'église de St. Charles aux Catinari ; elle est très-belle, son portail est décoré de pilastres corinthiens qui en soutiennent de composites; la masse en est mâle, le fronton & l'intérieur bien proportionnés; parmi plusieurs tableaux on distingue la mort de Ste. Anne, qui est un chef-d'œuvre: à quelque distance est l'église de St. André de la Valle, grande, belle, dont le portail est un des plus beaux qu'il y ait à Rome, & la façade est décorée de bonnes statues; l'intérieur est d'une belle forme, & a des tableaux estimés. Ses chapelles sont riches, & ont de beaux mausolées. Le collège de la Sapience est peut-être le plus célèbre de l'univers; son bâtiment magnifique fut commencé sous Léon X, & sur les desseins de Michel-Ange: son architecture est simple & noble, sa cour agréable & bien proportionnée, son église est singulière, d'une forme triangulaire, sa décoration est grande, & il y a de l'harmonie entre le plan, l'élévation & la coupole. Il y a huit professeurs en théologie, six en droit civil & canonique, huit en médecine, deux de mathématiques, trois de philosophie, un en belles-lettres, quatre en langues orientales. Le seul palais du gouverneur de la ville fut bâti par Catherine de Medicis, sur le sol où furent autrefois les bains de Néron, nommés dans la suite Alexandrins; il y avait un petit temple à la piété qui a été changé en église du St. Sauveur. St. Augustin, église d'une forme gothique, bien décorée au dedans, dépend d'un couvent d'Augustins, qui a une riche & vaste bibliotheque. On remarque une belle tête de Ciceron dans le palais Casali, & le mausolée du cardinal d'Ossat, dans S. Louis des Français, la plus belle église nationale qu'il y ait à Rome. Près d'elle est le beau palais Justiniani, le plus remarquable de Rome par le grand nombre de bas reliefs & de ſtatues antiques dont il eſt rempli ; ſa cour , ſes appartemens, où brillent le porphire & le vert antique, ſa galerie en renferme un grand nombre de rares, & qui la plupart furent trouvées dans les thermes de Neron ſur les ruines deſquels le palais fut élevé. L'égliſe de St. Euſtache eſt collégiale & paroiſſiale, elle donne ſon nom au quartier : les corps du ſaint, de ſa femme, de ſes enfans repoſent ſous le grand autel dans une urne précieuſe de porphyre. Les palais Lante, Cavalieri, offrent quelques belles antiquités ; le théâtre d'Argentina eſt un des plus beaux de Rome.

IX. *Rione della Pigna.*

Elle a un peu plus d'un mille de tour, occupe une pattie de l'ancienne Via lata, & tire ſon nom d'un grand Pin qu'on y voyait autrefois. Elle renferme la place de la Rotonde, décorée d'une belle fontaine de marbre blanc, qui dans ſon centre a un maſſif qui ſupporte des dauphins qui jettent de l'eau, & un petit obéliſque égyptien. L'égliſe qui donne ſon nom à la place, fut l'ancien Panthéon, & eſt encore admirée : c'eſt en effet le plus beau reſte de la magnificence de l'ancienne Rome. Dédié d'abord à tous les dieux, Grégoire IV la dédia à tous les Saints : ſa forme eſt ronde ; elle a 200 palmes de haut, 218 de diamètre : le portique eſt d'ordre corinthien, ſa façade parait baſſe aujourd'hui, parce que les degrés en ſont enterrés ; ſon veſtibule eſt grand & noble, d'une belle proportion, ſoutenu par ſeize colonnes de granite oriental ; le portique eſt majeſtueux : la grande porte s'ouvre ſur des pilaſtres antiques de bronze : l'intérieur eſt un hemiſphere parfait qui eſt éclairé par un œil de bœuf d'environ 40 palmes de diamètre qui est au sommet, & où l'on monte par un escalier triangulaire de 190 marches; 14 colonnes cannelées de jaune antique & d'ordre corinthien la décorent; seize autres colonnes ornent huit autels embellis par des tableaux; sous le grand où l'on revère une image de la Vierge peinte par St. Luc, on a enterré 28 charges de voitures de reliques : plusieurs artistes célèbres y ont des monumens érigés à leur mémoire. On y remarque le buste de Raphaël. Derrière la Rotonde étaient les thermes d'Agrippa dont il reste encore quelques murs, plus loin l'église de St. Luce des boutiques obscures, bâtie sur les ruines d'un temple d'Hercule, ornées de mausolées de marbre : celle de St. Martin qui existait avant Constantin : sous le grand autel, dont la tribune est ornée de beaux marbres, & d'une balustrade de quatre colonnes de porphyre, sont les restes de deux St. Marc, l'un évangéliste, l'autre pape. La place de Venise est bordée de beaux palais; l'architecture de celui de Rinuccini est très-estimée. Le palais de Venise est la demeure des ambassadeurs de cette république, & le fut auparavant de quelques papes; celui de Verospi a diverses statues antiques parmi lesquelles on remarque un silène vêtu. Celui de Doria est magnifique, & c'est un des plus vastes de Rome, son architecture est belle, ses cours sont entourées de colonnades & de portiques ouverts, ses appartemens sont grands, nobles & d'une belle distribution : quatre grandes galeries y servent de promenades, on y trouve d'excellens tableaux. Ste. Marie in Vialata touche à ce palais; on dit que cette église fut consacrée par les apôtres St. Pierre & Paul : la façade soutenue par de grandes colonnes corinthiennes, fut reconstruite par Alexandre VII : son intérieur est fort orné : devant elle fut autrefois un arc élevé à Gordien, abbattu en 1485 pour embellir le cours; le palais Corolis a une façade brillante : là demeure le cardinal de Bernis. St. Ignace est une église magnifique dont la façade est formée par deux ordres de colonnes corinthienne & composite, terminées par une balustrade qui fait le tour de l'église : sa nef est bien proportionnée, ses chapelles grandes, belles, ont des dômes dessinés avec élégance; on y voit des tableaux estimés & le tombeau de Grégoire XV. Le collège Romain tient à elle, c'est un édifice vaste & superbe, construit sous Grégoire XIV; on y enseigne le latin, le grec, l'hébreu, les humanités, les mathématiques, la philosophie, la théologie : sa bibliotheque est une des mieux fournies; on y admire le cabinet du P. Kircher par le grand nombre de choses rares qu'on y a rassemblées. La place de la Minerve doit son nom à une église d'une construction gothique, ornée au dedans, surtout par une statue du Christ de Michel Ange. La bibliotheque du couvent est une des plus riches de l'Europe : là était un temple de Minerve; la place est décorée par un obelisque égyptien, placé sur le dos d'un éléphant de marbre. On montre dans le vaste palais Strozzi des médailles antiques & une belle collection de pierres gravées. L'église de Jésus est magnifique : sa façade est noble, son intérieur majestueux, les peintures de sa voûte sont admirées; le mausolée du cardinal Bellarmin, près du grand autel, est orné par les statues de la sagesse & de la Religion; parmi ses chapelles, les plus belles sont celles de St. François Xavier, & de St. Ignace;

cette derniere surtout est d'une magnificence qui étonne: la statue du saint, grouppée avec trois anges est d'argent, & posée dans une grande niche garnie de lapis lazuli & d'albâtre antique, soutenue par des filets de bronze doré: la croix de sa chasuble & son manipule sont bordés de pierres précieuses; au dessus est une gloire de bronze doré au milieu de laquelle le nom de Jesus est en lettres de cryftal de roche: le globe que tient le Père éternel est de lapis lazuli, & c'est le plus beau morceau de cette pierre que l'on connaisse; le corps de St. Ignace est placé sous l'autel: on pense bien que cette église appartint aux jésuites; il y a d'excellentes statues. Le palais Altieri est vaste & beau, il a des antiques & des tableaux. Derriere est l'église de St. Etienne du Cacco, bâtie sur les ruines du temple de Serapis, divisée en trois nefs par deux rangs de colonnes antiques.

X. *Rione di Campitelli*, ou *du Capitole*.

Elle a cinq milles de circuit, & renferme le mont Capitolin dont il a pris le nom, le mont Palatin, le Celiolus & une partie du mont Celius. Sa partie occidentale renferme divers palais, diverses églises; parmi celles-ci est Ste. Marie in Campitelli, rebâtie avec magnificence en 1656 par le peuple Romain: on y remarque l'image miraculeuse de la Vierge gravée avec des filets d'or dans un saphir haut d'un palme, & une croix transparente, formée d'une colonne d'albâtre fort rare. L'ancien capitole est détruit, & on reconnait avec peine le lieu où fut cette forteresse, la roche Tarpeienne, le temple de Jupiter, d'autres temples célèbres, les statues des dieux & d'hommes célèbres qui les décoraient. On y monte aujourd'hui par un escalier fait par Michel-Ange; on trouve une place décorée par divers beaux édifices; le palais des Conservateurs est à droite, celui du cabinet des antiques est à gauche: une balustrade ornée des statues colossales de Castor & Pollux, de deux trophées antiques, d'autres statues encore, est vers l'escalier; au milieu de la place est la statue équestre de Marc-Aurèle, elle est de bronze, & c'est la plus belle qui nous soit restée des anciens: au fond est le palais du Sénateur bâti sur le *tabularium* ou archives des Romains; c'est dans sa salle que siegent le sénateur & ses officiers; on y distribue des prix aux élèves de l'académie de St. Luc. Au fond du bâtiment sont les prisons; le cabinet d'antiques est destiné uniquement à renfermer les monumens antiques qui servent à l'histoire Romaine; ses cours, ses portiques, ses vestibules, ses chambres du vase d'Hercule, des empereurs, & des mélanges; sa galerie, sa grande salle, celle des philosophes en sont remplies. Derriere est l'église de Ste. Marie in Ara Cœli, placée au sommet du Capitole, où l'on parvient par un escalier de 124 marches de marbre, prises dans les ruines d'un temple de Romulus sur le mont Quirinal: on y voit de belles colonnes d'un beau marbre, des autels magnifiques, des peintures estimées. Le palais des Conservateurs, ou des magistrats municipaux est très-beau, décoré de restes précieux de l'antiquité: on y voit encore la colonne rostrale élevée à Duilius, & un grand nombre de statues & des bustes d'hommes célèbres sous Rome moderne. Une galerie conduit de là au cabinet des peintures formé par Benoit XIV:

ses salles sont remplies des tableaux des plus grands maîtres; là est aussi une académie de dessein sur le nud. Le roc Tarpeien est aujourd'hui le mont Caprino : en descendant le Capitole derriere le palais du sénateur, on voit les restes du temple de Jupiter tonnant, plus bas l'église souterraine de St. Pierre in Carcere qui fait partie d'une prison construite par Ancus Martius, quatrieme roi de Rome. De l'autre côté sont les ruines du temple de la Concorde, dont il ne reste que huit colonnes de granite ; plus loin est N. D. de Consolation, jolie église d'une confrerie de gentils-hommes avec un hôpital considérable ; dans la place de Campo-Vaccino sont trois colonnes antiques qui ornerent le temple de Jupiter Stator : le travail en est admirable. Près de l'église de Sainte Marie Libératrice, au pied du mont Palatin, était le lac Curtius. Au dessus du mont Palatin, berceau de la république Romaine, & où fut le palais des empereurs dont il ne reste que des ruines, sont les jardins Farnese, ornés d'antiques, de grottes, d'escaliers, de sallons, &c. au bas est l'église de St. Théodore, élevée sur le temple de Romulus ; vers le midi est celle de Ste. Anastasie fondée en 300, & décorée de colonnes antiques : plus loin sont encore des ruines du palais des empereurs entremêlées d'arbres qui offrent des vues agréables & pittoresques ; au coin méridional du mont Palatin était le Septizonium de Sévère, édifice célèbre à sept étages, ornés de colonnes de marbre. St. Sebastien à la Polveriera est une église bâtie dans l'ancien Hypodrome : la Villa Rancurel présente quelques ruines estimées & des peintures qu'on croit être de Raphael.

Dans la partie orientale de ce quartier est le

Collisée, édifice superbe élevé par Vespasien qui y fit travailler les juifs dont il avait triomphé, & destiné aux combat de gladiateurs & à d'autres spectacles : il avait 2338 palmes de circonférence; l'extérieur était composé de quatre ordres d'architecture, un double portique orné de statues regnait autour; la moitié en existe encore : l'intérieur est dégradé : on a bâti dans son centre une église, & treize oratoires autour de l'arène. Près de là est l'arc de Constantin élevé par le peuple & le sénat Romain, composé de trois arcades & d'ordre corinthien : chaque face a quatre colonnes cannelées de jaune antique & des bas reliefs remarquables. Sa beauté fait croire qu'il fut une partie du Forum Trajanum, dont on ne fit que changer le nom; de là on descend à St. Grégoire le Grand, église de Calmaldules, bâties sur le mont Celius; elle a de belles colonnes, un portail & un double portique estimés: dans l'enclos des religieux sont trois autres églises, dont l'une est dédiée à Ste. Silvie mère de Grégoire: l'autel de celle-ci est ornée de la statue en marbre de la sainte, & de colonnes très-rares de porphyre verd & d'albâtre fleuri; celle de St. André est remarquable par deux peintures à fresque; l'une par le Guide, représente le martyre du saint, l'autre qui peint sa flagellation est du Dominique; celle de St. Barbe doit l'être par quelques reliques : telle est la table où St. Grégoire donnait à manger à douze pélerins, & à laquelle un ange vint s'asseoir un jour avec eux. L'église de Jean & Paul est ancienne, ses colonnes antiques & nombreuses en font le principal ornement. Celle de Saint Jean Porte-Latine sur la grande route du Latium fut bâtie sur les ruines d'un temple de Diane d'Ephese, & est divisée en trois nefs par des colonnes de marbre ou de granite. Auprès est la chapelle de S. Jean in oleo, bâtie dans l'endroit où cet évangeliste fut plongé dans l'huile bouillante. La Villa Mattei est sur le mont Celius: l'air y est pur, la vue agréable & variée; moins magnifique qu'autrefois, elle est belle encore; elle a de nombreuses & belles fontaines, des colonnes, des statues, des bustes, des têtes antiques, des urnes sepulcrales, un cirque de gazon d'où s'élève un obelisque de granite; son petit palais renferme les mêmes richesses. Ste. Marie de la Navicella est une église ancienne, rebâtie ensuite sur les desseins de Raphael; on y voit deux colonnes de porphyre, & dix-huit de granite noir & verd très-estimés: une petite barque antique de marbre placée au devant de l'église lui donna son nom. La Villa Casali a aussi de belles antiques.

XI. *Rione di S. Angelo.*

C'est la plus petite de toutes: elle n'a qu'un mille de circuit, renferme le petit mont Savelli, & une partie de l'ancienne Via-Lata & du Cirque flaminien: l'église St. Ange lui donna son nom, elle fut bâtie dans le huitieme siecle, sur les ruines du portique, & est d'une belle architecture. Près d'elle est le théâtre de Marcellus, bâti par Auguste, & qui pourrait contenir 30000 spectateurs: il en reste deux rangs d'arcades qui formaient des portiques, celui du bas était soutenu par des colonnes doriques: celui du haut par des ioniques, d'une proportion élégante & gracieuse; c'était là qu'était l'ancien temple de Janus bâti par Numa; c'est-là encore qu'est le palais Savelli, où sont des tableaux & des antiques parmi lesquelles on remarque celle de C. Popilius. Ste. Catherine Funari, ou des Cordiers, est une église qui a une jolie façade; derriere est le vaste palais Mattei, remarquable par ses statues, ses bas reliefs, ses inscriptions, ses peintures; on y voit un célèbre buste de Ciceron; la place Mattei est décorée par la belle fontaine des Tortues, construite par les soins des magistrats de Rome, & où l'on admire quatre statues de bronze de Thaddée Landini. Le palais Costagutti est surtout remarquable par le tableau de la vérité découverte par le tems; il est du Dominiquain, & le palais Boccapaduli l'est par celui des sept sacremens du Poussin. Près de là est la place Judra décorée d'une jolie fontaine.

XII. *Rione di Ripa.*

Elle a plus de six milles de tour: le fleuve la borne & lui donne son nom: elle renferme le mont Aventin, & une partie des regions anciennes de la Piscina-Publica, de la Porta Capena, du Forum Romanum & du grand Cirque. On y voit l'isle St. Barthelemi formée par le Tibre, habitable vers le tems de l'expulsion de Tarquin, & nommée Tiberina & Lycania: l'église qui lui donna son nom, élevée sur les ruines d'un fameux temple d'Esculape, a une façade décorée de quatre colonnes de granite: la nef du milieu est portée par 24 colonnes antiques; son pavé est en compartimens de porphyre & de marbre: son grand autel est très-riche; un des deux ponts qui la joignent à la ville fut appellé jadis pont Cestius, l'autre pont Fabricius: c'est au delà de celui-ci qu'est l'église de St. Nicolas in Carcere, bâtie près de la prison du peuple, où l'on vit ce fameux exemple de charité romaine qui a exercé divers peintres : le grand autel de l'église est orné d'un ancien tombeau de porphyre noir, il a deux têtes égyptiennes en reliefs. St. George in Velabro fut bâtie sur les ruines de la Basilique de Sempronius : sa grande nef est soutenue par 20 colonnes antiques ; le Velabrum qui lui donna le nom qui la distingue était un étang que desséchât Tarquin l'ancien : près de là sont les arcs de Septime Sévère & de Janus à quatre faces : celui-ci est le plus digne d'être vu : à côté est l'ouverture de la Cloaca Maxima, qui reçoit les eaux de la célèbre fontaine de Juturne : sa voute antique est admirable, faite sans chaux ni ciment, la plus grande voiture y pourrait rouler aisément. Plus au couchant est le Ponti Rotto, & près de lui le palais de Pilate, vieille maison où l'on a entassé sans goût d'anciens monumens. Plus bas est Ste. Marie Egyptienne, ancien temple de la fortune Virile, dont il reste onze colonnes. Cette église est construite dans le goût antique, sa disposition en est élégante & belle. Delà on vient à la place de la Bocca della Verità, & à N. D. du Soleil, qui fut un temple de Vesta, petit édifice de forme ronde, environné au dehors de vingt colonnes corinthiennes cannelées, & au dedans d'une muraille de marbre blanc. Ste. Marie in Cosmedin fut bâtie par les premiers Chrétiens sur les ruines du temple de la Pudicité dont on voit encore huit colonnes. Sous le porche orné de colonnes antiques, est un grand mascaron de marbre qui parait avoir servi à rendre des oracles : c'est ce que le peuple appelle Bocca della Verità ;

derriere était le grand Cirque qui avait 2500 palmes de long, 1280 de large, contenait 300 mille spectateurs, & était décoré de plusieurs portiques, de deux obélisques, d'un grand nombre de belles statues. Le mont Aventin renfermait beaucoup de temples dont on ne voit plus que les ruines ; on y remarque l'église de Ste. Sabine, bâtie en 425, & qui est soutenue par de très-belles colonnes ; le couvent a servi pour les conclaves ; on y voit un appartement pour le pape & un cloître orné de 139 colonnes antiques ; il est occupé par les dominicains. Celle de St. Alexis fut bâtie au lieu où le saint, pauvre, inconnu, vécut 17 ans sous un escalier ; son grand autel est riche. Le Grand Prieuré de Malthe occupe la place du temple de la Bonne Déesse Fauna ; son église était autrefois une des 20 abbayes de Rome ; on y voit quelques tombeaux remarquables. Delà on vient à une plaine entre l'Aventin & le Tibre, où étaient jadis les chantiers, les magasins de blés, & les poteries de terre, dont les débris ont formé le mont Testaccio qui a près de 300 toises de circuit & 180 pieds de hauteur ; au sommet on a pratiqué des caves très-fraîches. Là est le tombeau de Cestius, pyramide d'une proportion élégante, revêtue de grandes tables de marbre blanc, haute de cent soixante palmes, qui a une porte basse qui conduit par un corridor à une petite chambre garnie d'un stuc très-dur, ornée de peintures estimées ; ce monument fut élevé sous l'empire d'Auguste, & sert de tombeau aux protestans qui meurent à Rome. De la porte de St. Paul à la Basilique de ce nom était autrefois un portique long d'un mille, dont les colonnes étaient de marbre & la couverture de plomb doré ; il n'en reste plus rien. St. Paul hors des murs est une église patriarchale, & une des quatre Basiliques de Rome, la plus grande après celle de St. Pierre, élevée par Constantin; ses trois portes sont de bronze, ses richesses sont immenses, mais son couvent est une simple charpente. On y remarque 140 colonnes antiques: celles de la nef du milieu tirées du mausolée d'Adrien sont hautes de 50 palmes, de l'ordre corinthien, & toutes, au nombre de 40, sont d'un bloc de marbre de Paros. Ste Marie Scala Cœli, petite église ronde, dont la masse est jolie, le plan heureux & regulier, la décoration mâle & simple: l'intérieur est quarré: elle a des souterrains. St. Paul aux trois fontaines est d'une belle proportion, simple au dedans; trois fontaines en façon d'autels sont placées aux trois sources que formerent trois bonds de la tête de St. Paul, lorsqu'on la lui eût coupée. St. Sabas est remarquable par un grand tombeau décoré d'un relief qui représente une noce, & par 25 colonnes antiques. SSts. Nerée & Aquilée, l'est par quelques antiquités. Derriere sont les ruines immenses des Thermes de Caracalla, un des plus beaux édifices de l'ancienne Rome, où l'on comptait 1600 sieges de marbres, où 3000 personnes se baignaient à la fois. La porte S. Sebastien est élevée près de l'endroit où fut la porte Capena, ou Appia, décorée d'un nombre prodigieux de monumens magnifiques: on y voit encore un arc antique. N. D. des palmes, bâtie sur les ruines d'un temple de Mars soutenu par 100 colonnes & environné de palmiers, est une petite église; près d'elle était le tombeau de la sœur des Horaces. Plus loin est St. Sebastien hors des murs, Basilique célèbre qu'on croit bâtie sous

Conſtantin le Grand: ſa façade eſt jolie, & ſon portique ſoutenu par ſix colonnes rares. Les catacombes de ſon nom ſont très-vaſtes, compoſés de galeries ſouterraines, creuſée dans la pierre ou le terrein ſolide, avec des niches faites en briques, aſyle des chrétiens morts ou vivans, & où l'on dit qu'il y a treize papes & 74000 martyrs enſevelis; on dit encore qu'on y peut faire 20 milles de chemin. Le mauſolée de Célilia Metella en eſt peu éloignée, c'eſt une tour ronde ſur un grand piedeſtal quarré, terminée par une corniche ſaillante & une friſe de tête de bœufs & de guirlande de cyprès: au haut était une colonnade détruite; derriere ſont les reſtes du cirque de Caracalla; c'eſt le plus entier de tous, & le plus propre à donner une idée de leur conſtruction; près de là était le temple de l'Honneur & de la Vertu. Sur une éminence voiſine était un temple de Bacchus, dont on a fait l'égliſe de St. Urbain: à ſon pied était la fontaine Egerie, dont il reſte une voûte où l'on voit une ſtatue mutilée de la nymphe, & d'où il ſort une eau abondante & pure.

XIII. *Rione di Tranſtevere.*

Elle a quatre milles & demi de tour, eſt arroſée par le Tybre, renferme le Janicule, & doit ſon nom à ſa ſituation au delà du Tybre, Trans-Tiberi. On y voit le beau monaſtere de Ste. Cecile. Sa cour a un beau vaſe antique de marbre; ſon portique de belles colonnes; ſon égliſe eſt décorée richement. Plus bas eſt le quai de Ripa Grande, où débarquent les marchandiſes qui viennent de la mer. Le long de ce quai s'éleve l'hoſpice

pice de St. Michel ; il fert d'hôpital, de prifon, de maifon de correction ; à fon extrêmité eft la porte Portefe, & près d'elle l'églife de St. François a Ripa où l'on admire la belle ftatue de Louife Albertoni ; elle eft du Bernin : dans les environs du couvent étaient les jardins de Cefar, les thermes de Sévère, la naumachie d'Augufte, le temple de la Fortune, & les prés de Mutius Scévola. Ste. Marie de l'Orto où l'on révère une image de la Vierge trouvée à la porte d'un jardin, eft une belle églife ; celle de St. Jean des Génois a un hôpital. Celle de St. Crifagone eft fort ancienne. Ste. Marie in Tranftevère fut fondée en 224, c'eft une bafilique très-ornée, au devant eft une belle fontaine. A quelque diftance on monte fur le Janicule. Là eft la Villa Giraud, dont la maifon a la forme d'un vaiffeau de guerre auquel il manque les mâts & les voiles ; la Villa Corfini eft embellie par fes peintures : la Villa Panfili eft une des plus grandes & des plus magnifiques de Rome ; elle a fix milles de tour, des promenades de toutes efpèces, des bofquets, des prairies, des terraffes, des fontaines, des jets, des cafcades, un théâtre d'eau, & un petit palais rempli d'antiques. La fontaine Pauline eft la plus abondante que l'on connaiffe, fa décoration eft élégante & noble ; les eaux y font amenées par un aqueduc long de 35 milles, elles s'échapent par des canaux qui mettent en mouvement des moulins, des forges, des papeteries, plufieurs autres machines : derriere eft un jardin de botanique. St. Pierre in Monterio eft remarquable par le tableau de la transfiguration de Raphael, le plus parfait peut-être qui exifte. Près de là eft le Bofco Parrafio, jardin qui a la forme d'un théâtre Grec, & où fe tiennent

Tome VII. E e

les grandes assemblées de l'académie des arcades. Ste. Marie della Scala, belle église dont le maitre autel est composé de pierres rares, & décoré de 16 petites colonnes de jaspe oriental. Le palais Corsini a un aspect riant, son plan est beau, son escalier noble, ses appartemens très-riches; on y voit des tableaux des plus grands peintres, & une grande bibliotheque publique; ses jardins sont embellis de tout ce que l'art imagina pour imiter la nature. La Farnesine est une maison de plaisance du roi de Naples; le palais est beau, les jardins s'étendent le long du fleuve. Raphael en peignit le vestibule & il offre d'excellens modeles. Plus loin sont diverses églises, celle de St. Onuphre est dans une situation riante, ses peintures sont estimées.

XIV. *Rione di Borgo*, ou *du Vatican*.

Elle a près de quatre milles de circuit, est au delà du Tibre, renferme le mont Vatican, & ne communique plus à la ville que par le pont St. Ange, autrefois *Pons Aelius*, composé de cinq arcades, garni de parapets de travertin, de grilles de fer, de dix grandes figures d'ange en marbre. Le château fut autrefois le mausolée d'Adrien, il était quarré; au milieu s'élevait une tour ronde revêtue de marbre de Paros, ornée de statues, de chars, de chevaux, d'un nombre prodigieux de belles colonnes qui décorent aujourd'hui les églises de St. Pierre & de St. Paul. Sa solidité, sa situation en firent une citadelle, & c'est ce qui l'a dégradé: les papes l'ont ceint de bastions, un ange que St. Grégoire vit au sommet lui donna son nom; là se gardent les prisonniers d'Etat, les trésors de l'église, les bijoux des papés, & leurs archives secrettes: des antiques en décorent les appartemens; du haut de la tour, on jouit d'un coup d'œil superbe: c'est de là qu'on tire les feux d'artifice; une girandole qui fait partir à la fois 4500 fusées qui se répandent circulairement les accompagnent toujours. Il communique au vatican par une longue galerie couverte; vers le nord est la porte Castello, au dehors de laquelle sont les restes du cirque de Domitien, les champs que cultivait le dictateur Quinctius Cincinnatus, quelques églises, & la Villa Madame, maison de campagne du roi de Naples, bâtie sur les desseins de Raphael; près de là sont les palais Accoramboni, Cesi, Giraud, où l'on trouve de belles antiques. On montre dans l'église de St. Jaques Scossacavelli la pierre qui servit au sacrifice d'Abraham, & celle sur laquelle Jésus fut présenté au temple; on les portait à la basilique de St. Pierre; les chevaux refuserent de l'y porter, & s'arrêterent devant cette église où on les déposa. Ste. Marie della Transpontine est une belle église où il y a quelques reliques, des autels très-riches, & le tombeau de Zabaglia, méchanicien singulier; l'hôpital du St. Esprit in Sassia est très-vaste, très-riche, nourrit 1000 personnes, reçoit toutes sortes de malades & les enfans trouvés, renferme deux couvens, deux églises, une apothicairerie bien fournie, un beau palais pour celui qui y commande. Ina, roi des Saxons occidentaux le fonda, le pape Innocent III le fit rétablir. St. Pierre du Vatican est le chef-d'œuvre de l'Italie, la plus grande, la plus belle église du monde; tous les arts l'ont décorée, la sculpture, la peinture, la mosaïque, la dorure, l'art de couler le bronze, de composer le stuc y ont épuisé leurs ressources, les plus grands artistes y ont dévelopé leurs talens, & tout y est d'une fraicheur, d'un éclat qui frappent. Elle est située au pied du Vatican, dans le lieu où Constantin le Grand avait fait bâtir l'ancienne Basilique. Nicolas V en forma le projet: Jules II en posa la premiere pierre en 1506. Sa masse générale ne fut achevée qu'un siecle après ; elle occupe 20 arpens en y comprenant la colonnade, & couta plus de 250 millions de livres de France. Devant elle est la superbe place de St. Pierre, divisée en deux parties ; l'une est rectangle, l'autre ovale : celle-ci a 1015 palmes de long, est ceinte d'une colonnade composée de 244 colonnes, de 88 pilastres doriques, couronnée d'un entablement ionique, surmonté de 96 statues de differens saints : au centre s'élève un obelisque égyptien d'un morceau de granite oriental haut de 189 palmes, en y comprenant son piedestal & la croix de bronze qui le surmonte ; quatre lions de bronze, des aigles, des festons dorés, une balustrade de fer le décorent, à ses côtés sont deux fontaines magnifiques : la place rectangle est entre l'ovale & l'église ; elle occupe la moitié moins d'espace que l'autre, est ornée de portiques qui se joignent au grand portique de la Basilique & sont décorés de pilastres & de 48 statues. Nous n'entreprendrons pas de décrire cette église ; en donner un précis ferait l'affaiblir, & pour la décrire comme elle mérite de l'être, il faudrait un volume. Sa façade, ses portiques, son vestibule, sa coupole étonnent par leur majesté ; c'est sur le balcon du milieu que le pape est couronné. Dans son intérieur elle est longue de 961 palmes, large de 685, haute de 593 ; tout y est proportionné, & tout y est grand : tous les voyageurs la décrivent, nous renvoyons à eux & furtout à la defcription de Rome que nous avons citée, pour ceux qui voudront en avoir une jufte idée. Le pape actuel Pie VI a fait démolir la facriftie pour en faire élever une nouvelle qui répondra par fa magnificence à celle de la Bafilique. Le palais du vatican que le pape habite l'hyver eft auffi un édifice immenfe; on y compte 22 cours, vingt grands efcaliers, la grande falle, deux chapelles majeftueufes, & plus de 12000 chambres (a). Raphael & Michel Ange l'ornerent de chefs-d'œuvres immortels; la bibliotheque de ce palais eft la plus vafte, la plus riche de l'univers. Sixte V la fonda; elle raffemble un grand nombre de manufcrits, & des antiquités précieufes, plufieurs tableaux parmi lefquels on diftingue celui de la prifon de St. Pierre. Le Jardin du Belvedere, environnés de galeries, conduit à une terraffe où l'on voit une cafcade tombant dans un baffin où eft un petit vaiffeau de bronze d'où s'élancent, par fes agrès & fes canons, plus de 500 jets d'eau. Le jardin du vatican eft remarquable par fes fontaines, fes perfpectives, fes allées, par un bâtiment imité de l'antique. Autour de ces jardins & du palais font plufieurs dépendances, telles que l'hôtel de la monnaie où la machine eft mue par l'eau, diverfes églifes, le palais de l'inquifition, &c.

Les Romains font vains & fiers, ils imitent les Français qu'ils méprifent, aiment les fpectacles, les courfes, les plaifirs faftueux; tels font les mon-

_____

(a) On trouve ce nombre en lettres dans la defcription, ne ferait-ce point une erreur? n'eft-ce point 1200 qu'il faut entendre?

monsignors : les négocians, les avocats, quelques ecclésiastiques y donnent des exemples de mœurs & de décence : le peuple y est un ramas d'étrangers, de valets, de porte-faix, de journaliers : en général il craint le travail : il mandie quand il ne peut être oisif à son aise ; on n'y voit point de manufactures, point de fabriques ; les objets du luxe & du faste y viennent de l'étranger ; on n'y commerce qu'en cire, en copies de statues & de tableaux ; cette indolence contraste avec la vivacité des passions qui l'agitent : la jalousie le rend furieux, les disputes y commencent par des injures, & finissent par le stilet : les spectacles sanglans l'attirent, l'agonie d'un criminel le satisfait ; on dit que les femmes vont secrettement dans la nuit voir égorger les animaux dans les boucheries. Les habitans du quartier de Transtevere qui se croient issus des anciens Romains, presque tous jardiniers ou paysans, sont fort robustes, fiers, & ne veulent rien avoir de commun avec le peuple de l'autre partie de Rome. En général, on y est plus solemnel que dévot, & la religion y est auguste & respectée sans être suivie. La longitude de Rome est de 30 degrés, 9 minutes, sa latitude est de 41 degrés, 53 minutes, 54 secondes.

Caprarla, village où est un superbe palais de la maison Farnese, situé sur un mont ; c'est un des chefs-d'œuvre de Vignole : sa forme est un pentagone régulier, au centre est une cour ronde : chaque appartement y a quelque chose de particulier ; dans un sallon quarré quatre personnes placées aux coins, le visage tourné vers le mur, peuvent s'entretenir entr'elles à voix basse, sans être entendues de celles qui sont placés ailleurs dans le salon.

Ostie, ville située sur le bras oriental du Tibre, dont le lit est fort bas. L'ancienne ville fut ceinte de murs par Ancus Martius; Rome devenue puissante en fit un port magnifique; mais depuis que le Tibre négligé s'est divisé en deux branches, ce port s'est détérioré, & ne reçoit guere que des barques; les Sarrasins détruisirent l'ancienne ville; divers papes on fait des efforts pour rendre la nouvelle florissante, & elle n'est qu'un bourg presque désert, habité par des forçats & des malfaiteurs qui y languissent dans un air mal sain. Son évêché réuni à celui de Velletri est cependant le plus considérable de la chrétienté, & c'est toujours le doyen des cardinaux qui en est revêtu : il n'y réside jamais.

Antio ou *Anzio*, promontoire près duquel fut une ville de ce nom, & dont les ruines s'étendent au loin; près de lui est un port & une tour. *Ardea* n'est qu'un bourg & fut une ville. *Nettuno* est encore un bourg voisin du promontoire & des marais pontins : il est fortifié, & mal peuplé; Néron y avait bâti un port magnifique.

Astura, village misérable où est un port défendu par une tour : une riviere de son nom l'arrose; c'est ici que mourut Cicéron, ici que fut pris Conradin; les marais pontins y commencent & s'étendent jusqu'à Terracine, en suivant le bord de la mer : ces lieux déserts & funestes à ceux qui ne craignent point d'y vivre furent embellis autrefois par vingt-trois villes; on n'y voit plus que des villages misérables.

Cisterna, village où est un palais : des forêts qui couvrent les marais voisins, s'évaporent des exhalaisons mal saines que le vent du sud porte à Rome.

Velletri, ville ancienne & médiocre, située sur le penchant d'une colline agréable : on y trouve beaucoup de ruines, plusieurs fontaines, la statue d'airain d'Urbain VIII, assis sur un fauteuil ; le palais Ginetti dont l'escalier est très-beau, sa façade décorée est de trois rangs de portiques, & les jardins ornés de jets & de pieces d'eau, ont près de deux lieues de tour. Son évêché est uni à celui d'Ostie, sa cathédrale est assez belle ; l'évêque est seigneur de la ville & ne dépend que du pape. On y compte neuf couvens d'hommes & deux de femmes.

Civita Lavinia, *Lavinium*, bourg & duché : c'est là qu'aborda Enée. *Gensano*, *Cyntianum*, bourg sur une colline riche en bons vins, près du lac de Nemi : autour sont des ruines de petits édifices de briques décorés de pilastres, qu'on croit d'anciens tombeaux : de ce bourg on jouit d'une vue étendue. *Nemi*, village & château, il doit son nom à la forêt de Diane ; le lac qui porte son nom est profond, ceint de monts & de forêts, jamais agité par les vents : ses eaux toujours tranquilles, toujours claires, lui firent donner le nom de miroir de Diane. *Riccia* qu'on croit l'ancienne *Aricia* est un bourg, un château, une principauté ; on y voit une église bâtie en rotonde, formée par huit pilastres cannelés & corinthiens, avec autant d'arcades où sont placés 7 autels & la porte.

Albano, ville, évèché, près du lac de Castel-Gandolfo, au pied d'un mont. Néron la bâtit, sa situation agréable y attire les riches Romains qui y ont des vignes, des jardins, & y viennent passer le printems & l'automne ; on y voit des monumens antiques, des mausolées, des reservoirs d'eaux qui ornent le palais qu'y avait fait bâtir Domitien : le mont au pied duquel elle est située produit du bon vin ; dans ses environs croît un large champignon d'un goût agréable, destiné pour la table des princes. Le lac a plus de deux lieues de tour, & est entouré de hautes collines ; on a découvert deux salles ornées de statues de nymphes. Son évêque est un cardinal & ne dépend que du pape : elle renferme quatre couvens d'hommes & un de femmes.

Castel-Gandolfo, maison de plaisance du pape, au bord du lac : autour est un bourg.

Marino, bourg dont le nom paraît venir de Marius ; son aspect est agréable, il est bien bâti, assez peuplé, & est un lieu de plaisance pour les Romains. Ses deux églises ont de beaux tableaux.

Grotta Ferrata, abbaye de moines grecs de St. Basile, qui chassés par les Sarrasins s'y refugierent à la fin du dixieme siecle : leur bibliotheque a des manuscrits rares & leurs églises des tableaux estimés.

Frascati, petite ville sur le penchant d'une montagne élevée, couverte d'arbustes & de tapis de verdure. Là fut l'ancien *Tusculum* ; la jalousie des Romains la leur fit détruire en 1191 ; ses habitans d'abord dispersés se réunirent dans les ruines d'un fauxbourg, & des débris des maisons joints à des branches d'arbres se firent des cabanes qui firent donner à ce lieu le nom de Frascati ; le le sol de la ville même est occupé par les beaux jardins, les vignes, les bois d'oliviers des Villa Conti, Pamphili, Borghese Falconnieri, Bracciano : on y voit des jets d'eau, des reservoirs : du haut de la colline on voit Rome & la mer. L'évêque de Fracasti est cardinal, & ne dépend que du pape : on y compte six couvens d'hommes, un de femmes; les jéfuites y avaient un beau collège & une maifon de campagne.

Colonna, principauté : on croit que c'eft l'ancienne Gabies; près d'elle eft la fource de l'*Aqua Vergine* qui forme la fontaine de Trevi. *Gallicano*, *Zagarolo*, font des duchés.

Le *lac de Bagni* ou la Solfaterra de Tivoli, eft un lac dont l'eau impregnée de foufre, de nitre, de terre, pénètre les rofeaux & les plantes fans changer leur forme, s'évapore enfuite, & leur laiffe la dureté, la folidité de la pierre : les environs font un tuf fulfureux couvert de mouffe jaune, de quelques herbes fines entremêlées d'épines, il parait miné : près de là eft encore un petit lac dont l'eau épaiffe, blanchâtre, exhale une odeur fétide; de petites isles formées de rofeaux, de buiffons, de plantes unies par une terre bitumineufe & tenace flottent le long de fes rives : fon eau fans être chaude, bouillonne en quelques endroits : elle s'écoule par un canal qui la joint à l'aqua Albula; autour eft un terrein fertile & des ruines qu'on croit être celles de la maifon de Zenobie.

Tivoli eft l'ancien Tibur : cette ville eft fur le Teverone ou l'Anio : elle exiftait du tems d'Enée : la fraicheur & l'abondance de fes eaux, fa fituation agréable en firent un lieu de délices pour les anciens Romains, les maifons y font communes, mais il en eft de belles dans fes environs. Située fur un mont rocailleux qui produit de belles olives, les vents du nord y caufent des froids fubits & incommodes. Sur la place de la cathedrale, font deux ftatues égyptiennes du plus beau granit d'Egypte : on voit de belles ruines au pied du mont, telles que celles de la magnifique maifon d'Adrien.

Sur le penchant du mont est un petit temple qu'on croit celui de la Sibylle Tiburtine, ou de la déesse Tussis : il est rond, d'une architecture très-simple ; vis-à-vis est la cascade de Tivoli, nommée autrefois Anienus, formée par le Teveroni, qui, resserré entre ses rives, fait une chute de quarante pieds de haut, & se perd dans des cavernes souterraines nommées bouches d'enfer ; cette nape écumante, le bouillonnement des eaux, le bruit qu'elles font & que les échos repètent ; les marteaux des forges, les papeteries, les meules de moulin, rendent ce spectacle singulier ; à côté sont les cascadelles, formées par quatre chûtes d'eau d'une partie du Teveronne, sur des rochers couverts de mousses, de plantes & de fleurs aquatiques. Toutes ces eaux se rassemblent dans la plaine voisine & viennent se jetter dans le Tibre. L'évêque de Tivoli releve immédiatement du pape ; on compte 11 églises dans cette ville, 12 couvens d'hommes, deux de femmes.

Palestrina, autrefois *Præneste*, fondée par Cœculus fils de Vulcain, est une petite ville située sur un mont, siege d'un évêque cardinal qui releve immédiatement du pape, elle a quatre couvens dont un est habité par des religieuses : il y avait un temple de la Fortune, & on y voit encore son pavé en mosaïque. C'est le chef-lieu d'un duché.

Paliaro a le titre de duché, ainsi que *Valmontone*, *Alvito*, &c.

Anagni, petite ville autrefois florissante, aujourd'hui pauvre & presque déserte, siege d'un évêché qui releve immédiatement du pape : on y compte cinq couvens, elle est située sur un mont.

Signi, *Signia*, petite ville sur une montagne fertile en vins affez groffiers : fon évêque ne dépend que du pape; elle a le titre de duché, & renferme 4 églifes & 3 couvens.

Core, bourg qui eut le nom de *Cora*. *Norma* n'eft qu'un village, autour font les ruines de *Norba*.

Sermoneta, eft l'ancienne *Sulmo* des Volfques : c'eft un bourg affez pauvre qui a le titre de duché : il eft fitué fur un mont planté d'oliviers.

Alatri, *Aletrum*, petite ville, évêché qui relève immédiatement du pape : elle a le titre de duché; fa fituation eft agréable ; on y voit deux couvens de moines, deux de religieufes, deux églifes, dont l'une eft collégiale.

Ferentino, *Ferentæ*, petite ville fur un mont : elle a fix églifes & trois couvens. Bufching dit qu'elle eft un évêché qui ne relève que du pape : un autre auteur dit que la ville même eft détruite.

Veroli, *Verulæ*, ville, évêché qui ne dépend que du pape : elle a huit églifes & trois couvens : quoique voifine des marais pontins, l'air y eft fain; de belles prairies l'environnent.

Frofmono, bourg fur une colline que le Cofa arrofe ; il eut un évêque.

Sezze, *Satinum*, petite ville fur une hauteur en face des marais pontins; elle eft très-ancienne : on y voit les reftes d'un temple confacré à Saturne fugitif dont l'entrée eft bouchée ; derriere la ville eft une fente de rocher qu'on croit un précipice fans fond : près d'elle eft l'agréable mont des Mufes ; on y compte 7000 habitans affez pauvres, on n'y boit que de l'eau de citerne; fes vins autrefois excellens ne le font plus, fes campagnes font peu cultivées ; elles font couvertes de lauriers, de mirthes, d'orangers, d'aloës, de figuiers d'Inde haut de quarante pieds, & de la grosseur d'un homme.

Tres tavernæ, ruines où l'on voit encore deux rangs de voûtes entieres. St. Paul en parle.

Piperno, *Pivernum*, petite ville, sur un mont élevé & escarpé : elle est triste, pauvre, mal bâtie, entourée de jardins potagers en terrasses, de vignes, de champs, d'oliviers, de maronniers, de lieges, dont la feuille toujours verte est semblable à celle du poirier & son fruit au gland : il sert au même usage ; les lis & les narcisses y prospèrent sans attendre la main de l'homme : les marais pontins y font sentir leurs exhalaisons : son évêché a été uni à celui de Terracine : son évêque demeure souvent à Sezze, on y compte 6 églises & 5 couvens d'hommes.

Sonnino, bourg qui a le titre de duché, & renferme une abbaye de Citeaux.

Terracina, jadis *Anxur*, petite ville sur un roc élevé, environné d'autres rochers escarpés qui se font voir de loin : sa situation est agréable, son air mal sain, ses maisons presque désertes ; on voit autour d'elle des ruines des maisons de plaisance des anciens Romains, d'anciennes grottes, d'une suite d'arcades, & du palais de Theodoric : son port est comblé ; sa principale église est bâtie sur les ruines du temple de Jupiter ; ses environs sont marécageux & fertiles : on y voit une belle cascade formée par une petite riviere qui roule entre des monts calcaires, qui semblent se changer en un silex verdâtre qui étincelle avec l'acier. Ses habitans conservent l'ancienne chaussure des Romains. Son évêque ne dépend que du pape.

Dans cette région, on voit encore des restes des

anciennes voies Romaines, & des pierres milliaires.

Duché de Benevent.

Il est situé dans le royaume de Naples, & fut donné au pape par l'empereur Henri III dit le Noir, en échange de quelques droits féodaux de Bamberg qui appartenaient à l'église. Un petit district avec la ville de ce nom qu'il environne, forme tout ce duché, qui rapporte 6000 écus par an au pape.

Benevent, ville au confluent du Sabato ou Sebeto & dell Calore, dans une vallée délicieuse & fertile; elle est fortifiée, riche, peu peuplée: elle s'appella *Maleventum* jusqu'à ce que les Romains y eussent envoyé une colonie : ses ducs ont été puissans dans le moyen âge; Naples même en était tributaire. On dit qu'elle fut bâtie au tems de la guerre de Troye: on y voit un arc de triomphe nommé aujourd'hui *Porta Aurea*, remarquable par l'art qui l'éleva & les sculptures qui l'ornent; de la ville on jouit d'une vue étendue sur une campagne riante semée de maisons de campagne. Son archevêque est ordinairement un cardinal, & ses suffragans sont les évêques de Lucera, d'Ascoli, de Telese, de St. Agatha de Goti, d'Avellino, de Montemarano, d'Ariano, de Bojana, de Bovino, de S. Severo, d'Alife, de Vulturara, de Larino, de Trevico, de Termoli, de Guardia Alfiera. On y compte 9 églises, 12 couvens d'hommes & 2 de femmes.

II. *Terre de Sabine.*

Elle est située à l'orient de la campagne de Roine, doit son nom aux Sabins qui l'habiterent, est très-fertile en blés, huiles & vins; sa longueur est de neuf lieues, & sa largeur presque égale : ses habitans sont indolens pour le travail, actifs pour les plaisirs.

Maillano, ou *Magliano*, petite ville, capitale de la province, siege de l'évêque de Sabine, qui est un des cardinaux évêques, & ne dépend que du pape. Elle est sur une hauteur près du Tibre, ses environs sont fertiles. Alexandre VI en fit une ville : le domaine utile appartient aux magistrats municipaux de Rome : on y voit 3 églises, 3 couvens d'hommes, un de femmes.

Pie di Luco, bourg aux bords d'un petit lac de son nom, *Otricoli*, voisin du lieu où fut *Ocrea* ou *Ocriculum*, sur les bords du Tibre; l'on y voit encore les ruines d'un théâtre & de plusieurs édifices. Les fauxbourgs de Rome s'étendaient jusques là. Ce bourg a été le siege d'un évêque. *Rieti*, autrefois *Reate*, ville sur le Velino qui sort de l'Abruzze & se jette dans le lac de Vico : à côté d'elle coule le Turano & le Salto. Elle a souffert des tremblemens de terre, son évêque ne dépend que du pape; on y compte une église cathédrale, trois collégiales, six paroissiales, cinq couvens d'hommes, sept de femmes. Cette ville & les deux bourgs qui précédent mis par Busching dans la Sabine, le sont dans l'Ombrie par les meilleures cartes.

Collispoli, *Collis Scipionis*, village à l'extrêmité du vallon charmant qui est entre Narni & Terni. On y dresse des pigeons qui attendent les pigeons de passages & les conduisent sur les arbres de la forêt où les chasseurs les attendent : ce lieu est encore dans l'Ombrie.

Colle Vecchio, *Aspra*, sur un mont, *Calvi*, *Cos-tigliani*, *Greccia*, *Canemorto*, *Monte-Leone* sur les frontieres de l'Abruzze sont de petits bourgs.

Vicovaro est une petite ville. *Monterotondo* est un bourg sur les ruines de la ville d'*Eretum*. La *Mentana* n'est qu'un village sur le Teverone : là fut autrefois une ville florissante. C'était l'ancienne *Nomentum*.

III. *Patrimoine de St. Pierre.*

Situé entre le Tibre, la Marta, & la mer de Toscane, il est au nord de la campagne de Rome : on l'appella autrefois *Tuscia Suburbicaria*; c'est un pays fertile en bleds, vins, en huiles, en toutes sortes de fruits : on y trouve beaucoup d'alun ; il fut, dit-on, donné au pape Sylvestre ; mais on n'ose presque plus le dire : c'est de la comtesse Mathilde que les papes l'ont reçu en don, & il leur est demeuré, quoiqu'il ait été longtems reclamé par l'empire.

Viterbe en est la capitale : on croit qu'elle est l'ancien *Fanum Voltumnæ*, ou *Etruria*, elle a environ 12000 habitans : sa situation est agréable ; quatre petites rivieres l'arrosent ; ses maisons sont bien bâties, ses rues belles, pavées en pierres de taille ; des murs & des jardins l'entourent, une place environnée de portiques, de maisons peintes & de belles fontaines l'ornent ; on y voit de grandes tours quarrées qui servaient d'asyle dans les troubles excités par les Guelfes ou les Gibelins. On y vénere le corps de Ste. Rose ; quatre papes ont leurs tombeaux dans sa cathedrale. Son évêque ne releve que du pape. On y compte plusieurs couvens ; celui des dominicains fut la demeure d'Annius, fabricateur célèbre d'actes antique.

mes. Le mont de Viterbe est aussi appellé *Ciro*, on le trouve en sortant de la ville. Près de cette ville sont deux sources d'eaux minérales, l'une purgative & diurétique a un goût de vitriol, l'autre est acide : toutes deux sont dans un marais mal-sain ; près de là est un lac ou bassin quarré, orné de murs, rempli d'eau sulphureuse & qui paraît bouillir : la vapeur qui s'en élève est quelquefois dangereuse.

A un mille de Viterbe est une grande église dédiée à la Vierge, sous le nom *della Quercia* : près d'elle est un couvent.

Monte-Fiascone, petite ville mal bâtie, que quelques-uns croyent être l'ancienne Falere, elle est entourée d'un bois antique, que ses habitans vénèrent & laisse périr de vieillesse sans vouloir y toucher ; le mont sur lequel elle est assise, & qu'on nomme aussi Mont d'Est, produit des vins muscats, comptés parmi les meilleurs vins de l'Italie ; ils sont balsamiques, mais ne se conservent pas. Son évêché ne releve que du pape. Celui de Cornetto lui a été uni : on y compte 4 églises, 4 couvens d'hommes, un de femmes.

Bagnarea, petite ville arrosée par un ruisseau, située entre des collines, siege d'un évêque qui ne releve immédiatement que du pape : elle renferme trois églises, trois couvens d'hommes, un de femmes.

Bolsena fut élevée près de l'ancienne *Volsinie* ; c'est une petite ville ou un bourg célèbre par le sang qu'on y voit sortir d'une hostie pour prouver la transsubstantiation à un prêtre incrédule, miracle qui a fait instituer la fête du St. Sacrement. Elle est bâtie au bord d'un lac, nommé autrefois *Lacus Vulsiniensis*, entouré de col-

Tome VII.   F f

lines couvertes de chênes; il a 10 lieues de tour; ses eaux sont belles, abondantes en poissons, couvertes de pêcheurs, il a ses calmes & ses tempêtes, la Marta en sort; à son centre sont deux isles habitées & qui ont leurs églises; l'une s'appelle *Martana*, l'autre *Passentina*, ou *Bisentina*.

Orta, ou *Horta*, *Hortanum*; *Orti*, petite ville sur une colline près du Tibre qui y reçoit la Nera. Un auteur (Fontaninus) a fait un grand ouvrage pour prouver qu'elle était une des douze colonies Etrusques; son évêque l'est aussi de Civita - Castellana, & ne dépend que du pape. On y trouve 5 couvens d'hommes, 2 de religieuses.

Gallese, *Gallesium*, bourg, duché : là fut autrefois *Fescennium*, ville Etrusque.

Civita Castellana, petite ville près de l'ancien mont Soractus, qui était autrefois souvent couvert de neige. On croit qu'elle est l'ancienne Falere; on voit des ruines près de ses murs; quelques auteurs croient que ce sont celles de Veies; elle est située sur un mont escarpé où l'on n'arrive que par des chemins tortueux, étroits & difficiles, elle est petite, pauvre, presque déserte; son palais sert de prison d'Etat. Trois petites rivieres qui coulent dans de petits vallons plus de 300 toises au dessous de la ville l'environnent. Un pont magnifique à doubles arcades l'unit à des collines voisines. Son évêché a été uni à celui d'Orta : trois couvens sont dans son enceinte.

Nepi, autrefois *Nepet*; petite ville qui renferme six églises, trois couvens d'hommes, deux de femmes, & dont l'évêché uni à celui de Sutri ne dépend que du pape : elle est près de l'embouchure du Tibre.

Sutri, *Sutrium*, petite ville sur le Pouzzolo : son

évêque l'est de Nepi; on y compte trois couvens.

Monterosi, village peuplé, entouré de collines, dans lesquelles on a trouvé des chambres souterraines, taillées dans le roc, revêtues de stucs, garnies de vases étrusques & d'anciens tombeaux.

Bassano, ou *Baccano*, village où sont des mines de soufre : il est au bord d'un lac de son nom où se rend la Vacca, nommée autrefois Cremera, le Père Boscowich n'a marqué aucun lac près de Bassano.

Toscanella fut nommée successivement *Salumbrona*, *Tyrrhenia*, *Tuscia*, *Tuscania*; elle est située sur un mont, près de la Marta : son évêché est uni à celui de Viterbe : on y compte 3 couvens.

Monte Romano, village qui fut la ville d'*Aria*.

Corneto, petite ville sur une colline au pied de laquelle coule la Marta : ses habitans commercent en huiles & en grains; son évêché a été réuni à celui de Montefiascone. Près d'elle est une plaine dans laquelle on a trouvé des tombeaux étrusques creusés dans une pierre blanche nommée *Tufo*; on en a copié & gravé les reliefs & les inscriptions.

Tolfa, village où sont des mines d'alun : près de là sont encore des bains chauds, de l'albâtre, du lapis lazuli, des mines de fer.

Civita Vecchia, petite ville qui s'appellait autrefois *Centum cellæ* : son port aggrandi & amélioré par Trajan est un des meilleurs de l'Italie, & en le déclarant un port-franc, Benoît XIV a nui au commerce de Livourne; il est fortifié : un air mal sain fait que la ville est mal peuplée, on y manque d'eaux pures, elles y sont amenées par un canal; c'est ici que sont ordinairement les galères du pape. Leon IV en rassembla les habitans dispersés par les Mores dans une nouvelle ville qu'il appellait Leopolis; mais ils abandonnerent bientôt leur nouvelle demeure pour retourner à l'ancienne qu'ils rétablirent, & appellerent Civita-vecchia. Près d'elle sont les bains de *Palazzi* que Pline appelle *Aquæ Tauri*, & la grotte du serpent où l'on respire une vapeur sulfureuse: les restes de Léopolis ou de Cincelle se voient encore à deux lieues de là.

S. Severa fut un couvent: aujourd'hui c'est un fort qui protège le rivage.

Cerveteri, autrefois *Ceræ*, est à peine un bourg, quoiqu'il ait le nom de principauté: c'était une des 12 villes Etrusques.

Bracciano, duché qui couta 386000 écus romains en 1696, qui renferme un lac, les bains chauds de *Stigliano*, le bourg qui lui donne son nom, 7 autres bourgs ou villages: celui de *Palo* est au bord de la mer, défendu par un château fort, & parait être bâti près des ruines d'*Alsium*.

Fiano, bourg près du Tibre: ses environs sont charmans.

La Storta, hôtelerie sur la Valca ou Vacca, anciennement Cremera. Ici fut, dit-on, la ville des Veiens.

Porto, petite ville habitée par des pêcheurs, sur le bras occidental du Tibre, reste d'une ville élevée par Claude & Trajan: le dernier y avait construit & reparé un grand port, dont on ne voit plus que les vestiges, la mer parait s'en être éloignée, ses environs autrefois agréables & remplis de maisons de plaisance, sont aujourd'hui malsains, & n'offrent que des marais, des champs incultes, des ruines. Son évêché uni à celui de *Celva Candida*, est occupé par un cardinal & ne dépend que du pape.

Fiumicino, grand bourg, petit port à l'embouchure du bras occidental du Tibre, utile à Rome pour le transport des marchandises qui y paient des droits assez considérables : il est commerçant, célèbre par ses bonnes huîtres, son poisson recherché, & les parties des plaisirs qu'y font les Romains. l'air y est mal sain ; on y voit une ancienne tour nommée *Tore Alessandrina*.

Bomarzo, ou *Polymartium*, *Campagnano* ont le titre de duchés. *Bagnaia* est une maison de plaisance. *Oriolo* une principauté.

IV. *Duché de Castro & Comté de Ronciglione.*

Paul III donna ces pays à son fils naturel Pierre Alfonse Farnese : engagés au mont de Piété par Odoard duc de Parme, Urbain VIII en prit possession en dédommagement du capital & des intérêts accumulés. Innocent X, pour venger la mort d'un évêque qu'il y avait envoyé, fit saisir le duché à main armée, le confisqua, l'unit au domaine de la chambre apostolique, détruisit la ville, & en transfera l'évêché à Acqua-pendente. Les ducs de Parme & les rois des deux Siciles leurs successeurs l'ont en vain reclamé ; le traité de Worms l'assure au pape.

Le duché de Castro renferme *Farnèse*, château & principauté, les villages d'*Ischia*, de *Valentano*, autrefois *Verentum*, *Celere*, *Canino*, *Marta* au bord du lac de Bolsene, *Montalto*, bourg qui s'apella *Gravisca*, & que la Fiora arrose, *Borghetto*, le lac de Bolsene, les ruines de Castro, qui était à 4 lieues de la mer, entourée de précipices qui en rendaient l'accès difficile.

Le *Comté de Ronciglione* est enclavé dans le patrimoine de St. Pierre : il renferme la ville de *Ronciglione*, petite, riche, peuplée, qui a une église bâtie avec goût, une belle rue terminée par un arc de triomphe, & un château femblable à une prifon : dans un vallon voifin, un ruiffeau fait mouvoir des moulins & des papeteries. *Capraruola* eft un palais confidérable orné de beaux jardins, *Vico* eft un village au bord d'un petit lac nommé autrefois *Ciminus*, & qui eft quelquefois violemment agité. Là était l'ancienne ville de *Succinium*.

V. *Territoire d'Orvieto.*

C'eft une petite province agréable & fertile. On y remarque *Orvieto*, *Urbs vetus*, *Herbanum*, petite ville fur un rocher efcarpé, fortifiée par l'art & la nature, au confluent de la Paglia & de la Chiana. On y voit un puits très-profond où les mulets defcendent par un efcalier & remontent par un autre chargés d'eau. C'eft dans fes environs qu'on trouve un fimple qui fert de contrepoifon & a diverfes propriétés : on le nomme Orvietan. Bufching y compte 14 couvens : c'eft trop pour une fi petite ville : fon évêché ne relève que du pape.

Acqua pendente, ville fur un rocher : en 1647, Innocent X y tranfporta l'évêché de Caftro dont les habitans avaient tué leur évêque qui était auffi leur gouverneur & leur premier Magiftrat ; & c'eft depuis ce tems qu'Acqua-pendente mérite le nom de ville : les quartiers les mieux bâtis font d'une conftruction nouvelle : elle eft pauvre & a 6 couvens. Le peuple y eft groffier, méchant, fripon & lâche. A côté d'elle une eau abondante &

limpide tombe en cascades du haut des rochers, & c'est de là que vient son nom: le roc sur lequel elle est assise est formé d'un gravier mal lié; dans ses environs sont plusieurs cavernes où les habitans se retirent avec leurs bestiaux.

VI. *Territoire de Perugia.*

Il est d'une fertilité extraordinaire: il est surtout abondant en blés & en vins: le vin blanc y est agréable, il a le goût de vin muscat, & est clair comme une eau limpide. Il renferme le lac de Perugia, célebre autrefois sous le nom de Trasimène: il est peuplé de bons poissons: on y voit trois petites Isles: entre lui, & les monts élevés de la Toscane est une vallée étroite où se donna le combat de son nom.

Perugia, nommée par les Etrusques *Perusia*, est située sur un mont élevé: on dit que Janus la fonda: ses habitans s'étaient fait craindre des papes; ils prirent même Rome en 1416, conduits par *Braccio*, homme qui méritait d'être connu, qui a laissé des monumens dignes des anciens Romains, qui creusa des souterrains immenses, & un canal pour dégorger le lac de Perouse. Paul III feignit d'y vouloir bâtir un hôpital, & cet hôpital devint bientôt une citadelle qui tient en bride ses habitans inquiets & courageux: la ville a 5 portes, est bâtie sur des voutes, & renferme 15 mille habitans: son évêque ne dépend que du pape. Sa cathédrale a de beaux tableaux, des statues de Paul II & de Jules III en ornent la porte, une fontaine à deux bassins de marbre & à un de bronze en décore la place. On y compte trois académies, les *Insensati*, les *Excentrici*, les

Scoffi; il y a encore une académie des beaux arts. Dans fes murs & fes fauxbourgs, on compte, dit-on, 46 églifes, 22 couvens d'hommes, & 19 de femmes.

Citta della Pleve, *Civitas Plebi*, petite ville, fiège d'un évêque qui releve immédiatement du pape, on y compte 4 églifes & 6 couvens.

Fratta fur la Tevere; *Paffignano* au bord du lac de Peroufe, ainfi que *Caftigliano*, *Sigillo* font des bourgs. *Civitella d'Arno*, village autrefois appellé *Arna*.

VII. *Gouvernement di Citta di Caftello.*

C'eft un comté qui s'étend dans l'Apennin, entre le Perugin, la Tofcane, le Duché d'Urbin.

Citta di Caftello, autrefois *Typhernum*, petite ville fur le Tevere ou le Tibre, fiège d'un évêque qui ne dépend que du pape: on y compte 10 églifes, 12 couvens de moines, 8 de Religieufes: elle eft ceinte de quelques fortifications.

Monte Santa Maria, *Montone*, font de petits bourgs.

VIII. *Ombrie, ou Duché de Spoletti.*

Le duché de Spolette eft proprement une partie de l'ancienne Ombrie. Faroald en fut le premier duc fous les Lombards: après eux, il fut foumis à Charlemagne: il parvint enfuite aux papes. Près de Spolette & en d'autres lieux de ce pays on trouve un bois foffile qui croit dans une terre de craie, qui a des pores comme le bois ordinaire, & brule comme le charbon.

Spolette, ville fur le fommet d'une montagne,

sur un sol inégal; ses rues sont étroites: deux arcs de triomphe délabrés forment deux de ses portes: un pont de 600 pieds de long sur 300 de haut, sans parapet d'un côté, traverse le torrent impétueux de Maroggia qui coule entre la ville & le mont voisin: il a 10 grandes arcades: à côté est un acqueduc qui du mont Luco conduit l'eau à Spolette & à Caprareccia, ouvrage étonnant par sa hardiesse & sa solidité, mais d'une construction gothique. La cathédrale est presque toute en marbre; on y voit une ancienne mosaïque, une image de la vierge peinte par St Luc, diverses peintures de Philippi, que ses rivaux empoisonnerent: une autre Eglise est pratiquée dans un ancien temple de concorde. Son château situé sur une hauteur tombe en ruines: son évêque ne relève que du pape. On y compte 22 églises, autant de couvens & 17 hermitages. Les hautes montagnes entr'elle & Terni sont très abondantes en truffes.

Assise, *Assisium*, petite ville sur la pente d'un mont, & dont l'évêque ne dépend que du pape: là nâquit St. François. La cathédrale où son corps est déposé est composée de trois églises, l'une sur l'autre; on y fait beaucoup de pélerinages. A un mille de ses murs est la belle église de la *Madonna degli Angeli*, ou de *Sta. Marie Portiuncula*: les indulgences qu'on y distribue le 2 Août de chaque année sont célebres en Italie: St. François les obtint de Jesus.

Bastia, *Gualdo*, sont deux bourgs, le dernier fut détruit en 1751 par un tremblement de terre: pour le retablir, le pape l'exempta de tous droits & impôts jusqu'en 1764.

Nocera, *Nuceria*, petite ville très ancienne, située

au pied de l'Apennin. Tite Live l'appelle *Alpha Terna*; son évêque ne relève que du pape: comme Gualda, un tremblement de terre la détruisit en partie; la même exemption la rétablit.

Spello, bourg élevé entre les ruines d'*Hispellum* & auquel l'empereur Constans donna ensuite son nom: on y voit encore un amphithéâtre: le bourg a deux collégiales.

Foligno, *Fulginea*, petite ville près de l'Apennin dans une plaine fertile & cultivée: elle est peuplée & commerçante, & fut bâtie par les habitans du *Forum Flaminii* détruit par les Lombards: sa cathédrale est bien construite & mal ornée: on y voit la belle statue d'argent de St. Felicien. Son évêque relève immédiatement du pape: on y compte 8 églises, 12 couvens d'hommes, 11 de femmes. On y fabrique du papier, travaille la soie, & fait des confitures estimées. Ses environs sont riches en grains, en vins, en meuriers, & en oliviers.

Bevagna, *Mavania*, petite ville sur le Timia qui s'y unit au Topino sur les bords de laquelle elle est située.

Cannara, petit bourg. *Bethona* s'appella autrefois Vettona.

Trevi, jadis *Trebia*, bourg sur une colline élevée: il renferme 2 églises & 6 couvens.

Le Vene, lieu voisin de la source du Clitumne, dont les eaux rendaient le bétail blanc selon les anciens; à cent pas de là est l'église de *St. Salvador* qui fut autrefois le temple du Clitumne.

Todi, *Tuder*, ville presque ruinée, située sur une colline près du Tibre. Elle a plusieurs couvens: son évêque relève immédiatement du pape.

Amelia, autrefois *Ameria*, ville sur une colline,

ETAT DE L'EGLISE. 459

& dont les environs font agréables & fertiles; fon évêque ne relève que du pape; on y compte 4 églises, 7 couvens d'hommes, 6 de femmes.

Narni, autrefois *Narnia* & *Nequitum*, petite ville fur une colline rapide, efcarpée d'un côté: fon évêque ne dépend que du pape; fa cathédrale a un bel autel placé entre 4 colonnes de marbre, elle renferme encore 7 églifes paroiffiales, 7 couvens d'hommes 5 de femmes, quelques belles fontaines, un acqueduc magnifique qui, au travers des montagnes, y conduit l'eau d'une fource qui en eft à 5 lieues: au deffous de la ville eft une longue vallée qu'arrofe la Nera, riviere dont les eaux font limpides & le cours tortueux, qui roule au milieu de riantes prairies, de plantations d'oliviers, de figuiers, de peupliers, d'arbres fruitiers de toute efpèce: les côteaux qui la refferrent font couverts de vignes: on y recueille furtout une forte de petit raifin plein de fuc qu'on mèle quelquefois au raifin de Corinthe dont il a le goût & l'apparence. Ce terrein pierreux produit des raves de 30 à 40 livres, des melons, des pèches, des figues & autres fruits plus gros qu'ailleurs. Là fe voyent les reftes du pont de marbre qu'y fit bâtir Augufte: il en refte une arcade entière qui a 60 pieds de haut.

Terni, ville de 7000 ames, fituée entre les deux bras de la Nera, & c'eft ce qui lui donna fon ancien nom *Inter Amna*: auffi ancienne que Rome, elle fut colonie romaine, & on voit dans les jardins de l'évêché un refte d'amphithéâtre, & ailleurs des veftiges d'un temple du foleil. Elle conferve fon gouvernement particulier, 70 nobles héréditaires choififfent 12 députés, qui chaque année défignent 6 nobles entre lefquels on choifit

3 prieurs qui font les magistrats de la ville. Son évêque ne relève que du pape : on y compte 8 couvens : son plus grand commerce consiste en huiles ; ses vignobles lui apportent aussi de l'aisance : à quatre milles de là, le Velino, après être sorti du lac de Luc, devenant plus rapide, parvient à la montagne de Marmore où est une ouverture large de 20 pieds d'où les eaux s'élancent & se précipitent dans un abyme qui en est à 200 pieds & que leur poids aidé du tems, a creusé : l'eau écumante en sort avec fureur au travers des rocs ; l'air mugit, un nuage semblable à un tourbillon de poussiere s'en élève & retombe en rosée sur les champs voisins : quand le soleil l'éclaire, il forme une multitude d'arcs-en-ciel mobiles, qui se croisent, montent, descendent par l'impulsion de l'air comprimé par la chûte de l'eau ; mais quand le vent du midi souffle, le nuage rassemblé contre la montagne ne présente qu'une vaste arcade colorée & brillante.

Cesi, petite ville remarquable par les *bouches d'Eole*, crevasses ou petites cavernes naturelles dans la montagne, d'où il sort en été des vents plus ou moins violens, selon que la chaleur extérieure est plus ou moins grande. On dit qu'en hyver elles pompent, aspirent l'air, & le réchauffent. Les Césiens bâtissent des caves à l'entrée de ces soupiraux, & le vin, les fruits même d'été, s'y conservent longtems. Ils conduisent par des tuyaux cet air dans leurs appartemens, & les raffraichissent à volonté en ouvrant plus ou moins le robinet ; quelques-uns le conduisent jusques sous la bouteille qu'ils ont à table. Ce phénomène ne peut être expliqué par la cause qui maintient la fraicheur des souterrains les plus profonds : l'air qui s'en exhale en est encore plus frais. Le mont d'où sortent ces vents est calcaire, mêlé de silex arrondis, renfermés dans une écorce calcaire : derriere on trouve des pierres calcaires, & des cornes d'ammon rouges ; ces cornes ont des articulations ramifiées qui forment à leur surface des espèces de feuillages.

Norcia, petite ville, nommée autrefois *Nurcia*, située entre des montagnes, arrosée par le ruisseau de Freddura ; c'est une espèce de république sujette au pape, qui élit annuellement 4 magistrats parmi ses citoyens : ces chefs ne font rien sans l'autorité de celui de l'église : on dit qu'ils ne savent ni lire ni écrire, qu'on les nomme les *Illetterati* : tout s'y plaide sans rien écrire.

Correstat, *Cerreto*, *Visso*, sont des bourgs sur la Nera. *Acquasparta* a le titre de duché.

IX. *La Marche d'Ancone.*

Elle est située à l'orient de l'Ombrie & est bordée par la mer Adriatique : c'est un pays fertile en blés ; on y recueille beaucoup de lin, du chanvre, de la très-belle cire ; des tours bordent ses rivages pour en éloigner les pirates. Près du mont *Comero* ou *Conaro*, à 3 lieues d'Ancone, on trouve beaucoup de terres grasses & de pierres spongieuses : là se retire une espece de moules nommée *Ballani* ou *Ballari*, ou *dattes de mer*, parce qu'elles sont assez semblables à un noyau de dattes ; elle est blanche & couleur de suie : on en trouve aussi à Ancone dont les plus grosses le sont comme le doigt : cette moule & la liqueur qu'elle donne brillent dans l'obscurité ; on peut lire à la lumiere qu'elles répandent : un verre d'eau dans lequel on en a écrasé une est lumineux pendant une demi journée: on les estime à Rome par leur goût. On trouve encore dans ce pays, comme près de Fuglino & de Sessa dans le royaume de Naples, de l'ambre jaune, du soufre, du bitume, &c. C'est le *Picenum* des anciens; il devint un margraviat sous les Lombards; de là vient le nom de Marche qu'elle porte encore. Gonzague, général du pape Clément VII la soumit à sa puissance en 1532, & elle est demeurée à ses successeurs.

Ancone, ville ancienne, bâtie sur le penchant d'un promontoire par les Syracusains qui fuyaient la tyrannie de Denis, & qui lui donnerent le nom d'*Ancon*, à cause de la courbure ou anse que fait ce cap. Son port est beau, sûr, fréquenté: Trajan l'ameliora & l'embellit; Pie II le restaura: il est défendu par une forte digue, sur laquelle on a placé une batterie de 12 canons. Son commerce se relève & s'étend: toutes les religions y sont tolerées, mais la catholique & la juive y ont seules un exercice public: on croit que sa population est de 22000 ames parmi lesquels sont 5000 Juifs: ils ont leurs quartiers désignés, leurs synagogues, & une marque d'un morceau de drap d'un rouge clair qu'ils portent au chapeau. Les rues y sont étroites, les maisons sont bâties en briques, ou en une pierre blanche fort tendre. Les commerçans s'y assemblent dans un beau bâtiment public, où sont les statues de la religion, de la foi, de l'espérance, de la charité: le port est décoré d'un arc de triomphe érigé à l'honneur de Trajan, dont la base jusqu'au talon de la colonne est d'un seul morceau qui a 28 palmes & demi romaines de long, 17 & demi de large;

13 de haut : aucun édifice antique, dit Winckelmann, n'offre des blocs de marbre d'une grosseur aussi énorme. On y voit encore une statue de cet empereur : l'hôtel de ville est gothique : l'église de St. Dominique est une des plus belles de l'Italie : devant elle est la statue de Clement XII bénissant le peuple. Son évêque relève immédiatement du pape. On y compte 11 églises, 12 couvens d'hommes, 4 de femmes. Le lazaret bâti dans la mer, est un pentagone entouré d'une terrasse : au milieu de sa cour est une chapelle en forme de lanterne, soutenue par une colonnade agréable ; une citadelle y commande la ville & le port : le général du pape persuada aux Anconois qu'il fallait l'élever pour éloigner les pirates : elle le fut, & par elle le pape fut maitre de la ville : la cire qu'on y blanchit est recherchée ; le sexe y est beau : on trouve beaucoup d'antiques dans son territoire. Sur le mont *Comero*, ou *d'Ancone* qui s'avance dans la mer est un monastère de camaldules.

Rocca Contrada, bourg qui a diverses églises, divers couvens, diverses confreries.

Jesi, *Aesis*, ville qu'arrose l'Esino, dont l'évêque dépend du St. Siège, & qui renferme 6 églises, 7 couvens d'hommes, 3 de femmes : elle est située sur une colline élevée. *Sirolo*, bourg connu par ses bons vins & par un crucifix qui attire beaucoup de pélerins. Entre Ancone & Lorette fut la ville de *Humana*, dont l'évêché a été uni à celui d'Ancone : on n'y voit plus qu'une église paroissiale.

Oximo, *Auximum*, petite ville, évêché qui relève du St. Siège ; le palais Episcopal est beau ; on y voit plusieurs couvens : située sur une montagne, la Musone l'arrose.

Cingoli, *Cingulum*, petite ville sur un mont: elle a une église collégiale & 3 couvens de religieuses.

Loretto, ville dans une situation riante: sur une colline, à 2000 pas géometriques de la mer; la vue de la mer, des Apennins, d'un mélange de plaines & de collines cultivées l'embellit: elle est peuplée, mais elle n'a presque qu'une rue; celles de ses fauxbourgs sont tirées au cordeau: un mur, quelques tours, quelques bastions l'environnent: on y commerce en chapelets, en médailles, rubans, fleurs artificielles, & autres bagatelles relatives à la dévotion du lieu: on compte dans son enceinte & celle de ses fauxbourgs environ 7060 ames. Son évèque ne relève que du pape, il y réside une partie de l'année, & le reste à Reccanati: il a un palais superbe à Lorette; ses chanoines y sont rassemblés; les nobles y trouvent toujours table ouverte, & les pauvres pélerins du pain & du vin. On remarque son apothicairerie ornée de 345 vases de fayence, peints d'après les desseins de Raphaël, & ses caves où l'on compte 150 vastes tonneaux remplis d'excellens vins. La ville a un petit arsenal où sont des canons pris sur les Turcs, & une multitude de stilets que les touchantes exhortations d'un capucin obligerent les habitans d'y venir déposer: la religion est bien plus respectable dans de telles œuvres que dans les richesses qu'elle étale dans l'église de Lorette: elle est vaste, d'une belle construction: son portail est orné de la statue de bronze de Sixte V: la place qui la décore a une belle fontaine & deux beaux portiques: l'intérieur de l'église a des tableaux estimés, mais ce n'est pas ce qu'on y cherche; c'est la *Santa Casa*, cette maison de la Vierge.

ge, que les anges transporterent de Nazareth en 1291 sur le mont *Tersato* en Dalmatie où elle resta 3 ans & 7 mois : de là les anges la vinrent déposer dans une forêt près de Reccanati; les péchés des habitans la firent déplacer encore ; elle fut transportée sur une montagne voisine; les disputes de deux frères qui se contestaient sa possession la firent poser enfin où elle est aujourd'hui. C'est le plus fameux pélérinage du monde : les pelerins y accourent sans cesse, ou seuls, ou en grandes compagnies rassemblées sous des bannieres : quelquefois dans les solemnités on y en compte cent mille : les dames Italiennes y viennent chercher les plaisirs plus que des indulgences. Ils vont en troupes par la ville, chantent en approchant de l'église, en baisent les murs, font le tour de la Santa Casa à genoux nuds; on est souvent obligé d'en renouveller le pavé qui est de marbre. Elle est placée au milieu de l'église, sous un dôme, dans un encaissement qui est un chef-d'œuvre d'architecture : c'est un rectangle, long d'environ 30 pieds, large de 15, haut de 18 : il est voûté; ses murs ne sont point de briques, mais de pierres auxquelles on en a donné la forme, & elles en ont en effet la couleur & l'apparence; cette pierre est un grès d'un grain fin & serré que l'attouchement des dévots a rendu semblable à une pierre à éguiser : on en trouve dans les environs, & plusieurs maisons du pays en sont construites : d'épaisses lames d'argent revêtent les chambranles des portes & des fenêtres, le pavé est de marbre blanc & rouge : au dessus de la cheminée est une niche où l'on voit la statue de la vierge, de bois de cédre, haute de 4 pieds, sculptée par St. Luc, couverte d'une robe magnifique chargée

Tome VII.   G g

d'or & de pierreries, & qu'on change dans toutes les solemnités : elle en a sept de deuil pour la semaine sainte ; les mêmes richesses brillent sur la robe de l'enfant qu'elle porte sur son bras droit : tous deux ont une couronne d'or éclatante de diamans, présent que lui fit Louis XIII lorsqu'il lui demandait un fils. Ses autres ornemens sont dans deux armoires à ses côtés ; dans une chasse couverte d'une glace, on laisse voir la robe rougeâtre qu'elle porta autrefois, & ailleurs les plats de brique qui servirent à sa famille & qu'on a revêtu de lames d'or. Le trésor est le plus riche de l'univers ; 20 lampes d'or y brûlent nuit & jour : tout y est couvert de lames d'or & d'argent : là est un ange d'argent présentant à la Vierge Louis XIV venant au monde : il est d'or, & pese 36 marcs ; ici est une grande étoile d'or ornée de 35 grosses perles, de 8 diamans, de 10 rubis, de 16 opales, & dont le centre est une grosse émeraude taillée en cœur, entourée encore de diamans & de rubis, présent de la femme de Henri III. Dans un endroit, on remarque le colier de la toison d'or, d'un travail merveilleux, chargé de diamans ; c'est celui que porta Philippe IV roi d'Espagne : un cordon de chapeau du duc de Baviere formé par 280 diamans ; le port du Havre en argent, présent du grand Condé, &c. la liste des richesses qu'on y voit peut former un volume. Un naturaliste y a observé un rocher de quartz blanc, hérissé d'émeraudes qui ont plus d'un pouce de diamètre, crystallisées en prismes exagones, terminées par des plans perpendiculaires à leur axe. Le nom de Lorette vient d'une dame respectée à qui appartenait le sol où la maison sainte fut placée par les anges. Un acqueduc construit par

ÉTAT DE L'ÉGLISE. 467

Sixte V (a) conduit à cette ville une eau saine & limpide.

Recanati, ville petite & pauvre, sur un mont sterile, séparée de Lorette par une vallée: le pays qui s'étend d'elle à la mer est très-fertile: son évêché est uni à celui de Lorette: au dessus de sa maison de ville est un monument de bronze qui attesse que la Santa Casa y fut déposée autrefois. Entre cette ville & Macerata sont les ruines d'*Helvia Necina*, fondée par Septime Severe, détruite par les Goths, & dont les murs ont servi pour bâtir dans ces deux villes.

Fabriano, petite ville qui a un grand nombre de couvens; on y fabrique le meilleur papier d'Italie. *Attigio* est un village, reste de la ville d'*Atidium*. *Matelica*, petite ville qui a 7 couvens.

Macerata est regardée comme la capitale de la province, le siége du légat, de la chancellerie, d'un auditoire de rote, tribunal formé par cinq Jurisconsultes: elle est sur une montagne dont la Chienti arrose le pied: elle est assez bien bâtie, a 10000 habitans, & est sans commerce; la porte Pie est un arc de triomphe. Son évêché est suffragant de Fermo, & est uni à celui de Tolentino: elle a quelques belles églises, 13 couvens, une université, un gymnase, deux academies: ses environs sont divisés en champs, en prairies, en vignobles, en vergers, en jardins, en diverses plantations arrosées par plusieurs ruisseaux.

S. Severino, *Septempedana*, petite ville située entre deux collines, arrosée par la Potenza: son évêque est suffragant de Fermo: elle a 2 églises, 7 couvens d'hommes, 2 de femmes.

(a) D'autres disent par Paul V.

Tolentino, petite ville sur le Chienti, remarquable par la belle église de St. Nicolas de Tolentin, dont une partie du corps est sous le grand autel; on dit que son bras saigne quand quelque calamité menace l'Italie. Son évêché est uni à celui de Macerata : on y compte deux églises & six couvens. Ici finit l'Appennin : de cette ville à Foligno, on marche dans des chemins étroits, au travers des montagnes, taillés quelquefois en dehors & bordés de précipices : ils sont célèbres par des accidens funestes qu'ils ont causé à *Carriere di Foligni*, village où sont diverses manufactures de papier. *Case Nuovo* est un village dans une plaine stérile & déserte : ses habitans vivent de la charité des passans. Ces lieux souvent effrayans sont semés çà & là d'arbustes, de plantes, de fleurs, de curiosités naturelles.

La *Marche di Fermo*, c'est le nom d'un district qui renferme une partie de celle d'Ancone, & diverses villes; celle de *Fermo* lui donne son nom; elle eut celui de *Firmum Picenum*, & est ancienne, a quelques fortifications, un port sur le golfe de Venise, un archevêque dont les suffragans sont les évêques de Macerata, de Mont-Alto, de Ripa-Transone, & de S. Severino : elle a dix églises, & seize couvens dont cinq sont de femmes.

Mont-Alto, petite ville sur une colline dont la Minocia baigne le pied ; là naquit Sixte V, qui y fonda un évêché, suffragant de Fermo. *Ripa-Transone* est aussi une petite ville qui a le même métropolitain.

Ascoli, *Asculum Picenum*, ville ancienne, assez peuplée, située sur une colline entre le Tronto & le Castellano : son évêque ne dépend que du pape :

on y compte dix églises & seize couvens parmi lesquels on en compte onze d'hommes.

L'Etat de *Camerino* appartient encore à la Marche: on y voit *Camerino*, petite ville sur un mont voisin de l'Apennin: les anciens donnaient à ses habitans le nom de *Camerices*: son évêque est suffragant du pape: on y compte dix-neuf couvens. *Seravelle* est un bourg sur le Chienti; il est entouré de murs & défendu par un vieux château.

X. *Légation d'Urbino.*

Elle a la marche d'Ancone au levant, la mer Adriatique au nord, la Toscane au couchant, sa longueur est de plus de vingt lieues, sa largeur de seize; l'air y est mal sain, les marais fréquens, la pêche abondante, le gibier commun; cultivé avec plus de soin, il serait très-fertile. On y fabrique beaucoup de poterie. Les Ulbadini furent ses premiers seigneurs particuliers. Jules II en investit son neveu adopté par le dernier duc; mais sa postérité s'étant éteinte en 1631, il retourna au St. Siege qui a racheté en 1764 les droits que la Toscane y reclamait.

Urbin, autrefois *Urbinum Hortense*, est située sur une montagne; c'est le siege d'un cardinal *à latere*, d'un légat, d'un tribunal supérieur, d'un archevêque, dont les suffragans sont les évêques de Cagli, de Fossombrone, de Monte Feltro, de Pesaro, de Sinagaglia, & d'Urbania; son académie ou université de *Assurditorum* est la plus ancienne de l'Italie; le palais ducal est beau, les maisons sont assez bien bâties; elle renferme un collège noble, dix couvens d'hommes, six de femmes.

Penna di Billi, petite ville, évèché. S. Leo, *Leopolis*, petite ville encore, située sur une montagne, le district qui l'environne s'appelle *Monte Feltro*, & donne son nom à l'évêque suffragant d'Urbin.

Pesaro, *Pisaurum*, ville arrosée par le Foglia ou Pisaurus, qu'on y passe sur un beau pont : elle est ancienne, fut une colonie Romaine, & réunie à l'Etat ecclésiastique sous Urbain VIII dont on voit la statue en marbre sur la place. Elle est située entre la mer & des collines ; sa situation est agréable, son port petit & commode, ses rues larges & alignées ; l'une d'elles est commerçante, les autres désertes : l'air y a été purifié en desséchant les marais ; l'Eté le rend encore un peu dangereux ; quelques fortifications l'entourent : on y voit de belles églises, & des tableaux estimés. Les olives, les figues qui croissent dans ses environs sont recherchées, on y recueille aussi du bon vin. On y compte huit églises, huit couvens d'hommes, quatre de femmes, son évêque est suffragant d'Urbain : on y trouve diverses antiquités.

Sinigaglia, *Senogallia*, ville fondée par les Gaulois Senonois, petite, bien bâtie, arrosée par la Misa ou Negola, entourée de murs & de bastions, défendue par un château. Sa situation est gaie, elle a près d'elle la mer & de belles plaines fertiles : chaque année on y tient une foire qui y rassemble plusieurs nations par l'appât du gain, & la noblesse des pays voisins, par celui du plaisir ; elle dure huit jours. On y compte quatre églises, un oratoire, six couvens : son port est petit, mais décoré de beaux bâtimens ; son évêque est suffragant d'Urbin.

San Lorenzo, bourg sur le Cesano, près de lui

est le *Castel Leone* où l'on voit les ruines de la ville de *Suaza*.

Fossombrone, *Forum Sempronii*, ancienne ville, défendue par un château situé sur une hauteur: les Goths la détruisirent, & on l'a rebâtie auprès de ses ruines. Son évêque dépend d'Urbin; on y voit six couvens.

Urbania, autrefois *Castel Duraute*, ville sur le Metauro; elle doit son nom au Pape Urbain VIII qui l'a rebâtit, l'entoura de quatre bastions revêtus d'un fossé & d'un chemin couvert, elle est défendue par une artillerie nombreuse & une garnison bien entretenue: elle domine sur ses environs. Son évêché réuni à celui de S. Angelo in Vado, est suffragant d'Urbin: elle renferme 7 couvens.

S. Angelo in Vado est sur le Metauro: on y compte huit couvens dont quatre sont de religieuses.

Cagli, *Callium*, ensuite *S. Angelus Papalis*, petite ville qu'arrose le Cantiano: elle est bâtie près des ruines de l'ancienne, & a 9 couvens: son évêque dépend d'Urbin.

Gubbio, *Eugubio*, autrefois *Jguvium*, ville ancienne dont l'évêque ne relève que du pape; elle fut ébranlée en 1751 par un tremblement de terre; on y compte sept églises, dix couvens d'hommes onze de femmes: elle a été bien plus considérable: on y trafique en laines: en 1444 on y découvrit des voutes souterraines où étaient sept tables, deux romaines & cinq étrusques.

Fano ne dépend point du duché d'Urbin; elle appartenait à l'église avant qu'il en fut une province: on l'appellait jadis *Fanum Fortunæ* ou *Julia Fanestris*; elle est fortifiée, & a un port pour les petits vaisseaux, nettoyé par un bras de la

Metaura qui s'y jette, après avoir fait mouvoir avec rapidité une vingtaine de foulons à tabac, & avoir fait une chute de vingt pieds de haut. Elle a une bibliotheque de 13 mille volumes, un théâtre étendu, remarquable par son architecture, ses décorations, sa perspective; un arc de triomphe dégradé par le siege qu'elle souffrit en 1463: le bas fut construit sous Auguste, le haut sous Constantin: les environs de Fano sont beaux; on y voit un couvent de camaldules; on y compte dix-sept églises, un collège noble, neuf couvens d'hommes, cinq de femmes. Son évêque ne dépend que du pape.

Pergola, petite ville sur le Cesano. *Mercatello*, bourg, &c.

XI. *Legation de la Romagne.*

Elle formait une partie de la province Flaminia: les Ostrogots la conquirent: Belisaire & Narsès les en chasserent, un exarque nommé par l'empereur de Constantinople le gouvernait. Pepin, roi des Francs, le donna aux papes. Fréderic II le remit aux comtes de Hohenlohe en souveraineté. Les Vénitiens s'emparerent de Ravenne; mais Jules II les força de la restituer à l'église avec d'autres villes; la Romagne entière lui fut soumise en 1503. C'est un pays abondant en vins, en blés, en fruits excellens, les salines font une grande partie de ses revenus.

Ravenne, ville très-ancienne, située à une lieue de la mer, autrefois considérable, & bien déchue aujourd'hui. Son port était excellent, de bâtimens superbes élevés par les Romains & par les Goths l'environnaient; mais il s'est comblé insenfiblement, & une haute tour de brique en marque la place: son phare se voit dans les terres, à demi mille de la ville. Ses maisons tombent en ruines, ses rues mal propres sont presques désertes; à peine compte-t-on dans sa vaste enceinte 14000 habitans: l'air y est plus sain depuis qu'on y a donné des canaux à la Montone, & à la Ronco qui s'y joignent. Sa grande place est décorée de quatre statues, dont deux sont de granite, & représentent St. Victor & Appollinaris: deux sont de bronze, & représentent les papes Alexandre VII & Clement XII. Devant la métropole est la statue de la Vierge, la couronne en tête, le sceptre à la main, parce qu'elle éloigna de la ville la peste qui désolait les pays voisins. Elle est le siege du légat & d'un archevêque dont les suffragans sont les évêques d'Adria, de Rimini, de Bertinoro, de Cervia, de Cesena, de Comachio, de Faenza, de Ferrare, d'Imola, de Forli, de Forlimpopoli & de Sarsina. On y compte vingt-deux églises, douze couvens d'hommes, cinq de femmes: l'église de Ste. Appollinaire fut élevée par Justinien; Placidie, fille du Grand Théodose fit bâtir la belle chapelle qu'on voit encore dans le jardin des bénédictines: on y voit trois grands tombeaux de marbre blanc, qu'on croit être ceux des empereurs Honorius, Constantius & Valentinien III; on y remarque encore celui du Dante, & la Rotonde, ou tombeau qu'Amalasonte fit élever à son pere: le premier étage est enterré & rempli d'eau, le second est couvert d'un seul bloc de pierre d'Istrie: sur cette coupole reposait le sarcophage. Les Thessaliens fonderent Ravenne; ses environs sont un peu marécageux, & cependant agréables: ils sont abondans en vins. A trois milles de ses murs, sur le chemin de Forli, aux bords du Ronco, est le champ de bataille où périt Gaston de Foix.

Imola bâtie sur les ruines du *Forum Cornelii*, est une ville à l'entrée des plaines de la Lombardie, entourée de murs, de tours, de fossés, sur le Santerno qui de ses deux bras en fait une isle: un château fort la défend encore. Son évêque dépend de Ravenne; dans son enceinte & celle de ses fauxbourgs on compte seize églises & dix-sept couvens: ses environs couverts de grandes plantations de peupliers, sont très-rians.

Faenza, *Farentia*, ville sur l'Amone dont une partie arrose la ville par un canal: un pont garni de tours la joint à un fauxbourg. Son évêque est suffragant de Ravenne; elle renferme vingt-neuf églises, quatre abbayes, seize couvens dont la moitié sont de femmes: sa grande place est ornée d'une belle fontaine & entourée de beaux portiques: ses maisons bien bâties sont de briques; elle est connue par la belle vaisselle de terre qu'on y fabrique, qu'on y nomme *maiolica*, mais qui en France porte le nom de cette ville.

Forli, ville dans une contrée fertile, sur une petite riviere qui s'y joint au Ronco: elle est agréable, mais sans commerce & peu peuplée: on y voit de belles maisons, ses rues sont bordées de portiques. Près d'elle sont les ruines de *Forum Livii* qui lui donna son nom: sa cathédrale est belle, son évêque dépend de Ravenne, on y compte dix églises, seize couvens d'hommes, sept de femmes; ses habitans sont gais & polis, ses environs sont des promenades riantes plantées d'oliviers.

Russi est un bourg, *Brisigella* est sur l'Amone, *Meldola* est le chef lieu d'une principauté.

ETAT DE L'EGLISE.   475

Brittonoro, ou *Bertinoro*, ville sur le sommet d'un mont fertile, siege de l'évêque de Bertinoro & de Forlimpopoli: c'est l'ancien *Forum Frutarinorum*: elle renferme quatre églises & cinq couvens.

Forlimpopoli, *Forum Popilii*, ville dont il ne reste que quelques maisons & un château, deux couvens & deux églises; son évêché a été uni à celui de Bertinoro; ses environs sont fertiles en lin & garance.

Cesena, ville assez bien bâtie, située sur un terrain inégal, qu'arrose le Savio, au pied d'une haute montagne au sommet de laquelle est un fort ruiné; elle fut fondée par les Gaulois Sennonois; sa principale rue est la seule fréquentée: son évêque dépend de Ravenne: sa cathédrale a une belle chapelle de marbre; sa place publique est ornée d'une fontaine sculptée avec goût. On y compte quatorze couvens: sur une montagne voisine est un couvent & l'église de Ste. Marie del monte di Cesena: à une lieue de ses murs est une colonne antique qu'on appelle la *colonne du Rubicon*: le Pisciatello coule auprès: mais des auteurs instruits croient que le Rubicon est le ruisseau de *Luzo* près de Rimini.

Cervia, autrefois *Ficuclas* ou *Phicocle*, petite ville moderne, voisine de la mer, ayant de belles & larges rues; ses maisons sont en grande partie réunies sous le même toit, c'est le siege d'un évêque suffragant de Ravenne: près d'elle est un terrain bas, long de demi lieue sur une largeur égale, percé par de larges canaux qui y conduisent l'eau de la mer; le soleil la fait évaporer en été, & elle dépose le sel que la chambre apostolique fournit aux pays voisins & à la Lombardie.

Entre cette ville & Ravenne, le pays est inculte : on y voit une forêt d'arbres semblables au pin, mais dont la cime forme une large couronne, & dont le bois a une odeur aromatique : son fruit est semblable à la pomme du pin, elle en porte le nom : on le mange après l'avoir grillé sur le charbon, ou cuit dans du bouillon : il s'en fait un grand commerce.

Cesenatico, bourg voisin de la mer, habité par des pêcheurs, qui a un port & un canal sur le pont duquel sont deux belles colonnes de marbre & d'ordre corinthien.

Rimini, *Ariminium*, ville sur le Marecchia qui s'appellait autrefois *Ariminius* & donna son nom à la ville : il y reste plusieurs monumens dont les Romains la décorerent : tel est un arc de triomphe élevé à Auguste dont la masse devait être grande & majestueuse : la corniche en est belle & la porte fort large : tel est son pont superbe fait d'une pierre blanche semblable au marbre qu'on trouve dans l'Apennin, il joignait les voies Emilienne & Flaminienne : elle était autrefois au bord de la mer ; elle en est aujourd'hui à 1300 pas ; son port était vaste, revêtu de marbre ; la mer l'a abandonné, & le terrain qu'elle couvrait est changé en jardin : il lui reste un petit port pour les barques, que le Marecchia remplit & qu'on s'occupe à nettaier. Son évêque est suffragant de Ravenne, sa plus belle église est celle des franciscains : sa grande place est décorée d'une belle fontaine, & d'une statue de Paul V en bronze. Sa bibliotheque est belle & nombreuse.

Catholica, village sur une colline qui doit son nom à des évêques qui s'y retirerent, indignés de ce que le concile assemblé à Rimini inclinait pour les Ariens. A deux milles de là, on voit sur les bords de la mer les restes de l'ancienne ville de *Concha*, dont il reste encore une tour.

Sarsina, *Saxina* ou *Bobium*, petite ville sur le Savio, siege d'un évêque suffragant de Ravenne; elle n'a point de couvens; sa cathédrale est sa seule église. *Monte Scudolo*, sur une montagne, & *Salodeccio* sont des bourgs.

XII. *Legation de Ferrare.*

Il forma longtems un duché, que Fréderic II donna à la maison d'Est qui le rendit florissant; son dernier duc mourut, & le pape s'en empara comme étant une dépendance de l'exarchat de Ravenne; le Pô le parcourt, divisé en plusieurs branches; d'autres rivieres s'y joignent, inondent une surface de 160 lieues quarrées, y forment des marais empestés, des courans qui détruisent les chemins, & des amas d'eaux que le vent répand sur des champs cultivés; le voyageur n'y peut avancer sans guides, & presque jamais sans péril; on y a fait quelques travaux, on a détourné le Reno qui rendait une branche du Pô très-dangereuse; le Panaro a pris une route nouvelle; mais ces travaux imparfaits & suspendus ont causé plus de dommages encore; sans ces inondations le pays serait fertile: les lieux qu'elles ne couvrent pas sont plantés de vignes, couverts de chanvre, de blés, de légumes. Le Ferrarois n'est pas le seul pays qui en souffre, une partie du Modenois, le Polesin, Bologne s'en plaignent, & font former des projets qu'on n'exécute point ou mal.

Ferrare est située presque au centre du duché sur un bras du Pô. Un Exarque de Ravenne la fonda dans le sixieme siecle ; son université fondée par l'empereur Fréderic II fut célebre sous les ducs & n'est plus qu'un collége. Il ne reste à Ferrare que des vestiges de sa magnificence, de sa population, de son commerce, elle déchût dès qu'elle appartint au St. Siege ; & tous les jours elle déchoit encore : à peine a-t-elle 14000 habitans : son aspect est imposant, ses fortifications sont belles & bien entretenues ; ses édifices sont beaux, ses rues droites & larges ; quelques-unes sont tirées au cordeau & ont un quart de lieue de long ; mais elles sont tristes & désertes ; les environs sont aussi dépeuplés ; & le mauvais air causé par les marais y fait languir les hommes que la pauvreté n'en chasse pas. Au milieu de la ville est le palais où réside le légat *à latere*, entouré de murs, de tours, de fossés plein d'eau ; à son entrée on voit deux statues des anciens ducs en bronze, placées sur de hautes colonnes. En 1735 son évêché fut changé en archevêché. Sa cathedrale est revêtue de marbre & ornée de beaux tableaux ; l'église des dominicains renferme les tombeaux de plusieurs hommes célebres ; dans celle des bénédictins est celui de l'Ariofte ; on y montre l'hôpital de St. Anne où le Tasse fut renfermé comme fou. On y compte 100 églises, 22 couvens d'hommes & 16 de femmes. Il y eut une académie, qu'on nommait *les intrepides*.

Comachio, *Cimaculum*, petite ville qu'un canal joint à la mer, environnée de marais, habitée par des pécheurs qui trouvent dans les vallées que remplit le Pô une grande abondance de poissons. C'est un fief de l'empire ; on y fait du sel : l'évêque qui y siege est suffragant de Ravenne. C'est la seule ville du Ferrarois après la capitale.

Ariano, *Castrum Ariani*, bourg sur une hauteur que baigne un des bras du Pô : il renferme une église, un couvent, & est la résidence de l'évêque d'Adria ; l'oratoire *della Mesola* en est voisin.

Crespino, *Papozze* sont sur le grand bras du Pô ; *Bondeno*, *Stellata*, *Massa*, sont sur d'autres branches. *Bagna Cavallo*, nommé autrefois *ad Caballos* fut une ville fortifiée. *Corignola* est un bourg qui eut des fortifications ; il a donné son nom à un grand peintre, *Lugo*, &c.

XIII. *Legation de Bologne.*

Bologne & son territoire formèrent une république protégée par les empereurs : divisée en deux factions, l'une d'elle eut recours au pape Nicolas II qui soumit Bologne à un gouvernement despotique : elle ne put le supporter, chassa le légat, choisit *Tadeo Pepoli*, homme d'une intégrité rare pour premier magistrat ; ce citoyen gouverna pendant douze ans avec sagesse ; mais ses indignes enfans vendirent Bologne à l'archevêque de Milan : les Bolonais secouèrent encore le joug ; ils vécurent tantôt libres, tantôt sujets jusqu'en 1513 qu'ils se donnèrent pour jamais aux papes, à condition qu'il n'y aurait ni fisc, ni citadelle, & qu'ils conserveraient leurs privilèges. Le gouvernement intérieur de la ville, la police, les jugemens y appartiennent au sénat présidé par un Gonfalonier qui change tous les deux mois, ils sont habillés comme les anciens Romains ; le reste est décidé par le légat, & le vice-légat assisté de deux sénateurs. Cette espèce de république entretient un ambassadeur à Rome, & un assesseur dans le tribunal de la Rotte. C'est un cardinal qui a le titre de légat, & on le change tous les trois ans. L'archevêque a seul inspection sur les affaires ecclésiastiques.

Le territoire de Bologne long d'environ vingt lieues, large de 12, renferme 308 villes, bourgs, villages, & environ 308000 ames. On y trouve cette pierre singuliere que la calcination rend lumineuse : on la trouve en divers endroits de l'Apennin; mais surtout au mont *Paderno* à une lieue de la ville, communément grosse comme une noix, d'un blanc verdâtre, raboteuse, sulfureuse, d'une matiere mêlée, assez dure, brillante en quelques endroits comme le talc : on la trouve sur la terre après une forte pluie, sa lumiere s'éteint, mais on l'a ranime par une calcination nouvelle; elle la conserve dans l'eau pendant trois jours. Les eaux du *Reno* ont une qualité particuliere pour préparer les soies : les inondations du Pô changent en marais une partie des fertiles campagnes du Boulonois; l'air y est sain; le fréquent usage des viandes salées y rend la galle fréquente; les eaux y sont bonnes; on y recueille d'excellens raisins, des melons d'un goût exquis, du beau chanvre, des olives, du tabac estimé.

Bologne, *Bononia*, autrefois *Felsina*, soit de Felsinus roi des Toscans, qui la fonda; soit du mot *Felsina* qui signifiait *forteresse* : elle a cinq milles de tour, deux de long, une de large. Elle est au pied de l'Apennin, entre le Savena & le Reno, dans une belle & riante plaine, & renferme 7000 habitans. On y entre par douze portes qui toutes conduisent à des rues longues, larges, ornées de portiques couverts, sous lesquels on peut parcourir la ville sans craindre la poussiere, le soleil, la pluie, ni les voitures, mais qui ne laissent pas
voir

voir les palais dont elle est embellie. Sa forme oblongue l'a fait comparer à un vaisseau, dont le grand mât est la tour *Asinelli*, haute de 307 pieds, sans compter sa coupole & bâtie de briques : à côté est la tour *Garisande*, qui s'élève à 144 pieds & qui surplombe de huit pieds, inclinaison qui effraie ceux qui la voient pour la premiere fois. La ville n'est entourée que d'un simple mur de briques, solide, élevé. Un canal tiré du Reno, conduit une partie de ses eaux dans la partie qui s'étend entre le couchant & le nord, où l'on prépare & teint les soies : les bâtimens sont en pierres de tailles ou de briques. Le palais public est occupé par le légat, le vice-légat, & le sénat : differens tribunaux s'y assemblent. Son architecture est commune, sa grandeur extraordinaire : devant lui est une belle place décorée de la fontaine du géant, c'est un groupe immense d'enfans tenant des dauphins qui jettent de l'eau dans de grandes coquilles, des syrenes qui pressent leur sein, des masques, &c. surmontés par un Neptune de bronze, de taille héroïque. Le palais est décoré de statues & de tableaux ; on y compte près de 200 églises, & il en est peu qui n'ait des tableaux rares, ou des statues estimées ; la cathedrale est simple & noble ; celle des dominicains est magnifique : on y voit le tombeau d'Eusio roi de Sardaigne, & celui de St. Dominique ; le couvent a une bibliotheque riche, nombreuse, très-ornée. Celle de St. Etienne est formée de sept petites églises basses, d'une architecture ancienne ; celle du milieu, rotonde soutenue par des colonnes de marbre, fut un temple d'Isis. C'est dans celle des mandians qu'on trouve un plus grand nombre de tableaux estimés. Plusieurs palais sont embellis par des chefs-d'œuvres de peintures. C'est à Bologne qu'on trouve les plus riches couvens de l'Italie. On y en compte trente-cinq d'hommes & trente-huit de femmes. Son archevêque a pour suffragans les évêques de Crème, de Borgo a S. Donnino, de Modene, de Parme, de Plaisance & de Reggio. L'academie qu'on nomme *specula*, est un bâtiment magnifique divisé en plusieurs salles remplies de curiosités naturelles, de machines, d'instrumens, &c. Son école de peinture est célèbre encore : l'institut, l'academie de droit, une université y font fleurir les sciences : le théâtre anatomique renferme un grand nombre d'excellentes statues en bois. Le théâtre public est un des plus beaux & des plus vastes de l'Italie ; son architecture est noble ; il a cinq rangs de loges, les pilastres qui les séparent sont dorés, ainsi que les châpiteaux des colonnes cannelées & d'ordre composite qui forment l'avant scène. Le mont de piété est fort riche. Cette ville a produit plusieurs hommes illustres ; les arts y sont cultivés, l'industrie encouragée ; les tours à filer & organsiner la soie y furent perfectionnés en 1341 ; ses manufactures de galons, d'étoffes de soie, de crêpes, de peignes pour les métiers ; ses fabriques de papier, de verre, de cartes à jouer, de macaroni, de fleurs artificielles & en cire, de liqueurs, de confitures, de savonnettes, &c. y répandent de l'aisance ; on y commerce encore en vins, huiles, chanvres, &c. Ses habitans sont gais, libres, bons amis, ennemis irréconciliables ; le peuple y est doux & tranquille, les femmes plus jolies que belles ; la frugalité, la simplicité sont leurs principales vertus.

St. Michel in Bosco, couvent d'Olivetains ou Camadules sur un mont voisin de Bologne: c'est un des plus beaux & des plus grands de toute l'Italie: on y jouit d'une vue admirable: il a une belle bibliotheque.

Monte della Guardia, montagne où est un couvent de dominicains à une lieue de Bologne: on y revére une image de la vierge peinte par Saint Luc; on la promène annuellement dans les rues de la ville au bruit du canon. On la visite dévotement, & pour la commodité des voyageurs on a construit de Bologne sur la montagne une gallerie couverte qui est une des curiosités de l'Italie.

Fort Urbano, forteresse de cinq bastions, élevée par Urbain VIII près du bourg de *Castello-Franco*.

Seravalle, village près duquel est une source d'eau salée qu'on dit salutaire pour les coliques & le flux de sang.

Bagni della Poretta, petit bourg connu par ses bains chauds; *Loiana*, village où fut une forteresse. *Castello S. Pietro*, *Budrio*, &c.

Nous avons décrit la ville d'Avignon & le Comtat Venaissin dans le cinquieme volume de cet ouvrage.

REPUBLIQUE DE S. MARINO.

C'est un petit Etat situé entre la Romagne & le duché d'Urbin; son territoire se borne à la montagne sur laquelle la ville est située: il a deux lieues de diametre. Ses habitans sont à peine au nombre de 6000; elle n'offre ni héros, ni conquerans; sans faste, sans éclat, elle a joui de plus de treize siecles de repos & de bonheur. Un masson nommé Marino vint vivre en solitaire sur cette montagne ; il y cachait fa vie & fes vertus ; mais bientôt elles furent connues ; il eut des difciples, ou plutôt des imitateurs ; une princeffe nommée *Felicitas* lui donna la montagne en pleine propriété ; le faint voulut y établir une petite republique dont les loix feraient puifées dans l'évangile même ; fes difciples en furent les premiers citoyens ; la morale évangelique leur infpira leurs droits politiques ; ce peuple eft encore jufte, vertueux, charitable ; il craint le luxe ; il eft pauvre, fi on peut l'être quand on eft libre : il n'eft entré que dans une feule guerre ; c'eft celle de Pie II contre les Malatefta : il y gagna les châteaux de Serravalle, de Faetano, de Montguardino & de Tiprentinoro ; mais fes conquêtes lui parurent trop étendues, il en rendit trois ; fa modération l'empêcha de s'aggrandir, & il n'en eft que plus heureux ; il eft paffionné pour la liberté : c'eft dans la nation que réfide le pouvoir fouverain : chaque maifon a un repréfentant, ces repréfentans réunis forment le confeil qu'on nomme *Arengo* ; ce confeil général forme un confeil de 60 perfonnes, dans lequel il y a 30 nobles & 30 plébéiens ; ce confeil nomme à tous les offices de la republique par la voix du fcrutin : il faut les deux tiers des voix pour qu'il y ait une décifion : on ne peut y entrer avant vingt-fix ans, deux perfonnes de la même famille n'en peuvent être membres à la fois. Tous les deux mois il nomme deux capitaines qui ont un pouvoir femblable à celui des confuls de Rome ; ils ne peuvent être continués dans leur charge, ni réélus que deux ans après. Un étranger docteur en droit y eft juge des procès criminels & civils ; il doit être d'une intégrité éprouvée, & ne peut fiéger que trois ans. Un docteur en médecine y eft entretenu aux frais de l'Etat; il ne peut être choisi que parmi les étrangers, doit avoir au moins 35 ans, & entretenir un cheval pour faire les visites, il n'est en exercice que pendant trois ans. Le maître d'école est le cinquieme officier de la république, & est choisi aussi par le conseil. En 1739, il y eut quelques dissensions nées de la trop grande autorité de quelques familles; le pape s'y intéressa, le cardinal Alberoni voulut les déterminer à reconnaître l'autorité du St. Siege; mais la résistance qu'il y trouva, fit que le pape Clément XII préféra d'être leur conciliateur, à devenir leur prince malgré eux.

Tout cet Etat ne renferme que la ville de St. Marin, les châteaux de *Pennarosta* qu'il acquit en 1100, celui de *Casolo* en 1170, celui qu'elle gardât de ses conquêtes, trois couvens & cinq églises. La montagne où elle est située est appellée par Strabon *Acer Mons*, ou *Titanus*; elle est couverte de neige pendant trois mois de l'année: la ville n'a d'autres eaux que celle de pluie conservée dans des citernes; on recueille d'excellent vin autour de ce rocher; les caves y sont d'une fraicheur qui entretient sa bonté; un seul chemin conduit à la ville; il est défendu de chercher à y entrer par un autre endroit; le lieu où elle est située, sa petitesse, sa pauvreté, le courage de ses habitans exercés à manier les armes sont sa force. Ses loix sont écrites en latin par elles: ses envoyés dans l'étranger reçoivent de l'état une paye de 24 sols par jour. Lorsqu'elle écrit à la république de Venise, elle lui donne le titre de *Très-chère Sœur*. Sa longitude est de 30 degrés, 8 minutes. Sa latitude de 42 degrés, 58 min.

RÉPUBLIQUE DE VENISE.

On ignore dans quel tems les isles sur lesquelles Venise est assise, & dont elle est environnée, ont été peuplées : l'histoire n'en parle que dans le cinquieme siecle ; elle nous apprend que les magistrats de Padoue peuplerent alors l'isle de Rialto, & lui donnerent des priviléges en 421 ; c'est à cette année que se rapporte la premiere fondation de Venise : l'invasion des Goths & des Huns y avait fait refluer un assez grand nombre d'habitans ; celle d'Alboin roi des Lombards en 568 y en fit accourir un plus grand nombre encore ; le patriarche d'Aquilée, une partie des prêtres & des citoyens de cette ville s'y retirerent, & surtout dans l'isle de Grado. Des Romains, des habitans de diverses villes voisines, de la Ligurie même y accoururent, & cet Etat devint considérable : bientôt il put protéger les peuples voisins. Il fit un accommodement avec les Lombards qui respecterent leur liberté, mais en exigerent un tribut. Tels sont les commencemens de cette république. Vers l'an 697 *Paulucius Anafestus*, bourgeois d'Héraclée fut élu duc par les 72 isles dont la réunion forme aujourd'hui les 72 paroisses de la ville : les tribuns de ces diverses isles représentaient les nobles, & le duc la république ; le peuple conserva quelque tems ses droits ; c'était lui qui élisait & le doge & les tribuns, ceux-ci étaient les juges. Pepin le Bref exempta Venise du tribut qu'elle payait aux Lombards ; il lui donna une nouvelle forme, plus de consistance, & fut le premier qui la fit connaître sous le nom de *Venetia* : c'était en 760. Elle profita des contestations qui s'éleverent entre Charlemagne & Nicephore, fur les limites de leur empire pour fe rendre toujours plus indépendante. Sa fituation la rendit commerçante, & fit de fes habitans des navigateurs. Le doge étendit fa puiffance, reprima celle du peuple, mais lui rendit toujours hommage comme à fon fouverain ; fon adminiftration heureufe avait accru les richeffes & le pouvoir de l'Etat ; mais le peuple ayant exercé fa violence meurtriere contre le doge Vital Michieli en 1172, le gouvernement fut changé, la liberté du peuple reprimée, la puiffance du doge refferrée, & le pouvoir fouverain donné à une affemblée nombreufe de nobles qui régla infenfiblement la forme de fes confeils, leurs attributions, leur objet, comme ils le font aujourd'hui : c'eft en 1297 que ce gouvernement fut perfectionné, & il a peu changé depuis. Sous le doge *Ziani*, le pape Alexandre III, foutenu par les Vénitiens qui battirent la flotte de l'empereur Frédéric I., voulut leur montrer fa reconnaiffance, & l'on dit qu'il leur fit préfent de l'anneau qu'ils jettent dans la mer Adriatique pour marque de l'empire qu'il leur accorda fur elle, mais lui-même ne l'avait pas. Delà vient, dit-on, l'ufage d'époufer cette mer tous les ans, cérémonie que le doge fait avec une grande pompe ; cependant il y a des raifons pour croire qu'il eft plus ancien qu'Alexandre III, mais qu'ils l'ont voulu rendre plus facré, en le paraiffant tenir de la libéralité du St. Siege. Ils étendirent leurs domaines dans l'Iftrie, la Dalmatie, la Syrie, dans la Lombardie même ; & au commencement du treizieme fiecle, ils poffederent les principales isles de l'Archipel, entr'autres les isles de Crète & de Candie qui facilitaient le commerce immenfe qu'ils faifaient dans toute l'Europe & dans l'Afie par Alexandrie & la mer rouge. Ils eurent une guerre cruelle avec Gênes ; elle dura 130 ans, & ne finit qu'en 1381. Leur puissance diminua sur la fin du quinzieme siecle, avec leur commerce, par la découverte du Cap de bonne Espérance & les conquêtes des Portugais en Asie : au commencement du seizieme siecle, elle fut presque anéantie par la ligue de Cambrai ; les rois de France & d'Espagne, le pape, l'empereur, les ducs de Ferrare & de Savoye se liguerent contr'elle : d'abord effraiée, abbatue, elle se soutint encore par la division de ses ennemis, & conserva une grande partie de ses possessions. Les Turcs lui enleverent l'île de Chypre. Dans le dix-septieme siecle elle eut des querelles vives avec le pape & le clergé ; & deux guerres avec les Turcs, l'une longue & cruelle où ils perdirent enfin l'isle de Candie ; l'autre plus rapide & plus heureuse, où ils s'emparerent d'une partie de la Dalmatie & de toute la Morée ; mais ce dernier pays retomba au pouvoir des Turcs au commencement du dix-huitieme siecle. On connait la conjuration formée par le comte de Bedemar en 1616 pour la soumettre à l'Espagne : elle est attestée par tous les historiens ; mais on peut douter qu'elle ait été, comme la peint l'abbé de St. Real, & même qu'elle ait existé.

Cette république subsiste depuis 1300 ans ; sa puissance est affoiblie, ses richesses ne sont plus ce qu'elles furent ; mais elle se maintient encore : sa marine est peu redoutable, son commerce est déchu ; sa prudence seule est la même.

Le conseil général y est composé de 206 familles divisées en 253 branches, & il renferme 1500 à 2000 personnes en âge de majorité : seul il est le dépositaire du pouvoir souverain, fait les loix, nomme aux offices de la république. Tous les nobles peuvent aspirer également aux emplois; mais toutes les familles ne jouissent pas de la même consideration : les plus respectées sont celles qui descendent des tribuns qui élurent le premier doge; elles forment la *Case Elettorali*; ce sont les Contarini, les Morosini, les Badovari, les Tiepoli, les Michieli, les Sanudi, les Gradenighi, les Memmi, les Falieri, les Dandoli, les Polani & les Barozzi. Après elles viennent les Giustiniani, les Cornari, les Bragadini, les Bembi, que suivent les Quirini, les Delfini, les Soranzi, les Zorzi, les Marcetti, &c. Les autres familles ne sont nobles que du tems où l'aristocratie se forma. Elles sont au nombre de quatre-vingt & forment la seconde classe; on y en a aggregé quelques autres ennoblies pour de grands services dans la guerre avec Gênes, ou pour de fortes sommes d'argent. Enfin la troisieme classe est composée de *Cittadini* qui ont acheté la noblesse pour 100000 ducats de Venise : des têtes couronnées n'ont pas dédaigné d'être inscrites dans le livre d'or où les nobles font écrire le nom de leurs fils dès qu'ils sont nés; ces nobles n'osent se mettre au service d'un prince, & autrefois au moins ils auraient cru se dégrader. Leur habit est noir & long; c'est une robe fourrée qui descend jusqu'aux pieds, retenue par une ceinture ornée d'un galon d'argent, large de trois doigts; plusieurs sont pauvres, & vont avec ce vaste accoutrement, une large perruque & un bonnet à la main dans les marchés acheter pour faire leur repas. Les procurateurs de St. Marc, les conseillers & autres membres du grand conseil portent une robe rouge ou violette : tout noble s'y donne le titre d'Excellence.

Ceux de terre-ferme ont des prérogatives bien

inférieures, quoique plusieurs soient d'anciennes familles, & qu'ils se décorent des titres de comtes & de marquis, ils ne peuvent exercer aucun emploi, & le moindre noble Vénitien se regarde comme son magistrat. Cette fierté pouvait avoir un fondement dans le tems que Venise était dans toute sa gloire; mais aujourd'hui elle est au moins imprudente & dangereuse, puisqu'elle peut lui aliener les cœurs.

Le *doge* est le chef de la république; il a les honneurs, non le pouvoir de la souveraineté; il est esclave des bienséances, des ordonnances; il vit triste & solitaire; toute sa puissance se réduit à pouvoir faire des propositions dans les conseils qu'il préside : il ne reçoit les honneurs funèbres qu'après qu'on a examiné sa vie, & qu'on a payé ses dettes; dès qu'il est élu, sa famille est obligée d'abandonner le sénat : il n'y reste que son plus proche parent qui siege après lui, mais ne délibère point, sa pension annuelle est de 12000 ducats; il est élu par tous les nobles qui ont atteint l'âge de 30 ans, assemblé dans le palais de St. Marc : on a mêlé le sort & le choix dans leurs opérations. Nous n'entrons pas dans ces détails; on peut les trouver dans Amelot de la Houssaye.

Le *sénat* ou le *prégadi*, de *prégare*, prier, souhaiter, est composé de soixante conseillers joints aux procureurs & à divers autres magistrats qui les surpassent en nombre : il est chargé de l'administration ordinaire, met de nouveaux impôts, décide de la paix ou de la guerre, envoye des ambassadeurs, bat monnoie, &c. s'assemble trois fois la semaine, est élu, & réélu chaque année par le grand conseil.

Le *conseil des dix* est un tribunal redoutable &

REPUBLIQUE DE VENISE. 491

secret, chargé de veiller à la sureté de l'état; il punit les délits contre le gouvernement, & réprime les abus; le doge y préside. Il est formé de seize sénateurs & de six conseillers du doge : tous les trois mois il se choisit trois *capi*, ou présidens : il nomme les trois inquisiteurs d'Etat, charge créée pour maintenir l'aristocratie : leur pouvoir a été plus grand qu'il n'est; il ne peut plus prendre connoissance d'aucunes matieres civile & fiscale soumises à d'autres magistrats, ni empêcher l'exercice de leur pouvoir; mais toujours ils reçoivent les délations secretes.

Le *colége* reçoit les mémoires des ambassadeurs, traite des affaires extérieures, examine les requêtes des sujets; le doge, ses six conseillers, les trois présidens de la quarantie criminelle, les six grands sages, (grands ministres d'Etat) les cinq sages de terre-ferme (ministres de la guerre) & les cinq sages de l'ordre, le composent : ces derniers ont inspection sur les forces de mer.

La *seigneurie* formée du doge & de ses six conseillers qui sont des tribuns du peuple, préside dans le grand conseil, dans le sénat, dans le colège. Lorsque le doge ne peut agir ou qu'il est mort, c'est un vice-doge qui remplit sa place.

Les *procurateurs* de St. Marc ont inspection sur l'église de St. Marc, la bibliotheque & les archives de la république, sur les pauvres, les testamens, & les tutelles, le rachat des esclaves chrétiens, &c. c'est une charge qui exige beaucoup d'éclat & de dépenses, & donne peu d'autorité, pas même une voix dans le grand conseil : elle est recherchée des riches, & peu des anciens nobles; ils sont ordinairement au nombre de neuf, assez souvent à celui de onze, souvent c'est parmi eux que le doge est choisi.

Les *Avogadors* sont les tribuns du peuple, ils reçoivent ses plaintes & parlent pour lui : chaque semaine, trois d'entr'eux sont en exercice.

La *quarantie criminelle* juge des crimes prémédités que les avogadors lui dénoncent : elle délibère dans le pregadi, & ses chefs entrent dans le college.

La *quarantie vieille*, instituée en 1400 juge des appellations en matiere civile dans les procès dont la valeur excede 800 ducats, & des crimes commis en terre ferme & dénoncés par les avogadors.

La *quarantie nouvelle* instituée en 1491, juge les procès qu'on y porte par appel, & dont la valeur est au dessous de 8000 ducats.

Le *colège des vingt* reçoit & décide sur des causes civiles & criminelles : celui des *douze* n'examine que les civiles de la valeur de 100 à 400 ducats.

La place de *grand chancelier* est demeurée aux simples bourgeois. Les charges sont multipliées & le tems de leur exercice fort court, afin que les élections soient très fréquentes & occupent sans cesse les nobles.

On sait que la cérémonie par laquelle le doge épouse la mer est une des plus brillantes qu'on puisse voir. Le doge s'embarque avec les sénateurs, ses conseillers, les ambassadeurs, le nonce du pape & l'archevêque, sur le Bucentaure, vaisseau sculpté, doré jusqu'à fleur d'eau, long de 100 piés & large de 30, presque plat, entouré d'une galerie découverte ; au dedans on voit le lion de St. Marc, & les statues de la justice & de la paix qui s'embrassent. L'amiral en robe rouge, en si-

RÉPUBLIQUE DE VENISE. 493

mare violette tient le gouvernail; le tillac est couvert de velours cramoisi chamarré de franges d'or; le parquet de la salle est d'ébène & de noyer, incrusté de nacre de perle : ce vaisseau s'avance au mouvement de ses rames dorées, il est suivi de trois galères, de gondoles, de peotes, & d'une multitude de petits bâtimens; les pavillons s'élèvent, les canons, les cloches, les tymbales, les trompettes, les chœurs de musique, les acclamations du peuple se font entendre. Le doge s'avance, & jette la bague en prononçant ces mots, *mer, nous t'épousons en signe d'une véritable & perpétuelle domination.* Le nonce du pape bénit la cérémonie; on reconduit le doge avec pompe dans son palais.

Il y a deux ordres de chevalerie à Venise : celui de *St. Marc*, dont la marque distinctive est une chaîne d'or à laquelle est suspendu un médaillon sur lequel d'un côté est le nom du doge régnant, & l'image de S. Marc, & de l'autre un lion ailé tenant un glaive nud, & un livre ouvert où sont les armes de la république; celui de *Constantin* a une chaîne d'or à laquelle est suspendue une croix; son grand maître a son siege à *Briana* près de Venise.

La religion catholique y est la dominante : mais les grecs, les arméniens, les juifs, y ont l'exercice de leur culte : les protestans mêmes n'y sont pas troublés dans le leur. La république a long-tems résisté à l'établissement du tribunal de l'inquisition : il y est établi, mais n'y est pas redoutable; le nonce du pape, le patriarche de Venise, un inquisiteur & trois assesseurs le composent : on n'y peut rien décider sans l'approbation de ceux-ci; il censure les livres, & doit être indulgent. On n'y reçoit les bulles des papes qu'après avoir examiné si elles ne sont point contraires aux loix & aux intérêts de l'Etat; on n'y peut donner aux églises, ni aux cloîtres une somme qui excède 500 ducats; les hommes de main morte n'y peuvent donner que la dixieme partie de ce qu'ils laissent. Tout novice doit avoir au moins vingt-un ans, & pour faire ses vœux il faut qu'il en ait vingt-quatre. En 1769 les biens ecclésiastiques furent soumis sans exception à tous les impôts que supportent les séculiers.

Le patriarche de Venise est le chef de son clergé: il doit être un noble Vénitien: le senat l'élit, le pape le confirme: il est primat de Dalmatie, métropolitain des archevêques de Candie & de Corfou, des évêques de Chiozza, de Torcello, & de Caorle, mais il n'a aucun pouvoir sur les prêtres, ni sur les moines: l'église de S. Marc a son évêque particulier & ne le reconnait point. Il préside au conseil qui juge des affaires de la religion, & n'y a que sa voix. Zara & Spalatro ont aussi des archevêques.

Divers officiers gouvernent les pays qui lui sont soumis: un provediteur général, ou un gouverneur sont les plus puissans: dans chaque grande ville il y a un podesta & un châtelain. Un capitaine y prend soin des affaires militaires.

On ne peut bien savoir quels sont les revenus de la république: ils sont de vingt à trente-huit millions de livres de France: Busching les estime de 8200000 ducats de Venise. Chaque particulier paie environ la vingt-deuxieme partie de son revenu; la perception n'en est ni simple, ni sûre. La république pourrait entretenir 25 à 30 mille hommes, & n'en entretient qu'environ 6000, presque tous Dalmates, & plus redoutables avec l'épée que par leurs armes à feu : on y néglige cette partie de l'administration ; quand on choisit un général, c'est ordinairement un étranger déja illustre : on lui donne deux provediteurs qui siegent à ses côtés. Les forces de mer consistent en 14 vaisseaux de guerre, 20 galeasses, & 25 galeres : elles sont soumises à un capitaine général aidé d'un provediteur. Le traité fait en 1764 entre la république & les pirates barbaresques les a fait aussi négliger, en les rendant moins nécessaires.

Les pays que la république possede en Italie sont compris sous le nom de *Dominio Veneto* ou de Terre-ferme. On le divise en Dogado, Padouan, Polesine de Rovigo, Veronese, Vicentin, Bressan, Bergamasque, Cremasque, Marche Trevisane, Patria del Friuli, & l'Istrie.

I. *Dogado di Venesia.*

Il renferme Venise, diverses isles & un district étroit terminé par le Lisonzo & l'Adige.

Venise est une des plus belles & des plus riches villes du monde ; elle est située dans les Lagunes, espèce de lac séparé de la mer par des bancs de sable, où l'on compte environ 138 isles unies par plus de 400 ponts, dont plusieurs sont très-beaux : elle est toute bâtie sur pilotis, coupée par une infinité de petits canaux remplis des eaux de la mer ; les ponts sans parapets, les détours qu'il faut faire dans une multitude de rues étroites, quoique propres & pavées, en font un labyrinthe dangereux pour les étrangers : il n'y a pas beaucoup de quais : le plus beau & le plus long est celui qui conduit à l'isle de Murano : c'est une belle promenade. En fortant du fein des eaux, cette ville fe préfente fous un afpect impofant ; fes deux plus beaux canaux font ceux de Reggio, & le Canal Grande : celui-ci en ferpentant la partage en deux parties égales : c'eft une belle riviere, le pont de Rialto la traverfe ; de beaux palais la décorent : on n'y voit point de voitures, les gondoles en tiennent lieu : il en eft toujours une multitude en mouvement qui conduifent d'une maifon à un autre : les rues bordées de quais font agréables & très-riches : là demeurent les grands commerçans ; les édifices réguliers qui bordent le grand canal, donnent à la ville l'afpect d'une ville grecque antique : ils femblent fortir de l'eau, & font très-folides ; quelques-uns ont plus de 800 ans & n'ont jamais été reparés : les pilotis profonds n'y voient jamais le jour, ils font enduits d'une croute épaiffe & tenace que les eaux y dépofent, & que le bitume y conglutine, c'eft fans doute ce qui les conferve : les plus beaux appartemens y font pavés d'une efpèce de maftic ou de ftuc qui forme differens deffeins & femblent être du marbre : les murs font la plupart d'une pierre blanche & dure qu'on tire de l'Iftrie, ou de marbre.

Elle a près de deux lieues de tour & eft divifée en fix quartiers : on y compte 72 paroiffes, 12 abbayes ou prieurés, environ 40 couvens d'hommes, 29 de femmes, 20 hôpitaux, 18 oratoires, 40 confreries religieufes, 53 places publiques, 165 ftatues de marbre & 23 de bronze. Les grecs & les arméniens y ont des églifes & leurs archevêques : les meilleures maifons de commerce font juives, grecques, génoifes & allemandes ; c'eft la banque furtout qu'elles exercent. Des isles longues & étroites la garantiffent des inondations ; les marées

marées y augmentent & y font les plus considérables de la mer Adriatique; les habitans sont obligés d'exhausser les rues pour les tenir à sec, & de relever le fond des citernes pour empêcher les eaux salées d'y pénétrer. Si elles augmentent toujours dans la même proportion & qu'on parvienne par les mêmes moyens à se garantir de l'inondation, dans neuf siecles Venise sera enfoncée dans la mer de plus de deux toises. Les eaux du golfe Adriatique paraissent avoir un cours circulaire, elles y entrent vers le nord, font le tour du golfe à Venise & retournent vers le sud: elles font environ trois ou quatre milles par 24 heures. Mais parcourons les quartiers de Venise.

La place St. Marc est bordée par de beaux bâtimens uniformes: l'église de ce nom n'est pas la plus belle ni la plus grande de la ville; mais elle est la plus ornée, la plus riche: on l'appelle aussi la chapelle du doge: c'est dans son enceinte que se font les cérémonies les plus augustes de la république; bâtie au dixieme siecle, son architecture est gothique; la figure du lion y est multipliée; elle est peu élevée, formée de cinq dômes bas & couverts de plomb dont le plus grand est celui du milieu: tout y porte l'empreinte des usages grecs qu'on y suivait autrefois: les mosaïques, les marbres, l'albâtre ternis par l'humidité couvrent ses murs & ses coupoles: des corridors régnent autour d'elle soutenus par des colonnes de marbre antiques apportées du levant. Au dessus des cinq portiques qui forment le vestibule s'élèvent cinq grands arcs couronnés d'ornemens de marbre, travaillés dans le goût grec qui approche du gothique, séparés par des niches à trois étages dans lesquelles sont des statues de marbre: une large fenêtre dans le grand arc du milieu eft furmonté d'un lion de cuivre doré, & décorée au devant de quatre chevaux de bronze attribués à Lifippe, qui avaient été placés fur l'arc de Neron, puis fur le portail de Ste. Sophie, & que les Venitiens emporterent de Conftantinople après fa prife en 1204. Le grand autel, fous un pavillon de pierre ferpentine, eft foutenu par quatre colonnes de marbre blanc: le tabernacle eft formé par des lames d'or & enrichi de pierres précieufes: un autre autel montre quatre colonnes d'albâtre tranfparent comme le cryftal: dans la chapelle du doge, on voit les ftatues des douze apôtres, celles de St. Marc & de la Vierge. Ses portes font de bronze, fon tréfor d'une richeffe immenfe: parmi les plus beaux ouvrages en or en argent, en pierres précieufes, des couronnes, une grande taffe d'une feule turquoife, des vafes d'agathe & de cornalines, on y remarque quelques reliques, telles que du fang qui coula d'une image de Jefus, une épine de fa couronne, un doigt de Magdelaine, le crâne de St. Jean, un évangile écrit par St. Marc, &c. le bonnet du doge s'y fait remarquer par fa richeffe. Le clocher, maffe lourde, haute de 316 pieds, ifolée, où l'on monte par une pente douce en limaçon, furmontée d'un ange d'or qui lui fert de girouette, repofe toute entiere fur des pilotis; du fommet on découvre prefque tout l'Etat de Terre-ferme. Le palais de St. Marc eft magnifique: fa conftruction eft gothique; on y entre par huit portes: des portiques foutenus par des colonnes de marbre l'entourent, l'intérieur eft moderne: fa cour a deux citernes à bouche de bronze, & plufieurs ftatues antiques de ce métal, parmi lefquelles font celles de Ciceron & de Marc-Aurèle: celles d'Adam &

RÉPUBLIQUE DE VENISE. 499

d'Eve sont opposées à l'escalier qui est de marbre, d'une seule rampe, terminé par les deux statues colossales de Mars & de Neptune : des vastes galeries conduisent aux salles où s'assemblent differens tribunaux. Celle des quatre portes est d'une belle architecture ; divers tableaux de grands maîtres, tels que le Tintoret & le Titien l'ornent : on retrouve des beautés semblables dans les autres : dans le plafond de celle du conseil des dix, on voit un des chef-d'œuvre de Paul Veronese ; c'est Jupiter foudroyant les vices. C'est au second étage que sont les appartemens magnifiques du doge ; là aussi est un arsenal pour armer la noblesse, si les circonstances l'exigeaient. Ce palais est couvert de cuivre & de plomb : sous le toit sont des prisons qui se changent en fournaise en Eté ; au dessous du palais il en est encore dont l'humidité & les ténèbres sont effrayantes ; là devraient être jettés les coupables ; mais on y renferme les accusés, & par conféquent, souvent des innocens.

La place de St. Marc en forme deux qui ont 180 toises de long & 50 de large : la mer y brise ses flots sur d'énormes blocs de marbre qui la maîtrisent : des galeres s'y tiennent sans cesse ; deux colonnes de marbre ou de granit, d'une seule piece & haute de 60 pieds, s'y élèvent : elles furent apportées de la Grèce : sur l'une est le lion de St. Marc en bronze ; sur l'autre est la statue de St. Théodore, ancien patron de la ville ; entr'elles se font les exécutions publiques, & nul noble n'y passe ; ils s'assemblent sous les portiques du palais, c'est ce qu'on appelle le *Broglio* ; tous les édifices qui entourent cette place, tels que les églises de St. Marc, & de St. Geminiano, les procuraties neuves & vieilles, le palais lui donnent un air de majesté qui frape; là circulent les nouvellistes, les batteleurs, une foule de gens de toute espèce. La bibliotheque est un bâtiment superbe qui renferme aussi la monnaie; son vestibule est orné de belles statues antiques, son plafond fut peint par le Titien. Elle fut formée des bibliotheques de Petrarque & du cardinal Bessarion.

Près de là est la tour de l'horloge qui montre les heures, les mouvemens du soleil & de la lune; plus haut est la statue dorée de la Vierge, au devant de laquelle passe un ange qui sonne de la trompette, suivi des trois mages qui adorent l'enfant; plus haut encore est le lion de St. Marc & le doge à genoux, surmonté d'une grosse cloche que frapent deux nègres. L'église de S. Moyse est petite, mais remarquable par un groupe de marbre blanc de Notre Dame de Pitié & par d'excellens tableaux; celle de Ste. Marie Zobenigo a une belle façade. Dans ce quartier est encore le pont de Rialto bâti d'abord en bois au centre de la ville : il est de pierres dures comme le marbre, tirées de l'Istrie, il est d'une seule arche sous laquelle une galere sans mât peut passer les rames étendues, il a 89 pieds d'ouverture : dix mille pilotis d'orme en portent les fondemens, il est fort large; sur ses deux pentes s'élèvent deux rangs de boutiques faites en berceau, couvertes de plomb; derriere lesquelles sont deux corridors soutenus par une forte balustrade; on y monte par plusieurs marches : on voit de là les deux côtés du grand canal : au milieu du pont est un grand arc orné de quatre statues; ce pont est magnifique & a coûté 250 mille ducats.

Le quartier *di Castello* renferme diverses belles

RÉPUBLIQUE DE VENISE.

églises parmi lesquelles on remarque la patriarchale & le séminaire ducal; celle de St. Zaccaria est ornée de la statue du saint, de différentes peintures de Belin, de Paul Veronese, de Vittoria qui y a son tombeau; c'est dans ce quartier qu'est l'arsenal: fermé de hautes murailles, une seule porte y conduit par terre, décorée de deux lions: il en est une pour les vaisseaux; celle-ci est défendue par deux tours. Son enceinte est de deux milles; là sont les fonderies, les forges, les corderies, la voilerie, l'artillerie, les vaisseaux de la république; presque au centre est une haute tour d'où les sentinelles appellent celles qui veillent ailleurs pendant la nuit pour s'assurer de leur vigilance. On y compte 6000 canons. Les salles d'armes sont garnies d'armes à feu de différentes espèces, d'épées, de cuirasses; on n'y fait pas la poudre, mais on y affine le salpêtre; on y prépare les biscuits, les viandes salées; & les bâtimens qui doivent en être approvisionnés; là aussi est le Bucentaure: 1600 hommes y sont cesse occupés; il y a des chambres pour un conseil, pour le doge, pour une multitude d'officiers, & de familles qui naissent & meurent dans son enceinte; c'est une petite république sur laquelle trois nobles veillent. Son entretien coute annuellement 500000 ducats.

Le quartier *di Canale Regio* renferme quelques églises qu'il serait trop long de décrire; celle de Ste. Marie en Nazareth est peut-être la plus remarquable. Ici est le théâtre, & le quartier des Juifs appellé *le Getho*; on y en compte 1500 à 2000; quelques-uns sont très-riches; leur chapeau est couvert d'écarlate; leur quartier est fermé durant la nuit; ils y ont sept synagogues; les différends peu importans qui s'élevent entr'eux font calmés par une petite jurifdiction qu'ils forment.

Le quartier *della Croce* ne préfente rien de remarquable; celui de *St. Paolo* renferme la bourfe, la banque publique où l'on dépofe fes fonds; la chapelle de St. Antoine, l'églife des francifcains, la douane de mer, &c.; celle-ci a une tour élevée fur un arc foutenu par des colonnes à boffages de marbre, terminée par une ftatue de la Fortune en bronze, pofé fur un piédeftal auffi de bronze; la ftatue tourne à tous les vents & fert de girouette; devant la tour eft un portique.

Le quartier *di Dorfo duro* contient encore plufieurs églifes parmi lefquelles on remarque celle de *Sancta Maria della Salute* dont le deffein eft fingulier & la fituation admirable; c'eft un grand octogone qui en foutient un plus petit formé par des pilaftres, fur lefquels repofe un beau dôme: l'intérieur eft orné avec magnificence; la république la fit bâtir pour accomplir un vœu que la pefte lui avait fait faire. Ce quartier eft féparé des isles dont nous allons parler par le canal della Giudecca large d'un demi mille.

L'isle *Giudecca* doit fon nom actuel aux juifs qui l'habitent, & fon nom ancien (*Spina longa*) à fa forme: elle eft divifée par des canaux, & renferme neuf églifes dont les plus belles font celles de *Croce della Zuecca*, & *il Redemptore*.

L'isle *St. George* doit fon nom à un vafte couvent où habitent quatre-vingt bénédictins de mont Caffin: il a de belles galeries, la plus belle bibliotheque de Venife, des tableaux célèbres de Paul Veronefe, parmi lefquels eft celui des noces de Cana, large de 32 pieds, & où l'on compte 120 perfonnages.

L'Isle de *Sta. Helena* est située vers l'extrémité orientale du quartier di Castello, & on y voit une belle église qui renferme les os de la Sainte: l'Isle de *St. Erasme* est défendue par un fort. Celle de *Lido di Malamocco* est à 2 milles de la ville, elle est étroite & longue, elle a un port protégé par un fort: ses rivages sont couverts de plantes & de coquillages: on y voyait autrefois la ville de *Methamaucum*.

L'Isle *Il Lido di Palestrina* est fort longue encore; mais ne sert guere qu'à défendre la ville contre les flots de la mer. Celle de *Chiozza*, autrefois *Fossa Clodia*, a une ville: elle est peu éloignée de l'embouchure de la Brente: son évêque est suffragant de Venise: on y compte 3 églises & 8 monasteres; ses salines sont considérables: on s'y embarque quand on va à Rome par le Pô. Nous ne parlerons pas des autres Isles situées vers la mer: elles sont peu considérables; mais il en est quelques-unes dans les Lagunes entre Venise & les côtes de la terre ferme dont nous dirons un mot.

S. Michele, petite Isle où est une église remarquable des camaldules; les protestans qui commercent à Venise y ont acheté une place pour en élever une.

Murano est une des plus étendues: elle renferme une petite ville fort peuplée, siége d'un évêque: on y compte 15 églises dont quelques-unes sont fort belles; on y voit de jolies maisons & des jardins cultivés avec soin. Ses bourgeois le sont de Venise; ils sont soumis à sa jurisdiction, mais élisent leurs magistrats. On y fabrique les glaces, & divers ouvrages en verre: on en faisait autrefois un commerce immense: les glaces sont polies à Venise: elles sont moins grandes, moins unies que celles de France. Le canal qui y conduit forme un large bassin bordé de quais. Dans le palais Cornaro est une galerie de tableaux d'une étendue prodigieuse : il renferme un grand nombre de statues & de bustes.

Les Isles de *Mazorbo*, de *Torcello*, de *Buran* sont peu considérables : elles sont habitées ; la seconde a une petite ville siége d'un évêque suffragant de Venise.

Revenons à cette ville superbe, & jettons encore un coup d'œil sur elle & sur ses habitans : on y compte environ 200 mille ames. Les nobles y sont instruits, honnêtes, assez peu communicatifs, ils ne donnent presque jamais à manger chez eux : les Vénitiennes sont belles, elles vivent avec liberté ; leur luxe y est reprimé avec sévérité ; les courtisannes y sont aujourd'hui peu recherchées ; les hommes sont peu jaloux, très-sensibles cependant aux injures qu'ils ne laissent pas s'oublier sans vengeance. Le peuple y est doux, tranquille, & superstitieux : les religieuses sont cloîtrées avec peu de sévérité. Les fêtes s'y succèdent : les plaisirs y distraient les citadins qui pourraient se ressouvenir de leur ancienne liberté. Le carnaval de Venise est célèbre dans toute l'Europe : cette ville renferme plusieurs théâtres ; il en est 3 pour les comédies, 4 pour l'opéra : la musique, les spectacles ont de grands attraits pour les Vénitiens ; le chant d'église y est gai ; il y a un grand nombre de concerts : ses bouffons, ses pantalons ont été célèbres. La librairie y est une branche considérable de commerce, on y imprime beaucoup de traductions de livres français : on y fabrique de riches étoffes pour l'Allemagne & Constantinople : des cristaux & des miroirs pour l'Italie & l'Espagne, des velours pour la France; leurs points font recherchés dans toute l'Europe: on y fabrique beaucoup de brocards, de damas & de draps d'or qui se portent jusqu'en Perse: les vins de Chypre, de Marasquin, & de Corfou, le riz, la soie, la toile, les armes, la crême de tartre, le sublimé corrosif, le blanc de ceruse, les caractères d'imprimerie, &c. forment encore diverses branches de son commerce. Sa peinture y a jetté un grand éclat: son école l'emporte sur celle d'Italie par le coloris & l'imagination: on connait le Titien, le Tintoret, Paul Veronese, le Giorgion, le Palma, &c. qu'elle a produit. Les arts & les sciences y sont plus connus que cultivés avec gloire.

Le climat y est doux & tempéré, mais variable: des brouillards épais & froids la couvrent souvent: les tempêtes y sont fréquentes en été; l'air y est sain, l'eau douce y est rare; des citernes y recueillent l'eau de pluie: il y a quelques sources d'eaux vives au fond des puits; les riches délicats remplissent leurs citernes des eaux qu'ils envoyent puiser dans la Brente. Sa long. est de 29 deg. 45 min. sa latit. est de 45 deg. 25 min.

Il y a quelques villages situés le long des côtes qui font partie du Dogado, tels que *Marghera*, *Tornona*, *Lorco* nommé en latin *Lauretum*, & la petite ville de *Maestro* ou *Maestre* située dans une contrée agréable semée de maisons de Campagne. On s'y embarque pour Venise qui en est à deux lieues.

II. *Le Padouan.*

Il forme une partie de la Lombardie; c'est la

province la plus fertile, la plus agréable des Etats de Venise, & peut-être de l'Italie.

Padoue. Patavium, ville d'environ 36000 ames, située près des collines Euganéennes, arrosée par la Brente & le Bacchiglione fondée par le Troyen Antenor, & plus ancienne que Rome dont elle fut l'alliée : elle jetta les fondemens de Venise qui l'a soumise en 1406 à sa domination : souvent ravagée, elle s'est toujours rétablie : mais elle n'est plus florissante, malgré la beauté de son climat & de ses campagnes. Elle est assez bien fortifiée ; est divisée en vieille & nouvelle ville, réunie par une enceinte triangulaire d'environ deux lieues de tour. Ses rues sont bordées de portiques obscurs, & mal pavées, ses maisons sont mal bâties : on y en trouve quelques-unes de belles, & des places assez bien décorées ; telle est celle où s'éleve la maison du Podestat, vaste palais des Carrare qui en furent les Princes, où l'on voit de beaux tableaux & une riche bibliothèque, & l'Hôtel de ville bâti sur les ruines de l'ancien sénat, d'une architecture noble ; où l'on voit une salle longue de 300 pieds, large & haute de 100, & qui n'est soutenue que par 90 pilastres placés dans les murs de côtés : on y voit des peintures singulieres, un monument élevé à *Tite-Live*, une pierre d'*oprobre*, où les débiteurs en s'asseyant déclarent leur insolvabilité. Le palais del capitaneo est beau encore. Padoue est le siége d'un évêque suffragant d'Udine : elle renferme 22 églises paroissiales, 22 couvens de moines, 23 de femmes & 16 hôpitaux. L'église de Ste. Justine est une des plus belles de l'Italie ; elle a 490 pieds de long, 108 de haut, 129 de large ; elle a 8 coupoles dont l'une est très-élevée : on y garde, dit-on, les restes de l'évangeliste St. Luc & de l'apôtre Matthias ; quelques-uns de ses tableaux sont des chefs d'œuvres : autour d'elle sont 24 chapelles ; les revenus des bénédictins auxquels elle appartient sont de plus de 200 000 livres ; leur bibliotheque est considérable : devant elle est une belle place qu'on appellait autrefois *Campus Martius*, & qu'on appelle aujourd'hui *Pratto della Valle*, parce que son centre est un pré. Le seminaire renferme 100 jeunes ecclésiastiques qu'on y instruit. L'église des carmelites, celle des franciscains, plusieurs autres encore sont remarquables par leur architecture, leurs tableaux, leurs monumens. Le chapitre de la cathédrale jouit de 100 000 scudi de revenus. L'Université fut fondée en 1222 par l'empereur Frédéric II. (*a*) On y a vu jusqu'à 18000 étudians ; le bâtiment est situé au centre de la ville ; il est vaste & beau, mais pas assez éclairé ; sa cour est entourée de deux galeries l'une sur l'autre ; on le nomme *Il bo*, nombre formé de celui de ses 60 professeurs ; elle n'a plus que 5 à 600 étudians, & conserve cependant encore sa réputation : quelques-unes de ses chaires valent 8000 livres. Sa bibliotheque est considérable : on trouve dans son théâtre anatomique tout ce qui peut servir aux démonstrations de ce genre : la disposition du jardin botanique est si bien ménagée qu'il est un des jardins les plus agréables de l'Italie, il est orné de bosquets d'arbres étrangers, de toutes sortes d'arbustes, de fontaines, des bustes des célebres botanistes. Il y a aussi une salle de physique expérimentale, fournie de machines excellentes.

(*a*) Frédéric II l'augmenta, mais ne la fonda pas : elle le fut en 1179.

Le cabinet d'histoire naturelle s'augmente tous les jours ; c'est un des plus riches de l'Europe; le coquillier en est plus riche qu'abondant. Le tombeau est voisin de l'église de St. Lorenzo : en creusant la terre on trouva un cercueil de plomb qui en renfermait un de cyprès où étaient des ornemens & une épée gravée en caracteres gothiques : on transporta le tout dans un ancien tombeau élevé sur 4 colonnes : voilà ce qu'on appelle les reliques d'Antenor.

On y célébre diverses fêtes avec magnificence : telle est celle de St. Antoine suivie d'une foire, où se rassemble une foule de bateleurs, d'acteurs, d'étrangers : les jeux de théâtre y sont très-anciens ; on en attribue la fondation à Antenor, & Tacite dit qu'on y jouait des tragédies : déjà en 1243 on représenta la passion & la résurrection de Jesus dans la vaste place de Prato della vallé. Cette ville a produit des historiens, des médecins, des musiciens, des méchaniciens célèbres. Elle était commerçante sous les Romains, & leur fournissait surtout de belles tuniques de laines ; elle l'est encore : cependant son commerce, son université, la riante & fertile plaine qui l'environne où l'on trouve des jardins & des maisons magnifiques & qui y fait règner l'abondance, les étrangers qui la visitent, n'empêchent pas qu'en général ce ne soit une ville pauvre. On va de cette ville à Venise en 8 heures sur la Brente dont les rivages sont charmans.

Citadella est un grand bourg peu éloigné de Padoue.

Abano, village où sont des bains chauds : quelques sources sont fort sulfureuses, & on les rassemble pour des bains particuliers ; quelques autres font bouillantes ; & telle est leur abondance qu'à quelques toises de leur ouverture elles font mouvoir un moulin, il en est qui font tiedes & ferrugineuses ; d'autres charient du plomb : dans un bain particulier on applique la boue de ces fources fur des membres malades pour les foulager ou les guerir : on dit qu'il y a une fontaine dont les eaux pétrifient ce qu'on y jette. Il y a d'autres bains chauds autour de Padoue.

Ingamno, *Il Catajo* font deux palais : le premier est le plus beau.

La Battaglia, petite ville qui doit fon nom à l'impétuofité des deux rivieres qui s'y joignent.

Arcqua ou *Arquato*, village où fe retira Pétrarque après la mort de Laure, & où il mourut.

Mont Selice, petite ville au pied d'un rocher fur lequel était une citadelle. *Efte* autrefois *Atefte* donna fon nom à une maifon illuftre, près d'elle est *Cortila* village où l'on recueille une graine farineufe fur un gramen : on en fait une efpece de gateau. *Montagnana*, *Pieve di Sacco*, *Miran*, *Campo S. Pietro*, font de petites villes : les deux dernieres font fur le Mufon.

III. *Polefin de Rovigo.*

Province de 15 lieues de long fur 6 de large, environnée par *l'Adige*, le *So*, le *Tattaro*, le *Caftagnaro*, & fujette aux inondations du fecond : elle eft abondante en chanvres, grains, fruits, en toute efpèce de denrées : les chemins y font mauvais.

Rovigo, *Rhodigium*, ville médiocre qu'arrofe l'Adigetto, fortifiée à l'antique, défendue par un château : là réfide l'évêque d'Adria, ville dont la la ruine a fait la prospérité de Rovigo : dans une place ornée d'une colonne qui porte le lion de St. Marc est le palais du Podestat. On y compte 3 églises paroissiales & 4 couvens : son fauxbourg en renferme 3 encore : on y vénère une image miraculeuse de la Vierge.

Adria, ville autrefois opulente, qui donna son nom à l'empereur Adrien, & le reçut d'un fleuve : lui, ou elle le donnerent à la mer Adriatique : elle est presque déserte ; les inondations, un air mal sain en ont chassé les habitans : son évêque est suffragant de Ravenne ; elle a 2 églises & 3 couvens : ses environs donnaient un vin célèbre chez les anciens ; il est moins estimé aujourd'hui ; mais est bon encore.

Lendenaro, *Lendinaria*, petite ville qui a 2 églises & 4 couvens. La *Badia*, bourg où est une abbaye de l'ordre des camaldules, dont le chef exerce les fonctions épiscopales sur 10 paroisses.

Fratta, *Canda*, sont encore des bourgs, *St. Bellino* est une église visitée des pélerins.

IV. Le *Veronois*.

Il est aussi une partie de la Lombardie ; son terroir est abondant en pêches, melons, figues, fraises, truffes, en gros arthichauts, asperges, chataignes, pommes, poires, prunes, raisins, olives, en grains & diverses sortes de légumes : on y fait de la soie ; on y nourrit beaucoup de bétail, on y trouve du bon marbre, & des plantes, des poissons pétrifiés, surtout dans le mont *Baldo* nommé autrefois *Mons Pannus*. Le *Lac de Garde*, anciennement *Benacus*, le touche ; c'est une petite mer dont les orages & les flots sont dangereux ;

il forme la presqu'Isle de Sirmio qui faisait les délices de Catulle; on prétend en voir encore les grottes: les rives du lac sont charmantes, il est poissonneux, & nourrit surtout beaucoup de truites; il a 11 lieues de long. Le territoire de Verone rapporte annuellement à la république 112000 pistoles d'Espagne.

Verone, ville qui a deux lieues de tour & 40 à 50 mille habitans; elle est traversée par l'Adige dont le cours majestueux & rapide sert à son commerce : quatre ponts de pierre joignent les deux parties de la ville; celui de *Castello Vecchio* a 359 pieds de long, & n'a que 3 arches dont la plus grande a 145 pieds d'ouverture; on ne l'ouvre qu'une fois dans l'année de peur de le fatiguer. D'une hauteur voisine la ville présente un aspect imposant: elle parait moins belle quand on est dans son enceinte; elle a des rues étroites, sâles, & des maisons laides & antiques: elle a aussi de belles rues bien pavées, de belles maisons, bâties en marbre ou en pierres d'Istrie: ses principaux palais sont ceux de l'évèque, du gouverneur, l'hôtel de ville, le château St. Pierre: on peut citer encore celui où s'assemble la société des *Philoti*: la rue *del Corso* est brillante & large : là se font les courses de chevaux. La cathédrale est un vieux édifice gothique où est le tombeau du pape Lucius III; d'autres églises sont remarquables par leurs tableaux: St. Gorgio est la plus digne d'être vue: Sta. Maria l'est par les tombeaux des Scaliger qui regnèrent 170 ans à Verone. St. Procule renferme un vieux tombeau qu'on dit être celui de Pepin fils de Charlemagne. On y compte 48 églises paroissiales, 23 couvens d'hommes, 18 de femmes, 18 hôpitaux.

Son évêque suffragant d'Udine jouit d'un revenu de 4 à 5000 écus, & a le titre de comte de Bodolono & Monte-Forte. Dans la place de Mercanti est le palais du savant Maffei: il est encore deux autres belles places: ce sont la Piazza d'Armi où est la belle statue de marbre qui représente la republique, & la place appellée le champ de Mars où s'exercent les troupes, où se tiennent les foires, & qui est fermée de 4 portes: la place de la maison de ville est ornée des statues de Catulle, d'Emilius Marcus, de Cornelius Nepos, de Pline l'ancien, & de Vitruve qui naquirent à Verone: elles sont de marbre. Ses fortifications ont été redoutables: l'une de ses portes, toutes entretenues avec soin, est un des meilleurs morceaux d'architecture qui existent: c'est celle del Pallio. Cette ville renferme des monumens antiques dont le plus beau est l'amphithéâtre qui peut renfermer encore 22 mille spectateurs. Au bas du château *St. Pierre* sont des ruines anciennes, parmi lesquelles on remarque 3 arcs de triomphes, l'un d'ordre corinthien, le second composite; le troisième a été élevé par Vitruve; il est près du château vieux situé sur l'Adige. Le Musœum distribué par le célebre Maffei, qui y a son buste, renferme plusieurs monumens antiques, des bas-reliefs, des autels de marbre, des colonnes milliaires, des tombeaux, des inscriptions orientales, grecques, étrusques, latines, sur le bronze, le marbre, le porphyre: l'édifice est beau. Le commerce y consiste principalement en soie, bleds, olives, vins que produit son territoire; sa terre verte donne une couleur foncée qui sert dans la peinture à l'huile: on dit qu'elle produit des poissons singuliers: on trouve dans les carrieres voisines 35 espèces

espèces de marbre. L'air y est pur & sain : le peuple doux & honnête ; mais il est ennemi irréconciliable des nobles : un podestat, deux provéditeurs, un vicaire des marchands & des nobles la gouvernent.

Crestena, village où est le pont de Veja formé par la nature, & dont l'arcade large de 20 pieds, est haute de 114.

Campagna de Verona, est un lieu célèbre par la défaite des Cimbres. *S. Michele* est un bourg connu par une belle église dédiée à la Vierge, qui y a fait beaucoup de merveilles : près de lui sont des bains chauds. *Soave* est un château bâti par les Scaliger.

Legnago, petite ville fortifiée au bord de l'Adige. *Carpi* est célèbre par un combat. *Isola della Scala*, grand village qui a l'apparence d'une ville. *Monzambano* est sur le Menzo. *Sermione*, petit château sur une peninsule longue de 2 milles dans le lac de Garde : là fut la ville de *Sirmia*. *Peschiera*, autrefois *Arilica*, fort sur la rive du lac dans le lieu où le Menzo, ou Mincio en sort : autour sont quelques maisons. *Garda*, château, donna son nom au lac. *La Chiusa*, *Cluse*, passage étroit & fortifié sur l'Adige.

La vallée de *Policella*, autrefois *Vallis-Pœnina*, & *Paltena*, sont des lieux très-habités & très-fertiles.

V. *Le Vicentin.*

On l'appelle le jardin de Venise par l'abondance de ses fruits, & sa boucherie par la quantité de bestiaux qu'on en tire : on y cultive le meurier & on y recueille beaucoup de soie : il est peuplé & couvert d'arbres.

Tome VII.   K k

Vicenze, *Vicentia*, ville qui a plus d'une lieue de tour, 30 mille habitans, & qui est traversée par le Bachiglione qui quelquefois l'inonde, & y reçoit le Rerone. Le Palladio qui y naquit y a laissé de beaux monumens de son art : tels sont le pont St. Michel, d'une seule arche, & bordé d'une balustrade de marbre ; le palais où se rend la justice, situé sur une belle place, orné de deux portiques l'un sur l'autre, & de beaux tableaux ; plusieurs palais aujourd'hui peu habités ou servant de magasins ; mais surtout le théâtre où s'assemble l'academie des Olympicorum, occupée à purifier la langue ; il est situé vers l'Isola, & est ovale & dans la forme des théâtres anciens ; plusieurs rangs de gradins s'y élevent ; au dessus est une tribune coupée par une colonnade haute de 14 pieds & demi, couronnée d'une balustrade & des statues des poëtes les plus célébres, & d'autres grands hommes de la Grèce : il en est encore de répandues dans la salle élevée de 52 pieds au dessus du pavé : le parterre a 56 pieds de large sur 18 de profondeur : c'est un chef-d'œuvre de goût & de génie, & il ne sert qu'à donner des bals pendant les foires, cinq rues bordées de belles maisons aboutissent à la place qu'il décore. Le mont de Piété fait de grandes aumônes, & des prêts ; il a une belle bibliotheque : les églises sont peu remarquables : celle des dominicains l'est par son grand autel, & par l'épine qu'on y conserve, & qui lui fut donnée par St. Louis. On y compte treize églises paroissiales, dix-sept couvens de moines, quatorze de religieuses, onze hôpitaux. Son évêque est suffragant d'Udine. Le palais Vecchio est dehors les murs ; c'est un des plus agréables de Vicenze : il y a aussi une place ma-

RÉPUBLIQUE DE VENISE.

gnifique nommée le champ de Mars, fermée de murs, ceinte d'un grand foffé, où l'on entre par un bel arc de triomphe du Palladio. On y travaille la foie : des machines à eau la tordent & la filent, 4000 bobines y font mifes en mouvement par une feule roue. Ses environs font très-agréables, embellis par de beaux jardins, parmi lefquels on remarque celui du comte Valmara où eft un peryftille du Palladio, une rotonde qu'il éleva encore, & dont la ftructure & le deffein font admirables, diverfes belles maifons de campagne; les meuriers y font entrelacés avec la vigne : le peuple y eft méchant, & les affaffinats n'y font pas rares. Près d'elle eft l'églife célèbre de la *Madona di monte di Berrico*, où l'on arrive par un arc décoré de 4 colonnes d'ordre corinthien ; furmonté des ftatues de Jéfus, & de St. Vincent, entre lefquelles eft le lion de St. Marc : l'églife eft magnifique : l'efcalier qui y conduit a 290 marches. Au nord de la ville font les collines Euganées remplies de coquilles, de pétrifications, de corps marins, de débris de volcans, de faphirs, de jacintes, de topafes, de terres colorées, &c. on y a préparé un jardin botanique.

Malo eft un bourg, fiège d'un vicariat dont dépendent 7 villages ; 21 dépendent du vicariat de *Tiene*, bourg où eft un beau palais. *Schio*, petite ville commerçante dont 14 villages dépendent. *Tretto*, hameau où font des mines d'argent & de fer. Le *Monte Summano* eft célèbre par une églife, des plantes rares, des monnaies & des antiquités qu'on y découvre. *Marofiica*, *Maruftiatus*, eft une petite ville défendue par un château, ceinte d'un mur épais : de fon podeftat dépendent 33 villages, il croît un vin agréable & doux à *Breganza*. *Camifano* est le siège d'un vicariat qui comprend 41 villages. *Monte galda*, *Barbaran*, *Orgian*, *Lonigo* sont des bourgs. *Cricoli*, *Poiana* des palais. *Montebello* est le siège d'un vicariat de 5 villages, *Avignan* l'est d'un de 8, & *Brendola* de 11.

La vallée de *Dreſſina* est agréable & renferme environ 30 villages. Les *sept communes*, situées (*b*) dans les monts qui s'étendent de Vicenze à Padoue, sont habitées par un peuple laborieux & fidele, qui jouit de divers priviléges : il élit ses magistrats, qui exercent la jurisdiction civile & la police : il cultive des champs & des vignobles, & garde de nombreux troupeaux : les vols, les assassinats lui sont inconnus ; il parle allemand, & ne s'allie point avec ses voisins.

VI. *Le Breſſan*.

C'est un pays montueux, riche en vins, en huile & en grains, où l'on trouve du fer, du cuivre, de l'argent, de l'or, de l'alun, du marbre de toutes couleurs : il est situé entre le lac de Garde & celui d'*Iſeo*, *Lacus Sebinus* ou *Sevinnus*. L'*Oglio*, l'*Adda* l'arrosent, le fertilisent, y rendent le poisson abondant : le climat y est sain : on y recueille beaucoup de soie : on y fabrique beaucoup de papier & d'armes : du pepin de raisin on tire une huile recherchée : du raisin même gardé jusqu'en Fevrier, pressé pendant le froid auquel on l'expose, il s'y fait un vin agréable qui

---

(*b*) C'est une erreur selon l'Abbé Fortis : il n'y a point de chaines de montagnes entre Vicenze & Padoue.

à la couleur de l'or. Dans les vallées voisines des Grisons, les habitans sont robustes & ressemblent aux Suisses.

Brescia, *Brexia*, ville de plus de 40000 hommes, située dans une plaine fertile sur le Garza: ses rues sont larges, mais mal pavées; sa situation & l'industrie de ses habitans la rendent riche & commerçante. Elle a de beaux édifices: le palazzo publico est remarquable par son architecture & ses peintures à fresque; il fut bâti en partie sur les ruines d'un temple de Vulcain: la bibliotheque publique est un don du cardinal Quirini: & l'on y voit sa statue, ainsi que dans la cathédrale qu'il aida à rebâtir; un grand nombre de palais renferment des chefs-d'œuvres de peintures; il en est beaucoup encore dans les églises qui sont très ornées. La cathédrale est décorée d'un ordre corinthien trop riche, de plusieurs statues, de bas-reliefs, du *Labaro impériale* ou étendart de Constantin: il est d'un bleu céleste, & a au milieu une croix d'or: diverses reliques rendent ces églises plus respectables & surtout plus riches. Les débris antiques qu'on y trouve sont mal conservés: on y a recueilli des inscriptions & des médailles. Un conseil de 600 bourgeois, présidé par un podestat, noble Venitien, divisé en plusieurs conseils inférieurs, la gouverne: il faut avoir 30 ans pour y entrer & être d'une famille déja ancienne: nul étranger, pas même un noble Vénitien ne peut acheter des biens fonds dans le pays: le peuple y est gai, industrieux, laborieux, mais jaloux, les femmes gaies & bonnes ménageres: diverses manufactures y fleurissent: la ville fut fondée par Brennus, & devint ensuite une colonie romaine: son évêque est suffragant de Milan, a divers titres & de bons revenus; elle renferme 11 églises paroiſſiales, 16 couvens d'hommes, 14 de femmes.

La *Riviera del Lago di Gardo*, diſtrict où l'on compte 29 paroiſſes: celles de *Salo* & de *Madorno* ſont les plus conſidérables, & le ſiége d'un magiſtrat inférieur. La *Riviera del Lago d'Iſeo* renferme 17 paroiſſes. La vallée *Camonica*, formée par de hautes montagnes, eſt arroſée par l'Oglio, a des mines de fer & de cuivre, renferme 80 paroiſſes dont la plus conſidérable eſt *Breno*, ſiège d'un podeſtat. La vallée *Trompia*, arroſée par le Mela, a des mines de fer: on y fabrique des fuſils & d'autres armes, elle renferme 22 paroiſſes dont la plus connue eſt celle de *Gardone*. La vallée *Sabbia* renferme 25 paroiſſes, & eſt arroſée par la Chieſe: elle ſe diviſe en pluſieurs vallons, on y cultive beaucoup de vignobles, on y recueille de bons fruits.

Calcinato, *Chiari*, lieux connus par des combats: *Lonato* eſt un lieu riant ſur un mont. *Deſſerzano*, un grand & beau bourg au bord du lac de Garde, connu par ſes bons vins & ſes excellens poiſſons. *Rivoltella*, autrefois *Ad Flexum*, bourg entre le même lac, & des Lagunes qui forment des marais aſſez étendus. *Monte Chiaro*, *Aſola* ſont ſur la Chieſa. *Ponte vico*, *Orzi nuovi*, ont des fortifications & ſont ſur l'Oglio. *Palazzuolo*, *Cocaio* ſont de petits lieux, mais ils ſont remarquables; *Rovato*, lieu habité par des ſtatuaires: ils travaillent en marbre & en bois.

VII. *Le Bergamaſque.*

Vers le nord, il eſt montueux & rude; autour de Bergame il est très-fertile : quelques vallées sont abondantes en vins & en huiles ; quelques autres sont infertiles, mais ont des mines de fer : il est fort peuplé : ses habitans sont la plupart goîtreux, grossiers, & cependant bons commerçans, ils voyagent beaucoup, & savent faire un trafic utile de leur fer, de leurs belles laines, de leurs manufactures de tapisseries, de leurs bestiaux, de leurs marbres & de leurs pierres à meules de moulin.

Bergame, *Bergomum*, ville fortifiée par des murs, des bastions, des fossés, & qui renferme 30 mille habitans; elle est située sur diverses collines où s'étendent ses fauxbourgs. Entre la ville & une haute montagne est un château fort qui la domine sur le grand tertre de S. Vigilio : elle a une école d'artillerie. Son bâtiment pour la foire bâti en pierres, renferme 600 boutiques, il est dans un fauxbourg, au bas d'un mont, & a devant lui une belle place : c'est seulement lorsqu'elle se tient que la ville a des spectacles ; cependant elle fournit des arlequins à toute l'Italie : ses plus beaux palais sont celui où l'on rend la justice & celui où s'assemblent les conseils. Sa cathédrale a quelques bons tableaux & les restes d'une vingtaine de Saints. Dans Ste. Marie Majeure on voit le mausolée du général Coglione qui y est représenté à cheval, & 4 tableaux en marqueterie qui sont ce qu'il y a de mieux en ce genre. Quelques palais sont décorés de peintures estimées : l'évêque est suffragant de Milan : on y compte 13 églises paroissiales, 12 couvens d'hommes, 10 de femmes. Bergame fut, dit-on, fondée par Cydrus, fils de Ligur, roi d'Etrurie. Elle est l'entrepôt d'un grand commerce de laine & de foie : le premier y a été prodigieux, & les ferges comme les tapisseries de Bergame étaient célébres. Elle a des filatures & des fabriques où l'on fait de l'écarlate & des étoffes estimées ; ses soies égalent celles de Turin ; ses habitans sont actifs & laborieux ; on y parle un mauvais Italien : ses environs sont sablonneux, mais très-fertiles ; le travail y a dompté la nature.

Au nord de la ville sont six vallées : le val *Seriana* qui est arrosé par le Serio ; le val *Brembana* qu'arrose la Brembo, les vallées de *S. Martino*, de *Manca*, de *Calepio* où est le bourg de ce nom, & celle de *Chisontio* où est *Louere*, bourg sur le lac Iseo.

Somasca, petite ville près du lac *di Lecco* : elle est remarquable pour avoir donné son nom à l'ordre régulier de *S. Maioli Papiæ*.

VIII. Le *Cremasque*.

Ce district est peu étendu, il est presque enclavé dans le Milanais, & est fertile en bleds, en vins, en lin & en chanvre.

Crême, ville fortifiée, défendue par un château, dans une plaine, sur le fleuve Serio : elle est bien bâtie, bien habitée, a de beaux édifices, est assez riche & commerçante : son évêque est suffragant de Bologne : on y compte 5 églises paroissiales, 11 couvens d'hommes, 7 de femmes : la noblesse y est pauvre, mais la ville a de grands privilèges : elle ne paye aucun fisc ; son territoire est exempt d'impôts, un noble Vénitien n'y peut acquérir des fonds : la noblesse, le peuple y sont traités avec bonté, afin qu'ils soyent attachés & fidèle à la république & en défendent les frontières. Son nom vient, dit-on, de *Cremata*, parce qu'el-

REPUBLIQUÉ DE VENISE. 521

le fut bâtie sur les ruines d'une ville hérétique que l'archevêque de Milan fit brûler en 951.

Montodine, *Stanengo*, *Camisano*, &c. sont des bourgs ou des villages.

IX. *La Marche Trevisane.*

Elle est divisée en 4 parties : les vins y sont abondans : on y fait un grand commerce de soie, de draps & de laine : l'air y est tempéré, la *Piava* l'arrose.

I. *Territoire de Trevise.*

C'est la partie la plus fertile de la Marche, entre Trevise & Castel-Franco ; ce n'est qu'un vaste jardin, divisé en allées de meuriers sur lesquels les vignes montent & s'étendent : on y voit beaucoup de lieux de plaisance.

Treviso, ou *Treviglio*, *Tarvisium*, ville ancienne, fortifiée, d'une grandeur moyenne, arrosée par le Sile qui y reçoit le Piavesella, & court par la ville divisé en trois bras : elle a de belles maisons, est la demeure de plusieurs familles nobles, & celle d'un évêque suffragant d'Udine ; l'université de Padoue y fut d'abord fondée ; elle a deux académies qui sont celles des *Perséveranti* & *Solleciti* : on y compte 17 églises paroissiales, 11 couvens d'hommes, 8 de femmes : le gouvernement y est doux & le peuple fidèle.

Novale, petite ville qui a deux couvens. *Mirano*, *Castel Franco*, sont aussi de petites villes : la dernière est sur une colline & a 5 couvens. *Bassano*, est un bourg où l'on travaille la soie, & qui est le siège d'un podestat : les monts voisins donnent du vin estimé. *Loria*, village dont le sol est sulfureux & nitreux ; on y voit errer des feux folets qui embrasent le chaume.

Cismone, petite ville sur la Brente qui y reçoit la Cismone. *Scala* château qui défend un défilé. *Asolo* a quatre couvens. *Opitergo* en a trois avec une collégiale. *Colalto* est un bourg qui donne son nom à une maison noble. *Conigliano*, petite ville peuplée.

Ceneda, *Acedes*, petite ville, siege d'un évêque suffragant d'Udine & qui est seigneur de la ville; les Huns, les Goths la détruisirent. *Seravella* est agréable par sa situation : on y compte quatre couvens. *Salice* sur le Livenza a un podesta & un capitaine. *Motta*, *Porto Bufale* sur la même riviere. *Oderzo* sur le Montegano, fut autrefois une grande ville où siégea un évêque.

2. Le Feltrino.

Il est montueux. *Feltri* est au pied des monts, & commerce en fer : l'Aronze en baigne les murs; les neiges qui couvrent les montagnes voisines y rendent l'air froid. Un évêque suffragant d'Udine y siege ; elle a sept couvens. *Arten*, *Vedanna*, sont les principaux lieux de ce territoire.

3. Le Bellunois.

Il est riche en mines de fer : une forêt longue de cinq lieues en entretient les forges. *Belluno* est petite, agréable, dans une vallée qu'arrose la Piave : elle est le siege d'un évêque suffragant d'Udine ; elle a cinq couvens, & un collège où l'on enseigne le droit.

République de Venise.

4. *Le Cadorin.*

Il est montueux, la fidélité de ses habitans les a exempté d'impôts : il touche au Frioul. *Cadora* est sur la Pieve : elle est petite : c'est la patrie du Titien. *Auronzo*, *Danta*, &c. sont de petits lieux.

X. *Patria del Friuli.*

Ce fut presque toujours le passage des peuples barbares qui vinrent désoler l'Italie : on dit que Jules César lui donna son nom *Forum Julium* : le sol en est fertile ; on y recueille un vin aussi bon, aussi sain que celui de Bourgogne : Venise en retire beaucoup de fruits & de bois pour les chantiers. On y fait environ 100 mille livres de soie par an, elle est plus fine que celle de la Chine, elle surpasse même celle de Bologne : les torrens y dévastent beaucoup de champs ; on y manque d'eau pure ; les habitans sont pauvres, violens, hardis, effrontés, paresseux. On y compte environ 350000 ames.

Le pays est partagé en comtés, dont quelques-uns sont possédés par des Vénitiens. La noblesse y a beaucoup de privilèges ; le possesseur des biens nobles y est aussi juge civil, mais on peut en appeller à Udine. Une partie appartient à la maison d'Autriche.

Udine, *Utinum*, en est la capitale : bâtie, ou par les Huns, ou par les ducs d'Autriche, elle est arrosée par la riviere & le canal de Roia : le patriarche d'Aquilée y résida ; les querelles que ce patriarche éleva entre l'Autriche & la république la fait supprimer en 1751, & on l'a divisée en deux archevêchés, dont l'un siege à Görtz dans les Etats Autrichiens, l'autre à Udine : celui-ci a pour suffragans tous les évêques des Etats Vénitiens qui l'étaient d'Aquilée. Cette ville n'est pas grande : on y trouve plusieurs églises, plusieurs couvens & hôpitaux, un collège pour le droit, une académie noble.

Cividal del Friuli, ou *da Austria*, ville que le Nabisone arrose, qui eut un évêque, qui a une collégiale & cinq couvens. On dit que César la fit bâtir.

Palma nova, ville frontière, assez peuplée, sur le canal de la Roia qui facilite son commerce ; elle est ceinte de neuf bastions. *Marano*, ville autrefois épiscopale qui donne son nom à des Lagunes. La *Tisana*, bourg sur le Taliamento.

Caorle, *Caprulæ*, petite ville dans une isle des Lagunes : elle est le siege d'un évêque suffragant de Venise. *Concordia*, ville autrefois considérable, mais aujourd'hui déchue ; Attila la détruisit ; son évêque est suffragant d'Udine & demeure à *Porto Gruaro*, petite ville sur la Regena, qui a un podestat, un capitaine, trois églises & quatre couvens. *Pordanon* ou *Portenau*, *Portus Naonis*, petite ville sur le Noncello qui y reçoit la Meduna. La maison d'Autriche ne la possede pas, mais prend les armes & le titre de son seigneur. *Belgrado*, sur le Varano ; *S. Vido*, *Spilimbergo* sur le Taliamento, *Avenzone*, *Tolmese*, chef-lieu d'un district, *Sacille* sur le Livenzo, sont des bourgs : le dernier fut un siege épiscopal.

XI. *Istrie*.

Elle fit partie de l'Illyrie : l'empereur Henri IV la donna au patriarche d'Aquilée avec le titre de marquisat : aujourd'hui elle est partagée entre l'Autriche & Venise : le pays est fertile, surtout en

République de Venise. 525

vins & en huile : il y croît peu de bled ; on y fait du sel : ses bois de construction, ses bestiaux, font sa principale richesse : son terroir est inégal ; près de la mer l'air est mal sain, & l'homme y vit peu, ses habitans sont paresseux ; la noblesse y est pauvre.

Montefalcone, bourg à marché, bien situé, défendu par un château élevé, chef-lieu d'un district qui renferme le bourg de *Grado* voisin de la mer, & qui fut le premier siege du patriarche de Venise.

Mugia, petite ville sur le golfe de Trieste, *Buset* ou *Pinguente* est sur une montagne. *Sdregna*, *Portole*, *Montona*, *Piemonte* ont le nom de villes.

Capo d'Istria, autrefois *Aegida* & *Justinopolis*, ville forte qu'environne la mer, & jointe par un pont à la terre-ferme : elle est le siege d'un évêque suffragant d'Udine, & renferme plusieurs couvens : l'air y est grossier & mal sain ; près d'elle sont des marais salans & des carrieres de pierres blanches, propres à bâtir.

Isola, petite ville sur une peninsule qui s'avance dans la mer. *Pirano*, *Salvore*, *Umago* sont au bord de la mer.

Citta nuova, petite ville assez mal bâtie où siege un évêque suffragant d'Udine, & où l'on voit des ruines de l'ancienne ville d'*Aemonia*. Près d'elle est le bourg de *Pisine* : celui de *Cervera* est sur le rivage de la mer.

Parenzo, *Purentium*, est petite, a un port, & un évêque suffragant d'Udine, & qui réside à Rovigno qui en est voisine, un air mal sain dépeuple Parenzo. *Barrath* est sur un mont.

Pola, autrefois *Pietas Julia*, est située sur un mont, près d'un golfe profond, & est le siege d'un

526 RÉPUBLIQUE DE VENISE.

évêque suffragant d'Udine, & qui demeure pendant l'Eté à *Galisano*; on y voit une église grecque, beaucoup d'antiquités, telles qu'un arc de triomphe qui sert de porte à la ville, un temple dédié à Rome & à Auguste, beaucoup d'inscriptions. Son port est bon: on dit qu'une colonie, venue de la Colchide, ravagée par les Argonautes, la fonda.

Albona, ancienne ville sur le golfe de Puarinero ou Carnero; elle a un port: l'air y est malsain, la terre peu fertile. *Castro nuovo* est au bord de la mer. *Fianona*, *Flanona*, derniere place de l'Istrie, bâtie près de l'embouchure de l'Arsia, sur un mont d'où coule une fontaine qui fait mouvoir plusieurs usines; elle a un bon port, & donnait autrefois son nom au golfe de Carnero.

Les pays que nous venons de parcourir font partie de l'Italie, mais Venise en possede qui sont au-delà, & que nous devons placer ici: telles sont une partie de la Dalmatie, & de l'Albanie. On y trouva en 1758 plus de 50 mille habitans de famille & de religion grecque, & dont le quart sont enrôlés comme soldats: on y compte 190 églises, & 315 ecclésiastiques, grands ennemis du culte latin.

La république leur laisse suivre en paix leur culte; elle leur a permis même en 1761 d'avoir un évêque particulier; indulgence que le pape a blâmé durement en 1762.

I. *Partie de la Dalmatie.*

La partie que possede Venise est hérissée de châteaux & de lieux fortifiés à l'antique; ses monts sont de marbre au sommet sans l'être à leur base.

République de Venise.

Les habitans sont guerriers, intrépides sur la terre, & matelots robustes & hardis sur mer; les nobles, le peuple sont attachés à la république: la sévérité les eut revolté; la douceur en a fait des sujets fideles: leurs privileges sont respectés, & il serait dangereux de les enfreindre. Là où le pays est infertile, Venise y pourvoit en mère. Les Morlaques, les Uscoques en habitent une partie: voyez ce qu'on a dit ailleurs de ces peuples. Ceux qui habitent les rivages de la mer, sont la plupart Italiens, & ont des mœurs moins simples, moins honnêtes. Parcourons d'abord le continent; puis nous en visiterons les isles, débris elles-mêmes du continent, séparé de lui par la mer & la violence des fleuves.

Nona, *Ænona*, ancienne ville, qui renait comme de ses cendres, environnée par la mer qui lui forma un port changé en un marais puant par un ruisseau fangeux qui s'y dégorge: elle donne son nom à un long marais ou lac. Son évêque est suffragant de Spalatro; on pêche beaucoup d'anguilles dans ses environs: ses habitans excités par la liberté dont ils jouissent sont industrieux & remplis de courage: près d'elle sont des restes de grands bâtimens submergés.

Là est une ville habitée par les Morlaques, nommée par eux *Privlaca*, & par leurs voisins *Brevilacqua*: on trouve dans les environs beaucoup de pétrifications: le terrain y est graveleux: le bord de la mer est couvert d'*Ilex cocci glandifera*.

Comté de Zara.

Les habitans lui ont laissé son ancien nom *Kotar*: il eut le nom de duché: les Vénitiens l'ont acheté du roi de Hongrie Ladislas.

Zara, appellée par les Romains *Jadera*, ensuite *Diadora*, est la capitale de la Dalmatie Vénitienne: elle est florissante; ses habitans sont instruits: protégée, embellie par Auguste & par Trajan; on découvre des ruines romaines dans ses fortifications; la mer l'environne, un pont défendu par un fort, l'unit à la terre-ferme: entre la citadelle & la ville est un fossé creusé dans le roc: le port situé au nord est bon, grand, bien fortifié: on y manque d'eau courante, l'eau de pluie rassemblée dans des citernes y supplée. Le gouverneur réside dans le château; son office dure trois ans. C'est le siege d'un archevêque dont les suffragans sont les évêques d'Arbes, de Vegia, & d'Osero. St. Simon est patron de la ville, & l'on conserve son corps dans l'église qui lui est dédiée; on remarque que la mer étend son lit malgré les fleuves qui prolongent la rive par le limon qu'ils y déposent: les anciens pavés de Zara sont beaucoup au dessous du niveau moyen de la mer.

Zarra vecchia, ou plutôt *Biograd*, *Alba maritima*, est un village pauvre, situé au bord de la mer: on croit qu'il fut bâti sur les ruines de *Blandona*. Les rois Croates y faisaient leur résidence, & c'était alors une ville épiscopale. Son port est spacieux & sûr, son entrée est défendue par de petites isles: près de là est le village *Pascostiane* dont les habitans sont pauvres, ils vivent au milieu des marais, qui les nourrissent par le poisson qu'ils y trouvent & qui les tuent par leurs exhalaisons.

Urana, petit bourg au pied d'un mont horrible, désert inhabitable qui porte son nom: il y eut un riche couvent de bénédictins; il fut le siege d'un grand prieur de l'ordre des Templiers: son
fort

fort n'est plus qu'un amas de pierres : près de lui sont les ruines d'un vaste caravanserai. Le lac a quatre lieues de long, differens ruisseaux s'y perdent : on y pèche d'excellentes anguilles : le marbre des monts voisins renferme divers coquillages pétrifiés.

Podgraje, château voisin des ruines ; de la ville de ce nom, qu'on connut aussi sous le nom d'*Asseria* ; elle était municipe sous les Romains, & avait 600 toises de tour.

Ostrovizza fort tombé en ruines ; le sol voisin présente divers objets de curiosités au naturaliste, par ses couches, ses coquillages, &c. Là est un village voisin d'un marais où la foudre mit le feu ; près de là est un bois où il croît des champignons d'une grandeur énorme. Le frêne y donne beaucoup de manne.

Knin ou *Tinin* parait avoir été l'ancien *Arbuda* : c'est une petite ville, un fort sur les frontieres de la Dalmatie & de la Bosnie, située sur une colline fortifiée par la nature qui de deux côtés y forma de profonds ravins. Elle est le siege d'un évèque qui n'y réside pas : d'un côté elle est baignée par le Butimschiza ; de l'autre par la Kerka nommée par les anciens *Titius*, qui forme de belles cascades. Près de Knin sont des volcans éteints : le pays essuye de fréquens tremblemens de terre.

Nadin, sur le sommet d'un mont, presque au centre du comté : elle a un château fort.

Novigrad, petite ville, château, seigneurie : elle donne son nom à un golfe profond, dont l'entrée est fort étroite.

Fribuje, petite ville qui fut l'ancien *Tribulium*. *St. Arcangelo* couvent dans une profonde vallée.

Scardona, ville assez peuplée, située près d'un lac où se jette la Kerka : elle a été la capitale de la Liburnie, fut détruite enfuite, & renait de nos jours. Bufching n'en parle point non plus que de quelques autres lieux : on y trouve des monumens romains, des médailles, des petrifications, mais point de mines d'argent, dont felon bien des auteurs la Dalmatie eft pleine : on ne les retrouve plus; plus haut la Kerka forme une belle cafcade.

Dernis fut une fortereffe : c'eft aujourd'hui une petite ville fur la Cicola qui fe jette plus bas dans la Kerka.

Sibenico, fut bâtie par des Ufcoques qui y attendaient les vaiffeaux pour les piller : fon nom vient des perches nommées *Sibice* dont ils entouraient leurs cabanes ; les habitans de Scardona détruite vinrent s'y joindre : elle fut d'abord libre, les Hongrois lui impoferent un joug pefant qu'ils fécouerent pour fe donner aux Vénitiens. Sa fituation eft une des plus belles de la Dalmatie : deux forts la défendent, l'un vers la mer, l'autre vers la terre. Sa cathédrale eft magnifique, fon toit d'une conftruction hardie eft formé par de grandes tables de marbre. Son port eft bon & grand, il eft abondant en poiffons. On en fort par le canal St. Antonio, formé par un banc de marbre dont la difpofition eft finguliere. L'évêché de Sibenico fut fondé en 1298, fon territoire s'étend l'efpace de dix lieues ; il comprend la vallée de *Slofella* où eft le bourg de ce nom, habité par des hommes intrépides ; mais d'une pareffe extrême ; fes environs font couverts de lentifques ; fes ruiffeaux, fa plage abondent en poiffons.

Vodizze eft un bourg qui doit fon nom à fes eaux abondantes (*a*) qui proviennent d'une riviere

---

(*a*) Voda fignifie eau dans toutes les dialectes de l'Efclavon.

souterraine laquelle coule entre des couches de marbre: ses habitans sont pauvres, son sol est fertile, il produit la cerise dont on fait le marasquin; la pente douce qui le sépare de la mer, & les isles voisines lui donnent un aspect très-agréable. Plus loin sont deux lacs, l'un a le nom de *Zablachic*: il fut d'abord le bassin d'une riche saline, il renferme des poissons; à son sable sont mêlés de jolis coquillages parmi lesquels on distingue le nautile microscopique; il communique à la mer par un canal artificiel; l'autre a le nom de *Morigne*: son circuit est d'une lieue, son fond produit des plantes marines; l'eau est salée; mais la riche source du Ribnich y tombe & y attire beaucoup de poissons: on y trouve des testacés: un canal joint à la mer.

Comté de Trau.

Il renferme aussi des isles que nous décrirons séparément; les côtes en sont fertiles & cultivées; on y trouve de la pierre de Milo qui sert à faire des meules; elle est blanchâtre, poreuse & légère, est composée de petits cristaux & ne craint point les injures de l'air qui consume le marbre: les insectes y sont nombreux, on y trouve une espèce de tarentule.

Trau, *Troghir*, *Tragurium*, ville dans une isle artificielle jointe au continent par un pont de bois, & à l'isle de *Bua* par une digue solide: elle est partagée en vieille & nouvelle; celle-là entourée d'un simple mur; celle-ci par une double muraille; & défendue par trois tours: la ville est agréable, peu étendue; vers le nord elle a de beaux jardins; un faubourg s'étend dans l'isle de Bua. Ici demeurent le provediteur Vénitien qui y a le titre de comte, & un évêque suffragant de Spalatro:

son port est commode, poissonneux, couvert de deux promontoires : les plus gros vaisseaux y entrent : on y pêche des sardines. Elle fut une colonie Romaine, on y voit quelques antiquités : on en tirait du marbre qu'on appellait *Tragurien* qui est une espèce de brèche tachetée.

Trau-Vecchio, village dans une situation désavantageuse, dans un lieu écarté & stérile : des ruines grossieres lui ont fait donner son nom & ont fait croire qu'elle était le *Pretorium* de Peutinger.

Vinischie, Bassiglina, deux villages pauvres situés dans la presqu'isle *Hyllis* où fut, dit-on, autrefois 15 villes dont il ne reste plus rien.

Comté de Sapalatro.

Il est étendu, fertile, & renferme le cap *Marian* dont la disposition des couches attire l'attention des naturalistes.

Spalatro, ville dans une presqu'isle, ceinte de bastions de pierres de taille, mais commandée par les monts voisins. Elle est le siege d'un archevêque qui est primat de la Dalmatie & de la Croatie, & dont les suffragans sont les évêques de Zengh, Modrus, Nóna, Skardin, Knin, Lissina, Trau, Siberico, Diokovar en Esclavonie, Macarsea & Dumno. Elle a un tribunal de commerce ; il se fait avec la Turquie & l'Italie. Elle a un lazaret où les vaisseaux font la quarantaine : on y trouve des ruines antiques parmi lesquelles on remarque celles du palais de Diocletien. Son port vaste & profond est très-fréquenté ; ses habitans sont honnêtes, ils ont formé une société d'agriculture : du pied de ses murs sort une eau sulfureuse dont l'odeur est désagréable ; elle charie du foye de soufre en filamens très-blancs qui argentent les pierres sur lesquelles l'eau coule ; on les employe avec succès dans les maladies chroniques.

Clissa est l'*Anderium* de Dion Cassius & le *Mandetrium* de Pline ; c'est une forteresse située sur une colline ou rocher, qui s'est détachée des hautes montagnes qui forment l'étroite & profonde vallée où elle est placée, & où coule l'Hyader ; elle défend un passage important & sert d'avant mur à Spalatro. On n'y a d'autre eau que celle du ciel.

Salona fut autrefois la capitale des rois d'Illyrie ; elle fut ensuite une colonie Romaine, & n'est plus aujourd'hui qu'un pauvre village. On reconnait sa grandeur & sa magnificence anciennes par les voûtes & les arcades d'un théâtre, par de grands blocs de marbre répandus dans les champs, par plusieurs arcs de marbre, des colonnes, des inscriptions, &c. L'Hyader en arrose les murs, avant de se jetter dans un golfe qui forma son port où l'on pêche d'excellentes truites. Elle fut la retraite de Dioclétien.

Dismo, vallée de 3 lieues de long, couverte de pâturages & de champs, habitée par les Morlaques.

Luzzane, vallée longue de 5 lieues, bordée par des collines basses au pied de montagnes pierreuses, remplies de coquillages, de laves, de charbons fossiles, d'agathe qui renferme des corps marins.

Ghisdavaz, *Prugova*, sont des vallées circulaires ; le roc n'y est recouvert que d'une légere croute de terre ; la derniere est fort étendue, & dans l'hyver n'est souvent qu'un lac.

Stobrez, village élevé au milieu des ruines de l'ancien *Epetium*, dans une plaine élevée, arrosée par le Xarnovniza qui se jette dans son port assez vaste, mais peu profond : ses environs sont charmans.

Sign ou *Scign*, forteresse qu'un roc inaccessible défend de 3 côtés, & qui l'est vers le quatrième par des murs épais : on la croit l'ancien *Aleta* ; ses fortifications tombent en ruines : deux citernes y conservent une eau douce & pure : autour est une vaste plaine qu'arrose la Cettina, & qui en est souvent inondée : les ruisseaux qui s'y rendent forment des marais qui en rendent l'air mal sain.

Il n'y a point de ville nommée *Cettina*, comme le dit Busching : la riviere de ce nom était connue des anciens sous le nom de *Titurus* : ses sources au milieu de rocs, de cavernes & de petits lacs sont très-curieuses ; elles sont au nombre de quatre ; son cours est impétueux & forme souvent des chûtes : sur ses bords était la ville d'*Equum*, dont il reste des ruines & un amphithéâtre : on voit près d'elle des montagnes qui furent des volcans.

Duara, forteresse sur un roc qui commande aux pays voisins le long de la mer : près d'elle la Cettina forme une cascade magnifique au milieu d'horribles précipices, des vautours voltigent dans les environs ; il en est qui ont 12 pieds d'envergure ; ils enlevent des moutons & quelquefois des enfans.

Vissech ou *Visechio* est une forteresse demantelée comme inutile ; elle était près de l'embouchure de la Cettina. Busching en fait une petite ville : il n'y a pas même de vestiges d'habitations.

Almissa, petite ville à l'embouchure de la Cettina : on la croit l'ancien *Onæum*, située au pié d'un rocher élevé : on y voit peu d'antiquités : elle a le titre d'évêché ; mais elle n'a point d'évêque : la pêche y est abondante : son sol est bon, mal cultivé : il rapporte du vin excellent.

République de Venise.

Province de Poglisa.

Elle s'étend entre l'embouchure de la Xernovniza & celle de la Cettina, ayant Clissa au nord ouest, & Duare au sud-est : elle ne renferme aucune ville & n'en eut peut-être jamais ; ses habitans ont secoué le joug des Turcs pour se soumettre à Venise : on y compte 15000 ames divisées en trois classes : des nobles Hongrois forment la premiere, des nobles Bosniens la seconde, les paysans la troisieme : toutes s'assemblent le jour de la St. George & campent à part dans la plaine de Gatta : là on élit, ou on confirme les magistrats : le premier d'entr'eux est tiré des familles Hongroises ; c'est le *Veliki-knès* : il est élu par les gouverneurs des villages choisis parmi les familles Bosniennes : ceux-ci sont élus par les paysans : rarement ces élections se font sans troubles : leurs loix sont barbares : si les magistrats vont chercher un meurtrier, ils pillent tout ce qu'il possède : il était condamné autrefois à être lapidé : si le meurtre est la suite d'une dispute, le coupable paye huit sequins & est absous : l'épreuve par le feu, par l'eau bouillante y est encore en usage : leur torture consiste à mettre des éclats de sapin entre la chair & les ongles. Ces hommes sont humains, hospitaliers, aiment avec violence, mais ils sont défians, & la vengeance semble être leur premiere passion. Ils adorent le dieu *Vid* ou *St. Vito* dont ils célèbrent la fête en brulant du bois odoriférant autour de leurs cabanes : un de leurs villages s'appelle *Pirun Dubrova* ; on y adorait probablement le dieu *Pirun*, un des objets du culte des Ulaves : ils méprisent les femmes, sont courageux, bien faits, robustes & sobres.

Urullia, vallée au bord de la mer : il semble

qu'au fond de la mer on voit s'y dégorger une riviere souterraine; on croit que la *Peguntium* des anciens y était située, & on y trouve des ruines antiques.

Province de Primorie.

Elle était la Dalmatie proprement dite: dans le moyen âge elle fut connue sous le nom de *Parathalassia*, les *Ardæi* l'habiterent: d'un côté elle est bornée par la Cettina, de l'autre par la Narenta, appellée par les anciens *Naro*; plusieurs villes y florissaient sous les Romains; les tables de Peutinger; les inscriptions qu'on y trouve éparses le prouvent: le rivage y est beau, le terroir fertile, la pêche abondante, le commerce facile, les grottes y sont fréquentes: des torrens impétueux & la destruction des bois l'ont appauvrie; on n'y voit plus que la ville de *Marcaska* qui semble élevée sur les ruines du *Rataneum* de Pline: son nom vient de l'abondance de ses eaux (*a*): elle fit partie du royaume des Avares, puis fut soumise à la république de Pirates de Narenta: il n'y reste point d'antiquités, & c'est la seule ville de la Dalmatie où l'on ne voit point de décombres, point de maisons ruinées. Elle eut un évêque; peu étendue, sans portes, sans murailles, elle est au pied d'une montagne, dans une plaine, près d'un assez mauvais port; un ruisseau d'eau saumatre la traverse, un autre lui fournit une eau pure; ses habitans ont desséché les marais qui en corrompaient l'air; ils aiment le commerce & les arts; le sol

―――――――――――――

(*a*) *Mokar* en esclavon signifie *arrosé*.

qui l'environne produit de l'huile, du vin, des amandes, des cerises marasques, un peu de bled; le miel y est abondant, le meurier y prospère; la plus haute de ces montagnes est celle de *Biocova*; elle est nue & sauvage, la glace se conserve l'été dans ses cavernes. Parmi les villages de cette province, celui de *Bart* est le plus remarquable : son sol couvre des antiquités, des inscriptions. Près de *Cocorich* sont des gouffres qui en automne & au printems vomissent des colonnes d'eaux qui changent la vallée où il est situé en un lac profond & poissonneux : on y trouve une mine d'asphalte. Plus à l'orient on voit le lac Rastock, où se jette le Trebisat, dont une partie se perd dans des gouffres avec les poissons qu'il nourrit. *Vido*, village où l'on voit des ruines de palais, de temples, de bains, d'aqueducs.

Ciclut que Busching place ici appartient aux Turcs. *Narona* n'est plus. *Opus*, isle formée par la Narenta après qu'elle a reçu le Norin : elle renferme deux bourgs ou villages de Morlaques & un fort ceint d'un rempart de terre. *Narenta* fut longtems redoutable sur ces mers; les Vénitiens détruisirent cette association de pirates; la riviere couvre une partie du sol qu'elle occupait : cette riviere est large & poissonneuse : elle est navigable dans une partie de son cours.

Province d'Herzegowina.

Son nom latin est *Ducatus S. Sabæ* : elle était plus étendue autrefois, eut ses ducs particuliers, & est située à l'orient des lieux que nous venons de parcourir : une partie appartient aux Vénitiens, l'autre aux Turcs.

Caſtro-nuovo ſa capitale, autrefois *Neocaſtro*, fut bâtie par un roi de Boſnie près de la mer: plus forte par la nature que par l'art, elle eſt entourée de rocs inacceſſibles du côté de la mer, & défendue par une citadelle, une tour & un château du côté de la terre.

Riſano, *Rhicinium*, petite ville défendue par un château ſitué ſur un roc eſcarpé. *Peraſto* eſt voiſine de la mer. *Cattaro* qu'on croit l'ancien *Aſcrivium*, eſt une ville ſur une colline, elle eſt ceinte de murs épais, a un château: les monts qui l'environnent la défendent & la rendent obſcure. Elle eſt le ſiege d'un évêque ſuffragant de Bari. *Budoa* petite ville réguliere, protégée par le château St. Etienne. *Paſtrovichio*, bourg, chef-lieu d'un diſtrict qui porte ſon nom.

Isles de la Dalmatie.

Oſero renferme une ville de ce nom, ſiege d'un évêque ſuffragant de Zara: elle était appellée par les anciens *Civitas Auſarienſis*, *Abſyrtium*, *Apſorus*, les troupeaux qui couvrent ſes paturages, le commerce du bois font ſes principales reſſources. Le mauvais air fait qu'elle n'eſt pas peuplée. On y pêche la ſardine & le maquereau.

Cherſo, *Crepſa*, isle longue d'environ 13 lieues, jointe à la précédente par un pont; elle porte le titre de comté, eſt couverte de forêts, de troupeaux, ſurtout de brebis; on y compte 150 mille pieces de bétail; elle a du miel, de l'huile, du vin. La ville de ce nom eſt au fond du golfe qui lui forme un port ſûr: elle eſt aſſez peuplée & jouit d'un air aſſez ſain. Le nom de Cherzo vient de Cherſoneſe, elle en fut une autrefois.

RÉPUBLIQUE DE VENISE.

Vegla, *Veglia*, n'est séparée du continent que par un canal étroit; les comtes de Frangipani le possederent : sa capitale *Veglia*, en latin *Curicum*, est située sur la partie occidentale de l'isle ; elle a un port, un château fortifié où réside le gouverneur Vénitien : son évêque est suffragant de Zara. Les chevaux de cette isle sont estimés : on remarque qu'ils ont la corne si dure qu'on peut sans risque ne point les ferrer.

Arbe est nommée par Ptolomée *Scarduina*; il y place deux villes *Arba* & *Colentum* ; mais il est vraisemblable qu'elle n'eut jamais que celle qu'elle a encore : les ruines qu'on croit être l'ancien Colentum n'annoncent qu'une retraite de barbares. Arba a 10 lieues de tour & est stérile en partie ; on n'y compte que 3000 ames : cette peuplade fort pauvre est chargée de six couvens & de 60 prêtres : l'hyver y est horrible, le vent du nord d'une violence extrême ; il y a eu fait périr 12000 moutons de froid : il souleve l'eau, & la répand comme un brouillard sur les champs dont il fait mourir toutes les plantes : l'air y est assez sain, le paysage très-agréable, le sol très-varié, diverses sources l'arrosent, on y trouve de belles & fertiles vallées ; on y vénère les têtes des trois enfans dans la fournaise, qu'on y conserve. On y recueille du bled, de l'huile, de l'excellent vin ; on y commerce en eaux de vie, en soie, en cuir, laine, moutons, cochons, & chevaux de bonne race : on y pêche le thon, la sardine, le maquereau ; elle serait riche, si ses habitans étaient moins stupides & moins paresseux.

La ville d'*Arbe* est située sur une colline allongée ; elle a 1000 habitans ; parmi ses familles sont celles de *Dominis* qui a expliqué les causes de l'arc en ciel, & de *Nemira* qui a produit un bon mathématicien; aux environs il y a beaucoup de rades qui y favorisent le commerce.

Pago, *Pagus*, isle de neuf lieues de long, qui a le titre de comté, un sol rude, un climat froid, & peu de bois; on y fait du bon sel: on y trouve plusieurs châteaux & une ville placée sur une langue de terre qui ferme un golfe, lequel semble la partager. On y voit aussi l'ancienne ville de *Gissa* ou *Kessa*.

Selve & *Ulbo* deux petites isles fort voisines dont la situation est avantageuse: leur terroir est stérile & cependant cultivé: les oliviers y prennent racine avec peine, la vigne y porte peu de raisins, le bled n'y prospère pas: il y a beaucoup de marbre qui ressemble au caillou, & des ostracites; leur air est sain; les vents y sont violens & manquent d'eau. Selve est la plus peuplée: elle est riche en bétail, & ses habitans sont de bons navigateurs.

Zapuntello ou *Meada*, ou *Melada*, du nom d'un des trois villages qu'elle contient, est une isle longue de cinq lieues: on y trouve des fossiles curieux, des pétrifications, une pierre calcaire où l'on voit des empreintes d'arbres & d'insectes marins, & des coquilles microscopiques.

Oglier, ou plutôt *Uglian*, isle que Busching croit être une ville de l'*Isola Grossa*: son terroir est fertile, elle manque d'eau, ses habitans sont bons & honnêtes: le sol y repose sur le marbre: on y trouve le kermés sur des branches de figuier.

Isola Grossa, ou *Lentano*, ou encore *St. Michel*, est une des plus grandes isles Illyriques: elle a divers écueils sur ses côtes, plusieurs châteaux sur ses collines, & quelques petites villes: le terroir en est fertile, l'air sain; elle dépend de Zara.

République de Venise.

Pasman est entre l'Isola Grossa & le Continent: un canal étroit la sépare d'Uglian; une chaîne de monts la partage dans sa longueur: la partie septentrionale en est la mieux habitée.

Coronata est une isle longue & étroite, dont les monts sont de marbre. *Sala* ou *Isola longa*, *Bosara*, &c. sont peu remarquables. *St. Stephano* écueil où croissent des Androsaces, qu'habitent quelques moines, où l'on trouve des fragmens d'urnes qui annoncent qu'elle servait de sépulture aux habitans des lieux voisins.

Morter ou *Martara*, isle qu'on croit être le Colentum de Pline : on y voit quelques vestiges antiques, des inscriptions, des médailles ; elle a cinq lieues de circuit, la situation en est agréable, son sol est fertile ; ses habitans aiment la piraterie ; le détroit qui la sépare du continent est dangereux : le marbre y est rempli de corps marins : on y préfere la culture de l'olivier à celle de la vigne, le fermier n'y donne que la cinquieme partie du produit au propriétaire ; on y rouit, file & tisse le genêt. Elle a un bon port, & une ville dans une vallée agréable.

Parvich, *Zlarin*, *Zuri*, sont les isles les plus peuplées du district de Sibenico : leurs habitans sont pécheurs, & cultivent la vigne & l'olivier: on y voit divers monumens romains. *Parvich* est petite, mais très-fertile : la vigne, l'olivier, le meurier, les arbres fruitiers qui ne demandent pas un sol profond, y réussissent: la vue en est agréable : *Zuri* est appellée *Curium* par Pline : c'est la plus avancée dans la mer : on y pêche le corail. Entr'elle & celles de Parvich & de Zlarin sont diverses petites isles, comme *Sestre* où sont d'excellentes carrieres, *Smolan* où l'on faisait de la poix, *Tihat*, &c.

Simoskoi est séparée du continent par un canal étroit : son sommet est de ce marbre, dont se servait les sculpteurs Romains ; les os fossiles y sont rares ; on en voit de grands amas dans la petite isle de *Rogosniza*, située dans une large baye, & dont les habitans sont fort pauvres : on y trouve de l'albâtre fleuri.

Bua, Bubus, Boas, isle jointe à Trau par une digue : elle fut un lieu d'exil ; le climat y est très-doux, l'air bon ; l'huile, le raisin, tous les fruits y sont excellens ; la mer y abonde en poissons ; un port vaste & sûr y appelle le commerce ; elle a huit lieues de tour ; un bourg, une grande variété de marbre, de l'albâtre fleuri, une mine d'asphalte qui suinte par des crevasses d'une pierre dure & calcaire, & ressemble à la *Mumia mineralis* dont les Egyptiens se servaient pour embaumer les corps. On y trouve aussi des patelles articulées & un grand nombre d'animaux curieux.

Solta Olyntha, isle de sept lieues de tour, peu fertile & peu habitée : son miel est estimé, le bois la couvre : entr'elle & Brazza est un écueil habité par les lapins.

Brazza, connue sous le nom de *Brectia*, de *Crathis*, est longue de onze lieues, sa plus grande largeur est de trois. Busching y place un bourg & un évêque ; on n'y trouve ni l'un ni l'autre. *Neresi* est son chef lieu, le gouverneur Vénitien y réside ; là s'assemblent les Etats ; des réservoirs d'eau lui donnent son nom qui dérive du grec ; la crainte des pirates la peupla, la sureté des côtes maritimes fait qu'on la déserte aujourd'hui : les environs donnent de belles vues, mais elles se font acheter; autour est le terroir le plus fertile de l'isle, qui ailleurs est rude, montueuse, couverte de diverses sortes de pierres, désolée par la sécheresse; la vigne est la culture qu'on y préfère; ses chèvres & ses fromages sont recherchés; le bois, les troupeaux, l'huile, les figues, les amandes, la soie, le safran, un peu de blés forment ses richesses : le lentisque la couvre, & de ses baies on fait de l'huile. *Bol*, *S. Giovanni*, *S. Pietro*, *Pucischie* sont de grands villages habités par des hommes industrieux & commerçans.

Lesina, autrefois *Paros* & *Pharia*, parce qu'elle fut une colonie de Pariens : son nom actuel lui vient de sa ressemblance à l'alene d'un cordonnier. Cette Isle fut d'abord une république : elle fut soumise ensuite à celle de Narenta, puis à des seigneurs particuliers qui la remirent à Venise en 1424: sa longueur est de 15 lieues, sa plus grande largeur n'est pas de trois. On y trouve différentes espèces de marbre salin, stalactite, rouge, &c. il en est où l'on trouve des poissons petrifiés : on y trouve encor des cailloux jaunes, verds & rouges pénétrés de fluors pyriteux : sa partie élevée est pierreuse & stérile : ailleurs elle a des champs fertiles, & beaucoup d'arbres fruitiers : elle est peuplée, ses villages sont presque des bourgs: on y recueille du vin, de l'huile, des figues, des amandes, du safran, du miel: l'aloës y prospère, le palmier, le carroubier, l'oranger y réussissent; la laine, les brebis, le fromage, le bois y offrent des objets de commerce : on y fait du sel, & du *Rakia* ou eau de vie : on pourrait y faire un grand commerce de poisson salé, comme on le faisait autrefois, mais il n'est rien aujourd'hui.

Lefina, fa capitale eft dans une fituation agréable ; fa population eft médiocre : elle eft le fiège d'un évèque, & d'un provéditeur Vénitien : fes fortifications, fa citadelle bâtie fur une colline de marbre font mal entretenues : fon port fûr, fpacieux, ceint de murs, eft peu fréquenté : elle a produit quelques favans dans le 16°. fiecle. *Civita-Vecchia*, grand village bâti fur les ruines de l'ancienne *Pharia*, au bord de la mer, entouré d'une campagne fertile, voifin d'un port commode : on y trouve quelques antiquités ; fes habitans font courageux, fpirituels, aiment & entendent la navigation & la pêche : ils conftruifent des vaiffeaux. *Varboska* renferme de jolies maifons défertes ou ruinées : fes habitans font honnêtes & hofpitaliers : les hommes y pèchent, les femmes y cultivent la terre. *Gelfa*, grand village fort peuplé : fon port reçoit plufieurs ruiffeaux. Ses chétifs bâtimens font bâtis du plus beau marbre qu'on trouve abondamment aux environs : la pêche eft la principale occupation de fes habitans.

S. Georgio eft pauvre & mal peuplé : il eft fitué à la pointe orientale de l'Isle : près du rivage, au fond de la mer, on voit un grand nombre d'urnes romaines amoncelées.

Liffa fut une isle célebre autrefois, riche par fon commerce, redoutable par fa marine : on l'appellait *Iffa* : les *Liburniens*, les *Etrufques* l'habiterent : Denys le Tyran y envoya une colonie de Syracufains qui devint opulente, s'allia aux Romains, fit la guerre aux rois d'Illyrie ; mais qui fous l'empire Romain tomba en décadence, fut oubliée, dépendit de Narenta, de Leffina & enfin de Venife. C'eft un roc compofé de marbre commun, rempli d'orthoceratites & de nummales lles, le sol y est rougeâtre & tenace dans les vallées, sablonneux & graveleux dans les lieux élevés. Le vin qu'on y recueillait fut célebre ; il est fort commun aujourd'hui : l'olivier, le murier, l'amandier, le figuier y prosperent ; ses monts couverts de plantes odoriférantes lui donnent un miel exquis : l'agneau, le chevreau, le lait, le fromage y sont très-bons ; les laines sont peu estimées : on n'y recueille pas assez de grains pour nourrir les habitans : la pêche fournit le principal objet de son commerce : quelquefois dans une nuit obscure, chaque barque revient chargée de 100 mille sardines, & chaque millier se vend un sequin : mais il n'y a pas de magasins à sel : son climat est doux : elle est environnée d'islots & d'écueils : dans les premiers est *St. Andrea*, couvert de buissons dont on tire de la poix par incision.

Lissa a dix lieues de tour : elle renfermait deux villes, l'une qui portoit son nom, était près d'un bon port, dans une situation riante : il en reste quelques pavés en mosaïque : l'autre était dans les environs de *Comisa*, bourg peuplé, bien bâti, situé dans la partie orientale de l'Isle. On a trouvé quelques médailles dans cette Isle & des vases antiques.

Pomogoja, petite Isle à 20 lieues de Lissa : elle & les écueils qui l'entourent sont des restes de Volcan : la lave qui la couvre est semblable à celle du Vesuve : elle est sujette aux tremblemens de terre ; son sol est inégal & bouleversé.

Curzola, *Corcyra nigra*, Isle qui a 8 lieues de long, séparée du continent par le canal du golfe de Ste. Croix. On y compte 5 villages & une ville. Raguse l'a cédée à Venise en 1386 ; c'est une principauté : elle est hérissée de bois & on y conſtruit beaucoup de vaiſſeaux : la ville de ſon nom eſt le ſiège d'un évêque & d'un gouverneur : des murs flanqués de tours l'environnent : ſes campagnes ſont riches en vignobles & elle a un bon port. En 1571 on vit les hommes tremblans à l'approche des Turcs, & les femmes accourir pour défendre le rivage,

II. *Partie de l'Albanie.*

Larta, ville aſſez grande, & bien bâtie, au fond d'un golfe qui porte ſon nom, ſur l'Afdhas qui l'arroſe : elle eſt ancienne & commerçante, ſituée preſque au centre de l'Epire.

Voinitza, eſt une petite foreterreſſe à l'entrée du golfe de Larta.

Preveſe, ville ſur la rive du golfe oppoſé à Voinitza, dans le lieu où fut autrefois *Nicopolis*, bâtie par Auguſte après la bataille d'Actium. Elle eſt ſur le ſommet d'une colline, & a un évêque.

Butrinto, ville chétive, ſur le golfe de ſon nom, dans le canal de Corfou : elle a un aſſez bon port, & un évêché ſuffragant de Janina. Son nom ancien était *Buthrotum*.

III. *Isles de la mer Mediterranée.*

Corfou, autrefois *Drepane*, *Scheria*, *Pheacia*, *Corcyra*, doit ſon nom actuel à *Korypho*, château ſur une montagne : elle a 23 lieues de long ; ſa plus grande largeur eſt de 4 lieues. Homere place dans cette Isle, les *Phéaciens* & les jardins d'Alcinoüs : dans les beaux jours de la Grèce, les Corcyréens formaient une puiſſante république : les Corinthiens la regardaient comme une de leurs colonies. Sa capitale a toujours porté le nom de l'Isle. Partout l'air y est sain, la terre fertile, les fruits excellens: il y a des bois d'orangers & de citronniers; les vins y sont délicieux, le miel, la cire, l'huile y sont abondans: on y trouve des lieux montueux & steriles; l'eau y est rare, ses salines forment une grande partie de ses richesses. Elle appartint aux rois de Naples, les habitans se donnerent aux Vénitiens, qui acheterent les droits du roi Ladislas pour 30 mille ducats, ils entretiennent des galères dans son port, & une forte garnison qui protege les Isles voisines. Elle est divisée en 4 bailliages ou gouvernemens. Celui de *Leuchin* ou *Alefchima* renferme 27 villages & environ 10000 ames. *Potami* en est le principal bourg; ses habitans sont riches & polis; un canal profond y porte les vaisseaux jusqu'à la mer: il renferme encore les ruines de l'ancienne ville de *Gradichi*. Celui de *Mezzo* ou du milieu, renferme 25000 ames, 30 villages, la ville de *Corfou*, siège du baile, d'un provéditeur, d'un capitaine, d'un archevêque, &c. Elle est fortifiée & défendue par deux forteresses, la vieille & la nouvelle; celle-ci au couchant de la ville, l'autre à l'entrée du port: 4000 hommes veillent à sa sureté: elle a enfin tout ce qui peut éloigner l'ennemi ou le retenir longtems. Elle est à l'extrêmité d'une presqu'isle qui forme un port sûr à l'orient & au nord: son fauxbourg *Castrati* est assez grand. Cette ville est commerçante: ses habitans s'instruisent dans la navigation: on y remarque la statue du général Schulenbourg qui la mérita par les services qu'il rendit à la république: il y a une académie des sciences & des beaux arts.

Le gouvernement d'*Agiru* renferme 20 villages

& 8000 habitans: le château S. *Angelo* en est l'endroit le plus remarquable: il est bâti sur le promontoire de Palacrum, au dessous d'un couvent considérable nommé *Paleo Castrizzo*. Celui d'*Oros* ou *Leros* renferme 25 villages & 8 à 9000 habitans, *Cassopo*, autrefois *Cassiope*, en est le principal lieu: ses environs sont semés de forts & de châteaux: il y a aussi une petite forteresse.

Pachsu, ou *Paxu*, & *Antipaxu*, sont deux petites Isles entre Ste. Maure & Corfou: la derniere est la plus petite

Ste. Maure, autrefois *Neritis*, ensuite Leucas, elle fut une presqu'Isle de l'Acarnanie que les Carthaginois, ou les Corinthiens séparerent du continent: elle en est séparée par un canal de 50 pas, le sol y est fertile en grains, vins, huiles, citrons, oranges, amandes & autres fruits: elle a de beaux pâturages; ses habitans sont Grecs & ont un évêque: on y voyait autrefois trois villes & un magnifique temple dédié à Vénus: ses meilleurs ports sont ceux d'*Englimeno*, *Demata*, & *Sta. Maura*.

La ville de *Ste. Maure*, qui donne son nom à l'Isle renferme 5 à 6000 ames; des hauts murs & des tours rondes l'environnent, la mer, & un marais la défendent encore: ce marais a deux Isles cultivées avec soin & qui servent de fauxbourgs à la ville. Diverses petites Isles qui sont entre celle de Ste. Maure & le Continent sont jointes ensemble par un pont. Les Vénitiens la conquirent en 1502, la perdirent quelques tems après, la reprirent en 1684; elle fut encore conquise par les Turcs en 1715, & par les Vénitiens en 1716 elle leur est demeurée.

Curzolari, Isle qu'on nommait autrefois *les Echinades*: elles sont au nombre de 5, & ne sont que des écueils situés sur les côtes de l'ancienne Acarnanie. *Dulichium* qui appartint à Ulisse est comptée par Strabon comme une des Echinades : elles ont quelques habitans; mais pauvres & dispersés.

Val di Compare, est le nom qu'a aujourd'hui l'Isle d'Ithaque autrefois si fameuse : ce n'est qu'un rocher où paissent des chèvres, où vivent quelques pauvres pasteurs.

Cephalonia, ou *Cefalonie*, s'appellait anciennement *Samus* & *Epirus Melavna* ou Epire noire : on comptait 4 villes dont la principale était *Same* qu'on croit avoir existé près du *Porto Guiscardo* : c'est dans cette Isle que se recueillent les raisins distingués par le nom de Corinthe. On y fait du bon vin rouge & du muscat, il y croît des citrons, des oranges & des grenades d'une grosseur extraordinaire, beaucoup de grains. Les arbres y sont couverts de fleurs pendant l'hyver, & y donnent des fruits mûrs deux fois l'année, l'une en Avril, l'autre en Novembre; mais ceux de ce dernier mois sont plus petits : on exporte differens objets de cette Isle : on y sème le froment en hyver, on l'y recueille au mois de Juin : son meilleur port est celui d'*Argostoli* & il est fortifié. On la divise en 7 parties qui sont *Argostoli*, *Liscuri*, *Finea*, *Erisso*, *Pillaro*, *Samo*, & *Lucato* ; il y a de bons villages dans chacune : les principaux lieux sont *Céfalonia* ville qui a un évêque & qu'un tremblement de terre ébranla en 1766, & *Asso*, forteresse située sur un rocher escarpé qu'entoure la mer & des monts voisins. Ses habitans sont en général spirituels & courageux.

Zante, autrefois *Zacynthe*, Isle de 6 lieues de long sur 4 de large, fertile en bons vins, en raisins de Corinthe, en olives, en figues, en pêches, en divers autres fruits eſtimés, en melons, &c. mais elle eſt ſujette aux tremblemens de terre : au midi & au couchant s'élevent des montagnes : il en eſt encore une au levant, une autre au nord : au centre eſt une belle plaine.

Près du port de *Chieri*, ſur la pente d'une pente d'une montagne, à 200 pas de la mer, eſt une ſource de poix : on y fait auſſi du ſel. Elle n'eſt plus cette Iſle couverte de forêts dont parle Homère, & le bois eſt preſque la ſeule choſe qui manque à ſes habitans. La plupart ſont Grecs ; & ceux-ci ont un évêque, divers couvens & 40 égliſes. Les chrètiens de la communion de Rome y ont auſſi un évêque & trois couvens : on y trouve encore des Juifs. La république y entretient un provéditeur, deux conſeillers ; elle gouverne le peuple avec douceur, avec l'indulgence que doit lui inſpirer la crainte de la perdre & de la voir paſſer ſous la domination des Turcs. On y compte environ 50 villages & une ville à laquelle elle doit ſon nom : elle eſt grande, peuplée, a un port & une citadelle bâtie ſur une hauteur.

F I N.

NOTES ET TABLE
POUR
L'ITALIE.

LEs *Héritiers Homann*, *Robert*, *Boudet*, *Janvier*, *Zannoni* ont donné de bonnes cartes de l'Italie : la plus exacte est celle de M. Danville gravée en 1743.

Les meilleures cartes du Piémont & du Montferrat sont celles des *Héritiers Homann* & celles de *Boudet* : de la Sardaigne, c'est encore ces mêmes héritiers & le *Rouge*.

Le titre du Roi, *Roi de Sardaigne & de Jérusalem; Duc de Savoye, du Montferrat, du Chablais, d'Aoste, & du Genevois, Prince de Piémont & d'Oneglia, Marquis d'Italie, de Saluces, de Suze, d'Ivrée, de Ceva, de Maro, d'Oristar & de Cesane; Comte de Maurienne & de Geneve, de Nice, d'Ast, d'Alexandrie, de Tende, de Gocean & Romont; Baron de Vaud & de Faucigni; Seigneur de Verceil, du Pignerol, de Tarentaise, de Lomelline & du Val de Seizia ; Prince & Vicaire perpétuel du St. Empire Romain en Italie.*

Ses armes sont un écu divisé en quatre quartiers; le premier est encore partagé en quatre : dans le premier est une croix d'or en potence & en champ d'argent, avec quatre petites croix pour le royaume de Jérusalem ; dans le second d'argent & d'azur partagé dix fois en travers, avec un lion rouge couronné pour le royaume de Chypre; le troisieme a aussi un lion de gueule couronné en champ d'or, pour le royaume d'Arménie ; le quatrieme a le même animal couronné en champ d'or, pour le duché de Luxembourg. Le second quartier de l'écu est composé de trois parties ; dans celle à droite est un poulain d'argent bondissant en champ de gueules pour le duché de Basse-Saxe; celle à gauche est dix fois traversée de sable & d'or, & a une portion de couronne posée obliquement pour le duché de Haute-Saxe ; l'inférieure inférée en pal renferme trois cornes de cerf-volant de gueules en champ d'argent. Le troisieme quartier est partagé dans sa longueur, & a sur la droite un lion de sable semé de petits écus de sable en champ d'argent pour le duché de Chablais; à gauche un loup d'argent en champ de sable pour le duché d'Aoste. Le quatrieme quartier est aussi partagé dans sa longueur; dans sa moitié à droite un échiquier d'or & d'azur de neuf champs pour le duché de Genevois; dans celle à gauche d'argent un chef de gueules pour le Montferrat; dans le pal d'or est l'aigle de sable pour le comté de Maurienne ; dans l'écu du centre est une croix de gueules en champ d'argent avec quatre têtes de maures dans les angles ornées de bandelettes d'argent pour le royaume de Sardaigne; au milieu est une croix d'argent en champ de gueules pour le duché de *Covens, Mortier*. Jaillot, Sanson, d'autres encore ont fait des cartes du duché de Milan, de Mantoue, & de la république de Venise: les petites armes de celle-ci, est un lion ailé d'or en champ bleu de ciel, lequel tient un livre d'argent ouvert où on lit,

Pax tibi, Marce, Evangelista meus, au dessus est le bonnet ducal. Ses grandes armes sont composées de celles de toutes ses possessions réunies.

Rossi, les *Heritiers Homann*, *Bellin*, *Chaffrion* ont fait de bonnes cartes des Etats de la république de Gênes : la dernière est la meilleure. Ses armes sont une croix rouge en champ d'argent, sur laquelle repose une couronne royale pour l'isle de Corse; son rang est immédiatement après Venise, & elle a comme elle le titre de *Sérénissime*.

Tobie Maier, le *Rouge*, les *Heritiers Homann* ont fait des cartes estimées de la Toscane : les armes du grand duc sont formées de six globes de gueules en champ d'or, dont les trois plus hautes sont décorés des lys de France : sur l'écu repose une couronne royale ornée de lys de gueules.

Les meilleures cartes de l'Etat de l'église sont celles de *Maier*, de *Maire*, & du Pere *Boscovich*. Chaque pape a ses armes particulières.

Homann, *Robert*, *Magini* ont fait des cartes du royaume de Naples, mais la meilleure est celle de *Zannony*; ses armes sont formées de lys d'or en champ d'azur, au lambel de gueules. Le titre du roi est, *Roi des deux Siciles, de Jérusalem*, &c.

Les *Heritiers Homann* ont fait la meilleure carte de la Sicile.

TABLE POUR L'ITALIE.

A.

Abano	Page 508	Ales	Page 60
Abiagrasso	76	Alessano	355
Abruzze Citér.	367	Alexandrie de la paille	47
Aderenza	351	Algaiolo	212
Abruzze Ultér.	368	Algeri	61
Acerenza	351	Alicata	258
Acerno	338	Alifi	325
Acerra	328	Alicur, isle	265
Acqua	185	Alleria	214
Acqua-pendente	451	Almissa	534
Acqui	46	Altamura	359
Aderno	256	Altomonte	341
Adige, fl.	4	Almafi	334
Adria	510	Amantia	343
Aegates, isles.	261	Amatrice	370
Agiru	547	Amelia	458
Agnano (lac d')	309	Amiterne	369
Agosta	254	Anagni	443
Agromento	352	Ancisa	170
Ajaccio	216	Ancone (Marche d')	461
Alatri	440	Ancone, v.	462
Albanie	546	Adora	133
Albano	440	Andorno	54
Albe	45	Andri	360
Albenga	133	Angiera	76
Albi	370	Anglona	372
Albisola	131	Angrogne (vallée d')	27-28
Albona	526	Anguillara (lac d')	214
Alca-grossa, isle.	261	Ano-Capri	336
Alefchima	547	Antio	439
		Antipascu, isle.	548
		Aoste	55

Table pour l'Italie.

Apyglia ou Apulie	P. 352	Bagna Cavallo	Page 479
Aquila	369	Bagnara	347
Aquino	328	Bagnarea	449
Arbe, isle.	539	Baglio	350
Archinto	77	Bagni (lac de)	442
Ardea	439	Bagni della Poretta	483
Arequa	509	Baies	315
Arezzo	171	Balagna	212
Ariano	332, 479	Barbagio	211
Arienzo	321	Barberine	173
Ariola	332	Barca di Garigliano	331
Arno, fl.	4-147	Bard	56
Arona	51	Bardi	105
Ascoli	362, 468	Bardonache	32
Asinara, isle.	61	Barga	174
Asinello	253	Bari	358
Asolo	522	Barletta	358
Assise	457	Bart	537
Asso	549	Basilacata	350
Asti	36	Basiluro, isle.	264
Astura	439	Bassano	451
Atino	328	Bastia	209, 457
Atri	370	Battaglia	509
Attigio	467	Belcastro	345
Aurana, voyez Urana		Belluno	522
Avella	320	Belmonte	343
Avellino	332	Belvedere	341
Averne (lac)	314	Bene	39
Aversa	314	Benevent	446
Aviglia	27	Bergame	519
Avignan	516	Bersello	93
Avola	237	Bethona	458
B.		Bevagna	458
		Bevieri (lac de)	236, 257
Badia (La)	510	Bibiena	172

Table pour l'Italie.

Bicoca	Page 75	Brando	Page 209
Bidetto	360	Brazza, isle.	542
Biella	53	Breganza	516
Binasco	76	Brembana (Val di)	250
Bisaccio	333	Brendola	516
Bisignano	341	Brescia	517
Bitonto	360	Brevilacqua, v. Priv-	
Bivona	346	laca	
Bobbio	52	Brindisi	357
Bobi	28	Brisigella	474
Bochetta (La)	130	Brittonovo	478
Bogliasco	127	Brugnetto	129
Boglio	40	Brunette (La)	26
Bojano	366	Bua, isle.	542
Bolgari	186	Busoa	538
Bologne	480	Buocovento	197
Bolsena	449	Buran, isle.	504
Bomarzo	453	Buriana	194
Bonifacio	214	Busca	38
Borge	47	Buset	525
Borgetho	105, 453	Busseto	105
Bormola	226	Butrinto	546
Borgo (Rione di)	434		
Borgo a S. Donnino	105	C.	
- - - di Sesia	48		
- - - S. Sepolcro	170	Cadora	523
Bosa	61	Cagli	471
Bosara	541	Cagliari	59
Boupolin	26	Cajazzo	324
Bova	348	Calabre citérieure	339
Bovino	362	- - - - ultérieure	343
Bozzolo	106	Cola di S. Maria	228
Bra	38	Calashetta	256
Bracciano	452	Calcinato	518
Brancalcone	348	Calepio, (Val di)	520

TABLE POUR L'ITALIE. 557

Calofaro	Page 231	Capoue	Page 323
Caltagirone	256	Capraja, isle.	217
Calvi	212, 325	Capraria, isle.	364
Calmadoli	172	Caprarla	438
Camarana	260	Capraruolo	454
Camerino	469	Capri, isle.	335
Camisano	516	Caretto	39
Camonica, val.	518	Carfagnano	92
Campagna di Verona	513	Cariati	343
Campagne de Rome	391	Carignan	34
Campi	173, 370	Carinola	325
Campitelli (Rione di)	423	Carlentini	256
Campo-baflo	365	Carmagnola	34
Campoloro	214	Carpi	93, 513
Campo magiore	50	Carrara	95
Campo marone	131	Carriere di Foligni	468
Campo Marzo (Rione di)	410	Casa Marciana	321
		Casal	45
Campo Moro	215	Casal Maggiore	81
Campo-Morto	103	Cascati (Li)	215
Campora (La)	168	Casciano	169
Campo S. Pietro	509	Case Nuovo	460
Canda	510	Casentino	172
Cangiano	338	Caserta	321
Caneto	84	Casolo	485
Cannes	359	Cassano	76, 342, 360
Canossa	93	Cassinum	327
Canozia	359	Cassopo	548
Cantara, riv.	235	Castel Gandolfo	441
Caorle	524	- - - Ginebra	217
Capaccio	338	- - - Leone	80, 471
Capitanate	361	- - - Maggiore	142
Capo-Corso	209	- - - Nuovo	538
Capo-Fino	127	- - - Veteres	348
Capo d'Istria	525		

Castel a mare della Brucca	Page 338	Certosa	Page 78
		Cerveteri	452
Castel a mare di Stabia	336	Cervia	475
		Cesenatico	476
Castellaneta	357	Cesi	460
Castellaro	75	Cettina, riviere.	534
Castello-Gibellino	105	Ceva	37
Castello Guelfo	101	Cesane	32
Castiglione	34, 142, 194	Chalant	56
Castiglione della Stivera	85	Chambray	228
		Château Dauphin	32
Castillo Aragonense	61	Château Neuf	294
Castro	355	Châtillon	56
Castro (Duché de)	454	Cherasque	38
Castrogiovanne	256	Cherso, isle.	538
Castro nuovo	246	Chiaja	306
Castro reale	251	Chiaravalle	76
Catacombes	303	Chiari	518
Catania	255	Chiavari	128
Catanzaro	344	Chieri	35, 550
Catholica	476	Chiosa, isle.	503
Cattaro	538	Chisontio (Val di)	520
Cava	337	Chiusa (La)	513
Cefalu	252	Chiusi	197
Celano	369	Chivas	35
Cellamare	360	Ciclut	537
Celva candida	452	Cimia	41
Ceneda	522	Cingoli	464
Centerbi	252	Cinqueterre	128
Centuri	209	Cirella	342
Cephalonia, isle.	549	Cirie	25
Cerenza	343	Cismone	522
Cerisole	36	Cisterna	37, 439
Cerrero	324	Citadella	508
Certaldo	169	Citerna	172

TABLE POUR L'ITALIE.

Citta della Pieve	456	Côme (Lac de) Page	66
- - - del Solo	172	Comero, M.	461
- - - di Castello	456	Comino, isle.	228
- - - Nuova, voyez Valette		Concha	477
		Concordia	524
- - - Nuova	525	Coni	38
- - - Nuova Cottonera	226	Conigliano	522
		Coniglione	246
- - - Vitoriosa	226	Consenza	340
Citraro	341	Conversano	359
Civita Borelle	368	Conza	333
- - - Castellana	450	Core	444
- - - di Chieti	367	Corfou, isle.	346
- - - Ducale	369	Corigliano	343
- - - Lavinia	440	Cormaggiore	56
- - - di Penna	3	Corneto	451
- - - Vecchia	451, 544	Coronata	541
- - - Vecchia, voy. Matthe		Correggio	93
		Correstat	461
Cividal del Friuli	524	Corse	199
Civitella d'Arno	456	Corte	213
Clissa	532	Cortila	509
Cluson (Vallée de)	32	Cortimiglia	46
Cocaio	518	Cortona	171
Cocorich	537	Cramont, M.	57
Cogne (Val de)	57	Crela, M.	245
Colato	522	Creme	520
Colle	170	Cremone	80
Collispoli	447	Crescentina	37
Colombara, isle.	249	Crespino	479
Colonna	442	Crestena	513
Colonna (Rione di)	407	Cropani	349
Colorno	101	Crotone	344
Comachio	475	Calecchio	195
Côme	76	Cumes	315

TABLE POUR L'ITALIE.

Curzola Page	545
Curzolari, isle.	548
Cutro	349

D.

Dalmatie	526
Demont	33
Denis	530
Deserzano	518
Di la da monti	214
Di qua da monti	208
Dismo vallée	533
Dogado di Venesia	495
Dogado di Venesia	495
Dola Aqua	40
Domaine de Florence	152
Domo d'Oscello	51
Donas	56
Doria, riv.	16
Dressina (Val di)	516
Dronero	33
Duara	534

E.

Elbe (Isle d')	198, 371
Empoli	169
Enola	328
Entracque	38
Este	509
Etat de l'Eglise	371
Etuves de Tritoli	316
Exilles	326

F.

Fabriano Page	467
Fabrico	93
Faenza	474
Falconieri, isle.	261
Fano	471
Farnese	453
Favagnana, isle.	261
Felipur, isle.	265
Feltri	522
Fenestrelles	32
Ferentino	444
Fermo	458
Ferrare	477
Ferrieres	26
Fiano	452
Fianona	525
Fief d'Istrie	215
Fiesola	173
Final	135
Fiorenzuolo	172
Fiume fredo	235
Fiumicino	453
Florence	155
Florenzola	104
Foggia	362
Foligno	458
Fondi	328
Fontanella	80
Forte di S. Thomasso	226
Forte Rosso	227
Forli	474
Forlimpopoli	475
Formische, isle.	198
Fornali	211

Table pour l'Italie.

Fornali	Page 211	Gianuti, isle. Page	195
Foronovo	101	Giaretta ou Jaretta	238
Fordinnovo	130	Gieraci	348
Fort-Urbano	483	Giglio, isle.	198
Fossano	38	Giogo, Mer.	173
Fossombrone	471	Giovenazzo	360
Franca-Villa	368	Girgenti	346
Franco Villa	137	Gisla	540
Fracasti	441	Giudecca, Isle.	502
Fratta	510	Goito	84
Fribuje	529	Golo, Riv.	199
Frigenta	332	Gonzaga	84
Frignano	92	Gorgona, Isle.	198
Fripalda	332	Gorsegno	39
Front	35	Goze, Isle.	228
Frosinino	444	Gradichi	547
Fuentes (Fort de)	77	Grado	525
Furiari	211	Gravina	359
Fusaro (Lago di)	316	Grosseto	195
G.		Grotta degli Sporti-	
Gaetta	329	ghoni	303
Galicana	142	Grotta di Cane	310
Galisano	526	Grotta Ferrata	441
Gallese	450	Grotteria	348
Gallipoli	356	Gualdo	457
Galtelle	61	Guardia Alferia	366
Garda	513	Gualtalla	106
Garezzo	37	Guasta di Ammone.	
Gargano, M.	361	Voyez Vaito.	
Garigliano, Riv.	291	Gubbio	471
Gattinara	53	H.	
Gari	130		
Gelsa	544	Heraco, M.	250
Genes, Rép.	108	Hercolano	319
Genes (Ville de)	120	Herregowina	537
Gensano	440	Humana	463
Ghisdavar, Val.	533	Hyllis, Presqu'isle.	531

Tome VII.

TABLE POUR L'ITALIE.

I.

Jaci-Reale	252	Leo, M. Page	143
Jefi	463	Lerice	129
Imola	474	Lefina	363
Inganno	509	Lefina, isle.	543
Ifchia	317	Lefpinetra	366
Ifernia 366, 345,	525	Lettere	337
Ifola Bella	64	Levenzo, isle.	261
- - - della Scala	513	Lettere	337
- - - Groffa, Isle.	540	Licata	248
- - - Ifola Longa. V. Sala.		Lido di Malamocco	503
- - - Madre	65	Lido di Paleftrina	503
- - - Roffa	212	Linguagroffa	252
Iftri	329	Linos, Isle.	262
Iftrie	524	Lipari, Isle.	263
Ivrée	34	Lifca bianca, Isle.	264
		Liffa, Isle.	264

K.

		Livourne	183
Knin	529	Lodi	79

L.

Logodori. V. Saffari.

Labour, (Terre de)	290	Loiano	483
Lacedogna	333	Lonaco	518
Lagoni (Les)	144	Lorco	505
Lamato	346	Loretto	464
Lampedofa, isle.	262	Loria	622
Lanciano	368	Luceda	45
Langhes (Les)	39	Lucera	361
Lanzo	25	Lucerne (Vallée de)	27
Larino	362	Lucrin (La)	314
Larta	546	Lugano (Lac de)	65
Lavagna	128	Lumello	48
Lavello	351	Luna	129
Lavenza	95	Lungra	342
Lauria	352	Luques, (Rep.)	137
Lecce	355	Luques (Ville de)	129
Lecco	77	Luzara	342
Legnago	513	Luzzane (Vallée)	533
Landerano	510	**M.**	
Lentini	257	Macarska	536

Table pour l'Italie.

Macerata	Page 467	Maffa Vetern. Page	194
Macineffo	103	Mafferano	54
Maeftro	505	Malaloni	323
Magliano	195	Matelica	467
Magra (Val de)	174	Matera	350
Maida	345	Mazzorbo, Isle.	504
Maillano	547	Mazzara	248
Majeur (Lac)	263	Mazzarino	258
Majori	437	Melazzo	252
Malo	15	Meldola	474
Mal-paffy	54	Melfi	350
Malta	227	Melili	257
Malthe, Isle.	218	Melora, Isle.	198
Manca (Val di)	520	Melzo	76
Manfredonia	362	Mentana (La)	448
Manta (La)	33	Menton	128
Mantoue	81	Mercatello	472
Marano	524	Mergozzo	51
Maremne	143, 186	Meffine	250
Mare morto, (Lac)	316	Mezzo	547
Maretimo, isle.	261	Milan	68
Mariana	777, 211	Mileto	346
Marignano	76	Mineo, (Lac)	258
Marino	441	Mineo	257
Maro	43	Minervino	352
Maroftica	515	Minori	334
Marfaglia	39	Miran	509
Marfico nuovo	338	Mirandola	94
Marfigliano	195	Miftrotta	252
Marfola	248	Modene	88
Martina	357	Modica	257
Martorano	343	Mola	330
Marza	260	Mola di Bari	360
Marza-Mufcietto	225	Molfeta	360
Maffa	95	Molife (Comté de)	364
Maffaciucolli	142	Monaco	107
Maffafra	357	Mondovi	39
Maffa-Lubrenze	337	Moneglia	128

Monopoli Page	359	Monte-S. Felippo	P. 196
Monreale	246	------ Sarchio	332
Monspileri	254	------ Scuderio	253
Mont Alphonse	92	------ Scudolo	477
Montalto 36, 453,	468	------ Selice	509
Montagnana	509	------ Summano	515
Mont de Camaldules	309	------ Verde	333
Montello	333	------ Vergine	333
Montalto	343	Montferrat (Le)	43
Monte Alcino	197	Montgraffonice	342
------ Alverno	172	Monticello 105,	328
------ Argentaro	371	Montieri	194
------ Bello	516	Monti (Rione di)	392
------ Calieri	36	Monza	75
------ Calvo	332	Morrea	370
------ Cassino	326	Mortara	48
------ Chiaro	46	Morter, Isle	541
------ Christo, Isle.	198	Moscona	195
------ Corvino	338	Motola	356
------ della Guardia	483	Motta di Burzano	543
------ di S. Giuliano	248	Mugia	525
------ d'Oro, M.	200	Murano, Isle.	503
------ Falcone	525	Muro	351
------ Felipo	371	N.	
------ Feltro	470	Nadin	35
------ Fiascone	449	Naples (Roy. de)	265
------ Fiusco	332	Naples (Ville de)	296
------ Gibello, M.	236	Nardo	356
------ Lupo	169	Narenta	537
------ Morano	332	Narni	459
------ Oliveto	197	Naro	248
------ Peloso	351	Narona	537
------ Peregrino	238	Nebio	211
------ Pulciano	197	Nemi	440
------ Romano	451	Nepi	450
------ Rosi	451	Neresi	542
------ Rotundo 186,	488	Nettuno	439
------ San Angelo	363	Nervi	127

TABLE POUR L'ITALIE.

Nicastro	Page 345	Orezza	Page 211
Nice	41	Oria	357
Nice de la paille	45	Oristano	60
Nicœa	214	Ormea	37
Nicosia	252	Oroppa, M.	54
Nicotera	346	Oros	548
Nisida (Isle de)	318	Orta	49, 450
Nocera	457	Ortona a mare	368
Nocera delli Pagani	337	Orvietto	454
Nole	321	Osero, isle.	538
Noli	132	Osimo	463
Nona	527	Ossola (Val d')	50
Norcia	461	Ostie	439
Norma	444	Ostravizza	529
Noto nuovo	257	Ostuni	357
Novalese	26	Otrante	355
Novallera	94	Otricoli	447
Novarre	48	Oulx	32
Novi	130	Ovada	130
Novigrad	529	**P.**	
Nusco	333	Paschsu ou Patcu	548
O.		Padoue	506
Oderzo	522	Padula	332
Oeuf (Chât. de)	294	Pago, isle.	540
Oglier, ou Uglian	540	Palanza	51
Oletta	512	Paleo-Castrizzo	548
Olmetta	209	Palermo	242
Olmetta di Rosoli	212	Palestrina	443
Olmetto	215	Palinura	342
Olmi	209	Paliora	442
Omegna	51	Palma	249, 346
Ombrie	456	Palma di Solo	60
Ombrone, fl.	147, 194	Palmaria, isle.	129
Oneille	42	Palma nova	524
Opitergo	522	Palo	452
Oppido	346	Pantasaria, isle.	261
Opus, isle.	537	Pantana (Luc)	236
Orbitello	370	Pardonan	524
		Parenza	525

TABLE POUR L'ITALIE.

Parione (Rione di) P.	412	Pieve Page	132
Parme	98	Pieve del Cairo	48
Parvich	541	Pieve di Sacco	509
Pascotiane	528	Pigna (Rione di)	420
Pasman, isle.	541	Pignerol	32
Passaro	262	Piombino	371
Passignano	456	Piperno	445
Pastro vichio	538	Piscina	369
Paterno	255	Pise	177
Pati	253	Pistoie	173
Patria del Friuli	523	Pitigliano	195
Patrimoine de S. Pierre		Pizzigithone	80
	448	Pizzo	345
Paula	341	Pizzo di Gotto	253
Pausilipe	308	Plaisance	102
Pavie	77	Po, fl.	3
Pecetto	36	Podgraje	529
Pelagosa	545	Poggio	168
Penna di Billi	470	Poggiobronzi	170
Pennadirosta	485	Poglisa	535
Perasto	538	Pola	525
Pergola	472	Polesin de Rovigo	509
Perouse (Vallée de)	29	Policastro 338,	345
Perugia	455	Policella (Vallée de)	513
Pesaro	470	Polignano	359
Pescara	366	Polizzi	248
Peschiera	513	Pompeia	320
Pescia	174	Ponte (Rione di)	413
Pesenzano	325	Ponte-Corvo	328
Pesto	339	Ponte Stura	45
Pianosa, isle.	198	Ponza, isle.	330
Piazza	258	Popopi	368
Pie di Luco	447	Portici	318
Piedimonte	325	Porto	452
Piemont, 13,	254	Porto-Ferraia	198
Pienza	197	Porto Fino	127
Pietra mala	144	------ Greco	263
Pietra Santa	174	------ Gruaro	254

Table pour l'Italie.

Porto Hercole Pag.	371	Revello Page	33
------ Longone	371	Riccia	440
------ Morizio	133	Rieti	447
------ Pavone	318	Rimini	476
------ St. Stephano	371	Ripa (Rione della)	428
------ di Venere	128	Ripa Franfone	468
------ Vecchio	215	Rivano	538
Potami	547	Riva di Chieri	36
Polenza	351	Riviera del Lago del	
Pozzuolo	312	Gardo	518
Prato	173	---- del Lago d'Ifco	518
Pratolino	168	---- di Levante	120
Pratomagno	172	---- di Ponenti	130
Prela	43	Rivoli	24
Prevefe	546	Rivolo	94
Primorie	536	Rivoltella	518
Principauté citérieur.	333	Rocca	215
-- --- -- ultérieur.	331	Rocca-Bruna	108
Privlaca	527	-- -- Contrada	463
Procida, isle.	317	-- -- Guglielmo	328
Prugova (Val.)	533	-- -- Vecchia	325
Q.		Rocella	349
Quarantola	94	Ronchaglia	103
Quiers, voyez Chieri.		Rochemelon, m.	15
R.		Rogofniza	542
Raconigi	34	Rolliani	209
Radicofani	195	Romagne (La)	472
Ragufa	258	Romagnono	49
Rametta	253	Rome	391
Rapallo	127	Ronciglione	454
Rapolla	351	Rondiffon	45
Ravello	336	Roras	27
Ravenne	472	Rofine	319
Reccanati	467	Roffena	101
Reggio	92	Rotto-freddo	103
Reggio de Calabre	347	Rovato	518
Regola (Rione della)	416	Rovigo	509
Reftonica, riv.	200	Rubiera	91

Ruffi	Page 474	S. Elme, fort.	Page 226
Ruvo	360	S. Erasmo	294, 503
S.		S. Eufemia	345
Sabbia, (Vallée)	518	S. Eustachio (Rione di)	418
Sabine, (Terre de)	446		
Sabionetta	106	S. Fiorentino	170
Sacille	524	Sa. Fiore	195
Sagona	212	S. Florenzo	211
Sala, isle.	541	S. Geminiano	170
Salerne	334	S. Germano	327
Salerni	248	S. Giorgio	35, 502, 544
Salice	522	S. Gio in fiore	343
Salini, isle.	265	S. Giovani	129
Salodeccio	477	S. Giuliano	144, 181
Salona	532	Sancta Helena, isle.	503
Salpe	362	S. Jean	27
Salso	96, 104	S. Leo	470
Saluces	32	S. Lorenzo	410
S. Agatha	348	Sancta Lucia	213, 252
S. Agatha di Gothi	332	S. Marco	342
S. Andrea	545	Sancta Maria	324
S. Ambrosio	27	S. Maria della Gratia	172
S. Angelo	548	-- -- -- della Victoria	359
S. Angelo in Vado	471		
S. Angelo di Lombardi	335	-- -- -- di l'Estella	213
		S. Marino	106, 483
S. Angelo (Rione di)	427	S. Martin (Vallée)	29
S. Antoggio, isle.	62	S. Martino (Val di)	520
S. Antonio	306	S. Maura, Isle.	548
S. Arcangelo	529	S. Michele	27, 503, 513
S. Arpino	321	-- -- -- -- in Bosco	482
S. Bellino	510	S. Miniato al Tedescho	169
S. Benedetto de Polizone	84		
		S. Nicolo, isle.	364
S. Benedetto Ullano	342	S. Pantaleo	60
S. Damase, isle.	62	S. Phelipo	156
S. Domingo, isle.	364	S. Pietro, isle.	62
S. Domino	46	S. Pietro in Grado	181

S. Quirico	Page 197	Sermonetta	Page 444
S. Remo	134	Serrino	333
S. Severia	432	Serto ; (Lac)	175
S. Severina	345	Sesio	76
S. Severino	467	Sessa	325
S. Severo	363	Seste	142
S. Stephano	541	Sestre	541
S. Vicenzo di Volturno	326	Sestri di Levente	128
		- - - - di Ponente	131
S. Ya	53	Sezze	444
Sacorgia	42	Sibenico	530
Sardaigne, isle.	57	Sicile, isle.	229
Sarno	337	Sienne	188
Sarsina	477	Sign	534
Sartene	215	Signi	443
Sarzene	129	Simori	349
Sassari	60	Simoskoi	542
Sassuolo	91	Sinigaglia	470
Satriano	348	Sinopoli	349
Saturnia	195	Siragoza	258
Savigliano	34	Sirolo	463
Savone	132	Slosella	530
Scala	336	Smolan	542
Scalea	341	Soave	513
Scardona	529	Solfatera	310
Scarena (La)	42	Solferino	85
Scarperia (La)	173	Solofra	332
Schio	515	Solta	542
Sciglio	231, 347	Somma	320
Sabès, riv.	292	Soncino	80
Sedini	61	Sonnino	445
Selle, riv.	334	Sova	328
Selve, isle.	540	Sorragio	92
Senglea	226	Sorragna	102
Seravalle	50, 483	Soresina	80
Seravella	469, 522	Sorrento	335
Seriani (Val di)	520	Sospello	42
Sermione	513	Sovana	195

Tome VII. Oo

Spalatro	Page 532	Tiene	Page 515
Spello	458	Tinin, voy. Knin.	
Sperzia	128	Tivoli	442
Spigno	46	Todi	458
Spoletto	456	Tolentino	488
Squillaci	349	Tolfa	451
Staffarda	33	Tomino	209
Stato degli Presidii	370	Toralba	60
Stato Pallavicino	533	Torbia	41
Storta (La)	452	Torcello, isle.	504
Stromboli, isle.	564	Torré	61
Strongoli	343	Torré di Græco	318
Stupinice	24	-- -- di Patria	315
Sulmona	368	-- -- di Rovigliano	318
Supino	366	Torriglia	129
Sutri	450	Torrion des Carmes	295
Suze	25	Tortone	49
T.		Tortorici	254
Tamurno, mer.	323	Toscane (Duché de)	142
Taggia	133	Toscanella	451
Tagliacozzo	369	Tour (La)	28
Talamene	370	Traina	254
Taormina	253	Trajetto	331
Tarente	356	Tramonti	558
Tavaloto, isle.	62	Transtevene (Rione di)	
Taverna	345		432
Tavignano, riv.	200	Trapani	248
Teramo	370	Trapano del monte	249
Terde	40	Trau	531
Termine	248	Trau-vecchio	532
Termoli	363	Trecaste	49
Terni	459	Tres taverna	445
Terracina	445	Tretta	515
Terra nova	61, 257	Trevi (Rione di)	402
Terta di cane, m.	108	Trevico	332
Thalese	324	Treviso	521
Theano	325	Tricarico	352
Tibre, fl.	4	Trimiti (isles de)	364

TABLE POUR L'ITALIE.

Trino	Page 44	Venerie (la)	Page 23
Tripergole	314	Venise (rép. de)	488
Trivento	366	Venise (ville de)	495
Trivolzo	79	Venosa	351
Troja	362	Verceil	52
Trompea	518	Verdala	226
Tropea	346	Veroli	444
Turin	18	Verone	511
Tursio	350	Verrer	56
Vada V	185	Verrue	37
Vado	132	Versuolo	33
Val di Arno	170	Ugente	356
- - di Chiana	170	Ugogna	51
- - di Compare, isl.	549	Via Reggio	142
- - di Demona	249	Vicenze	514
- - di Gargano	332	Vico	212, 216, 454
- - di Manzaro	242	Vico della Baronia	332
- - di Noto	252	Vico Equenze	336
- - di Taro	105	Vicovaro	448
Valentin	23	Vido	537
Valenza	47	Vieste	363
Valette (La)	224	Vigevano	50
Valenco	215	Vigne de la Reine	23
Vallefredda	328	Villa Fallet	38
Vall'Ombrosa	172	-- -- Franca	42
Valva	368	-- -- d'Iglesia	60
Varallo	48	-- -- nova d'Asti	36
Varano	364	Villar	28
Varboska	544	Vinadia	38
Varese	76	Vintimiglia	133
Varo, riv.	16	Virgiliana (la)	84
Vasto	367	Viseglia	360
Udine	523	Viso, mer.	15
Vegla, isle.	539	Vissech	534
Velleia	103	Viterbe	448
Velletri	440	Vitulano	332
Venefro	325	Vizzini	537
Vene (la)	458	Ulibo, isle.	540

572   TABLE POUR L'ITALIE.

Umbriatico	Page 343	Ustiano	Page 84
Vodizze	530	Ustica, isle.	265
Voghera	51		
Voinitza	546	Z.	
Volcanello, isle.	264		
Volcano, isle.	263	Zablachie, lac.	531
Voltraggio	130	Zante, isle.	549
Volterra	185	Zapuntello	540
Volturara	333, 363	Zara	528
Volturne, riv.	291	Zara vecchia	528
Urana	523	Zlarin	541
Urbania	471	Zuccarelo	132
Urbine	469	Zuri.	541
Urullia	535		

FIN DE LA TABLE.

AVIS.

Nous voulions joindre ici la *Turquie* d'Europe, mais notre plan qui nous oblige de réunir sous un même point de vue tout ce qui dépend d'un même État, & l'espérance qu'on nous donne de nous fournir quelques observations nouvelles sur la Crimée & les Tartares, nous l'ont fait renvoyer au volume suivant.

www.ingramcontent.com/pod-product-compliance
Lightning Source LLC
Chambersburg PA
CBHW050419240426
43661CB00055B/2205